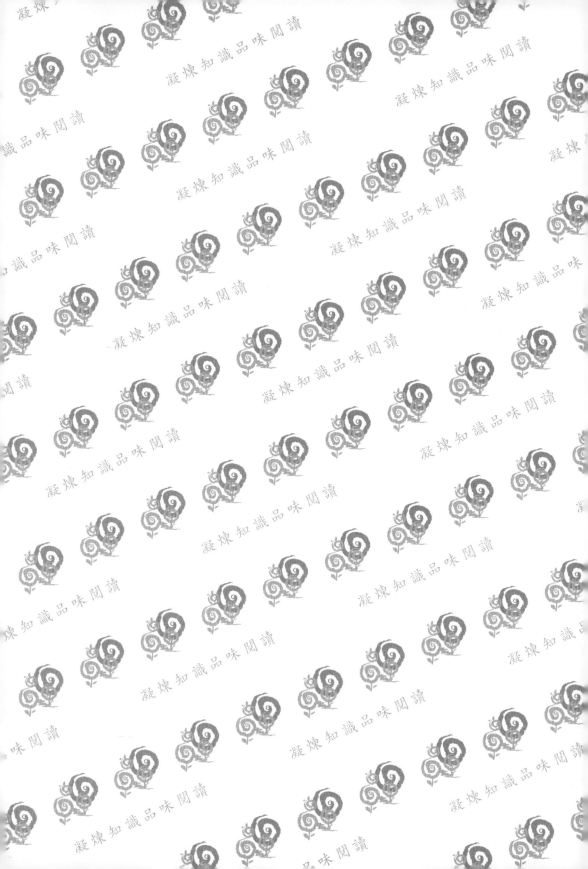

興大法學叢書 09

醫療過失
刑事判決選集（上）

蔡蕙芳、蘇宜成、陳惠芬 ——————— 著

五南圖書出版公司 印行

前　言

本書《醫療過失刑事判決選集（上）》由三部分組成，第一部分是醫療過失刑事責任判斷之基礎概念介紹，作為全書之導引，透過體系性整理最高法院見解，協助閱讀者瞭解醫療過失刑事處罰規定與相關刑法過失犯罪概念之實際運用。第二部分是醫療案例之研究。第三部分是針對本書所蒐集醫療案例進行整體性分析與評論。

本書在每則刑事判決案例介紹後，加入延伸思考問題。不同於一般案例集常見之「評釋」或「評析」，本書從前導之判決事實與判決理由中，找到可以進一步討論之問題，以增進閱讀者對案例之理解與認識。

一、刑事判決選錄之說明

本書自司法院判決書查詢系統，搜尋可能涉及醫師醫療行為之醫療過失刑事判決，以多條件查詢頁面設定關鍵字，即搜尋日期：89年1月1日至110年12月31日；裁判案由：過失；全文內容：醫師＆醫字－裁定，初步得847則刑事判決。

之後，經過人工逐案篩選，排除中醫師與牙醫師，以及醫師以外之其他醫事人員案例，得到涉及醫師之醫療行為爭議且有鑑定意見之共272則地方法院一審刑事判決，代表272個醫療案例。在這272個醫療案例中，95個案例未上訴，177個案例曾上訴。

本書以地方法院第一審判決後即確定之95則刑事判決為選錄基礎，收納全部31則有罪判決（含3則上訴撤回案例），並自無罪確定之61則（含8則上訴撤回案例）判決選錄22則判決。

之後將陸續出版《醫療過失刑事判決選集（中）》，針對一審有罪判決上訴之47則案例進行研究；《醫療過失刑事判決選集（下）》則是針對

一審無罪判決上訴之130則案例研究。所蒐錄刑事判決以個案為中心，依據該案實際上所進行訴訟歷程，蒐集範圍為該案之歷審判決。以經歷更一審判決後未再上訴確定之個案為例，蒐錄該案之歷審判決，包括：地方法院之第一審判決、高等法院第二審判決、最高法院之第三審判決，以及高等法院之更審判決。

有了上冊作為基礎，再進入涉及上訴多審級判決案例之中冊與下冊，可有由淺入深、循序漸進之參考學習效果。

二、醫療判決案例之說明

本書按照刑事判決時間前後時間排序各個醫療案例，並對各案例進行命名。為了凸顯醫療案例特徵，在未涉及手術之案例，以三項案例資料組合命名：就診原因、醫療疏失類型與醫療機構別。醫療疏失是來自判決內法院所為「誤診」、「誤認」、「未早期診斷」、「未轉診」、「誤治」、「延誤治療」等之認定。醫療機構別將診所特別列出，未列出者為其他醫療院所。案例涉及手術者，以三項案例資料組合命名：術式、醫療處置、醫療機構別。同有罪判決之命名一樣，僅在診所案例特別標示之。至於無罪之判決案例，則是選擇能代表案例特徵之病情，或病程發展歷程，或醫療行為以命名。

為了忠實並有效呈現判決內容，本書將每則判決案例之呈現，分為以下四個項目：

（一）起訴事實與意旨（公訴案件）或自訴事實與意旨（自訴案件）。法院對自訴事實之證明是否屬實，會花費較多篇幅說明事實證明過程。需說明者，判決內所載之事實，是經過法院調查之事實，應是最接近實情，但可能不是完全與實情一致。

（二）被告回應。此係指被告對起訴事實或自訴事實主張所為之反駁。通常判決中使用「辯稱」、「辯解」、「辯陳」之類用語表示。

（三）鑑定意見。此處所整理鑑定意見並非本書直接由鑑定機關出具之鑑定意見摘錄，而是判決中由法院摘錄至判決內之鑑定內容。

（四）判決理由。此部分在於呈現法官思維，瞭解法官如何論斷證據與論證醫療過失犯罪要件成立或不成立。應注意的是，大多數判決適用2019年5月31日修正公布之前刑法第276條第2項業務過失致死罪或刑法第284條第2項業務過失致傷或重傷罪。現行刑法第276條與第284條已經不再區別普通過失罪與業務過失罪。

此外，本書針對案情複雜案例，製作時序圖，目的在於以事後觀點去回溯整個疾病發展病程，以明瞭醫療過程是否存在客觀上可能介入阻止死傷結果或減輕結果之關鍵時刻。除醫學美容之外，病患本身已存在嚴重程度不一之疾病，刑法醫療過失責任對醫師之評價正是從這類可能介入而未為適當處置之時刻開始。因此，特以時序圖表現之。

最後，須說明是，大多數判決篇幅均相當大，為便於閱讀，本書對所選錄之判決篇幅有所刪減或分段，所保留者均為判決原文，只在必要時，增加有助於理解之主詞、連接詞等。並於判決文中涉及誤寫或顯然錯誤者，予以更正。判決中被告（醫師）以甲、乙、丙等稱，病患及醫院以英文譯名之字首取代。全部完整之判決內容，可透過掃描本書於每則判決最後所附之QR code取得。

目　錄

（二）無罪判決

第一部分

醫療過失刑事責任判斷之

基礎概念

　　醫療過失刑事責任是指刑法過失犯罪下之一種類型，其犯罪成立要件與刑罰規定於刑法第276條、第284條[1]，以及刑法第14條第1項。醫療法第82條第1項、第3項、第4項雖是關於醫療過失刑事責任規定[2]，但並非完整刑法規定。針對不同個案之定罪科刑必須併入前述刑法規定，結合為一整體犯罪與刑罰規範。

　　對人民之刑事處罰為國家權力之最強烈運用，有其嚴格要件。過失犯罪涉及行為評價，刑法上過失之定義被規定在刑法第14條第1項：「行為人雖非故意，但按其情節應注意，並能注意，而不注意者，為過失。」[3]據此，過失最簡單的解釋是與個人心理過程有關之「不注意」。注意是指意識、精神集中於某特定對象上，經常是基於選擇性在狹窄範圍內，也會移轉、改變。惟須說明者，並不是只要有疏漏、不足、失誤、一時分心或遺忘、懈怠或未做好準備、未達原訂治療計畫目的之各種類型疏失[4]就會被判定為醫療過失刑事責任。

　　我國學說與實務均以「注意義務」稱刑法第14條第1項規範之要求，將此運用於醫療行為領域，可簡單表述為醫師於執行醫療業務時專業知識、技術與資源運用上未達一般專業同行之標準。醫師是社會上擁有特別知識經驗與能力之職業團體。理論上，通過基礎醫學教育與醫師考試，領有醫師執照，以及接

---

[1] 刑法第276條規定：「因過失致人於死者，處五年以下有期徒刑、拘役或五十萬元以下罰金。」第284條規定：「因過失傷害人者，處一年以下有期徒刑、拘役或十萬元以下罰金；致重傷者，處三年以下有期徒刑、拘役或三十萬元以下罰金。」

[2] 醫療法第82條第1項、第3項、第4項規定：「（第1項）醫療業務之施行，應善盡醫療上必要之注意。（第3項）醫事人員執行醫療業務因過失致病人死傷，以違反醫療上必要之注意義務且逾越合理臨床專業裁量所致者為限，負刑事責任。（第4項）前二項注意義務之違反及臨床專業裁量之範圍，應以該醫療領域當時當地之醫療常規、醫療水準、醫療設施、工作條件及緊急迫切等客觀情況為斷。」

[3] 附帶說明，刑法第14條第2項之「行為人對於構成犯罪之事實，雖預見其能發生而確信其不發生者，以過失論」也是過失定義。為區別，實務上將刑法第14條第1項為「懈怠過失」，第14條第2項為「疏虞過失」。在醫療過失領域，適用刑法第14條第2項之案例很少，臺灣高等法院97年度醫上易字第3號刑事判決為僅有少數案例之一。

[4] 「疏失」乃是醫療鑑定上常出現之用語。醫療鑑定只是協助法官認定醫療事實，個案有無疏失之認定並非刑法上過失之認定。

受足夠繼續教育之每個醫師都具有相近、差距不大之「平均」知識、經驗與技術水準，法院即可合理地運用醫師團體平均程度之水準作爲衡量個別醫師醫療行爲是否達到刑法所期待之標準。這也正是人民合理預期得到之醫療品質。

　　又，刑事處罰之對象應以行爲確實造成他人權益嚴重結果爲必要。刑法第276條「因過失致死」與第284條「因過失致傷或致重傷」明示以死亡或傷或重傷結果是違反注意義務行爲所致，該罪始成立，因此，確定未達標準之違反注意義務後，還要判斷此種未達標準行爲與病患死傷結果間有因果關係與客觀歸責。最後，即使肯定確實違反注意義務致他人權益受損，仍必須再考量醫師本身必須是有能力達到刑法要求。

　　爲了配合本書以刑事訴訟案例導向之分析，以下將以最高法院刑事判決中之醫療過失犯罪要件見解爲論述主軸，並參酌部分高等法院刑事判決[5]，精簡說明司法實務之觀點。整體實務見解大致與學界對過失犯罪學說見解一致，可相互對照理解[6]。

一、刑事醫療過失成立要件

　　實務上關於醫療過失犯罪（刑事責任）成立要件之完整說明，最早可見於

---

[5] 醫療過失案件是最重可處五年有期徒刑，可上訴第三審。第三審爲法律審，主要有二個功能。一是個案救濟功能，審查第二審判決是否違法、有無認定事實未憑證據、有無上訴意旨所指調查未盡或適用經驗、論理等證據法則不當或判決理由欠備、矛盾之違誤。二是統一法律見解之功能。

[6] 刑法過失犯罪學理，請參林山田，刑法通論（上）、（下），增訂10版，2008年，臺北：自版。林東茂，刑法總則，1版，2018年，臺北：一品。黃榮堅，基礎刑法學（上），2012年，臺北：元照。林鈺雄，新刑法總則，7版，2019年，臺北：自版。黃惠婷，實用刑法總則，2019年，臺北：新學林。蔡聖偉，刑法案例解析方法論，2020年，臺北：元照。王皇玉，刑法總則，6版，2020年，臺北：新學林。至於醫療刑法專論，臺灣刑事法學會主編，過失醫療與刑事責任，臺灣刑事法學會叢書13，2009年6月，初版第1刷。

臺灣高等法院88年度上訴字第3820號刑事判決。該案涉及醫師未能早期診斷胃癌，而未爲適當治療，臺北地方法院認定被告醫師成立修正前刑法第276條第2項業務過失致死罪，被告上訴至第二審時，臺灣高等法院駁回上訴，但以暫不執行爲適當爲緩刑宣告，在此判決中，臺灣高等法院對醫療過失之成立要件作了如下闡述：

「按社會生活領域中，往往有各種不同之注意規則，如醫生之醫術規則，而醫生於爲病患診治時，客觀上依其醫術規則，即負有注意義務，即應保持相當之注意程度，若依其專業上之良知與理性，處在一般醫師之同一情狀下，可預見結果之發生且又未超出其專業領域，即係爲能注意而不注意，若因而導致結果之發生，即爲有過失。」

「另按刑法上之過失，其過失行爲與結果間，在客觀上有相當因果關係始得成立。而所謂相當因果關係，係指依經驗法則，綜合行爲當時所存在之一切事實，爲客觀之事後審查，認爲在一般情形下，有此環境、有此行爲之同一條件，均可發生同一之結果者，則該條件即爲發生結果之相當條件，行爲與結果即有相當之因果關係。反之，若在一般情形下，有此同一條件存在，而依客觀之審查，認爲不必皆發生此結果者，則該條件與結果不相當，不過爲偶然之事實而已，其行爲與結果間即無相當因果關係，最高法院76年台上字第192號著有判例可資參照。」

「是刑法上之因果關係，係以社會之通念爲根據，即以一般人之判斷爲其依據。然醫審會本身係具有特別知識之專業機關，是其本於專業立場上所爲因果關係之判斷標準當較一般人之判斷更爲嚴格，而本件既經醫審會依其專業判斷認定因果關係之存在，自應符合一般社會之通念而認有相當之因果關係。」

而在稍後之最高法院89年度台上字第1233號刑事判決，法院運用了「一般醫師」概念而表示：「判斷醫師就醫療行爲有無過失，自應依一般醫師客觀上應有之注意程度決之。」

由上所述判決內容可推知，實務將適用刑法第14條第1項過失「應注意」要件所採之「具有良知與理智而小心謹愼之人」處在與行爲人相同情境會如何做之「一般理性第三人」注意義務，運用於醫療過失責任領域，「一般醫師」

概念之功能是供作比較或對照之「注意標準」，代表刑法之要求。

　　詳而言之，一般醫師注意標準之審查是一種模擬與假設的判斷。假設在當時情況下，一般醫師會如何做。若經審查，個案中被告醫師所實施醫療行為之注意程度與注意範圍都「低於」一般醫師，可被認為違反客觀上之注意義務。具體而言，如果個案中之醫師沒有「預見」到結果，但一般醫師在當時情況下「能」「預見」到結果；或他做了某些事（以作為方式違反注意義務），但一般醫師不會做這些事；或沒有做某些事（以不作為方式違反注意義務），但一般醫師會做這些事。在符合前述條件下，可以初步認定個案中之醫師未達被法律期待應注意之標準。

　　此處作為衡量標準之「一般醫師」應如何理解？醫師法第7條之1第3項規定授權訂定之專科醫師分科及甄審辦法第3條規定23科專科。在急診室也不是全都是急診醫學專科，也可能是外科。因此，範圍可能放大一些，將性質類似當成同一群組，作為「一般醫師會如何做」標準。一般醫師或普通醫師應指最常見的，也可以說是以該醫療專業領域會被最多醫師所採取之作法來作為衡量標準。

　　應特別注意的是，在醫療過失之成立要件審查上，如果未盡「一般醫師」「客觀上」應有之注意義務，還要接續審查相當因果關係。要確認個案中病患死傷結果與醫師醫療行為有因果關係，通常是很困難的工作。雖然各級法院在因果關係認定上主要採用最高法院76年度台上字第192號刑事判決中[7]所闡釋之相當因果關係內涵，但在實際運用上，經常可看到法院運用避免可能性理論或無效義務[8]來適用相當因果關係，例如最高法院89年度台上字第5241號刑

---

[7]　原最高法院76年度台上字第192號刑事判決為最高法院依據修正前法院組織法第57條選錄之判例，大法庭新制施行後依2019年7月4日施行法院組織法第57條之1第2項，不再具有通案之效力，與未經選編為判例之其他最高法院先前裁判效力相同。因此，不再稱之為判例，成為有參考價值之最高法院判決。

[8]　關於避免可能性理論之較詳細說明，請參蔡蕙芳，美容醫學淨膚雷射案：避免可能性理論與風險升高理論於刑事醫療過失案件之適用，月旦醫事法報告，37期，2019年11月，頁79-97。

事判決肯認該案臺灣高等法院更一審判決之見解，而為如下表示：

「由上述醫事鑑定意見所示，死者周○○係因罹患重度瀰漫性心肌炎而引發急性心肺衰竭致死，而病患一旦罹此症狀，本身即有極高度之死亡可能性，以現代醫學技術設施，醫師縱然得及時予以醫治，亦未必能阻止其死亡結果之發生，故被告甲縱使未對死者施以身體檢查，亦難認與死者死亡結果之發生有所謂之相當因果關係即使予以檢查發現，並予適當之處置，仍難免死亡結果之發生，二者間並無相當之因果關係。」

二、醫療常規上之注意義務

行政院衛生署（現為衛生福利部）於86年11月4日訂頒醫療糾紛鑑定作業要點第16點，其中明白提出「醫療常規」與「醫療水準」[9]。而在司法院法學資料檢索判決系統中，目前可查閱到最高法院89年度台上字第6921號刑事判決似乎是最早使用「醫療常規」作為認定醫療過失基礎之刑事判決，其表示：「究竟霍○○之ER是否確屬小於4.9fm/mg？其病理分期為何？尚非無疑。倘上訴人所述屬實，則被告以Tamoxifen為輔助療法，是否悖離現行醫療常規？即有深入探求之餘地。」雖然該最高法院判決沒有針對醫療常規為闡釋，但該案主要爭議焦點在於各次鑑定意見引用不同來源醫療文獻探討應有之診察及治療。由此也可知，醫療常規所指的不是具體的醫療準則，而是如何診治。而診治方法可能有多種。

又，關於醫療常規與注意義務之連結，如「一般醫師在醫療常規上之注意義務」，可以最高法院97年度台上2905號刑事判決以下說明作為代表：「李

---

[9] 86年11月4日行政院衛生署公告訂頒之(86)衛署醫字第86063502號醫療糾紛鑑定作業要點第16點：「醫事鑑定小組委員及初審醫師，對於鑑定案件，應就委託鑑定機關提供之相關卷證資料，基於醫學知識與醫療常規，並衡酌當地醫療資源與醫療水準，提供公正、客觀之意見，不得為虛偽之陳述或鑑定。」

○○之直接死亡原因爲腹主動脈瘤破裂合併出血性休克與丙診斷或臆斷之急性心肌梗塞併發心因性休克，雖有落差，然有無過失應審酌李○○之死亡與丙之醫療行爲有無因果關係，即是否盡到一般醫師在醫療常規上之注意義務及有無違反醫療學術上公認之規則而定。」

另外，在此方面，二則高等法院判決亦有參考價值。首先，臺灣高等法院95年度醫上訴字第1號刑事判決表示：

「而行爲人所應具有之注意程度，應依客觀標準認定之。此之客觀標準係指一個具有良知理性且小心謹慎之人，處於與行爲人同一之具體情狀下所應保持的注意程度。就醫師言，應以『醫療成員之平均、通常具備之技術』爲判斷標準。在我國實務操作上，則以『醫療常規』名之（見八十六年十一月四日行政院衛生署（八六）衛署醫字第八六○六三五○二號公告訂頒之醫療糾紛鑑定作業要點第十六點）。」

其次，臺灣高等法院97年度醫上訴字第5號刑事判決更指出，以符合醫療常規的方式爲診療行爲，即難謂其醫療行爲有何未盡到注意義務的情形，不能以過失犯論處。其意見如下：

「行爲人所應具有的注意程度，應依客觀標準認定之。此之客觀標準，係指一個具有良知理性且小心謹慎之人，處於與行爲人同一的具體情狀下所應保持的注意程度。就醫師言，應以『醫療成員的平均、通常具備的技術』爲判斷標準。在我國實務操作上，則以『醫療常規』名之。苟醫師以符合醫療常規的方式對病患爲診療行爲，即難謂其醫療行爲有何未盡到注意義務的情形，自不能以過失犯相繩。」

由以上兩則高等法院刑事判決之說明可知，傳統過失上之客觀標準，亦即「一個具有良知理性且小心謹慎之人，處於與行爲人同一的具體情狀下所應保持的注意程度」概念，適用於醫師，就是所謂的「醫療常規」。醫療常規即是指具體情況下所爲相關處置過程。亦即，針對特定情境下之醫療處置決定所爲之作爲或不作爲，並非指向某個適用於所有情形單一、制式之臨床準則。

最後，值得重視的意見還有最高法院91年度台上字第1105號刑事判決，其認爲上訴人代理人主張「醫療常規並非即等同被告之注意義務」是有道理，但

注意義務是以可預見風險爲範圍：「（四）本案病患實未有具體徵兆供被告察覺病患手術間或手術後有發生腦中風之可能，而依現行之醫療常規及慣行，醫師於施行此等手術亦不會進行電腦斷層掃描及核磁共振攝影，業如前揭說明。是以，尚難認定被告於手術前未對病患進行電腦斷層掃描及核磁共振攝影，有違反注意義務規範。又上訴人代理人主張『醫療常規並非即等同被告之注意義務』，固非無據，然具體手術之進行，原即存有各種潛在之危險，尚難課令醫師對於所有潛在之危險，均負有注意之義務，否則將抑制醫師之醫療行爲，而本案手術，尚難認定被告對於病患術後發生腦中風有預見，且依上揭所述之具體情況以觀，亦難認被告所進行之手術有違反注意義務規範。」

三、臨床醫療水準之注意義務

在醫療常規後，最高法院又加入了「醫療水準」作爲判斷是否違反注意義務之標準。最早可見於最高法院95年度台上字第3884號刑事判決。主要闡釋內容爲下：

「醫療過失，係指醫療人員違反客觀上必要之注意義務而言。惟因醫療行爲有其特殊性，自容許相當程度之風險，應以醫療當時臨床醫療實踐之醫療水準判斷是否違反注意義務。原則上醫學中心之醫療水準高於區域醫院，區域醫院又高於地區醫院，一般診所最後；專科醫師高於非專科醫師。尚不得一律以醫學中心之醫療水準資爲判斷標準。此參諸行政院衛生署所訂醫療糾紛鑑定作業要點第十六條：醫事鑑定小組委員及初審醫師，對於鑑定案件，應就委託鑑定機關提供之相關卷證資料，基於醫學知識與醫療常規，並衡酌當地醫療資源與醫療水準，提供公正、客觀之意見，不得爲虛偽之陳述或鑑定之規定，亦明。」

稍後之最高法院97年度台上字第2346號刑事判決亦採相同見解。自從最高法院提出「醫療水準」後，即產生「醫療水準」是否取代「醫療常規」作爲判斷違反注意義務依據，以及「醫療水準」與「醫療常規」是否爲不同概念之問

題。最高法院105年度台上字第182號刑事判決對此有進一步說明：

「過失犯罪，首重行為人應負的注意義務。在醫療行為，因具專業性、錯綜性及不可預測性，並為求醫療水準提升及保障病患權益的均衡，一般均以醫療常規，作為醫護人員注意義務的判別標準。原則上，醫學中心的醫療水準高於區域醫院，區域醫院又高於地區醫院，一般診所最後；專科醫師高於非專科醫師，因此，尚不得一律逕以醫學中心之醫療水準，作為判斷的標準。」「故因人、事、時、地、物之不同，醫療常規並非一成不變，在醫學中心、區域醫院、地區醫院、一般診所，因設備等之差異；在每一時期，因醫學之進步程度，醫療常規乃具浮動性。舉例而言，醫學中心及一般診所對同一疾病的病患之診療，因醫護設備水準之不同，醫療常規亦有寬、嚴之別，其他如臺北首善之區與離島偏遠地區；八○年代與九○年代的醫學水準，對同一病狀的診療，所要求於醫護人員的醫療常規，必有差異。」

「從而，在醫療常規對不同等級之醫療院所，所要求於醫護人員的注意義務，應有所差別時，對次級的醫療院所，自不能同以高級醫療院所的醫療常規，憑為判斷標準，以免醫療人員裹足不前，阻礙醫療水準的提升；而病患未得及時適當的救護，損及健康甚至生命，造成雙輸的局面。至於次級的醫療院所，自行提升為以高級醫療院所的醫療常規，作為其內部規範時，因屬自我期許，用意可嘉，然而在發生醫療行為疏失時，仍應以其原先次級醫療院所的醫療常規，作為判別標準，才符合刑法之謙抑性原則，並避免過度評價。」

由上述「因人、事、時、地、物之不同，醫療常規並非一成不變」、「因醫護設備水準之不同，醫療常規亦有寬、嚴之別」、「對同一病狀的診療，所要求於醫護人員的醫療常規，必有差異」似能明白最高法院似有將「醫療水準」作為「醫療常規」調整器之意思。

上述最高法院見解應可為更進一步闡釋：「醫療常規」之要求代表著，每個從事相同或相類似行為的醫師，亦即「對同一病狀的診療」都要遵守相同的標準，使所有病患都能得到一致程度之照顧，不因不同醫師而有所變動。「醫療水準」之要求則是代表著，必須考慮臺灣各年代醫學發展，以及醫師個人所處醫療院所工作條件與設備資源不同。

關於最高法院「醫療常規亦有寬、嚴之別」之解釋，應可為如下說明：在所謂「嚴」的方面，可以對要求醫護設備水準較高程度之醫療院所、醫師較高之注意義務；而在所謂「寬」的方面，醫療常規之要求仍必須滿足最低限度醫療水準要求，亦即，就該案情況判斷，醫師知識、經驗與技術水準之運用均有合理性。前述需具備最低限度醫療水準要求適用於末期病人、精神科病人等對自己身體狀況表達困難者之醫療，特別有其必要性。

若為避免過於浮動而不確定，醫療水準之內涵應可透過類似於消費者保護法第7條第1項「符合當時科技或專業水準可合理期待之安全性」概念來界定。當醫師因經驗不足、過勞，或因人手不足工作負擔過重，而無法提供達到一般醫師符合醫療常規與醫療水準之醫療行為時，應該尋求有能力之醫師協助或建議病人轉診。若超越承擔，刑法仍應將之評價為違反注意義務行為，只是在罪責認定上有可能減輕或阻卻罪責[10]。

最後再兩點補充，首先，必須注意民事醫療損害賠償責任領域之醫療常規與醫療水準，與上述刑事領域所使用者涵義不同[11]。其次，可嘗試從醫療倫理中之公正原則（justice）討論醫療常規與醫療水準。公正原則指醫療人員應合理公平，而非平等給予病患醫療資源。醫療常規試圖提供一個普遍性標準，是一種平等之理想，醫療水準之於醫療常規就是衡平的調整器，所要落實的是合理公平原則。

---

10 參蔡蕙芳，探究醫療法第82條第3項、第4項規定意涵：融合於刑法過失犯罪體系之解釋，月旦醫事法報告，70期，2022年8月，頁7-16。

11 最高法院民事庭對醫療常規與醫療水準之涵義之解釋，醫療常規是為醫療處置之一般最低標準，醫療水準是就醫療個案，綜合判斷之適當醫療，醫師依據醫療常規所進行之醫療行為，非皆可認為已盡醫療水準之注意義務。詳參最高法院103年度台上字第2070號民事判決、最高法院106年度台上字第227號民事判決。民法學者稱就醫療個案，綜合判斷之適當醫療，為「理性醫師」標準。

四、最有利於病患之臨床專業醫師裁量

　　由傳統刑法上過失責任適用於醫療領域而發展出之「一般醫師在醫療常規上之注意義務」標準並沒有考慮到醫師本身之專業裁量問題。司法實務對「臨床專業醫師」[12]「專業判斷及裁量」之重視[13]，應始自最高法院97年度台上字第2111號刑事判決。最高法院指出：

　　「次按醫療行為之對象係人類之身體，施以相同之醫療行為，有可能產生不同之效果，其未產生預期之療效，因素眾多，除人為之疏失外，人體反應之不確定性，亦係另一重要因素。醫學之有限性與人體反應之不確定性，對病患而言，自是一種不可預測之危險，但相對於治療疾病之目的，應屬可容許之危險，故醫療行為基本上並不包含保證治癒之性質。而疾病治療過程中既有許多不可預測之危險，對於疾病診斷及治療方法之選擇，均有賴醫師之專業判斷及裁量。由於疾病變化無窮，因人而異，加以治療之多樣性、效果之不確定性，因此難有統一之治療標準。」

　　而對「臨床專業醫師裁量」進一步闡述，首見於最高法院98年度台上字第6890號刑事判決。最高法院作出以下說明：

　　「而醫療行為複雜多樣，就屬明顯可判之應為而不為、不應為而為，或純屬醫療行為操作層面等事項，診療醫師有所懈怠或疏虞，固難辭刑法上業務過失之責任。但民、刑事責任規範目的不同，關於民、刑事過失責任成立要件注意義務之判斷基準，原則上不必等量齊觀，基於刑罰最後手段性、謙抑性之考量，有關刑事上之過失責任之認定，應依嚴格證明之證據法則特別審慎為之。又於醫療過程中，個別病患之具體疾病、病程進展及身體狀況等主、客觀條

---

[12] 最高法院較常使用「一般醫師」，也曾使用過「專業醫師」，如最高法院92年度台上字第3418號刑事判決中：「能否謂已盡專業醫師之注意義務？」以及「平均醫師」，如最高法院107年度台上字第4587號刑事判決。

[13] 早在嘉義地方法院92年度自字第20號刑事判決，法院即引用「尊重醫師專業裁量」理由為無罪判決，該案未經上訴而確定。只是法院未有進一步解釋。

件，原本不一，又不時急遽變化，尤其存在斟酌、取捨之事項，如何選擇在最適當之時機，採取最有利於病患之治療方式，本屬臨床專業醫師裁量、判斷之範疇；倘診療醫師就此所爲斟酌、取捨，確有所本，並無明顯輕率疏忽，或顯著不合醫療常規之情，不能因診療醫師採擇其所認最適時、有利於病患之治療方式，摒除其他，即謂其係懈怠或疏虞，有錯誤或延遲治療情事，而令其負刑法上之業務過失責任。」

　　上引判決對臨床裁量提出幾項見解。首先，「臨床專業醫師裁量、判斷之範疇」適用於「屬明顯可判之應爲而不爲、不應爲而爲，或純屬醫療行爲操作層面等事項之外情形」。其次，裁量必須是「在最適當之時機」、「最有利於病患」「治療方式」之選擇，同時「斟酌、取捨，確有所本」，而且「無明顯輕率疏忽，或顯著不合醫療常規之情」。此已明確勾勒出臨床裁量之內涵與限制。

　　有待進一步探究是「採取最有利於病患之治療方式」[14]。此應來源自醫療倫理中四個基本原則中之有利病患原則（beneficence），即：醫療人員爲病患所爲選擇是爲病人最佳利益所做的。在醫療倫理討論上醫師在主張合理臨床裁量之最利於病患時，還必須考慮病患自主權問題，必須對治療方式加以說明，並得其同意[15]。

五、告知說明義務與注意義務

　　現行醫療法與醫師法規定各種類型之告知義務與說明義務。在理論上，應

---

[14] 亦有使用「最大利益」之用語，見於安寧緩和醫療條例第7條第3項後段「無最近親屬者，應經安寧緩和醫療照會後，依末期病患最大利益出具醫囑代替之」。

[15] 本文中關於醫療倫理四原則：尊重病人自主決定（respect for autonomy）、有利病患（beneficence）、不傷害（non-maleficence）與公正（justice）之論述，主要參考TOM BEAUCHAMP AND JAMES CHILDRESS, PRINCIPLES OF BIOMEDICAL ETHICS (6th ed. New York: Oxford University Press, 2013)一書。

可區別兩種類型：一是醫療機構與醫師於醫療契約履行上之告知義務。二為落實病患自主決定權（right of self-determination）之說明義務。這兩種告知或說明義務之內容上均為醫療契約下之義務，雖然有很大部分之重疊，但由於來自不同的法律理論基礎與權利關係，因此，下文討論予以區別。

（一）診治上之告知義務

醫療法第81條規定：「醫療機構診治病人時，應向病人或其法定代理人、配偶、親屬或關係人告知其病情、治療方針、處置、用藥、預後情形及可能之不良反應。」再者，醫師法第12條之1規定：「醫師診治病人時，應向病人或其家屬告知其病情、治療方針、處置、用藥、預後情形及可能之不良反應。」

前述兩規定只規定醫療機構與醫師於診治病患時必須告知之事項，欠缺「意願」、「同意」、「醫療選項」、「選擇與決定」之類文字表達[16]，應解釋為醫療機構與醫師於醫療契約上應履行「診治」上之告知義務[17]。在醫療契約的履行過程中，每一階段都必須告知病患，並得到他的同意，才能確定下一步驟的給付內容[18]。

必須注意的是，雖然醫療契約上應履行之診治上告知內容，與病患自主決定權說明內容重疊，包括：病情、治療方針、處置、用藥、預後情形及可能之不良反應等[19]，但醫療機構或醫師應履行醫療契約上著重於醫病雙方互負之說

---

[16] 供對照理解，如：安寧緩和醫療條例第4條第1項規定：「末期病人得立意願書選擇安寧緩和醫療或作維生醫療抉擇。」病人自主權利法第4條第1項規定：「病人對於病情、醫療選項及各選項之可能成效與風險預後，有知情之權利。對於醫師提供之醫療選項有選擇與決定之權利。」

[17] 本書認為雖然立法用語是「告知」，但使用帶有解說、講明意思之「說明」用語應較為適當。

[18] 薛瑞元，醫療契約與告知義務，月旦法學雜誌，112期，2004年9月，頁35-45。

[19] 供對照理解，如：安寧緩和醫療條例第8條規定：「醫師應將病情、安寧緩和醫療之治療方針及維生醫療抉擇告知末期病人或其家屬。但病人有明確意思表示欲知病情及各種醫療選項時，應予告知。」病人自主權利法第5條第1項：「病人就診時，醫療機構或醫師應以其所判斷之適當時機及方式，將病人之病情、治療方針、處置、用藥、預

明（資訊提供）義務，而且並不限於醫療行為實施有關之安全說明義務，還包括治療費用之說明義務[20]。

（二）病患自主權之說明義務與知情同意

醫療法第63條第1項規定：「醫療機構實施手術，應向病人或其法定代理人、配偶、親屬或關係人說明手術原因、手術成功率或可能發生之併發症及危險，並經其同意，簽具手術同意書及麻醉同意書，始得為之。但情況緊急者，不在此限。」關於醫療機構侵入性檢查或治療說明義務，醫療法第64條第1項規定：「醫療機構實施中央主管機關規定之侵入性檢查或治療，應向病人或其法定代理人、配偶、親屬或關係人說明，並經其同意，簽具同意書後，始得為之。但情況緊急者，不在此限。」

前述關於手術與侵入性檢查或治療規定與醫療法第81條與醫師法第12條之1一樣，都規定醫療機構應盡說明義務之外，但關鍵之不同在於明定了「並經其同意」。應可確認醫療法第63條第1項與第64條第1項是關於病患自主決定權與告知同意（informed consent）法則[21]規定。雖然體現了告知同意法則，但明顯不足在於適用範圍只限於手術與侵入性檢查或治療，而不及於所有的醫療行

後情形及可能之不良反應等相關事項告知本人。病人未明示反對時，亦得告知其關係人。」

[20] 於此可參，德國民法第630c條醫療契約雙方提供資訊義務。第1項規定雙方對醫療契約履行應共同合作。第2項規定醫療提供者（診療醫師）有義務在治療開始時，當必要時也可在醫療過程中，以易於理解方式就治療所有情況中重要情況向病人說明，特別是診斷、預期之健康發展、治療與治療時與之後所要採取之措施。如果醫療提供者知悉足以推論醫療疏失成立之醫療情況時，必須在病人詢問時，或在有避免健康危險必要時，告知此情況。而在對診療醫師或依據刑事訴訟法第52條第1項得拒絕證言，與被告有一定身分關係人員提起醫療疏失刑事訴訟或行政罰程序中，只有在診療醫師同意下才可使用前述所告知之資訊作為證據。第3項規定，醫師如果知道全部的治療費用並無法由第三人確定支付，或者，事實情況上已有充分根據可預計，應在治療開始前以書面告知病人預計之治療費用。第4項是關於無需病人提供資訊之情形。因特別情況而例外地沒有必要，尤其是治療是緊急不可拖延，或者病人明確地放棄被告知該資訊。

[21] 亦有將「informed consent」翻譯成「知情同意」。

爲。同時，也欠缺關於醫療選項與選擇之文字。其內涵之進一步瞭解有待實務進行補充。

　　最高法院於涉及病患因實施心導管檢查併發症死亡同一自訴案件之94年度台上字第2676號與95年度台上字第3476號刑事判決中，針對被告行爲時醫療法第46條第1項規定（即現行醫療法第63條第1項規定）[22]，指出「醫師應盡之說明義務」除了所列舉出之「至少應包括」事項，必須「實質上已予說明」，還說明了判斷是否盡說明義務標準：「在一般情形下，如曾說明，病患即有拒絕醫療之可能時，即有說明之義務。」

　　其表示：「醫師應盡之說明義務，除過於專業或細部療法外，至少應包含：1.診斷之病名、病況、預後及不接受治療之後果；2.建議治療方案及其他可能之替代治療方案暨其利弊；3.治療風險、常發生之併發症及副作用暨雖不常發生，但可能發生嚴重後果之風險；4.治療之成功率（死亡率）；5.醫院之設備及醫師之專業能力等事項。亦即，在一般情形下，如曾說明，病患即有拒絕醫療之可能時，即有說明之義務。於此，醫師若未盡上開說明之義務，除有正當理由外，難謂已盡注意之義務；又上開說明之義務，以實質上已予說明爲必要，若僅令病患或其家屬在印有說明事項之同意書上，冒然簽名，尚難認已盡說明之義務。

　　本書認爲，從上述「在一般情形，如曾說明，病患即有拒絕醫療之可能時，即有說明之義務」之「一般情形」與「病患」之用語可知，醫師應盡說明義務標準應採一般理性病患客觀標準，而非個別病患之主觀標準。此項說明義務見解爲最高法院101年度台上2637號刑事判決採用。該案涉及病患接受Tegretol藥物治療後，因史蒂文強森症候群死亡。經被告醫師診斷爲神經根病變，回診時因疼痛而改以Tegretol藥物治療，但醫師疏未說明可能之副作用並徵得同意。

---

[22] 修正前醫療法第46條第1項規定：「醫院實施手術時，應取得病人或其配偶、親屬或關係人之同意，簽具手術同意書及麻醉同意書；在簽具之前，醫師應向其本人或配偶、親屬或關係人說明手術原因、手術成功率或可能發生之併發病及危險，在其同意下，始得爲之，但如情況緊急，不在此限。」

（三）違反告知說明義務與醫療過失刑事責任判斷

　　承續以上討論，將說明意義分成違反契約上安全說明義務與病患自主決定權之說明義務。而在臨床醫療上，這兩種告知或說明內容是高度重疊。我國法院實務似乎並未區別，而是將兩種告知說明義務合併討論與醫療過失注意義務之關係。

　　部分最高法院見解認為違反病患醫療自主權之說明義務會有直接連結醫療過失注意義務效果。例如，最高法院94年度台上字第2676號刑事判決對違反當時醫療法第46條第1項規定（即現行醫療法第63條第1項修正前之規定）表示：「若醫師未盡上開說明義務，除有正當理由外，難謂已盡注意義務。」[23]

　　另一方面，最高法院於101年度台上2637號刑事判決中，將醫療法第81條規定、醫師法第12條之1理解為與病患之醫療自主權有關之說明義務，並認為違反病患醫療自主權之說明義務不會有直接連結醫療過失注意義務效果，醫療過失必須依據醫師於診療過程中，是否未遵循醫療準則致生死傷結果來判斷[24]，其表示：

　　「次按醫療因屬高度專業，診治病人向來倚賴醫師之專斷，惟醫療所生之危險，均由患者最終承受，是以侵入性之檢查或治療，不可無視於病患自律性之判斷，而有『告知同意』法則之立法，以維護病人之醫療自主權。而我國醫師法第十二條之一固規定醫師診治病人時，應向病人或其家屬告知其病情、治療方針、處置、用藥、預後情形及可能之不良反應。醫療法第八十一條亦有醫療機構診治病人時，應為告知之類似規定。上開醫事審議委員會依被告自承於

---

23 對此見解之批評，請參盧映潔，病患自主權與醫師刑事過失責任——最高法院九四年台上字第二六七六號、九五年台上字第三四七六號判決之批判，臺灣本土法學雜誌，101期，2007年12月，頁124-136。

24 對此判決中法院立場之解讀，請參吳志正、廖建瑜、姚念慈，藥源性史蒂文強森症候群案：醫師違反告知義務之刑事責任，月旦醫事法報告，2期，2016年10月，頁116-152。

診療過程未為上開告知，認有未善盡告知之疏失等語。」

「被告未依規定為告知，固然侵害病人之醫療自主權，但醫療自主權之侵害，非屬醫師過失責任之必然。蓋以醫療過失繫於診斷與治療過程有無遵循醫療準則為斷。醫師於診療過程中，如未遵循醫療準則致生死傷結果，縱然事先已踐行告知同意，亦無阻卻違法；反之，如醫師事先未踐行告知同意法則，但對於醫療行為已善盡注意義務，仍難謂與病人死傷之結果，有必然之因果關係。」

本書認為，違反醫療法第81條規定與醫師法第12條之1規定，應可認為是與醫療契約履行有直接關聯之安全說明義務。若無適宜之安全說明，則為瑕疵給付，構成醫療契約義務違反，對違反安全說明義務造成病患所受損害，負損害賠償責任[25]。此種與病患安全有關之契約上說明義務，與刑法上過失傷害罪或過失致死罪保護身體與生命法益之規範保護目的一致，因此，解釋上，違反此類說明義務應可直接連結至醫療過失上注意義務之判斷。若違反安全說明義務成立違反注意義務時，仍必須再判斷此違反注意義務行為與病人死傷結果間之因果關係與客觀歸責，始可認定構成過失傷害罪或過失致死罪。

至於病患自主決定權之說明義務違反，涉及刑法上之同意阻卻不法原則。要援引「同意」來阻卻醫療侵襲身體完整性之不法行為，必須符合有效同意、可處分之法益（病患得放棄保護之法益）、真摯同意等要件[26]。在醫療領域，病患同意之有效性取決於醫師是否盡完整之說明義務。

唯有當醫師之說明義務符合醫療法第63條第1項與第64條第1項與刑法關於有效同意之要求，病患之同意始為有效。因此，若醫師違反病患自主決定權之說明義務，使病患之同意無效，而醫師也知悉自己違反病患自主決定權之說明義務時，病患同意不能阻卻故意傷害罪或故意致重傷罪，該醫療行為可能成立

---

25 進一步說明，請參侯英泠，從德國法論醫師之契約上說明義務，月旦法學雜誌，112期，2004年9月，頁19、22。

26 陳子平，治療行為與病人之同意（承諾）之關聯性——從刑法觀點之思考，月旦法學雜誌，240期，2015年5月，頁19-35。

故意傷害罪。現實中，這種案例應屬少見。若是醫師以爲已盡病患自主決定權之說明義務時，但卻被法院認爲未盡此項說明義務時，這類疏失應可被認爲注意義務違反。是否構成過失傷害罪、過失致重傷或過失致死罪，也仍必須再進一步判斷此違反注意義務行爲與病患死傷結果間之因果關係與客觀歸責。

必須強調者，若醫師已盡說明義務，使病患同意具有有效性，但所同意者僅爲已說明之風險與併發症，並不是同意醫師所有醫療過程中之醫療過失行爲。醫師在診斷與治療時仍須盡應有之注意義務。

六、親自診療義務與注意義務

醫師親自診察義務，被規定在醫師法第11條。近年來關於本條之修正，主要在於因應遠距醫療之現實需求[27]。至於實務上討論，主要在醫師以外之醫療人員接受醫師指示逕爲治療是否違反醫師親自診察義務之問題。

首先應注意是最高法院94年度台上字第2676號刑事判決。在涉及醫師值班時未親自巡視病房，而以電話指示護士施予心導管檢查病患舌下硝化甘油含片解緩症狀案例中，最高法院將二審無罪判決撤銷，第一次發回更審，其判決理由有以下載述：

「醫師法第十一條第一項前段規定：『醫師非親自診察，不得施以治療、開給方劑或交付診斷書』；旨在強制醫師親自到場診察，以免對病患病情誤判而造成錯誤治療或延宕正確治療時機，尤以高危險性之病患，其病情瞬息萬變，遇病情有所變化，醫師自有親自到場診察之注意義務及作爲義務，依正確之診察，給予妥適之處分治療，以保障醫、病雙方權益，因此，該規定能否

---

27 現行醫師法第11條規定：「（第1項）醫師非親自診察，不得施行治療、開給方劑或交付診斷書。但於山地、離島、偏僻地區或有特殊、急迫情形，爲應醫療需要，得由直轄市、縣（市）主管機關指定之醫師，以通訊方式詢問病情，爲之診察，開給方劑，並囑由衛生醫療機構護理人員、助產人員執行治療。（第2項）前項但書所定之通訊診察、治療，其醫療項目、醫師之指定及通訊方式等，由中央主管機關定之。」

限定解釋爲醫師曾爲病患診察，自認瞭解病情，病患之病情若有變化，亦可依以前診察之認知，省略再次診察之手續，逕指示醫師以外之醫療人員，例如護士逕爲治療？非無疑竇，又護士所受訓練，偏重護理而非醫療，縱使經驗豐富之護士，亦不能取代醫師之診察。」

　　從上段判決文之摘錄可知，最高法院提出「非無疑竇」問題後，接著立即表示：「縱使經驗豐富之護士，亦不能取代醫師之診察。」[28]該案之後經第二次發回更審第二審法院無罪，上訴之最高法院95年度台上字第3476號刑事判決表示：

　　「本件依卷內證據資料，上訴人向護士表明郭王○○病情有所變化、情況危急，被告等接獲護士之口頭報告後，雖指示護士給予藥物治療，雖其治療尚稱持續，然被告等僅據護士口頭報告病情變化，未親自診察，即指示護士給予藥物治療，是否適當，有無違反醫師法第十一條第一項前段規定之親自診察義務，執行職務有無過失，又郭王○○手術後，若已獲儀器或護理人員之密切監視，能否排除醫師法第十一條第一項前段規定之適用等，以上各情，本院於上次發回意旨亦已指明，惟原審均未深究，於理由八逕謂：『醫師法第十一條之立法精神在規範醫師對從未診視過之病患，於病情不明情況下而予以處方之行爲；若該病患已經詳細檢查，病情明顯，醫師任何處置皆有所本，即應不屬醫師法第十一條處罰之範疇』，自嫌無據。」

　　值得注意的，最高法院101年度台上字第311號刑事判決維持下級審無罪確定。此案涉及醫師先親自診視並觸摸病患之腹部之後，因護士反應病患持續疼痛，無法入眠，遂以電話指示護士爲病患施打藥物助眠。最高法院於此判決中，贊同該案駁回自訴人上訴維持第一審無罪之第二審更審判決，而爲如下表示：「原判決以余○○業經親自診視鄭○○，在病情無重大變化情形下，爲助眠而指示護士藍○○施打上開藥物，即非未親自診斷逕下處方，並無違背醫師

---

[28] 對此判決之討論，請參王皇玉，論醫師的說明義務與親自診察義務——評九十四年度台上字第二六七六號判決，月旦法學雜誌，137期，2006年9月，頁265-280。王志嘉，論醫師親自診察義務，軍法專刊，1期，2010年2月，頁211-215。

法第十一條之規定，尚非無據。」

另外，最高法院101年度台上字第2719號刑事判決亦可作爲參考。此案涉及護理人員依據醫囑單爲病患施打止痛劑，最高法院認可該案之臺灣高等法院臺南分院之更一審判決，表示如下意見：

「原判決已說明李○○於手術後當日上午四時十五分許，出現激烈疼痛咬管等手術後常見情形，護理人員見狀即依被告手術後開立之醫囑，爲李○○施打嗎啡藥劑止痛，係護士依被告已開立之醫囑單基於專業判斷，爲減輕李○○手術後疼痛之處理方式，所爲合乎醫療常規，被告本件所爲無何疏失等情綦詳。」

上述最高法院101年度台上字第311號與101年度台上字第2719號刑事判決均涉及醫師以外之醫療人員在醫師指示下爲病人施打助眠或止痛藥劑，醫療人員並非代替醫師從事醫療行爲。在解釋上有放寬趨勢。

七、建議轉診義務與注意義務

醫療法第73條第1項規定：「醫院、診所因限於人員、設備及專長能力，無法確定病人之病因或提供完整治療時，應建議病人轉診。但危急病人應依第六十條第一項規定，先予適當之急救，始可轉診。」同條第2項：「前項轉診，應填具轉診病歷摘要交予病人，不得無故拖延或拒絕。」[29]

若醫師違反前述規定應轉診而未轉診時，是否構成刑法過失犯罪要件之注意義務違反。

在涉及中醫師醫療行爲第二審維持第一審無罪之判決，該案例第二次發回更審之最高法院95年度台上字第6914號刑事判決、第三次發回更審之最高法院97年度台上字第4739號刑事判決、第四次發回更審之最高法院99年度台上字第

---

[29] 醫院或診所違反前述規定，依據醫療法第101條第1項，可處以新臺幣1萬元以上5萬元以下罰鍰，並令限期改善；屆期未改善者，按次連續處罰。

7499號刑事判決，均有以下之表示：

「次按醫院診所因限於人員設備及專長能力，無法確定病患之病因或提供完整治療時，應建議病患轉診，醫療法第七十三條（原醫療法第五十條，九十三年四月二十八日修正移列為同法第七十三條）定有明文。（中略）。揆諸前開規定意旨，可認轉診義務亦為醫師醫療給付中之主要義務。醫療過失，係指醫療人員違反客觀上必要之注意義務而言，原則上固以醫療當時臨床醫療實踐之醫療水準判斷是否違反注意義務。然若醫師限於設備及專長，未能確定病因或提供病患較完備之醫療服務，即應為轉診，其應轉診而未轉診，使病患未及接受較妥適完整之治療，並因而致病患發生死亡之結果者，能否謂其已盡注意義務而無任何疏懈怠忽之責，非無研求之餘地。本件病患林○於被告診治期間，既已出現水腫現象，業如前述，衡酌被告診所所在地為臺北市，屬醫療資源豐富之區域，則被告當時有無續行追蹤該病患之腎功能檢驗，或為轉診之建議，攸關其於本件醫療過程中有無過失責任之判斷，自有深入查明探究之必要。原審未遑詳予剖析勾稽、根究明白，亦有調查職責未盡之違誤。」

本案最後為無罪確定是因以事實上原因所致，前述關於轉診與注意義務之討論仍是有參考價值[30]。

---

[30] 於該案之更四審判決中，臺灣高等法院撤銷無罪原判決，改判有罪，為以下表示：「被告應注意並能注意追蹤林○腎功能之檢驗或建議其轉診，但疏未為此等作為，則被告自應對病患林○之死亡，負其過失責任，亦無疑義。」被告對此有罪判決提起上訴，經最高法院撤銷原判決，第五次發回臺灣高等法院更審。最後更五審判決為上訴駁回，維持原第一審無罪判決，理由如下：「被告未建議病患轉診西醫是否有疏失，應取決於病患三次看診時，是否已出現敗血症或尿毒症的病徵。」「本次鑑定，明確指出病患林○水腫之原因，並無法單純根據上述檢驗數值做出確切診斷，且不能據以認定林○斯時已有尿毒症，則被告未依尿毒症方式治療或轉診，亦難認有何過失。」

八、專業分工上之注意義務與信賴原則

　　醫療行為必須由具備醫療專業能力與資格者為之。醫師法第1條規定，中華民國人民經醫師考試及格並依本法領有醫師證書者，得充醫師。又醫師法第8條第1項規定，醫師應向執業所在地直轄市、縣（市）主管機關申請執業登記，領有執業執照，始得執業。為貫徹前述規定，醫師法第28條明文禁止未取得合法醫師資格，執行醫療業務。除非屬於該條所定除外情形，違反者，成立擅自執行醫療業務罪。[31]此即一般所稱之密醫罪。

　　另一方面，在現今醫療專業化與團隊醫療發展下，對於同一病患之醫療行為常涉及多個醫師與藥師、護理師等其他醫事人員之專業分工。在專業分工下，必然涉及如何分配注意義務範圍，因此有信賴原則之適用。

　　在過失犯罪領域，信賴原則之功能在於透過注意義務之分配，限定注意義務範圍。我國實務最早運用信賴原則是在交通過失領域。適用前提是行為人必須本身無過失，方可主張該原則而免責[32]。

　　過失信賴原則適用於醫療領域，可參最高法院94年度台上字第1403號刑事判決。最高法院認為若醫師本身未盡監督上注意義務，就不能主張信賴原則之

---

31 該條所定除外情形法條內容，請參醫師法第28條。

32 對此，可參最高法院74年度台上字第4219號刑事判決：「汽車駕駛人雖可以信賴其他參與交通之對方亦能遵守交通規則，同時為必要之注意，謹慎採取適當之行動，而對於不可知之對方違規行為並無預防之義務，然因對於違規行為所導致之危險，若屬已可預見，且依法律、契約、習慣、法理及日常生活經驗等，在不超越社會相當性之範圍應有注意之義務者，自仍有以一定之行為避免結果發生之義務。因此，關於他人之違規事實已極明顯，同時有充足之時間可採取適當之措施以避免發生交通事故之結果時，即不可以信賴他方定能遵守交通規則為由，以免除自己的責任。」以及最高法院84年度台上字第5360號刑事判決：「汽車駕駛人對於防止危險發生之相關交通法令之規定，業已遵守，並盡相當之注意義務，以防止危險發生，始可信賴他人亦能遵守交通規則並盡同等注意義務。若因此而發生交通事故，方得以信賴原則為由免除過失責任。」

適用。其內容如下：

「原判決已敘明麻醉屬醫師法第二十八條第一項所稱之醫療業務行為；此項醫療業務行為原則上須取得合法醫師資格者始得為之，雖例外在醫療機構於醫師指示下之護士亦得為之，惟在醫師指示護士為醫療業務行為情況下，醫師對依其指示而為醫療業務行為之護士，本當負有指揮、監督之責。麻醉手術實施前之取（備）藥行為，係屬醫療輔助行為。醫師信賴有適當訓練及經驗之合格護士，並指示準備麻醉之藥物，仍須親自核對藥劑容器之標籤外觀，或口頭詢問護士，確認準備注射之藥劑無誤，以避免危險發生。上訴人為領有合格執照之婦產科專科醫師，竟疏未注意，致未親自核對藥劑之容器外觀，亦未口頭詢問護士陳○○所取藥劑是否正確無誤，未能及時發覺陳○○將止血劑（Transamin）誤為麻醉劑（Marcaine），並將誤裝之止血劑注射入病患劉聰慧腰椎內，使其因急性腦水腫合併腦疝形成，經急救無效不治死亡，體內胎兒亦胎死腹中，而按當時情狀，並無不能注意之情事，上訴人應注意能注意，竟疏未注意，致發生前開事故，顯有過失，且與病患之死亡有相當因果關係，無適用『信賴原則』免責之餘地。」

另外，在涉及第一審認定違反醫師法第28條、第二審撤銷改判無罪判決而提起之第三審上訴。最高法院109年度台上字第742號刑事判決為以下表示：

「組織醫療是一種『動態的醫療進程』，在不同進程中，參與執行醫療業務之醫事人員，依其醫療組織內明確劃分之權責，各自遵守各該專屬領域內之醫療準則及其注意義務，承擔風險並負擔責任，以共同達成更專業化、精緻化之醫療目的。故組織體系內之醫療行為，係由醫療團隊以醫療目的（以醫療、預防及矯正為目的）所為之一連串、整體性之診療行為（如診察、診斷、處方、用藥、處置、施術），無法要求各別醫療人員對所有醫療行為均應事必躬親、親力親為。惟醫療行為因其高度專業及危險性，直接影響病患之身體健康或生命，若非具有專門知識與經驗之醫師親自實施，難以期待可能產生的危害得以控制在可容忍的限度內。故醫師法第28條規定禁止不具有醫師資格者實施醫療行為。屬醫療核心之診斷、處方、手術、病歷記載、施行麻醉等行為，因需高度專門知識與經驗始得為之，故須醫師親自執行；其他醫療輔助行為，本

質上雖仍屬醫療行為，因其危險性較低，並未涉及上揭醫療核心行為，故可由醫師就特定病患診察後，交由相關醫事人員依其各該專門職業法律所規定之業務，依醫囑或醫師指示執行之。未取得合法醫師資格之護理人員、助產人員或其他醫事人員，在醫療機構於醫師指示下執行醫療業務，依醫師法第28條第2款規定，本不在禁止之列。倘不具醫師資格而執行『醫師應親自執行之醫療行為』，或相關醫事人員未經（或逾越、違背）醫師指示或醫囑而執行醫療輔助行為，均係違反醫師法第28條規定之犯罪行為。」

「又依實際工作內容觀察，醫師如與其他相關醫事人員形成上下指示或指揮監督關係時，於指揮監督之範圍內，對受其指揮監督之醫事人員之醫療過失，亦應負責，並無適用『信賴原則』免責之餘地。另醫師如交付醫療輔助行為予不具有相關醫事人員證照或欠缺相關專業能力或經驗之人執行者，復不於執行過程中在場指示、指導或監督，並應負其因違反選任或監督義務所生責任。然該執行者雖不具醫療法第10條第1項所定之醫事人員資格，既係受醫師指示或醫囑而執行醫療輔助行為，究非醫師法第28條所指之密醫行為，自不能以該罪相繩。」

九、醫療法第82條第3項、第4項實施後之見解

醫療法第82條修正後之最高法院107年度台上字第4587號刑事判決，成為目前實務適用新法之參考依據。它嘗試將修法前實務關於刑法第276條、第284條過失致死、致傷、致重傷罪與第14條醫療過失要件與醫療法第82條第3項、第4項進行整合。接下來將介紹此判決並於後提出本書所建議醫療過失判斷步驟。

（一）最高法院107年度台上字第4587號刑事判決

最高法院107年度台上字第4587號刑事判決彙整了過去以來實務見解，首先解釋醫療法第82條「違反醫療上必要之注意義務」，重申向來之一般醫師

（在此判決中採用「平均醫師」用語）與醫療常規、合理臨床裁量，以及過失犯罪應具備相當因果關係與「相當性」的判斷之立場：

「所謂『違反醫療上必要之注意義務』係以醫療行為是否符合『醫療常規』為判斷，是一種平均醫師的注意義務程度。即凡任何一個具有良知與理智而小心謹慎的醫師，在相同條件下，均會採取與保持之注意程度，其他醫師立於相同情況，皆會為同樣判斷與處置。具體而言，所謂『醫療常規』係臨床醫療上由醫療習慣、條理或經驗等形成的常規，是作為正當業務行為之治療適法性要件。通常違反醫療常規，雖可初步判斷醫療行為具有疏失，惟尚須進一步確認此疏失是否為病患非預期死傷的關鍵因素。換言之，醫療行為縱使違反醫療常規，惟此疏失行為與結果間仍須具有相當的因果關係（詳如下(二)述），始能認定為醫療過失行為。」

「至所稱『合理臨床專業裁量』即允許醫師對於臨床醫療行為，保有一定的『治療自由』、『臨床的專業裁量權限』，以決定治療方針。尤其對於罕見疾病、遇首例或對於末期病患充滿不確定性的治療，在無具體常規可遵循時，即須仰賴醫師合理的臨床裁量。其裁量判斷，除前述『醫療常規』外，另須考量醫療法第82條第4項所列之『醫療水準』、『醫療設施』、『工作條件』及『緊急迫切』等合理臨床的重要基準。因人、事、時、地、物之不同，醫療水準、設施及工作條件並非一成不變。在醫學中心、區域醫院、地區醫院或一般診所，因醫療設備、醫護人員等差異乃具浮動性，且寬、嚴亦有別。從而，對於不同等級的醫療機構，所要求於醫護人員的注意義務或裁量標準，應有所差別，對次級的醫療院所，自不能同以高級醫療院所的醫療水準、設備或工作條件，作為判斷依據。」

「又因醫療具有不確定性，病徵顯示亦相當多元，處置上也有輕重緩急，尤其在緊急情況下，更難期醫師運用常規處理問題，是關於『緊急迫切』基準，務須立於醫師立場加以判斷，若確實情況緊急，縱醫師處置不符醫療常規，於合理『臨床的專業裁量權限』上，應朝是否並無疏失方向予以斟酌。是修正後醫療法第82條第3項對於過失責任的認定標準既界定為『違反醫療上必要之注意義務且逾越合理臨床專業裁量』，並於同條第4項揭櫫多元判斷標

準，顯係爲降低醫師過失責任，有利於醫療行爲人，爾後無論修法前後關於醫療刑事過失責任的認定，自應以此作爲判斷準據。」

又以此判決以向來實務所採最高法院76年度台上字第192號刑事判決相當因果關係爲基礎，導入實證醫學觀點爲以下闡明：

「我國刑法對於過失之認定，向採過失行爲與結果間須在客觀上具有『相當因果關係』始得成立。即指依經驗法則，綜合行爲當時所存在之一切事實，爲客觀之事後審查，認爲在一般情形下，有此環境、有此行爲之同一條件，均可發生同一之結果者，則該條件即爲發生結果之相當條件，行爲與結果即有相當之因果關係。反之，若在一般情形下，有此同一條件存在，而依客觀之審查，認爲不必皆發生此結果者，則該條件與結果不相當，不過爲偶然之事實而已，其行爲與結果間即無相當因果關係。」

「是關於『相當性』的判斷，雖不要求行爲之於結果的發生必達『必然如此』或『毫無例外』的程度，惟至少具備『通常皆如此』或『高度可能』的或然率。尤其關於醫療紛爭事件，由於醫療行爲介入前病患已罹患疾病，疾病的自然因果歷程已進行中，病患在既有疾病影響下，原本就有相當機率造成死傷，對於最後死傷結果是否可歸責之後介入的醫療行爲，在於如何判斷最後死傷結果與後行的醫療行爲具有主要並相當關聯，而非病患先前的疾病原因所致。此又可分爲二個層次判斷，首先爲醫療行爲介入時，病患已存在疾病種類與該疾病發展狀況，及使病患演變成死傷結果的可能性程度如何；其次則爲正確醫療行爲介入時間點對疾病的影響如何，亦即改變疾病發展以及阻止疾病而導致病患演變成傷亡的可能性有多少。」

「換言之，要以醫學實證上經驗累積所形成的『醫療常規』爲依據，在考量疾病對傷亡的危險增加比例以及正確醫療行爲對傷亡的危險減少比例之相互作用下，倘醫療行爲可以將該疾病的死傷危險機率降低至具有顯著性的效果，則未採取正確醫療行爲可認定與病患的傷亡間有相當因果關係存在。反之，即使進行正確的醫療行爲，病患發生死傷的機率仍然過高，即表示不論有無醫療行爲介入，均不致使醫療行爲成爲病患死傷與否的主要因素，則病患死傷與否其實係其原本疾病所主導，此時醫療行爲與病患的傷亡間即無相當因果關係存

在。再因醫療行為介入病患病程的時期（潛伏期、疾病初期、高峰期、最後則為『痊癒或不可逆』期）不同，可以治療或攔截的效果亦有差異，故尚須考慮疾病的進程是否已進入不可逆期，或雖然處於可逆期，但是否可以有效攔截結果發生，及治療與否或不同時期的治療對於疾病傷亡機率降低是否沒有顯著差異等因素，如上述因素皆屬肯定，則可認沒有相當的因果關係。」

最高法院指出，以醫學實證上經驗累積所形成的「醫療常規」為依據，判斷正確醫療行為介入對傷亡的危險減少之效果。此為對傳統上相當因果關係之判斷提出修正意見，值得重視。

（二）醫療過失刑事責任判斷步驟

判斷醫療過失刑事責任架構上，參考前述最高法院98年度台上字第6890號刑事判決、最高法院107年度台上字第4587號刑事判決，結合醫療法第82條第3項、第4項「違反醫療上必要之注意義務」與「逾越合理臨床專業裁量」作為基礎，依據臨床專業裁量自由程度，發展具有可操作性之四個判斷步驟。

第一步驟必須最先確認是否屬於「純屬醫療行為操作層面」，並不需要特別考量臨床醫師醫療裁量特性，應可依據一般過失犯罪要件之客觀必要注意義務審查。屬於此種情形，例如手術時病患人別、身體部位辨識錯誤、儀器設備操作誤失、病歷資訊輸入錯誤、給藥方式錯誤（例如應注射靜脈卻注射於脊椎）、遺忘器具於體內等。在涉及團隊醫療應可適用信賴原則，必須是屬於醫師自己應負責注意義務範圍，使需進一步探究是否違反注意義務。若是醫療組織系統管理運作瑕疵，缺乏良好溝通機制，歸責於醫院較為適當[33]。未來若是將比較單純作業交給人工智慧機器人，診治醫師之注意義務應依據醫療法第81條、第63條第1項、第64條第1項、醫師法第12條之1之告知或說明義務對病人

---

[33] 醫療法第82條第5項規定：「醫療機構因執行醫療業務致生損害於病人，以故意或過失為限，負損害賠償責任。」目前醫療法並沒有法人刑事責任之規定。關於此法人刑事責任議題，可參蔡蕙芳，我國法人犯罪立法之檢視與理論建構，東吳法律學報，28卷4期，2017年4月，頁1-74。

說明人工智慧醫療器材之使用。

　　第二步驟是確認該案例是否「明顯可判」之「應為而不為」或「不應為而為」。「明顯可判」之「判」是從一般醫師（專業領域同行醫師）觀點來看，在被告醫師所處醫療場景與當時情況下，執行相同或類似醫療行為時，已有明確並無爭議之醫療常規，醫師即應遵守，法院可以依此明確判斷被告醫師違反醫療常規與醫療水準上之客觀注意義務。

　　據此，法院請求醫療鑑定時，應詢問以下問題：病患所患疾病之醫學上定義是否明確？該病徵是否具有特異性？該病患之主訴與病史是否清楚？是否有適當檢測工具，而可明確辨認屬於該疾病。同時，該領域相關診斷或治療指引中，是否已有經長期經驗累積、公認適當可採之診斷或治療方法。又，納入「當時當地之醫療水準」考量，要求醫師實施此類診斷或治療方法對臨床醫師而言是否適當？而且，被告醫師是否違反此類診斷或治療方法？若鑑定意見對以上問題之回覆是肯定，則法院可以在符合刑事證據法則要求下，認定被告醫師違反醫療常規與醫療水準上之客觀注意義務。若屬於此種情形下，與第一種「純屬醫療行為操作層面」相似，臨床醫師裁量空間小。還必須補充的是，明顯可判之應為而不為或不應為而為，只是代表證據上認定明確違反必要之注意義務，不完全等於嚴重程度之過失。

　　若是已有明顯可判常規上之治療方法，但醫師卻打破常規，選擇醫療當時非常規之治療方法（例如閱讀最新文獻進行個案研究），在此時，若已事前對病人為告知充分說明與得其同意，亦即，告知該治療方法之利弊得失及可能引致風險，使評估其他選擇之可能性。在此種情形下，亦可認為不屬於「明顯可判」之「應為而不為」、「不應為而為」。

　　第三步驟是經前兩步驟篩選後，剩餘需要處理問題類型是診斷不易或難以診斷病例。臨床醫師在診斷方法與治療方法上有判斷、裁量空間。屬於此種類型如症候群、臨床多種表現、醫療指引中許多種診斷或治療上各種建議。雖診斷與處置有裁量空間，但亦需符合一般醫師在醫療常規與醫療水準上之客觀注意義務。

　　在臨床上，為了提高診斷正確率，會從過去經驗，分析診斷出錯概率高之困難診斷病症，而作出防止錯誤或延遲診斷之各種臨床指引。由於仍有一定應遵守規範，臨床醫師診斷裁量與處置空間是有一定限度。

　　最後，也就是第四步驟所要檢驗之病例是屬於沒有一定範圍之治療或診斷方法。亦即，最高法院107年度台上字第4587號刑事判決中所提之「尤其對於罕見疾病、遇首例或對於末期病患充滿不確定性的治療」，在無具體常規可遵循時，即須仰賴醫師就個案情形，針對被告最佳利益，做合理的臨床裁量。這個合理裁量就是具有最大裁量空間。進行此類醫療行為時，在醫療常規上必須向病患說明並取得同意。

　　以上是關於是否「違反醫療上必要之注意義務」與「逾越合理臨床專業裁量」之確定。接下來，還需確立醫療過失刑事責任必須是違反注意義務行為與結果發生有相當因果關係。值得參考的是，最高法院107年度台上字第4587號刑事判決主張對最高法院76年度台上字第192號刑事判決「依經驗法則，綜合行為當時所存在之一切事實，為客觀之事後審查」中之「經驗法則」取代以「以醫學實證上經驗」之「醫療常規」為判斷依據。並加上「幾乎可以確定」要件之避免可能性理論，亦即，若給予救治，病患幾乎確定可以生存。

第二部分

案例研究

〔有罪判決〕

第一案　急性心肌梗塞誤診案
（臺灣苗栗地方法院88年度訴字第68號刑事判決）

一、案例基本資料

（一）公訴事實與起訴意旨

醫師甲、醫師乙均服務於苗栗縣（市）Z綜合醫院（下稱Z醫院），醫師乙並兼任該院之院長。病患X於民國八十六年九月二十七日十三時四十分許，駕駛自用小車行抵苗栗縣（市）擦撞路旁停放之車輛，於同日十三時五十六分，經送往Z醫院由醫師甲為其作急診治療，病患X主訴暈眩、噁心、嘔吐及冒冷汗等症狀，醫師甲判定為心肌梗塞、暫時性腦缺血而予以留院觀察；病患X於住院期間，自同年月二十八日起，續由醫師乙為其診治，為病患X作X光檢查及開立促進末稍血管循環之藥劑；病患X之妻因見其病情未見好轉，於同年月二十九日上午九時許辦理出院手續，將病患X轉送臺北縣林口鄉G紀念醫院診治，到該院急診之際，病患X突發癲癇症及喪失意識，經留院急救無效，於同年十月二日十九時四十五分許死亡。

案經檢察官起訴指出：醫師甲（下稱被告甲）應注意病患X主訴暈眩、噁心、嘔吐及冒冷汗等症狀，臨床診斷上非無可能為蜘蛛網膜下腔出血，自應立即施以脊髓液穿刺或腦部電腦斷層或其他神經檢查加以證實，疏未施以相關檢查，竟背於病患X主訴症狀之臨床診斷可能性，逕予判定病患X為心肌梗塞。醫師乙（下稱被告乙）接續診治時，亦疏未注意病患X主訴暈眩、噁心及頸部僵硬等症狀，臨床診斷上為蜘蛛網膜下腔出血之

可能性，且參考當日抽血之血清檢查CPK（肌酸激）值為198 U/L，未達臨床診斷上心肌梗塞應大於300 U/L之標準；因無心肌梗塞病兆，亦未迅及施以腦部斷層檢查，藉以查知病患X確實病因，為必要之醫療處置。

關於本件醫療事實之時序圖如下：

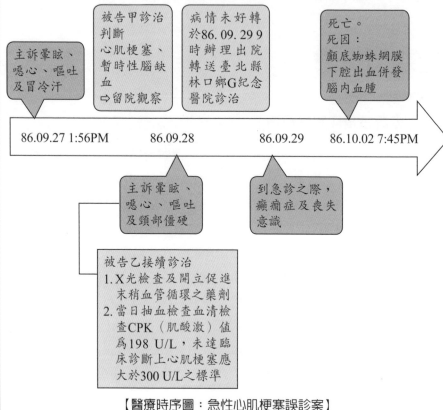

【醫療時序圖：急性心肌梗塞誤診案】

（二）被告回應

被告甲對於病患X於Z綜合醫院急診時由其診治並認定係急性心肌梗塞之事實坦承不諱，矢口否認有何過失犯行並辯稱：

伊係依據心電圖判斷病患X有心肌梗塞現象，而排除可能為蜘蛛網膜

下腔出血，且顧慮心肌梗塞患者，需臥床靜養，故暫時末施以脊髓液穿刺或頭部電腦斷層掃描，況伊有說要作頭部電腦斷層掃描，因病患X拒絕始末予檢查。

被告乙對於病患X住院期間曾由其診治之事實坦承不諱，矢口否認有何過失犯行並辯稱：

病患X於Z綜合醫院住院期間之主治醫師係被告甲，伊並非本件之主治醫師，伊是八十六年九月二十八日上午至病患X病房巡房時，觀察病患X結果，疑有腦部出血現象，故曾考慮施以腦部斷層掃描並記載於病例紀錄，該記載係給病患X之主治醫師即被告甲看，另伊雖有為病患X作X光檢查及開立促進末稍血管循環之藥劑，但此係基於巡房醫師就病患X當時需要所作之處置，不可據此即認定被告對病患X負有診治義務。

（三）鑑定意見

1.醫審會鑑定結果

本案有行政院衛生署醫事審議委員會鑑定書共兩份，就「無明顯證據顯示心肌梗塞發作」鑑定如下：

本件於偵審中先後送請行政院衛生署醫事審議委員會鑑定，結果亦均認定病患X主訴症狀最有可能之臨床診斷為蜘蛛網膜下腔出血，需以脊椎液穿刺或腦部斷層檢查加以證實，且認病患X臨床表現並無明顯證據顯示心肌梗塞發作，認被告甲確有誤診情事。

2.法醫意見

臺灣苗栗地方法院檢察署檢察官督同法醫師相驗屬實，病患X死因確因自發性蜘蛛膜下腔出血死亡。

（四）判決結果

臺灣苗栗地方法院於民國90年01月19日作出判決，認定本件事證明確，被告二人均成立刑法第276條第2項業務過失致死罪，各處有期徒刑柒月。均緩刑貳年。

被告、檢察官於法定上訴期間未上訴，本案判決即確定。

（五）判決理由

被告兩人成立業務過失致死罪之理由，摘要如下：

病患X於Z醫院急診及住院觀察期間，由被告甲、乙為之分別診治，且經被告甲為病患X急診時判定為心肌梗塞、暫時性腦缺血，出院時亦由被告乙為之開具病名為急性心肌梗塞之診斷證明書及被告二人均未曾對病患X作頭部電腦斷層掃描。

1.被告甲

法院徵諸病歷紀錄所附急診病歷載明病患X入院急診時主訴暈眩、噁心、嘔吐及冒冷汗等症狀，被告甲且已察覺病患X腦部有異狀，何以未對病患X主訴症狀疑為臨床診斷上最有可能之蜘蛛網膜下腔出血？

被告甲身為急診醫師，即有為病患X診治之義務，豈可因病患X排斥即未施以正當且必要之診治行為？且衡情倘病患X拒絕被告甲作頭部電腦斷層掃描屬實，被告甲對此攸關自身醫療責任之事項，應會載入病歷紀錄，何以本件遍查上開急診病歷中，被告甲並未為此項記載。

被告甲未對病患X施以頭部電腦斷層掃描，藉以查明病因，迄於翌日（即二十九日）病患X出院時止，猶認定為急性心肌梗塞，被告甲之認定顯有疏失至明。

2.被告乙

法院先釐清被告乙是否為病患X之主治醫師：

主治醫師通常係對住院病患負責診治之醫師；又病患住院通常應經醫師開具住院許可單後，病患始得辦理住院；醫師如僅於住院許可單簽單，於病患住院後，並無醫病關係存在，而由另名醫師診治，則該醫師應非為病患之主治醫師等情，業據行政院衛生署函覆本院明確。

查被告乙於病患X住院期間為Z醫院之院長，而該院僅有被告甲、被告乙醫師二名，且被告二人均為病患X之主治醫師乙節，被告甲於本院審理中供述甚明。

　　法院徵諸被告乙於偵審中自承：

　　伊於八十六年九月二十八日病患X住院期間為病患X診治時，病患X曾向伊主訴頸部疼痛等症狀，曾為病患X作X光檢查及開立促進末稍血管循環之藥劑予病患X服用，且於觀察病患X結果，疑有腦部出血現象，曾考慮施以腦部斷層掃描並記載於病歷紀錄，有病患X病歷紀錄一份附卷可憑；故被告乙上揭行為自屬為病患X診治之醫療行為，而非被告乙辯稱之會診行為至明。

　　被告乙另辯稱伊在病歷紀錄記載考慮對病患X施以腦部電腦斷層掃描係給病患之主治醫師即被告甲看，被告甲於本院審理中當庭堅詞否認。法院認為：

　　被告乙身為醫師於為病患X實施診治行為時，發現病患X有需要作腦部電腦斷層掃描，自應本於醫師為病患診治之職責，主動為病患X作腦部電腦斷層掃描，而其既自承懷疑病患X可能為蜘蛛網膜下腔出血在先，卻疏未注意為病患X立即施以上開診治行為，其自有過失至明。

　　另被告乙辯稱：伊有建議為病患X作頭部電腦斷層掃描，因病患X家屬拒絕始未予檢查。證人A（即病患X之家屬）於本院審理中到庭證述：

　　伊當時有向被告乙建議是否為病患X作頭部電腦斷層掃描，被告乙當時告訴她病患X係罹患心肌梗塞不會有生命危險，並未為病患X作頭部電腦斷層掃描，是被告乙上開辯解，亦不足採。

　　病患X於九月二十八日住院期間被告乙為之診治時，向被告乙主訴頸部疼痛等症狀，被告乙供述明確，並有病患病歷表在卷可參，是被告甲身為醫師於參酌病患急診時之病歷上所示主訴項目及被告乙為病患診治時病患主訴頸部疼痛等症狀，自非不得判斷病患X係屬蜘蛛網膜下腔出血，況參以病患X上開Z醫院病歷紀錄所附生化、血清學檢驗報告單載明同日血液檢查結果，病患X血清CPK值僅為198 U/L，並未逾越300 U/L，非不可得知病患X並無明顯心肌梗塞之病情。

　　綜上，法院採用鑑定結果，病患X主訴症狀最有可能之臨床診斷為蜘蛛網膜下腔出血，需以脊椎液穿刺或腦部斷層檢查加以證實，且認病患X

臨床表現並無明顯證據顯示心肌梗塞發作，被告甲確有誤診情事。

其次，依據Z醫院病歷紀錄所示，病患X在Z醫院診治期間，意識清醒、生命徵候穩定，其於八十七年九月二十七日病發，遲至同年十月二日死亡，顯見病患X並非突發急性出血，被告二人若能即時查知病因，施以適切之治療，非不可治癒，是以被告乙、甲為病患X人診治之際，誤予診斷為心肌梗塞，致未能即時為適當之治療，終至病患X延遲治療而死亡，則被告之過失行為即與病患X之死亡間，具有相當因果關係，至為明確。

二、延伸思考

問題一：假設被告判斷病患以心肌梗塞可能性較高，但亦懷疑有蜘蛛網膜下腔出血之可能性，則下列兩種情況應分別如何處置為適當？是否有違背病患身體自主權之疑慮？1.病患之意識清楚且堅持不接受腦部電腦斷層檢查；2.病患之意識時而清楚時而暈眩，且堅持不接受腦部斷層檢查。

問題二：假設病患自發性蜘蛛網膜下腔出血如未經任何治療的結果為死亡，再假設被告雖誤將病患情況診斷為心肌梗塞，但其對病患的處置適巧亦延後病患的死亡，則被告之誤診是否應負過失責任？

三、判決來源

第二案　車禍頭痛誤認案
（臺灣基隆地方法院89年度訴字第749號刑事判決）

一、案例基本資料

（一）公訴事實與起訴意旨

醫師甲於八十六年九月間，任G紀念醫院基隆分院腦神經外科（下稱G醫院）。乙、丙夫婦之子（下稱病患L）於八十六年九月七日因車禍至基隆T醫院急診室求診，經初步診斷後轉診至G醫院急診室，由醫師甲主治，經檢查發現病患L左側氣胸、左側枕骨凹陷性骨折併輕微腦水腫，而住進加護病房接受治療，於同月九日轉至普通病房繼續治療，期間病患L經兩次腦部電腦斷層檢查。病患L持續主訴頭痛嚴重。

八十六年九月十一日凌晨，病患L產生突發性心跳呼吸停止及意識變化，此時醫師甲經護士通知立即趕至施以急救，病患L於同日凌晨三時十五分死亡。

案經病患L之父母訴請臺灣基隆地方法院檢察署檢察官偵查、起訴指出：

醫師甲（下稱被告甲）身為具備充分經驗之合格神經外科專科醫師，原應注意後顱窩小腦部位之受傷病變，特徵即是在未產生致命性危險前，臨床症狀除頭痛、頭暈外，其餘神經症狀並不明顯，當病變漸重，如腦水腫變嚴重導致壓迫腦幹，阻塞第四腦室時，產生水腦，若無法抑制而進一步壓迫腦幹時，將隨時可能產生突發性之死亡。當時病患L持續主訴頭痛嚴重，且依第二次電腦斷層檢查，與第一次之電腦斷層比較，第四腦室已看不清楚，且腦室已有擴大，即第四腦室已有部分阻塞之病理現象，小腦部分明顯已有病變漸重之情形，客觀上被告甲對此情況並非絕對不能注

意，惟其仍未能注意及之，僅依其神經學指數及臨床症狀未見異狀之情況，誤認病情並未惡化，只採取持續觀察及施以止痛針劑等消極之醫療作為，而延未採取後顱窩顱骨切手術併腦膜整形或其他可達減壓以防止腦幹及第四腦室之壓迫等符合臨床實踐上醫療水準之積極治療措施，以及時挽救病患L之生命。

　　關於本件醫療事實之時序圖如下：

病患L車禍至基隆T醫院急診室求診，經初步診斷後轉診至基隆G紀念醫院急診室

病患L持續主訴頭痛嚴重

突發性心跳呼吸停止及意識變化
⇨急救
同日凌晨3時15分死亡

86.09.07

86.09.11凌晨

被告甲診治
左側氣胸、左側枕骨凹陷性骨折併輕微腦水腫，住進加護病房治療
86.09.07第一次電腦斷層檢查：小腦部位輕微水腫擠壓現象
⇨同月9日轉至普通病房繼續治療

期間病患L經兩次腦部電腦斷層檢查，依據該兩次間隔兩天之腦部電腦斷層檢查結果，其凹陷性之骨折並無產生明顯變化之血腫效應。第二次電腦斷層檢查（推測86.09.09執行）顯示：小腦部位有較前嚴重之水腫及水腦症現象
依病歷之記載，顯示病患L昏迷指數、瞳孔大小及對光反應、四肢肌力之變化與姿勢等神經學檢查以及血壓、心跳及呼吸等臨床症狀，均無異狀

【醫療時序圖：車禍頭痛誤認案】

（二）被告回應

被告甲辯稱：

病患L在突發性心跳呼吸停止前，其意識清醒，昏迷指數達十四、十五分（滿分為十五分），對一意識清楚之病患，僅得依神經學指數及臨床症狀推斷其有無顱內壓升高之情形，而本件病患L根本無任何神經學指數異常之狀況出現，當然無法採取任何侵入性之治療手段。

（三）鑑定意見

1.醫審會鑑定結果

本案有行政院衛生署醫事審議委員會鑑定意見書二份。

就醫療有無疏失部分鑑定意見摘要如下：

(1)第一次鑑定

病患L於八十六年九月七日住入加護病房治療，昏迷指數一直在十四至十五分左右，經兩天之治療，其昏迷指數仍呈現穩定現象達十四至十五分，且並無神經功能障礙之產生。

九月九日追蹤之腦部電腦斷層檢查，顯示枕骨骨折，第四腦室阻塞，及下腦兩側腦室擴張之水腦症現象，醫師應給予積極之處置，如放置引流管等。且雖其認被告使用之止痛劑量並無不當，但認為此一病例其頭部外傷導致左枕骨凹陷之骨折，其顱骨底下涵蓋大腦枕葉以及小腦等部位，依據兩次前後間隔兩天之腦部電腦斷層檢查結果，其凹陷之骨折並無產生明顯變化之血腫效應，但是第一次之斷層檢查已產生小腦部位之水腫擠壓現象，而於第二次之追蹤檢查中已出現更嚴重之小腦部位水腫及水腦症現象，再配合臨床上之記載結果，顯示病患一直持續遽烈之頭痛症狀，且越趨嚴重，止痛針劑之使用量也日趨增加。九月九日後雖無再追蹤檢查腦部電腦斷層，此時可能病患水腦及腦水腫之情形已越趨嚴重，而最後導致死亡。

誠如解剖鑑定報告中所言，在醫療上有未周全之處，G醫院應可採取更積極之處置，以嘗試挽救病患之生命。

(2)第二次鑑定

　　該鑑定意見書所示，認為第一次施用之頭部電腦斷層檢查時，其結果為蜘蛛網膜下腔出血，局部性之枕骨骨折出陷，並無異議，但第二次電腦斷層檢查時，其結果為枕骨骨折、兩側腦室擴大、第四腦室阻塞，放射科報告結論為腦水腫引發水腦症。

　　上開結論之意義即為因枕骨骨折，導致其下小腦受損，產生小腦腦水腫壓迫其下之腦幹部位，致第四腦室阻塞，而引起腦室擴張之水腦症。鑑定結果同意放射科之結論，理由為前後兩次在三天內之腦部電腦斷層比較，確實有明顯之變化，且有枕骨骨折，小腦水腫與第四腦室阻塞之病理現象。且被告醫師當時並未施予顱內壓監視器之置入術，無從記錄顱內壓，無法證實顱內壓正常，但病患臨床症狀根據病歷記載確實並不明顯，惟病患連續持續嚴重頭痛，完全依賴Codeine止痛、且注射針劑之頻率越來越高，甚至最後未滿六小時即要求施打，這就是一項警訊。

　　另病患之重要病變部位在於後顱窩小腦部位，在醫學上後顱窩之受傷病變，本就與大腦部位之外傷病變不同，後顱窩之受傷病變其特徵就是在未產生致命性危險前，臨床症狀除了頭痛、頭暈外，其餘神經症狀並不明顯，當病變漸重，例如腦水腫變嚴重導致壓迫腦幹，阻塞第四腦室，產生水腦，若無法抑制而進一步壓迫腦幹時，就隨時產生突發性的死亡，其表徵為(1)瞳孔起初並未散大，有時甚至縮小中到死亡後才放大，(2)突發性心跳呼吸停止及意識變化而致死，其死亡之原因病灶乃在於腦幹受到壓迫抑制，而小腦水腫、第四腦室阻塞、水腦症，只是臨床上作為顱窩受傷時之治療重要指標，並非真正致死原因。

　　而如第一次鑑定所言，其治療可施予腦室外引流，矯正水腦症現象，且此手術就神經外科醫師而言，算是安全性相當高，並且一般歸類為小型手術，但那只是矯正水腦症而已，並未解決真正之致命病灶；另外還有更積極之治療法，如後顱窩切除手術併腦膜整形，可以達到減壓效果，甚至可能防止腦幹及第四腦室之壓迫。

2.法醫意見

　　本件經臺灣高等法院檢察署法醫中心解剖複驗，其病理檢查結果為因車禍致頭部顱骨骨折、顱內出血、腹、胸腔出血，引致腦水腫腦壓增高併發肺水腫，致心肺功能衰竭死亡。

（四）判決結果

　　臺灣基隆地方法院於民國90年04月09日作出判決，法院判決被告甲因業務上之過失致人於死，處拘役拾日，如易科罰金以參佰元折算壹日，緩刑貳年。

　　被告、檢察官於法定上訴期間未上訴，本案判決即確定。

（五）判決理由

　　被告甲辯認本件病例應係所謂遲發性顱內出血，質疑醫審會前述第二次鑑定之意見：高檢署法醫中心之解剖報告僅謂死者腦部整體水腫著明，但並未發現有水腦症及第四腦室阻塞與小腦病變之情形，與醫審會第二次鑑定不同。

　　法院查高檢署法醫中心之病理檢查結果就遺體解剖所見之情形為描述，並推斷可能之死因，但對死亡之前病患身體組織之病變狀況，並未為詳細之記載，而其既認死者係因顱內出血，引致腦水腫腦壓增高併發肺水腫，致心肺功能衰竭死亡，並認依病歷、X光及電腦斷層之檢查，病變應已查出，而未能及時挽救，醫療上有未儘周全之處，縱未載明係何情形之「顱內出血」，但顯然絕非認為此處之顱內出血，係被告所稱醫學上無法預防之「遲發性之顱內出血」。

　　法院判斷惟其徵結在於被告甲所稱之神經學指數能否完全指示死者體內之真實情形？以及被告甲是否能有其他途徑可得探知？認為病歷中未見被告甲進行是否平衡失調之測試，以病患L僅主訴頭痛，未見嘔吐等現象，即謂其小腦部位並未有任何受壓迫病變，未免率斷：

　　被告甲於答辯狀所稱神經學檢查項目包括A、昏迷指數的改變。B、

瞳孔大小和對光反應。C、四肢肌力的變化和姿勢。D、是否有局部神經學缺損症狀等，而死者於心跳呼吸停止前，上開指數均正常等情，即使屬實，惟事實上上開神經學檢查項目應係指腦幹之病變而言，上開神經學項目正常，僅能認為檢查當時腦幹尚未受影響，並非等同於腦內其他部位，尤其小腦，均無病灶，且前述醫審會第二次鑑定亦謂在醫學上後顱窩之受傷病變，本就與大腦部位之外傷病變不同，後顱窩之受傷病變其特徵就是在未產生致命性危險前，臨床症狀除了頭痛、頭暈外，其餘神經症狀並不明顯，當病變漸重，例如腦水腫變嚴重導致壓迫腦幹，阻塞第四腦室，產生水腦，若無法抑制而進一步壓迫腦幹時，就隨時產生突發性的死亡。

而被告雖否認此一論斷之正確性，惟縱依被告所提出之Handbook of Neurosurgery第一二四頁（Mark S. Greenberg著）亦有謂：「小腦扁桃體（小腦之一部分）如果穿過枕骨大孔，即會壓迫延腦，造成呼吸的停止，通常會快速致命。上述情形可發生在大腦或小腦的腫瘤或是顱內壓升高之情況，也可以是因為腰椎穿刺所誘發。在大部分的病例中，其可僅僅單純的腦幹受到壓迫，而沒有真的小腦扁桃體疝脫，即可致命，亦有一些病例，是有明顯小腦扁桃體疝脫，但病人的意識仍然非常清醒。」亦可印證絕非病人意識清醒，並非即可認定小腦部位無受壓迫之情形。至於被告又辯稱如病患小腦受損傷或發生功能病變，則因小腦職司平衡，勢將發生嘔吐、噁心、暈眩、平衡失調之現象。

本件病患L亦無此情形，而認亦無小腦受壓迫病變之情況，惟被告所稱依病歷所記載，病患L之各項昏迷指數、瞳孔、四肢等神經學病徵正常，僅係腦幹之生命跡象，至於小腦部位有無病變，依病歷所示，未見被告進行是否平衡失調之測試，例如下床直線行走或Nose-Finger-Nose Test、Finger-to-Finger Test、Heel-to-Knee Test等，僅以病患僅主訴頭痛，未見嘔吐等現象，即謂其小腦部位並未有任何受壓迫病變，未免率斷。

被告再辯稱此可能係電腦斷層檢查之干擾所致，未必是第四腦室阻塞，法院判認依第二次電腦斷層檢查結果，當亦非絕對無法預見：

　　惟即使後顱窩部位之電腦斷層檢查有時可能受干擾，但前後二次之電腦斷層此部位之狀況既有顯著差異，且死者頭部受創而出現凹陷性骨折處即靠近小腦及第四腦室之枕骨部位，而於此部位有凹陷性骨折，其向內擠壓顱內腦組織應屬當然。且第二次電腦斷層復顯示骨折處附近之第四腦室看不見，被告如有充分之警覺，實不應輕易排除係受擠壓阻塞之可能，而認為只係單純之電腦斷層檢查受干擾而已，而如能警覺第四腦室於二次電腦斷層檢查間之病變情形，則對於在第四腦室下方，顱骨枕骨內小腦部位及腦幹之可能受壓迫，當亦非絕對無法預見。

　　法院再就積極之醫療措施說明：

　　本件病患L確係因枕骨凹陷骨折，導致小腦水腫，阻塞第四腦室，進而壓迫抑制腦幹，產生突發性心跳呼吸停止致死，應堪認定。而被告甲如能於小腦受傷病變之時，及時採取可達到減壓效果之醫療措施，應非不能防止其小腦水腫波及腦幹部位。至於其積極之醫療措施如何？

　　醫審會第一次鑑定認為可實施腦室外引流，第二次鑑定亦認為可施予腦室外引流，以矯正水腦症，但水腦症並非本件真正之致命病灶，應採取更積極之治療法，其並認可施以後顱窩切除手術併腦膜整形，可達減壓效果，甚至防止腦幹及第四腦室壓迫。雖被告辯稱所謂後顱窩切除手術併腦膜整形，此一手術之成功治癒率、適應症、禁忌症等，並未見於醫學文獻，健保局之醫療保險給付，亦無此項目，即使被告甲服務之G醫院亦從未聞見有此一手術，其並非臨床上針對後顱窩損傷通行之手術。

　　醫審會第二鑑定之判斷重點在於認定被告應採取可達減壓效果之積極性治療措施，至於後顱窩切除手術併腦膜整形手術為建議性質，而對已知小腦病變可能進而壓迫腦幹時，依目前之臨床實踐上之醫療水準，並非即屬束手無策，毫無任何可行之減壓措施，而被告根本未評估採行任何足以達減壓效果之積極性治療措施，自難僅以醫審會建議之前述手術並非臨床上通行之醫療行為，即推卸其應負之注意義務。

　　綜上，法院認為：

　　本件被告甲為病患L之主治醫師，於初步檢查得知其病患L受有後顱

窩凹陷性骨折之外傷時，就該後顱窩傷勢之診斷及治療，即應負有符合臨床實踐上醫療水準之注意義務，而其在病患持續嚴重頭痛且比較第一、二次電腦斷層時，並非絕對無法發現該病患小腦之水腫有漸重之現象，且可能進而壓迫腦幹而危及性命，即依其當時客觀情形其亦無絕不能注意之情形，惟被告甲當時仍疏於注意，未能及時發現病患重要病灶之小腦水腫病變，及可能加重導致壓迫腦幹，以致僅採取施以止痛劑及繼續觀察之消極作為，因此延誤病患L之救治時機，導致其小腦水腫已進而壓迫腦幹，出現呼吸停止等現象時，再予搶救，而為時已晚，自難謂其醫療行為已符合現行臨床實踐上之醫療水準，而無任何疏失。且如被告甲在第二次電腦斷層時及時發現第四腦室受阻塞時，並及時施以可達減壓效果，防止腦幹受壓迫之手術治療，應可避免此一致命病灶之出現，是其死亡結果與被告甲之過失自有相當因果關係，可堪認定。

　　本件被告犯罪之事證已甚明確，其犯行應堪認定，被告甲聲請再進行第三次鑑定，經核並無必要，併予敘明。

二、延伸思考

　　問題一：本案被告主張病患神經學指數及臨床症狀均未見異狀，惟醫審會意見認為不能據此即排除病患有潛在危急狀況，並建議應採取積極侵入性的治療方式如後顱窩切除手術併腦膜整形。其他事實不變，假設被告當下決定施行後顱窩切除手術併腦膜整形，惟術中未見明顯水腫而發現兩次電腦斷層差異應係干擾所致，被告是否有過失？

　　問題二：本案爭點之一在於病患顱內出血的發生時機，法官承認「法醫中心之病理檢查結果僅係就遺體解剖所見之情形為描述，並推斷可能之死因，但對死亡之前病患身體組織之病變狀況，並未為詳細之記載」，但對於被告以「排除方式」推論為遲發性顱內出血則予以否定。請問是否有其他方式可舉證還原病理變化的過程？該舉證責任應由檢方（原告）承擔或由被告承擔為宜？

問題三：本案被告主張病患主訴頭痛，未見嘔吐等現象，因而判斷病患小腦部位未受壓迫病變。法官認為病歷中未見被告為病患進行是否平衡失衡之測試記載，因而認為被告對病患情況之判定率斷，請問你是否同意法官對於病歷的詮釋？

問題四：假設被告的主張為真，即後顱窩切除手術併腦膜整形之成功治癒率、適應症、禁忌症未見於醫學文獻，且非健保醫療給付項目；本案法官雖同意鑑定意見之提出該手術為建議性質，但解讀為顯示目前臨床實踐上對病患之情況並非束手無策，則從本案法官之見解可引申其認為之注意義務標準為何？

問題五：本案法官同意病患之情況在醫學上非常罕見，稱「被告於本件之醫療上疏失，或許為大多數醫師均可能發生」，惟法官仍認為被告有過失，請問你認為醫學上罕見病例之醫療過失應如何界定？

三、判決來源

第三案　酒精成癮併發症未早期診斷案

（臺灣嘉義地方法院90年度訴字第105號刑事判決）

一、案例基本資料

（一）公訴事實與起訴意旨

醫師甲服務於嘉義市區T醫院。民國八十九年二月二日下午五時三十分許，病患U因酗酒身體虛弱，精神不佳且有幻覺等現象，送往該院治療，嗣經醫師甲於該日二十時看診，診斷為酒精成癮，多日無法進食，兩眼發黃，虛弱不堪等症狀，於翌日（即同年月三日）上午八時許死亡。

案經病患U之弟乙訴請臺灣嘉義地方法院檢察署檢察官偵查、起訴指出：

醫師甲（下稱被告甲）身為專業醫師，本應注意病患上開病症需立即安排必要之檢查，及記錄病患狀況、生命徵候等各項數值，而依當時情況，並無不能注意情事，詎疏未注意，僅作單次血壓值紀錄外，並無其他有關呼吸、心跳等徵候紀錄，致缺乏初步臆斷及鑑別診斷作為處置之依據，及病患狀況之改變無法及早查覺，因而喪失及早處置或建議轉院之時機，導致病患U因急性肺炎併肺膿瘍及成人呼吸窘迫症候群，未能早期診斷或轉介使能接受加護醫療，於翌日（即同年月三日）上午八時許死亡。

關於本件醫療事實之時序圖如下：

病患U因酗酒
身體虛弱，精
神不佳且有幻
覺等現象，送
往該院治療

死亡
死因：
急性肺炎併肺
膿瘍及成人呼
吸窘迫症候群

89.02.02 5:30PM   89.02.03 8:00AM

被告甲該日20時
看診
酒精成癮，多日
無法進食，兩眼
發黃，虛弱不堪
等症狀。
⇨安排其住院及
給予點滴注射治
療及血壓測量

被告甲於該日
22時探視

【醫療時序圖：酒精成癮症未早期診斷案】

（二）被告回應

被告甲辯稱：

其坦承於上開時地為病患病患U看診，惟因當日已近下班，故未作一般檢查，惟否認有何過失犯行，辯稱：病患送醫當時，家屬未提供有發燒，僅說精神異常，亦未有足資作為轉診判斷之生理徵候。

（三）鑑定意見

1.醫審會鑑定結果

本案有行政院衛生署醫事審議委員會（下稱醫審會）三次鑑定，共三份鑑定書，摘要如下：

(1)第一次鑑定

就喪失及早處置或建議轉院之時機說明：

病患U於八十九年二月二日經家屬送往醫院就醫時，經被告甲於該日二十時看診，家屬告知病患為酒精成癮，多日無法進食，被告甲發現病患兩眼發黃，虛弱不堪，安排其住院，及給予點滴注射治療及作血壓測量，並未立即安排胸部X光及血清學方面等必要檢查等情，業據被告甲供明在卷。

甲參酌T醫院病歷表，病患主訴及醫師診斷均未於病歷表上記錄，且被告甲於該日二十二時探視時，亦未於病歷表上記錄病患狀況及生命徵候等各項數值，足徵「被告甲於診斷病患病情後，並未立即作必要之檢查及於病歷表上記錄病患狀況，因此喪失及早處置或建議轉院之時機」。

(2)第二次鑑定

就早期診斷或轉介與存活機會說明：

病患死因為急性肺炎合併肺膿瘍及成人呼吸窘迫症候群，此有相驗屍體證明書、驗斷書、法醫解剖鑑報告等在卷為憑，該項診斷之危險因子和死亡率增加有關，包括年齡大於六十五歲、肝硬化、後天免疫功能不全病毒感染、惡性腫瘤、器官移植及敗血症等相關，本件之病患資料，並未有相關之證據顯示死亡率增加之因素，在未有上述慢性病狀態下，死亡率僅百分之三十五，小於六十五歲僅百分之十六，而治療技術之進步，包括呼吸器使用方式之進步，急性呼吸窘迫症候群死亡率有降低之趨勢，因此，「早期診斷或轉介使能接受加護醫療，則本案病患具有百分之八十四之存活機會」。

(3)第三次鑑定

就肺炎及肺膿瘍併發呼吸窘迫症之常見症狀說明：

肺炎及肺膿瘍併發呼吸窘迫症，常見症狀包括發燒、畏寒、呼吸困難、血壓下降、意識障礙、食慾不振、膿痰以及產生敗血症之相關症狀，如黃疸、休克、小便量減少及昏迷等，因此，死亡前十小時期間均無任何症狀，可供醫師作診斷及依據之機率殆無；且醫師對初診病患均應注意詢

問病史及檢查身體等基本診療步驟，不因科別不同而異。

　　本案病患U主訴中已提及多日不吃不喝，精神不佳及幻覺等症狀，應注意是否為酒精戒斷症候群，並進一步診治；按文獻報告，肺部病灶引起之急性呼吸窘迫症候群，在沒有合併免疫功能低下或惡性病變等情況之死亡率為百分之三十五，小於六十五歲者為百分之十六，本案病患初期並未呈現休克現象，如給予加護醫療其存活率最佳可達百分之八十四之機率。

2.法醫意見

　　病患死因為急性肺炎合併肺膿瘍及成人呼吸窘迫症候群，此有相驗屍體證明書、驗斷書、法醫解剖鑑報告等在卷為憑。

（四）判決結果

　　臺灣嘉義地方法院於民國90年08月24日作成判決，被告甲為從事業務之人，因業務上之過失致人於死，處有期徒刑陸月，如易科罰金，以參百元折算一日。緩刑伍年。

　　被告、檢察官於法定上訴期間未上訴，本案判決即確定。

（五）判決理由

　　法院採認醫審會三份鑑定意見，並認依吾國現今醫療體系及醫師應具之醫療責任、職業道德而言，醫師對初診病患均應注意詢問病史及檢查身體等基本診療步驟，不因科別不同而異。被告甲身為醫師，於八十九年二月二日二十時為病患U看診時，即負有前揭之注意義務。

　　又依病患U之死因（成人呼吸窘迫症候群、急性肺炎合併肺膿瘍）、死亡時間（八十九年二月三日上午八時許）、身體狀況（多日不吃不喝、身體虛弱、精神不佳、有幻覺）及一般醫學病例而言，病患U於死亡前十二小時（即八十九年二月二日二十時被告甲看診時）、死亡前十小時（即被告甲探視時）應有發燒、畏寒、呼吸困難、血壓下降、意識障礙、食慾不振、膿痰、黃疸、休克、小便量減少及昏迷等生理徵候可供被告甲作為診斷依據，上開病患死亡前之生理徵候為被告甲所能注意之事項；被

告甲看診時獲家屬告知病患為酒精成癮，多日無法進食，且發現病患兩眼發黃，虛弱不堪，並未立即安排胸部X光及血清學方面等必要之檢查，病患主訴及醫師診斷均未於病歷表上紀錄，又探視病患時，亦未於病歷表上紀錄病患狀況及生命徵候等各項數值，因此喪失及早處置或建議轉院之時機，被告甲並未盡醫師之注意義務。

本件病患U小於六十五歲，且無死亡率增加之慢性病因素，依目前治療技術及呼吸器使用方式之進步，倘能因早期診斷或轉介使能接受加護醫療，則本案病患具有百分之八十四之存活機會，是被告甲依其醫師專業知識，對診斷、追蹤及處置上之疏失，導致轉診延誤，而未能讓病患U接受積極治療而存活，其醫療疏失與病患死亡間有相當之因果關係。

二、延伸思考

問題一：本案病患小於65歲且無其他使其死亡率增高之危險因素，請問該因素對於被告過失評定之影響應為何？

問題二：請問醫師無論科別，對於初診病患的注意義務為何？

問題三：假設兩名病患的主訴症狀相同，一為初診，一為複診，則對於初診病患之注意義務採取一般合理醫師水準，對於複診病患之注意義務採取合理專科醫師水準，你是否同意？請說明理由。

問題四：刑法上一般醫師與民法上合理醫師標準有何不同？

三、判決來源

第四案　診所產後大出血誤診案

（臺灣新北地方法院89年度訴字第244號刑事判決）

一、案例基本資料

（一）公訴事實與起訴意旨

醫師甲為臺北縣新莊市A婦產科診所（下稱A診所）之醫師兼負責人。於民國八十七年一月十九日八時許，在A診所內，為懷孕滿三十八週之產婦H施行自然分娩，於當日八時四十五分產婦H將胎兒娩出，嬰兒出生後不會哭，經急救後轉送林口G醫院治療，產婦H則轉入產房觀察，期間陰道一直出血，感覺腹痛且惡露為正常之一倍，於同日十時二十分即出現嗜睡、惡露量持續增加之現象，至同日十一時十餘分許通知救護車，於同日十一時二十八分送至臺灣省立T醫院（下稱T醫院），到院時已呈休克昏迷狀態，經T醫院緊急作心肺甦醒後，於同日十一時四十分辦理入院，並隨即裝上呼吸器，至同日十一時四十九分，血壓由急救後之50/34 mmHg變至50/37 mmHg，雖仍可進行剖腹探查術，但因到T醫院已有血液不凝、血小板低下、凝血時間延長之現象，伴隨相當程度危險，T醫院原欲手術，因產婦H一直呈昏迷及休克狀態，於急救後給予人工呼吸器、輸血和凝血因子及升壓素等治療，因病情無法穩定，無從手術，延至八十七年一月二十日九時五十五分許急救無效死亡。

檢察官起訴指出，醫師甲（下稱被告甲）本應注意產婦於生產過程中，因產道過度擴張有可能導致子宮頸或陰道裂傷而出血，並應注意當生產後，陰道出血持續維持相當量之情形時，即應採取適當之應變措施，包括輸血及進行剖腹手術，且若沒有及時止住出血點及補充足量之血液和凝血因子，最後將導致凝血異常之現象，死亡率極高，此需要立即及快速的反應，依診所之設施並無法從事手術，應注意立即轉送大型醫院，以便於

做更進一步之檢查及治療，避免產婦因大出血而有導致死亡之可能，且依當時情形雖產婦H係子宮頸裂傷，延至子宮體，出血主要流入腹腔、後腹腔及骨盆腔，由血液中之血紅素值大量降低，表示嚴重出血，並不難評估，並無不能注意之情況，竟延至同日十一時十餘分許始通知救護車送至T醫院，到院時已呈休克昏迷狀態，經T醫院緊急作心肺甦醒後，於同日十一時四十分辦理入院，並隨即裝上呼吸器。至八十七年一月二十日九時五十五分許急救無效，因子宮頸右側裂傷，延至子宮體，導致骨盆腔、腹腔和後腹腔出血致死。

關於本件醫療事實之時序圖如下：

死亡
死因：
子宮頸右側裂傷，延至子宮體，導致骨盆腔，腹腔和後腹腔出血致死

87.01.19　　　　　　　　　　　　　87.01.20 9:55AM

8時待產，自然分娩
8時45分生產後入產房觀察
陰道一直出血，感覺腹痛且惡露爲正常之一倍

1. 10時20分嗜睡、惡露量持續增加
2. 11時10餘分始通知救護車，於同日11時28分送至T醫院，到院時已呈休克昏迷狀態

1. 緊急作心肺甦醒，裝上呼吸器，血壓急救後爲50/37 mmHg
2. 無從手術
仍可進行剖腹探查術，因血液不凝、血小板低下、凝血時間延長，昏迷及休克狀態，病情無法穩定，無從手術

【醫療時序圖：診所產後大出血誤診案】

（二）被告回應

被告甲矢口否認有何過失致死犯行，辯稱：

　　當時產婦H狀況均甚良好，僅說腹痛，其施予子宮按摩後送入病房，後來發現其惡露量不對，血壓下降，其即再按摩子宮，打止血劑，並轉診至T醫院，醫療過程均按照程序進行，因子宮頸於甫生產後過度擴張，原難發覺是否合併裂傷，且本案例子宮頸裂傷是往子宮體方向延伸，從陰道方向難以看到子宮體有無裂傷，診斷上據極高難度，在臨床上根本無法如解剖鑑定般檢視子宮整體之裂傷情形，此乃醫學之極限所致，非伊疏失漏未檢查，且就該等難以診治出原因之出血，先後判斷為子宮收縮不良及羊水栓塞而無法判定為子宮頸右側裂傷，並無疏失可言。

　　此外，產婦H經轉診T醫院，該院醫師曾施以超音波檢查，除子宮內有些許血塊外，並無其他發現，且據其病例更無任何與子宮頸、子宮體裂傷之記載，益證是項傷勢之難以診斷，再病患病情變化快速，要求伊於短短一小時內為正確診斷，期待不能，況依鑑定報告唯有施以緊急剖腹手術切除子宮或結紮動脈血管，始可挽救其生命，而該等手術需大型醫院始可進行，難以期待診所施行該類手術，伊於十時二十分左右發現情況不對，立即給予氧氣、注射靜脈輸液、止血針劑、備血、插導尿管等必要處置，同時準備轉送醫院，並由伊親自搭救護車護送，實可認已克竟應盡義務，死者所患誠屬難以診斷、處置之症，伊已依一般婦產科醫師可能踐行之醫療常規施以必要之診治，並未違反行為之客觀注意。

　　伊確於上午十時二十分左右打電話請求一一九支援救護車將產婦H轉至G醫院，然一一九卻告以：「不支援一般醫療院所」，伊只好轉向民間救護車求援，而此時民間救護車正外派出勤，故要被告暫候回音，伊候至十時四十分仍無回音，伊乃再度向一一九求援，此時一一九始告知臺北縣以外縣市不支援，可以轉送至醫院，惟此後伊等待二、三十分鐘仍不見救護車到來，只好再次向一一九確認，一一九才告以：「已經派出」，約十一時十分左右，救護車才到診所，在此請求支援期間，伊確有依醫事常規對產婦H進行急救，不得以相關單位或因無法調度，或因其他原因無法立即支援，認定伊延誤轉診。

　　另產婦H轉送T醫院輸血急救後，當日上午十二時五分之血壓為

101/69 mmHg，乃屬正常，足見產婦H經被告甲轉送T醫院後意識已恢復，且生命跡象穩定，至當日下午一時五十五分左右陰道大量出血，在此之前則無陰道大量出血現象，T醫院之診斷證明書與實際病歷資料所載不盡相符，產婦H於轉院送T醫院接受輸血急救後，不僅意識曾經回復，生命跡象亦逐漸趨於穩定，並可回應隨行護士之問話，當時若施以緊急剖腹手術，非毫無挽救生命之機會，究其死亡，乃因於加護病房觀察中，突發大量出血以致之，是死者於伊診所所呈現之出血現象，非致死之原因，其死亡與生產處置無相當因果關係，其致死乃嗣後突發出血所致，伊並無過失。

（三）鑑定意見

1.醫審會鑑定結果

　　行政院衛生署醫事審議委員會（下稱醫審會）鑑定書函表血液中之血紅素值由15 mg/dl掉至5.4 mg/dl，表示嚴重出血，此並不難評估。鑑定書摘要如下：

　　產婦H產後當天十時二十分即呈趨於嗜睡，惡露量持續增加，且發現血液有不凝集現象，子宮變軟且不收縮，醫師懷疑是子宮收縮不良，致產後大出血，且懷疑合併瀰漫性血管內凝集症候群（DIC）。此時，若沒有即時將出血點止住，並補充足量血液及凝血因子，最後將導致發生凝血異常的現象，而對一般開業醫師而言，因產後大量出血，而需進行剖腹探查術時，是屬較大之手術，大多會轉送大型醫院作更進一步之治療。

2.法醫意見

　　產婦H懷孕生產，因子宮頸右側裂傷，延至子宮體，導致骨盆腔、腹腔和後腹腔出血致死，經臺灣高等法院檢察署法醫中心解剖鑑定屬實，並有鑑定書、相驗筆錄、驗斷書、相驗屍體證明書、照片等附卷足稽。

3.行政院國軍退除役官兵輔導委員會臺北榮民總醫院鑑定書

　　產婦H子宮頸裂傷，出血主要均流入腹腔、後腹腔、骨盆腔，由超音波片判斷，本件產婦H腹腔出血量應不多，後腹腔是否有血液積聚，限於

超音波穿透力不足，固無法據超音波影像判斷等。

（四）判決結果

臺灣新北地方法院於民國91年07月31日作出判決，被告甲成立刑法第276條第2項業務過失致死罪，處有期徒刑壹年貳月，緩刑參年。

被告、檢察官法定上訴期間未上訴，本案判決即確定。

（五）判決理由

法院認定被告甲醫師成立業務過失致死罪之理由，摘要如下：

本例產婦H產後當天十時二十分即呈趨於嗜睡，惡露量持續增加，且發現血液有不凝集現象，子宮變軟且不收縮，醫師懷疑是子宮收縮不良，致產後大出血，且懷疑合併瀰漫性血管內凝集症候群（DIC）等情，有A診所產婦H特別護理紀錄單及醫事審議委員會鑑定書所舉之案情概要存卷可按。此時，若沒有即時將出血點止住，並補充足量血液及凝血因子，最後將導致發生凝血異常的現象，而對一般開業醫師而言，因產後大量出血，而需進行剖腹探查術時，是屬較大之手術，大多會轉送大型醫院作更進一步之治療，亦有前揭醫事鑑定委員會之鑑定意見可考，是轉診固符合一般開業醫師之醫療水準。

然依本例產婦H嗜睡，惡露量持續增加，血液有不凝，均係羊水栓塞之臨床表徵，病徵重疊或可能誤診，難以避免，固不論，縱診斷為羊水栓塞之處置，亦需要立即快速之反應，且由於係急性大量出血，若未即時止血、緊急輸血，死亡率極高，亦有前揭鑑定意見足參，被告甲身為專業醫師，亦當知悉，竟於同日十一時二十八分始將產婦H轉送至T醫院，造成已有瀰漫性血管內凝集症候群（DIC），固可進行剖腹探查術，但伴隨著相當程度之危險，最後因子宮頸右側裂傷，延至子宮體，導致骨盆腔、腹腔和後腹腔出血致死。被告甲於本件醫療過程確有過失，而其過失與孕婦H之死亡間並有相當因果關係。

二、延伸思考

問題一：本案鑑定意見認為由子宮頸延至子宮體之隱藏式裂傷實屬罕見，一般醫師無法由肉眼判斷，假設本案被告確因裂傷難發現而影響判斷，導致延誤，並假設其他事實不變，則其過失為何？

問題二：依據本案法官見解，一般診所開業醫師遇孕婦產後大出血之合理注意義務為何？

問題三：依案例事實，診所醫療人員於產婦自然分娩後處理新生兒急救、產婦轉入產房觀察。按醫療機構管理，試整合風險模型。

三、判決來源

第五案　酮酸中毒延誤治療案
（臺灣彰化地方法院90年度訴字第75號刑事判決）

一、案例基本資料

（一）公訴事實與起訴意旨

醫師甲服務於彰化縣北斗鎮Z醫院（下稱Z醫院），醫師乙則為該院之住院醫師。病患C為一慢性酒精中毒及糖尿病第一型之個案，曾因酮酸中毒（DKA）住院於行政院國軍退除役官兵輔導委員會臺中榮民總醫院（下稱臺中榮總）三次，平日固定接受皮下胰島素注射治療。其於民國八十六年十月二十日到二十六日間，亦曾因糖尿病發至Z醫院住院，八十七年七月十五日、十一月二十三日又因糖尿病至該院就診，由醫師甲負責診治。

八十七年十二月二十四日下午五時許，病患C因二天未注射胰島素及併有吐血、解黑便再次住進Z醫院，仍由醫師甲負責診治，當時醫師甲依照病患C之主述及其上述之病史與保險資料即診斷出病患C當時係有上消化道出血、糖尿病併神經病變及肝硬化之病徵，並知其有糖尿病酮酸中毒之病史，且病患C當時已告知其本身罹患糖尿病已二年多，平日皆用胰島素注射，當時已停打胰島素二日，又其當天之檢驗報告顯示其血糖值達362 mg/dl，白血球指數為5700 /uL，TG為1592 mg/dl，GOT/GPT為214/76 u/l，血色素為12.9 g/dl。

病患C住院後，為禁食（NPO），解痙、制酸劑及點滴注射等藥物（Buscopan，Mucaine，Zantac，Fructose 1000 c.c加lactated Ringer 1000 c.c及Transamine）治療，因禁食之故，而完全未給予病患C注射胰島素及大量輸液，迨翌日（二十五日）上午，醫師甲對病患C進行腸胃內視鏡檢

查時發現其食道靜脈曲張（Esophageal varices）及食道炎（Esophagitis）與多發性胃潰瘍（Multiple Gastric Ulcer），遂即給予插胃管及減壓引流治療（N-G tube decompression），仍囑付繼續禁食而未給予注射胰島素，當病患C之家屬強烈要求施打胰島素時，其嚴禁家屬為病患C施打胰島素。

　　病患C於入院後，持續發生噁心、嘔吐及上腹痙痛，且依同年月二十五日之檢驗病患C之尿液報告顯示：葡萄糖三價（Glucose ＋＋＋），酮酸三價（Ketones ＋＋＋），血壓128/80 mmHg，血糖值仍高達341 mg/dl。同年月二十六日凌晨起，由住院醫師乙負責診治，病患C多次表示血糖過高身體不適及家屬多次要求予以胰島素之施打，至同日凌晨三時五十五分許（起訴書依護理紀錄載為同日四時四十分），測得病患C之血糖值為189 mg/dl，血色素為9.8 g/dl，白血球指數10800 /ul，於同日四時四十分量得之血壓為96/60 mmHg，且病患C有吐血、意識倦怠、情緒不穩定之現象，醫師乙將其結果告知醫師甲，醫師甲於接獲通知前來處理，指示施打百分之五十之葡萄糖一支（約20 ml），以防止其血糖值遽降，其並認病患C有糖尿病之高滲透壓血壓症（HHNK）與敗血症的現象，要求家屬取血漿以便輸血。

　　同日上午七時四十分許，病患C家屬辦理轉院至臺中榮總加護病房急救，病情已無法挽回，經家屬將其運回家中，延至當日上午十一時五十分死亡。

　　案經病患C之妻告訴及臺灣彰化地方法院檢察署檢察官自動檢舉偵查起訴、指出：

　　八十七年十二月二十四日下午五時許，病患C因二天未注射胰島素及併有吐血、解黑便再次住進Z醫院，仍由醫師甲（下稱被告甲）負責診治，當時被告甲依照病人之主述及其上述之病史與保險資料即診斷出病患C當時係有上消化道出血、糖尿病併神經病變及肝硬化之病徵，並知其有糖尿病酮酸中毒之病史，且病患C當時已告知其本身罹患糖尿病已二年多，平日皆用胰島素注射，當時已停打胰島素二日，又其當天之檢驗報告

亦顯示其血糖值達362 mg/dl，白血球指數為5700 /ul，TG為1592 mg/dl，GOT/GPT為214/76 u/l，血色素為12.9 g/dl，此時被告甲應注意除治療病患C之上消化道出血外，亦應立即為其注射胰島素及大量輸液，以避免病患C糖尿病惡化致死（依Harrison's Principles of Internal Medicine第十二版，第二冊之第一七五一頁所示，對於糖尿病導致之酮酸中毒患者的救治方式，應於送院急救後，立即施以每小時25至50計量之胰島素，加上3到5公升的輸液，含1到2公升的生理食鹽水或具乳酸鹽之林格液，直至酮酸中毒的情形解除為止），而依當時情形，被告甲並無不能注意之情事，其竟於病患C住院後，僅為禁食（NPO），解痙、制酸劑及點滴注射等藥物（Buscopan，Mucaine，Zantac，Fructose 1000 c.c加lactated Ringer 1000 c.c及Transamine）治療，且認因禁食之故，而完全未給予病患C注射胰島素及大量輸液，以解緩其酮酸中毒之病情。

翌日（二十五日）上午，被告甲對病患C進行腸胃內視鏡檢查時發現其食道靜脈曲張（Esophageal varices）及食道炎（Esophagitis）與多發性胃潰瘍（Multiple Gastric Ulcer），逐即給予插胃管及減壓引流治療（N-G tube decompression），惟仍囑付繼續禁食而未給予注射胰島素以治療其酮酸中毒，甚至當病患C之家屬強烈要求施打胰島素時，其仍嚴禁家屬為病患C施打胰島素，然病患C於入院後，持續發生噁心、嘔吐及上腹痙痛，且依同年月二十五日之檢驗病患C之尿液報告顯示：葡萄糖三價（Glucose ＋＋＋），酮酸三價（Ketones ＋＋＋），血壓128／80 mmHg，血糖值仍高達341 mg/dl，被告甲不給予病患C注射胰島素及大量輸液。

翌日（同年月二十六日）凌晨起，由住院醫師乙（下稱被告乙）負責診治時，其亦應注意並能注意病患C之病情，惟其卻於無不能注意之情事下疏未注意上情，於病患C多次表示血糖過高身體不適及家屬多次要求下，被告乙仍未積極觀測病患C之病情變化，並即時予以胰島素之施打，至同日凌晨三時五十五分許（起訴書依護理紀錄載為同日四時四十分），測得病患C之血糖值為189 mg/dl，血色素為9.8 g/dl，白血球指數衝

到10800 /ul，於同日四時四十分量得之血壓為96/60 mmHg，且病患C有吐血、意識倦怠、情緒不隱定之現象，臨床上表現有惡化之情形，被告乙卻未適時予以必要之救治，僅將其結果告知被告甲，惟被告甲於接獲通知前來處理時，就其糖尿病酮酸中毒之病症仍未為任何處置，僅指示施打百分之五十之葡萄糖一支（約20 ml），以防止其血糖值遽降，其並認病患C有糖尿病之高滲透壓血壓症（HHNK）與敗血症的現象，惟其僅要求家屬取血漿以便輸血，俟同日上午七時四十分許，病患C家屬辦理轉院至臺中榮總加護病房急救，經檢驗病患C之血色素為8.7 g/dl，血糖值高達870 mg/dl，血氨為177 ug/dl，白血球降為3482 /ul，酮酸為二價，並陷入重度昏迷，血壓亦量不到，血液動脈氣體分析為重度代謝性酸中毒（Metabolic acidosis），已呈合併血容積過少性休克（Hypovolemic shock）、缺氧性腦病變（Hypoxic Encephalopathy）、上消化道出血（UGI bleeding）、酒精性肝病變（Alcoholic liver disease）等現象，雖經積極治療，其病情仍無改善，次日早上（即同年月二十七日）之血色素更降至7.8 g/dl，血糖值則降至190 mg/dl，白血球指數更遽降到1750/ul，血氨則升至441 ug/dl，病情已無法挽回，經家屬將其運回家中，延至當日上午十一時五十分，終因肝昏迷及出血性休克死亡（臺灣彰化地方法院檢察署相驗屍體證明書開立之死亡原因為糖尿病併發滲出性腦出血）。

關於本件醫療事實之時序圖如下：

處置：
1. 通知甲，甲前來處理
2. 甲指示乙打百分之五十之葡萄糖一支，並認有糖尿病之高滲透壓血壓症（HHNK）與敗血症的現象，要求家屬取血漿以便輸血

死亡。
死因：
肝昏迷及出血性休克死亡（臺灣彰化地方法院檢察署相驗屍體證明書開立之死亡原因為糖尿病併發滲出性腦出血）

處置：
1. 住院，甲負責診治
2. 禁食、解痙及點滴注射等藥物治療

| 87.12.24 5:00PM | 87.12.25 | 87.12.26 4:40AM | 87.12.26 7:40AM | 87.12.27 11:50AM |

主訴二天未注射胰島素及併有吐血、解黑便

主訴：持續發生噁心，嘔吐及上腹痙痛

住院醫師乙負責診治
主訴吐血、意識倦怠、情緒不穩

家屬辦理轉院

至臺中榮民總醫院加護病房急救

1. 過去病史：
慢性酒精中毒及糖尿病第一型：平日固定接受皮下胰島素注射治療
2. 住院史：
86.10.20-10.26，亦曾因糖尿病發至Z綜合醫院住院；87.07.15、11.23又因糖尿病至該院就診，由甲醫師負責診治
3. 檢驗報告顯示：
血糖值達362 mg/dl，白血球指數為5700，TG為1592 mg/dl，GOT/GPT為214/76u，血色素為12.9 g/d

1. 腸胃內視鏡檢查：
食道靜脈曲張及食道火，多發性胃潰瘍，遂即給予插胃管及減壓引流治療，繼續禁食
2. 檢驗報告顯示：
尿液報告顯示：葡萄糖三價，酮酸三價，血壓128/80 mmhg，血糖值341 mg/dl

家屬強烈要求施打胰島素時，仍嚴禁家屬施打胰島素

檢驗報告顯示：
凌晨3時55分許（起訴書依護理紀錄校為4時40分），血糖值189 mg/dl，血色素為9.8 g/dl，白血球指數10800，於4時40分量得之血壓為96/60 mmhg

檢驗報告顯示：
血色素為8.7 g/dl，血糖值870 mg/dl，血氨為177 ug/dl，白血球為3482，酮酸為二價，陷入重度昏迷，血壓亦量不到，血液動脈氣體分析為重度代謝性酸中毒，已呈合併血容積過少性休克，缺氧性腦病變，上消化道出血，酒精性肝病變等現象，次日早上（即同年月27日）之血色素降至7.8 g/dl，血糖值則降至190 mg/dl，白血球指數更降到1750，血氧則升至441 ug/dl

【醫療時序圖：酮酸中毒延誤治療案】

（二）被告回應

1.明顯疏未盡到解緩糖尿病之照護義務

被告甲辯稱：

(1)病患C到院時係呈上消化道出血，伊已施以禁食之處置，因禁食會使病患C之血糖值下降，故伊認為不能再對其施打胰島素，以防病患C之血糖過低而陷入昏迷，伊有密切監控病患C之血糖值變化，當時病患C之血糖值對糖尿病患者而言，猶屬正常，況死者家屬並未聽其指示，有私下為死者施打胰島素之情形，伊在不知家屬施打之胰島素計量下，自不宜再為病患C施打胰島素。

(2)又伊不認為病患C有酮酸中毒（DKA）之現象，其應係非酮酸性的高血糖高滲透壓血壓症（HHNK），二者雖均係糖尿病所衍生，但一帶有酮酸，一則無酮酸產生之現象，顯未可併存，而病患C經監測其血糖均無異常，至酮酸三價乃係因病患C未進食及酒癮所產生，且病患C後轉至臺中榮總前，其血糖值已降到189，轉至榮總時，酮體更僅剩二價，已明顯有改善之情形。

(3)病患C之死因非因酮酸中毒所致，而係敗血症所造成，而敗血症係因致病性微生物及其毒素的血原性播散所引起之全身性感染（參考醫學大辭典第一三〇四頁），其並非其他疾病最後臨終前會造成的共通現象。

2.死因非因糖尿病症致命

被告甲復辯稱：依病患C死前白血球指數之急遽變化，病患C應係因敗血症而死，非因糖尿病症致命，且敗血症乃係直接的致死原因之一，非其他疾病最後臨終前會造成的共通現象。

3. 住院醫師未能及時為必要之處置

被告乙則辯說：

伊非病患C之主治醫師，對病患C之病情並不十分瞭解，伊僅在二十五日晚上到二十六日凌晨擔任住院醫院時，代替被告甲看護病患C，當伊發現病患C有意識昏迷等現象時，伊有立即通知被告甲前來處理。

（三）鑑定意見

1.醫審會鑑定結果

　　本案經檢察官及法院先後四度送請行政院衛生署醫事審議委員會（下稱醫委會）鑑定，有該會鑑定書共四份。其鑑定意見自始均堅指被告二人確有延誤治療死者糖尿病酮酸中毒之誤失。鑑定書摘要如下：

(1)第三次之鑑定書第七點所示：

　　「事實上有許多病情同時符合酮酸中毒及高血糖高滲透壓非酮酸性昏迷（即HHNK，中文譯名有差異）二者併存，故病患可以同時存在以上二種病情」，且依病患之病史與其保險資料顯示，病患乃第一型糖尿病拌有酮酸毒血症胰島素依賴型幼年型之病患，而其尿液檢驗發現其酮酸達三價，已有酮體形成，且血糖值已達362、341及189，血糖值偏高，臨床表現，依卷附Z醫院出具之病歷中護理記錄之記載，其有噁心、嘔吐（甚至吐血）、腹痛之現象，是依卷附醫委會第二次鑑定書鑑定意見之記載：被告就醫當時顯有酮酸中毒之病徵，被告未可推卸不知，故雖其後於臺中榮總之診斷，認病患罹有前述高滲透壓血壓症（HHNK），仍未可排除病患同時併存有酮酸中毒與高滲透壓血壓症之可能，則被告甲辯說該二種病情不能併存，而推認病患非醫委會所認定之糖尿病酮酸中毒所引發之病症而死，並非真實。

　　至被告甲辯說死者所測得之酮體指數三價可能係因其採禁食及病患本身之酒癮所造成，亦與醫委會第二次鑑定意見中所提：未進食及酒癮雖也可見酮體尿，但大多為輕，最多為一到二價，且不會有高血糖，只有DKA患者才會出現重度的酮體尿及高血糖。

　　依醫委會第四次之鑑定書第一、二點所示：

　　判斷酮酸中毒病情是否改善，尚待血液氣體分析之數值來決定，監測患者之血糖值雖亦為其方法之一，但單次之血糖測量，並不足以認定胰島素給予是否適量，亦即並不能僅憑單次的尿液檢驗數據，即推斷死者酮酸中毒病情已有改善。

醫委會第四次鑑定意見第五點所示：

臨床上懷疑為敗血症之病人，在抽送相關之血液檢查及血液細菌培養後，應先給予抗生素治療，其後再依培養之結果調整抗生素之種類及劑量，而病患在臺中榮總所接受之治療，均符合以上之療程病症若能即時依前述方式來急救，其死亡率小於百分之十，此可參考卷附醫委會第二次鑑定意見。

2.法醫意見

臺灣彰化地方法院檢察署相驗屍體證明書開立之死亡原因為糖尿病併發滲出性腦出血。

（四）判決結果

臺灣彰化地方法院於民國92年02月14日，作成判決，被告甲、乙均成立刑法第276條第2項業務過失致死罪，分別處以有期徒刑肆月，如易科罰金，以參佰元折算壹日，以及處拘役肆拾日，如易科罰金，以參佰元折算壹日。緩刑貳年。

被告、檢察官於法定上訴期間未上訴，本案判決即確定。

（五）判決理由

法院認定被告甲成立業務過失致死罪之理由，摘要如下：

1.明顯疏未盡到解緩糖尿病之照護義務

法院依病患入院當時之檢驗數據，其並無血糖過低之危險；且其入院時，意識原本仍甚清楚，臨床表現亦未顯現有血糖過低之狀態，被告甲以病患在禁食中，不宜對其施打胰島素，顯無依據；況若被告甲擔心病患因禁食而血糖過低，其大可為病患施打糖尿病患可使用之寡醣類來補充其體力，而事實上被告甲亦確有於二十四日晚上八時及二十五日上午三時、九時三十分及下午三時指示，分別為病患施打果糖液各一公升，此與治療病患糖尿病酮酸中毒所需之胰島素與大量輸液之注射並無衝突，是被告甲辯說上消道出血之處置與糖尿病酮酸中毒之處理有相互排斥之情形，顯屬謬誤。

又被告甲辯說該二種病情不能併存，而推認病患非醫委會所認定之糖尿病酮酸中毒所引發之病症而死，並非真實。至被告甲辯說病患所測得之酮體指數三價可能係因其採禁食及死者本身之酒癮所造成，亦與醫委會第二次鑑定意見中所提亦不相符，是其此之辯解亦屬無稽。

被告甲雖辯說：病患於轉院至臺中榮總前，其血糖值已降至189，轉院到榮總時，尿中之酮體亦已降為二價，其酮酸中毒之病情顯有改善。然依醫委會第四次之鑑定書第一、二點所示，亦即並不能僅憑單次的尿液檢驗數據，即推斷病患酮酸中毒病情已有改善；依病患當時在Z醫院之護理記錄所載，在八十七年十二月二十五日下午三時、五時，分別表示有腹痛、頭痛之情形，當日下午九時許，並有吐血之現象，翌日即二十六日凌晨零時三十分許，當插管滑落時，並發現有血塊，情緒已不穩定，有抗拒插管之現象，且同日凌晨四時四十分許，顯露有倦怠之現象，當時白血球指數甚已遽升至10800，血紅素則由原本之12.9降至9.8，依其臨床之實際表現，其顯有病情惡化之跡象，當其轉院至榮總時，測得之血糖值已遽升至870，血紅素則降至8.7，自不可依單次檢驗數據，即推說病患在其醫院中之酮酸中毒已有改善，縱使病患在檢驗瞬間，酮體與血糖指數確有下降而呈現出酮酸中毒改善之表象，此亦非被告甲之即時處置所造成，因被告甲根本從未依照醫學上所要求的急救步驟來對病患進行急救，即立刻為其施以每小時25至50計量之胰島素與3到5公升的輸液加上1至2公升的生理食鹽水或乳酸鹽林格液（參考事實欄所示醫學內科教科書之記載）之注射，甚而禁止病患家屬私下為其施打胰島素，當不能把瞬間之改善表象，說成是因自己無為而治之治療方式已達效果。而其辯說不知家屬替病患施打何等計量之胰島素之說詞，與其所屬醫院出具之護理紀錄明載十二月二十五日下午五時四十五分許，家屬有為病患注射共20計量之胰島素之紀錄，顯相出入，足見被告明顯有推卸責任之情形。

2.死因非因糖尿病症致命

被告甲復辯稱：依病患死前白血球指數之急遽變化，其應係因敗血症而死，非因糖尿病症致命，且敗血症乃係直接的致死原因之一，非其他疾

病最後臨終前會造成的共通現象，此經本院審核病患自送醫起到死亡前之白血球指數的變化，從八十七年十二月二十四日送到Z醫院的5700，到同年、月二十六日凌晨三時許驟升到10800，至轉到臺中榮總的3482及死前的1750等激烈變化來看，固未可排除病患亦同時有併發敗血症之可能。病患係因糖尿病酮酸中毒引發代謝性酸中毒和出血性休克及肝昏迷等因素死亡，業據醫審會依臺中榮總出具之死者死前的病歷資料鑑定明確，則被告甲如何在未實際瞭解病患死前的具體反應下，毫無根據的自認病患係因敗血症而死，已有可疑；又以病患送醫時係同時罹有糖尿病酮酸中毒、上消化道出血及肝硬化等三種均單獨足以致命之病灶來看，若未即時依照醫療步驟來加以診治，必然造成病患因病情之惡化而免疫力功能下降，致使病患遭受毒菌感染之機率大為提高，且依被告甲所提之被證四所附由「陳宜君」醫師所著之「敗血症」一文中之表一所示，其歸納數十年來敗血症流行病學的主要變化，認為新的易感宿主因素中，包括糖尿病併神經或血管病變與加護病房中的重症病人身上插滿了氣管內管、血管內導管、尿管等二項，參以Z醫院病歷所載，病患送醫時，即為被告甲診斷出同時有糖尿病併神經病變、上消化道出血、肝硬化等三種病徵，被告甲有指示對病患進行插胃管，卻未處置糖尿病症，對照病患在Z醫院時之白血球指數由5700遽升至10800來看，血壓亦下降中，則縱使病患確併罹有敗血症，亦難排除非因被告甲未積極處置糖尿病酮酸中毒等病症，造成病患免疫力功能下降致遭毒菌感染，或因被告甲對病患插胃管時等因素所引發之院內感染所致；再依卷附臺中榮總之病歷所示，病患轉院至榮總時，其白血球指數業由轉院前驗得之10800驟降為3482，顯見其惡化之程度，而依醫委會第四次鑑定意見第五點所示，足見臺中榮總非未處理病患之敗血症，是病患死前縱有敗血症之現象，亦可能係因被告甲未積極處置其病情所引發，況被告於病患轉院病歷上明載疑有敗血症，則其既認病患有敗死症之情形，然自轉院前之十二月二十六日凌晨三時五十五分病患之驗血報告出來後發現其白血球指數已衝到10800，血壓亦明顯下降，到當日早上七時四十分許轉院前，被告甲卻未對其敗血症為任何處置，更難認其未有疏

失，是縱係因敗血症所造成，被告甲亦無法卸其責。

法院認定被告乙醫師成立業務過失致死罪之理由，摘要如下：

被告乙擔任Z醫院之住院醫師，負責代病患C之主治醫師甲診治死者之病情等事實，僅辯說伊非病患C之主治醫師，對病患C之病情不甚瞭解等等。然住院醫師之職責，係代主治醫院來診治病患，其理應有瞭解病患病情之責，並適時的給予病患必要之治療，當非僅僅在看護病患的病情變化，再通知主治醫師，若只是為看護病患，大可交由護理人員即可，實無安排住院醫師之必要，且告訴人於告訴狀中，指陳當病患C病情急遽惡化時，其曾先後五次請求被告乙前來處置，然被告乙僅來探視二次，且未為適當之處置即離去，完全無視已陷意識不清之病患C的哀號歷歷，是被告乙顯未善盡其責至為明確，則其之所辯，顯係卸責之詞。

糖尿病酮酸中毒患者之診治方式，必立即依照前述醫療步驟來急救，此乃一般內科醫學之常識，況病患C之病史與保險資料，已明載其係一糖尿病併有酮酸毒血症胰島素依賴型之患者，其平日必須依賴施打胰島素來減輕至為確定，此亦經病患C及其家屬向醫院人員反應詳細，是對被告乙在研判病患C病情時，應無困難之處，而該病症若能即時依前述方式來急救，其死亡率小於百分之十，此可參考卷附醫委會第二次鑑定意見所載，是被告乙在擔任病患C之住院醫師時，未能及時對病患C為必要之處置，造成病患C因其疏未處理致死，顯亦無從卸免其責。

二、延伸思考

問題一：被告主張禁食會使患者之血糖值下降，故認為不得再對患者施打胰島素；其又主張患者家屬私下為患者施打胰島素，因而其在不確定實際施打劑量的情況下，不宜再為患者施打胰島素。假設被告之主張為真，在何種條件下，患者家屬之行為可視為打斷被告過失與患者死亡之間因果關係的介入因素？

問題二：續前題，被告主張不知家屬為死者施打之胰島素劑量，但其所屬

醫院出具護理紀錄載明家屬爲死者注射之胰島素單位數。然而護理紀錄之記載亦可能係來自患者家屬的片面口述，記載之護理師不盡然爲親自知悉，惟爲何護理紀錄仍被認爲較被告之辯詞可信？

　　問題三：本案法官認同死者送醫時係同時罹有糖尿病酮酸中毒、上消化道出血及肝硬化等三種單獨均足以致命之病灶，且未排除患者死前或有敗血症之可能性，但仍認爲死因之不確定性並不影響被告過失與患者死亡之間的因果關係，請問你是否同意？理由爲何？

三、判決來源

第六案　疝氣手術併胸痛未轉診案

（臺灣臺北地方法院92年度簡字第536號刑事判決）

一、案例基本資料

（一）公訴事實與起訴意旨

　　醫師甲於民國八十七年間擔任臺北市立B醫院之外科醫師。八十七年三月三十一日，病患C因疝氣至該院接受其診治，病患C曾於八十五年二月間，因胸部不適，經臺北M紀念醫院診斷為缺血性心臟病、心房顫動、二尖瓣閉鎖不全與陳舊性腦梗塞之症狀，另有上消化道出血住院等病史；當日施以心電圖、X光與血壓檢查及由麻醉科Y醫師施作心肺評估後，即由其施以右側腹股溝疝氣手術治療。

　　手術後，病患C於四月一日突感胸部緊悶，隨後症狀改善，於四月二日起又持續發生胸部疼痛緊悶，醫師甲曾指示值班L醫師及護理人員於同日二十一時二十分、二十三時十分許分別給予治療心絞痛之舌下硝化甘油含片各一片，並給氧氣吸入及施作心電圖檢查，因結果與手術前之心電圖相同（為非特異性ST節段變化），胸痛症狀仍持續，其乃診斷病患C係「胃食道逆流」，而於四月三日凌晨一時十五分及凌晨五時許改以胃藥（Wellpin）服用，於同日上午七時三十分再注射腸胃抗痙攣藥物（Buscopan）一劑後，並指示停用抗發炎止痛劑（profenid），症狀並未緩解，經病患C之配偶告知病患C是心痛，有時心電圖作不出來，要求轉診心臟科。病患C於仍感不適之情況下，要求出院，出院後因持續胸痛，於八十七年四月六日下午四時四十分許，送達臺北市立B醫院急診室時已無生命跡象，於同日晚上六時二十五分死亡。

　　案經病患C之配偶訴由臺灣臺北地方法院檢察署檢察官聲請以簡易判

決處刑，經改適用通常程序審理訊問後，認為宜以簡易判決處刑。

　　檢察官起訴主張醫師甲（下稱被告甲）本應注意病患C胸痛症狀持續，年邁且有缺血性心臟病等病史，對於進行性之胸痛應持續追蹤心電圖變化，檢查血清酵素是否上升，給予抗心絞痛藥治療後，應觀察病患對於治療之反應，並追蹤血清動力學是否穩定，同時照會心臟科醫師，其對此情事並無不能注意之情形，竟能注意而疏未注意，逕以病患C係「胃食道逆流」，而忽視可能為「急性冠狀動脈徵候群」，既未轉診心臟科醫師診治，且於病患C仍感不適之情況下，要求出院，又未給予詳細之身體檢查，致使病患C於出院後因持續胸痛，繼而急性心肌梗塞死亡。

　　關於本件醫療事實之時序圖如下：

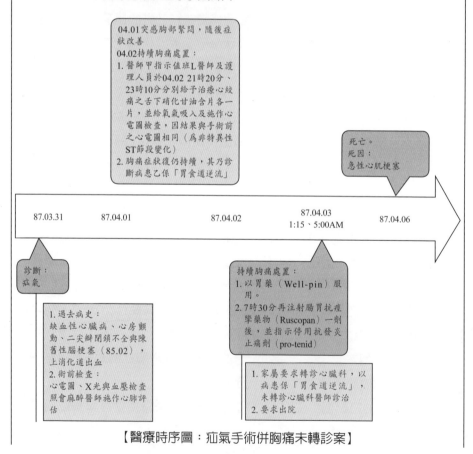

04.01突感胸部緊悶，隨後症狀改善
04.02持續胸痛處置：
1. 醫師甲指示值班L醫師及護理人員於04.02 21時20分、23時10分分別給予治療心絞痛之舌下硝化甘油含片各一片，並給氧氣吸入及施作心電圖檢查，因結果與手術前之心電圖相同（為非特異性ST節段變化）
2. 胸痛症狀復仍持續，其乃診斷病患乙係「胃食道逆流」

死亡。
死因：
急性心肌梗塞

87.03.31　　87.04.01　　　87.04.02　　　87.04.03　　　87.04.06
　　　　　　　　　　　　　　　　　　　1:15、5:00AM

診斷：
疝氣

1. 過去病史：
缺血性心臟病、心房顫動、二尖瓣閉鎖不全與陳舊性腦梗塞（85.02），上消化道出血
2. 術前檢查：
心電圖、X光與血壓檢查照會麻醉醫師施作心肺評估

持續胸痛處置：
1. 以胃藥（Well-pin）服用。
2. 7時30分再注射腸胃抗痙攣藥物（Ruscopan）一劑後，並指示停用抗發炎止痛劑（pro-tenid）

1. 家屬要求轉診心臟科，以病患係「胃食道逆流」，未轉診心臟科醫師診治
2. 要求出院

【醫療時序圖：疝氣手術併胸痛未轉診案】

（二）被告回應

被告甲對於上開事實均坦承不諱。

（三）鑑定意見

醫審會鑑定結果

本案有行政院衛生署醫事審議委員會鑑定書一份。因為簡易判決，判決書未載明鑑定內容。

（四）判決結果

臺灣臺北地方法院於民國92年03月11日作出判決，被告甲因業務上之過失致人於死，處有期徒刑柒月，緩刑貳年。

被告、檢察官於法定上訴期間未上訴，本案判決即確定。

（五）判決理由

法院基於被告甲自白犯罪作出有罪判決之理由摘要如下：

被告甲對於病患C於手術後之胸痛，雖曾給予舌下硝化甘油，並做心電圖檢查而無變化，然病患C胸痛症狀仍持續，其對於進行性之胸痛應持續追蹤心電圖變化，檢查血清酵素是否上升，給予抗心絞痛藥治療後，應觀察患者對於治療之反應，並追蹤血型動力學是否穩定，同時照會心臟科醫師等手術後之處置有注意義務，且此注意義務並未逾越當時醫師一般應有之認知與判斷，竟忽視病患C可能是急性冠狀動脈徵候群之表現，而未會同心臟科醫師做進一步之診治，又在未對病患C為詳細檢查身體之情況下，即令其出院，其所為顯有過失。而病患C於出院後之第三日，即因急性心肌梗塞死亡，則被告甲上開過失行為與該死亡結果間顯有相當之因果關係。

二、延伸思考

問題一：本案病患向被告尋求之治療為腹股溝疝氣手術，請問你認為被告對於該治療之執行是否有疏失，如有疏失，其與病患死亡是否有因果關係？

問題二：被告曾給予病患舌下硝化甘油，並做心電圖檢查而無變化，顯見其未忽略病患之心臟病史，但法官仍認為有過失，因為被告：1.未持續追蹤心電圖；2.未轉診心臟科；3.未作詳細身體檢查即同意病患出院。請問你認為被告的主要過失為何者，試依相關性由高至低排列，並說明理由。

問題三：假設被告係因得知病患先前曾在他院有上消化道出血住院病史，因而在施行心電圖檢查未能發現異狀後，遂推斷病患應係胃食道逆流，則被告至此是否有違合理外科醫師之注意義務？

問題四：依據本案之事實，請問你認為是否任何患者於任何情況下要求出院時，醫師均應對其實施詳細身體檢查，以免違背合理注意義務？

問題五：本案患者出院時雖仍感胸痛不適，但患者是在出院後第三日再返院急診，於抵達被告任職醫院時無生命跡象。假設患者出院後的三日期間未尋求其他醫師或醫院治療，則是否影響本案之分析？再假設患者出院後的三日期間曾尋求其他醫師或醫院治療，是否影響本案之分析？請分別說明理由。

三、判決來源

第七案　酒後跌倒誤診案

（臺灣新竹地方法院90年度訴字第347號刑事判決）

一、案例基本資料

（一）公訴事實與起訴意旨

醫師甲為新竹縣竹北市X醫院（下稱X醫院）之合格醫師兼院長。民國八十九年二月二十日晚上六時五十分許，病患W酒後騎乘機車行經新竹縣竹北市，因不詳原因跌倒，經送X醫院急診室就診，醫師甲為當日值班之醫師，病患W當時右膝有撕裂傷、右手第三指撕裂傷，經醫師甲檢查有傷口處肌腱斷裂現象，因病患W有酒後躁動不配合醫療之動作，未予立即施行縫合，而予紗布覆蓋傷口，並留院觀察。

於翌日（二十一日）凌晨零時十五分至二時許，病患W仍昏睡屢喚不醒且對疼痛刺激皆無反應。於凌晨三時許，病患W被護理人員發現無心跳、呼吸及血壓，呈現無生命徵兆之現象，緊急施以心肺復甦術治療，至三時四十分許病患W恢復心跳、血壓，仍無自主性呼吸，病患W轉院至桃園縣L醫院治療，於同日晚上八時許病患W因心肺衰竭急救無效，而延至八時三十五分許死亡。

案經病患W之配偶訴由新竹縣警察局竹北分局報請臺灣新竹地方法院檢察署偵查、起訴主張：

醫師甲（下稱被告甲）明知病患W係因騎車跌倒送醫，其頭部受有撞擊且意識已呈混亂之症狀，本應注意病患W是否為因頭部外傷所造成之意識混亂、嗜睡及昏迷之情，而須作腦部電腦斷層進一步檢查，以作預防危險發生之措施，特別是在受傷後二十四小時內，更需注意是否有變化，若病患在沒有家屬在旁照顧，醫師更應特別注意在留院期間病患病情之改

變，而依當時病患Ｗ到院時雖有不配合醫療情形，然醫院亦有對病患Ｗ綁手腳且之後即安睡在病床以觀，並依被告甲從事醫療業務之專業知識自亦無不能注意之情況，乃竟疏未注意，而將病患Ｗ誤認為係酒後而有昏睡之情，而於翌日病患Ｗ仍昏睡屢喚不醒且對疼痛刺激皆無反應之際，亦均未再作何醫療處置，嗣於凌晨三時許，病患Ｗ被護理人員發現無心跳、呼吸及血壓，呈現無生命徵兆之現象，始緊急施以心肺復甦術治療，至三時四十分許病患Ｗ恢復心跳、血壓，但仍無自主性呼吸，嗣病患Ｗ轉院至桃園縣Ｌ醫院治療，因前額葉挫傷性腦內傷及嚴重蜘蛛網膜下出血，於同晚八時三十五分許死亡。

　　關於本件醫療事實之時序圖如下：

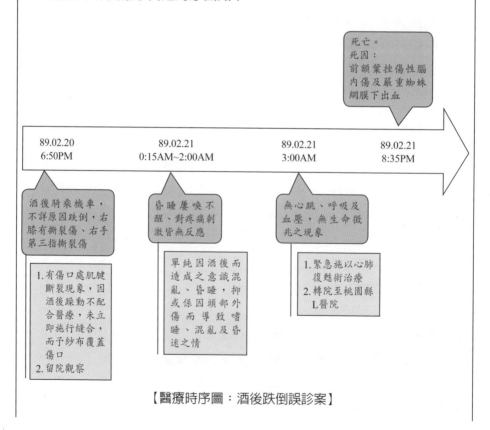

【醫療時序圖：酒後跌倒誤診案】

（二）被告回應

被告甲矢口否認其有業務上之過失，辯稱：

當時病患W的病情變化很快，即使當時馬上送到醫學中心也是很難救治，且用外科、内科治療也不容易治療，死亡率很高。鑑定書認定我有疏失係就十二點到兩三點這段時間的變化，但是醫療行為是屬於分工的，我不可能一天二十四小時都看護這個病人，我還有其他病人，那段期間護理人員也沒有請我去處置，即使有疏失也是護理人員的疏失。且後來發現不對的時候也幫他轉院。當時家屬到院時也認為他是酒醉，應注意的我們都已經做到了，並無任何疏於注意之處，護理人員每十五分鐘就注意他的變化，另外病人拒絕做相關的檢查，所以我們只能從外觀來看他的血壓、呼吸、心跳等，病人在短短的八小時就發生病變、惡化，讓人措手不及。家屬因為這樣也諒解認為當時的確是喝醉酒，醫院沒有辦法做檢查。所以病患的死亡跟我們的疏失應該沒有相當因果關係。

（三）鑑定意見

1.醫審會鑑定結果

行政院衛生署醫事審議委員會鑑定共二份書函，第一次鑑定結果認：

(1)依據L醫院之頭部電腦斷層檢查顯示，病患W有外傷所致之局部性腦損傷，包括腦挫傷性及挫傷性之前額葉腦内出血，該報告中雖未明示有中線之位移，但有提及①腦室變小腦溝消失，②廣泛性之蜘蛛網膜下腔出血，③腦室內出血，④大腦鐮部位蜘蛛網膜下腔出血等，以上這些現象均顯示此病患W腦部狀況是一個廣泛性中之腦病變，是相當嚴重之腦病變。

(2)X醫院之處置過程中，由其紀錄可發現，病患W初至該院時（八十九年二月二十日十八時五十分），其意識程度之昏迷指數為十四分，經初步處置（檢視傷口預縫合）後，留院觀察，但於二十一日零時十五分，護士檢測其昏迷指數時降為三分（E1M1V1），對疼痛刺激皆無反應，瞳孔大小由原先之2.5毫米及反射良好變化為瞳孔大小3.5毫米，當時血壓146/92 mmHg，心跳120次／分，因認為酒醉之故，而未予以處

置，而喪失及時診視或及早轉大型醫院治療之時機，是有疏失之處。

（3）綜上所述，X醫院於病患病況有變化時，未予以處置，其醫療過程中，是有疏失，該院應可採取更積極之作為嘗試挽求病患W之性命。

第二次鑑定結果，亦認醫院於病患病情有變化時未能及時應變，於二十一日零時十五分病患之昏迷指數降為三分，瞳孔大小由原來之2.5 mm擴大為3.5 mm時，未能詳細辨別（該院仍認是酒醉所造成），無積極之作為，而延誤了及時救治之可能性。

2.法醫意見

病患W係因顱內出血及創傷性蜘蛛膜下腔出血、頭部鈍力損傷而死亡，亦有L醫院診斷證明一紙，及臺灣新竹地方法院檢察署檢察官督同法醫師相驗屬實，製有勘驗筆錄、相驗屍體證明書、驗斷書各一紙在卷可查。

（四）判決結果

民國92年07月25日臺灣新竹地方法院作成判決，認定被告甲醫師成立業務過失致死罪，因此，甲的行為成立刑法第276條第2項業務過失致死罪，處拘役伍拾日，如易科罰金，以參佰元折算壹日，緩刑貳年。

被告、檢察官於法定上訴期間未上訴，本案判決即確定。

（五）判決理由

被告辯稱病患W有不配合之舉動而拒絕做相關的檢查，法院判認雖病患W或有因喝酒並非常躁動及不合作之情，然X醫院既有為病患W綁手腳以防止有不配合之情，是被告甲及X醫院當仍可對病患W施以進一步之醫療行為，是被告上開辯稱病患W有不配合之舉動，尚不得執為被告未對病患W施以進一步醫療行為之藉口，此合先敘明。

法院就醫療過程判斷：

（1）病患W於剛入急診時（十八時五十分）之昏迷指數是十四分（意識混亂），並經證人即現場處理事故並至醫院之警員於本院訊問時證稱肯認。被告甲既已知悉病患係因車禍送至醫院，亦應注意其頭部是否受有傷

害，其並知悉病患有喝酒之情；而被告甲亦自承醫院有腦部電腦斷層之儀器，是依其醫療能力，當應對病患W採取必要之措施即為其施以腦部電腦斷層，而不應予以拖延，亦即被告甲應就病患W之上開症狀為進一步之檢查，以判斷病患W究係何原因造成上開情形，然被告甲竟未予以注意而為進一步之檢查以為相關之醫療行為。而至當晚十時許，病患W已從原先入院時之非常躁動及不合作，而達於安睡之情形；並於翌日即二十一日凌晨零時十五分許，護士檢測其昏迷指數時降為三分（E1M1V1），對疼痛刺激皆無反應，且屢喚不醒已有昏迷之情，且瞳孔大小由原先之2.5毫米及反射良好變化為瞳孔大小3.5毫米，當時血壓146/92 mmHg，心跳120次／分等情形，亦有護理紀錄可證，此時被告甲及醫院等更應採取上開必要之措施施以檢測，然被告仍未為進一步之檢查。

(2)再廣泛性腦病變之損傷其症狀包括整個腦部之功能均會受損，重者會發生嗜睡、混亂、半昏迷或完全昏迷等各種症狀，會隨著時間及其嚴重度之惡化而變化；而喝酒可以產生意識混亂，嚴重者也可以產生昏睡之現象，這都與頭部外傷、腦損傷之病變有相同的症狀等情，有上開第二次鑑定書可參。上開之情，亦應為身為具有專業醫師知識之被告甲所應知悉，而病患W既因酒後駕車跌倒而入院，被告甲更應注意並予以叮囑護理人員隨時注意病患W之變化。

(3)被告甲既已知悉病患W係因車禍入院，已應注意其頭部是否受有傷害，雖病患W有喝酒不予配合之情，而被告甲既已對病患W綁住手腳，倘能於病患W送至醫院時即對病患W施以腦部電腦斷層以作進一步確認之診斷，當可發現病患W究係單純因喝酒關係而意識不清甚至混亂，抑或係因頭部之損傷而造成之腦病變；甚至於當晚十時許病患已安睡中時，被告甲及醫院相關人員更即能予以檢查，而於翌日凌晨零時十五分許，病患W已出現昏睡屢喚不起且對疼痛刺激均無反應時，更應即刻對病患W為檢測，當可發現病患W之症狀，已顯非單純喝酒之情形，然被告甲及醫院均未對病患W為進一步之醫療行為。

(4)被告甲及X醫院倘於病患W一入院甚至於當晚十時安睡中，甚至翌

日零時許即能對病患W施以腦部電腦斷層檢查，當能發現病患W之症狀已非單純之酒後所引起之意識混亂、昏睡甚至昏迷，而應係頭部受傷之情形。而被告甲竟僅在病患W到院後為簡單之傷口覆蓋紗布，未為其他必要之醫療診治，是雖當時病患W有酒後不配合之醫療之舉止，但如上所述，X醫院對病患W並非不能為醫療行為，況被告甲既囑病患W留院觀察，自應妥善照護此種病患，隨時觀察病患W病情之轉變，在病患W入睡後甚至已昏睡屢喚不起且對疼痛刺激均無反應時，在無不能注意之情事，竟未為任何檢視病患W症狀持續出現之異常變化，而為相關醫療診治行為，進而喪失及時診視或及早轉大型醫院治療之時機，是被告甲及X醫院應有疏失之處，殆無疑義。另其等所製之急診室之病歷記載不完全，連最基本之醫學檢查等，均無檢查或記載，其醫療過程，亦可徵確有疏失之責任。

　　綜上，足見被告甲就病患W出現之症狀即病況持續有變化時，本應注意為進一步之檢查，以判斷病患W究係單純因酒後而造成之意識混亂、昏睡，抑或係因頭部外傷而導致嗜睡、混亂及昏迷之情，亦即倘被告甲能於病患W陸續出現之症狀施以進一步之醫療檢查，當能發現病患W應係頭部外傷之病情，而被告甲竟疏未注意而仍認為係喝酒所造成之昏睡，而未能依其醫療能力即時給予作必要性之檢查，以提早為預防病患W死亡結果發生之醫療措施，亦即被告甲及醫院應可採取更積極之作為嘗試挽救病患W之性命，故被告甲事前既未為積極之作為，復疏未作正確之觀察以為安全之預防行為於後，是被告甲對於病患W之死亡有過失，至為明確。是被告甲之於病患W之死亡，既有如上之過失，而病患W亦確因被告甲之未予進一步診治而死亡，亦如上述，則被告甲之過失行為與病患W之死亡結果間，顯有相當因果關係。

　　再雖行政院衛生署醫事審議委員會均認定導致病患之死亡原因係廣泛性之腦病變，此病程變化快速，即便一開始住入大型教學醫院，在時間上仍可能來不及挽救；頭部外傷的死亡率約為32%，而此一案例因屬重度之頭部外傷，故其死亡的可能性應高於此。然被告欲以此項見解主張免責，其前提應係被告已盡其注意義務，且對於結果之發生無避免可能性，否則

在客觀上仍應認有歸責之原因；本案被告甲及X醫院對於死者在院期間之異常變化均疏未注意（已製造不被容許之風險），已如前述，導致無法及時施予適當之救治而使病情惡化終至死亡，被告甲及X醫院難謂無過失或無避免死亡發生之可能性。是尚不得以病患縱經施以救治或送入大型教學醫院救治，仍有相當高之機率死亡而據為被告卸免其過失責任之認定。

二、延伸思考

問題一：本案鑑定意見稱「喝酒可以產生意識混亂，嚴重者也可以產生昏睡之現象，這都與頭部外傷、腦損傷之病變有相同的症狀」，據此，假設被告判斷患者意識混亂與昏睡係由喝酒造成為合理，則被告之過失係從何時間點開始？

問題二：本案患者傷口處肌腱斷裂，且為被告檢查確知，被告既因患者躁動對其綁住手腳，何以不對患者施以麻醉加以縫合？請依據本案已知事實分別分析比較「對患者綁住手腳」與「對病患施以麻醉並縫合肌腱斷裂」之：1.必要性；2.緊急性；3.侵入性。

問題三：本案患者有喝酒而抗拒治療之情，惟法官認為被告即已對患者綁住手腳，且該醫院有腦部電腦斷層儀器，因而認為被告無理由不對患者施行腦部電腦斷層做進一步檢查。請問除綁住手腳外，施行腦部電腦斷層是否需患者做其他配合、或有前置侵入性措施應徵得患者同意？患者之相對權利為何？在何情況下可不顧患者抗拒、或強制患者進行腦部電腦斷層檢查？

問題四：本案鑑定意見認為患者死因係廣泛性之腦病變，其病程變化快速，並認為即便一開始住入大型教學醫院，在時間上仍可能來不及挽救。然而法官認為被告惟有「對於結果之發生無避免可能性」，方能主張免責。據此，請問你認為本案所採取之注意義務標準，是否等同一般合理注意義務？請說明理由。

三、判決來源

第八案　產後大出血誤診案
（臺灣宜蘭地方法院94年度醫訴字第1號刑事判決）

一、案例基本資料

（一）公訴事實與起訴意旨

醫師甲係財團法人基金會L醫院（下稱L醫院）婦產科醫師。產婦S在民國八十七年五月十六日十一時許至L醫院待產，並於同日十七時五十二分許由醫師甲接生產下一子。醫師甲於同日十八時五分至十分許為產婦S進行產後會陰縫合後，即指示該院X護士、R護士（均經臺灣宜蘭地方法院檢察署檢察官為不起訴處分確定）持續觀察產婦S產後子宮收縮狀況後便暫行離去。

X護士、R護士於同日十八時二十分許及同日十八時三十五分許，分別觀察產婦S之產後狀況，而產婦S子宮收縮及惡露狀況均正常，迨至同日十八時五十五分許時，X護士自產婦S之女處得知產婦S身體不適，經檢查後發現產婦S出血較多，且血壓為68/50 mmHg，血紅素（Hb）為3.0 g/dl後，旋即通知醫師甲前來檢查處理。醫師甲依一般產後出血症狀為備血、輸血之處理，後產婦S已無陰道出血之狀況，便囑咐X護士、R護士持續觀察及治療後再度暫行離去。

迨至同日二十時許，X護士發現產婦S血壓已降至64/20 mmHg，子宮收縮良好，逐再度通知醫師甲到場，重複先前進行之處理動作，至同日二十時三十分許，產婦S狀況仍未改善，醫師甲以婦產科醫師處理產後出血狀況之方式進行子宮內刮除術（D&C）止血，然未見其效，產婦S之血壓於同日二十時四十分許更已降至50/32 mmHg。

醫師甲為產婦S切除子宮後，因產婦S出血狀況仍未改善，始於

八十七年五月十七日凌晨電召該院外科Y醫師會診；經Y醫師診視後，始發現產婦S肝臟左側有較為嚴重之裂傷出血，Y醫師便將肝臟稍加縫合後，將產婦S交由醫師甲接手治療並轉送加護病房。產婦S至同年月二十五日七時四十三分許死亡。

　　檢方起訴指出成立業務過失致死罪之理由：醫師甲（下稱被告甲）身為專業醫師，理應知悉產婦S產後之血壓、血紅素之數值已屬大量出血之狀態，且以當時產婦S產後子宮收縮良好之狀況，自應加以注意是否尚有其他出血點，又依當時之客觀狀況並無不能注意之情事，竟疏未注意對出血原因詳細檢查，以超音波或其他方式尋找除產後出血以外之其他可能之出血原因，導致產婦S因持續性失血過多不治死亡。

　　關於本件醫療事實之時序圖如下：

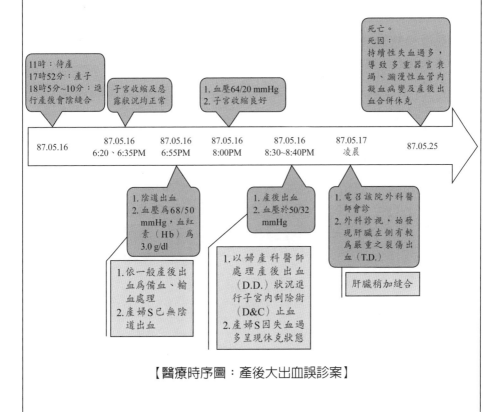

【醫療時序圖：產後大出血誤診案】

（二）被告回應

上開事實，業據被告甲到庭坦承不諱。

（三）鑑定意見

1.醫審會鑑定結果

本案有行政院衛生署鑑定書共兩份。

2.法醫意見

臺灣宜蘭地方法院檢察署檢察官督同法醫相驗屬實，製有勘驗筆錄、相驗屍體證明書、驗斷書、法務部法醫研究所解剖鑑定書及相驗照片七幀存卷足憑產婦S因持續性失血過多，導致多重器官衰竭、瀰漫性血管內凝血病變及產後出血合併休克死亡。

3.財團法人長庚紀念醫院鑑定書一份、馬偕紀念醫院鑑定書一份、臺灣婦產科醫學會鑑定書一份

本案係簡式審判程序，上述鑑定書意見，未載於判決書。

（四）判決結果

本案起訴後，臺灣宜蘭地方法院合議庭裁定由受命法官獨任進行簡式審判程序作出判決。

該判決表示，由於被告甲到庭後，對檢察官起訴事實，坦承不諱，法院綜合其他事證之證據調查結果，認定被告甲因其業務上之醫療過失肇致產婦S死亡結果，其間具有相當因果關係甚明。因此，成立刑法第276條第2項業務過失致死罪，處有期徒刑陸月。如易科罰金，以參佰元折算壹日。緩刑貳年。

被告、檢察官於法定上訴期間未上訴，本案判決即確定。

（五）判決理由

法院判認上開事實，業據被告甲到庭坦承不諱，核與證人等於偵查中結證各語大致吻合，復有行政院衛生署鑑定書等鑑定意見存卷可稽。產婦

S確因本件醫療事故死亡之事實，經臺灣宜蘭地方法院檢察署檢察官督同法醫相驗屬實。總上各情，本件被告甲因其業務上之醫療過失肇致產婦S之死亡結果，其間具有相當因果關係甚明。

二、延伸思考

問題一：請問本案之注意義務是採取合理專業醫師標準或合理婦產科醫師標準？依本案之事實你認為採取何種注意義務標準較適宜？

問題二：本案病患肝臟裂傷原因不明，假設該裂傷之成因非被告醫療行為所造成，請問你認為是否應影響被告過失責任之判定？

問題三：請問你認為本案被告的主要過失在於：1.持續以婦產科作法處理產後出血問題；2.切除病患子宮；3.見病患陰道未再出血即囑咐護理師持續觀察，而自行離去。

問題四：本案與有罪判決第四案、第十九案相較，容有討論之處？

三、判決來源

第九案　診所頭痛昏迷未轉診案
（臺灣新北地方法院94年度醫訴字第2號刑事判決）

一、案例基本資料

（一）公訴事實與起訴意旨

　　醫師甲原為址設臺北縣土城市J診所（下稱J診所）之負責人及醫師。民國93年3月30日上午8時50分許，病患L因頭痛、精神不濟至J診所求診，就診時幾近昏厥，醫師甲為病患L測量血壓、脈搏後，施以點滴（葡萄糖加生理食鹽水）治療，至同日下午1時許，醫師甲指示K護士前往探視，病患L已臉色發紫呈昏迷狀態。醫師甲即對之施以氣管插管、心肺復甦術並聯繫病患L家屬及其他醫院辦理轉診事宜，於同日下午6時30分許將病患L轉送A紀念醫院急診，復於同日晚間8時58分許轉送板橋C醫院加護病房治療，於同年4月6日上午8時14分許死亡。

　　案經病患L之姐訴由臺灣板橋地方法院檢察署檢察官偵查、起訴指出：醫師甲（下稱被告甲）未予詳查病患L之病因，僅施以點滴（葡萄糖加生理食鹽水）治療，亦未注意其病情發展。延至同日下午1時許，被告甲始指示K護士前往探視，病患L已臉色發紫呈昏迷狀態，被告甲雖即對之施以氣管插管、心肺復甦術以穩定其生命跡象，並聯繫病患L家屬及其他醫院辦理轉診事宜，而於同日下午6時30分許將病患L轉送A紀念醫院急診，復於同日晚間8時58分許轉送板橋C醫院加護病房治療，病患L於同年4月6日上午8時14分許因蛛網膜下腔出血昏迷併發吸入性肺炎死亡。

關於本件醫療事實之時序圖如下：

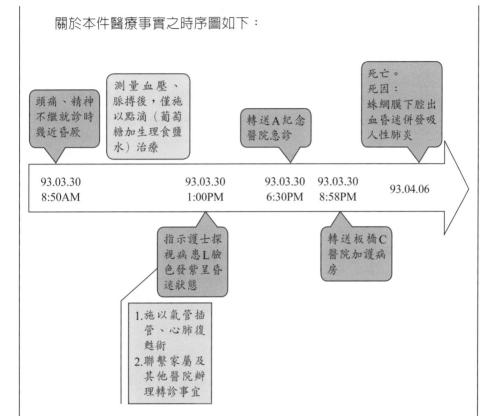

【醫療時序圖：診所頭痛昏迷未轉診案】

（二）被告回應

上揭事實，被告甲於本院審理時坦承不諱。

（三）鑑定意見

1.醫審會鑑定結果

本案有行政院衛生署醫事審議委員會（下稱醫審會）鑑定書1份，鑑定結果亦認被告甲就本件醫療行為確有疏失，其意見為：

「蛛網膜下腔出血為一急性疾病，最常見的原因是顱內動脈瘤破裂所致。當動脈瘤破裂時，血液會瀰漫於蛛網膜下腔，臨床症狀第一類可能會

有極度劇烈頭痛、嘔吐接著立刻陷入昏迷。第二類表現可能會有極度劇烈頭痛、嘔吐但病患神智仍然清楚。第三類表現可能沒有明顯症狀便陷入昏迷，甚至可突然死亡。」、「醫師甲於診治時已注意到病患的臨床表現，由於最初的症狀沒有特異性（不舒服快昏倒及有些頭痛），很難加以確診，但醫師甲在其診所中僅給予點滴注射，並未詳細檢查其病因亦未注意其病情發展，難謂無疏失。」

2.法醫意見

　　本案經臺灣板橋地方法院檢察署檢察官督同法醫師相驗，說明病患L係因蛛網膜下腔出血昏迷併發吸入性肺炎死亡。

（四）判決結果

　　臺灣新北地方法院審理時，被告甲於準備程序認罪，民國94年10月31日作成判決，認定被告甲成立業務過失致死罪，綜上本案事證明確，被告甲犯行堪予認定，成立刑法第276條第2項業務過失致死罪，處有期徒刑陸月，如易科罰金，以參佰元折算壹日。緩刑參年。

　　被告、檢察官於法定上訴期間未上訴，本案判決即確定。

（五）判決理由

　　法院首先認為，被告甲對於就診病患，應注意查明其病因，並注意病患之病情發展，此為執行醫療業務之人應盡之注意義務；而被告甲於93年3月30日上午，連同病患L在內僅接受9名病患求診，當無不能注意之情事；於病患L就診時，即已察覺其頭痛、暈眩之臨床表現，倘能詳細檢查其病因並注意其病情發展，應可及早查知病患L蛛網膜下腔出血之症狀，並得即時發覺病患L昏迷之事實，施以適當之治療或予以轉診，以避免死亡結果之發生。

　　法院再參醫審會鑑定結果，亦認被告甲就本件醫療行為確有疏失。

　　從而作出結論，被告甲就本件醫療行為之過失，及其過失行為與病患L死亡結果之相當因果關係，均至為灼然。

二、延伸思考

　　問題一：本案鑑定意見稱「由於最初的症狀沒有特異性（不舒服快昏倒及有些頭痛），很難加以確診」，但認為被告「在其診所中僅給予點滴注射，並未詳細檢查其病因亦未注意其病情發展，難謂無疏失」。則：1.你認為此鑑定意見是否指診所凡遇任何非特異症狀時，如無法即時排除可能性，均應假設其為最嚴重之可能病因？2.請探討此鑑定意見所稱的疏失，是否應等同刑事責任之過失。

　　問題二：基於本案之相同已知事實，試探討以下兩種不同假設條件下之注意義務：1.假設被告知曉患者之先前病史；2.假設被告不知患者之先前病史。

　　問題三：本案提及轉診義務之立法[1]目的為何？

三、判決來源

1　醫療法第73條：「（第1項）醫院、診所因限於人員、設備及專長能力，無法確定病人之病因或提供完整治療時，應建議病人轉診。但危急病人應依第六十條第一項規定，先予適當之急救，始可轉診。（第2項）前項轉診，應填具轉診病歷摘要交予病人，不得無故拖延或拒絕。」

第十案　診所上呼吸道感染誤診案
（臺灣桃園地方法院96年度醫訴字第1號刑事判決）

一、案例基本資料

（一）公訴事實與起訴意旨

　　醫師甲係桃園縣龜山鄉H診所之醫師。民國94年9月9日下午2時許，因丙、戊之女即病患K身體不適，有咳嗽、發燒、嘔吐及抽搐脫水等症狀，由丙、戊陪同前往H診所求診，醫師甲診斷病患K為上呼吸道感染，而予上呼吸道感染之治療藥物，並施打舒緩抽搐針劑Valium及點滴後，病患K沈睡，戊曾反應病患K之不適症狀。同日下午5時20分許，病患K病情惡化，呼吸停止及休克，經醫師甲施以心肺復甦術等急救措施，並轉診G紀念醫院林口分院。

　　病患K之父丙提起告訴，案經檢察官起訴主張：醫師甲（下稱被告甲）成立刑法第276條第2項業務過失致死罪，被告甲本應注意進行必要之身體檢查，依當時情形，又無不能注意之情事，其竟疏於注意，僅診斷病患K為上呼吸道感染，而予上呼吸道感染之治療藥物，並施打舒緩抽搐針劑Valium及點滴後，任由病患K沈睡，且於戊反應病患K之不適症狀時，被告甲亦疏於前往病床密切觀察病患K，乃至病情惡化，呼吸停止及休克，經被告甲施以心肺復甦術等急救措施，並轉診G紀念醫院林口分院後死亡。

（二）被告回應

　　被告甲自白犯罪。

（三）鑑定意見

1.醫審會鑑定結果

　　本案有行政院衛生署醫事審議委員會鑑定書共2份。因為協商判決，鑑定內容未明載。

2.法醫意見

　　本案有臺灣桃園地方法院檢察署相驗證明書、法務部法醫研究所鑑定書等各一份，鑑定意見為病患K係罹患心肌炎。

（四）判決結果

　　臺灣桃園地方法院訊問被告甲後，被告甲自白犯罪，檢察官聲請協商判決，經檢察官與被告於審判外達成協商之合意且被告甲已認罪，其合意內容為：被告甲願受科刑範圍為拘役貳拾日。據此，法院於民國97年04月30日作出協商判決，判被告甲成立刑法第276條第2項業務過失致死罪，處拘役貳拾日，如易科罰金，以銀元參佰元（即新臺幣玖佰元）折算壹日，減為拘役拾日，如易科罰金，以銀元參佰元（即新臺幣玖佰元）折算壹日，緩刑貳年。

　　被告、檢察官於法定上訴期間未上訴，本案判決即確定。

（五）判決理由

　　本案經檢察官與被告甲於審判外達成協商之合意且被告已認罪，被告甲與病患K父母丙、戊已達成和解，病患K父親丙並於96年10月31日向本院撤回對被告之告訴，表明不再追究被告刑事責任。判決書內文無判決理由。

二、延伸思考

　　問題：經查驗當時衛生署資料，被告診所非有兒童專科。則病患由法定代理人決定之行為受有第三人傷害，該刑罰結果應由被告（第三人）承擔？

三、判決來源

第十一案　鋼筋撕裂傷延誤治療案
（臺灣新竹地方法院96年度訴字第608號刑事判決）

（一）公訴事實與起訴意旨

　　醫師甲為新竹縣竹北市S醫院急診外科醫師。病患L於民國93年11月5日14時許，因工地意外致鋼筋插入右下腹被送至S醫院急診室就醫時，醫師甲為病患L之主治醫師，負責病患L上開傷勢之診療。醫師甲知悉病患L有高血壓、腎盂、腎炎等病史，診視病患L右下腹發現乙有9×5公分瘀傷，中間合併3×1公分出血撕裂傷口，理學檢查發現病患L右下腹持續輕度壓痛，但無反彈痛徵後，對病患L作傷口止血、注射破傷風疫苗處置及抽血檢查血液常規、血液生化、腹部站立X光檢查，並為病患L施行傷口擴創術等外科手術治療處置後，安排住院觀察。又於病患L住院後，於同日17時許起至次日7時許之期間，多次抱怨腹痛且冒汗等症狀，醫師甲安排再抽血檢查血液及實施腹部超音波檢查暨囑附緊密觀察。之後，病患L於93年11月6日11時許全身盜汗、血壓不穩，旋於同日12時50分許突發性休克、呼吸及心跳驟停，經施以心肺復甦急救無效，於同日13時45分許死亡。

　　案經病患L之子訴由臺灣新竹地方法院檢察署偵查、起訴主張：

　　醫師甲（下稱被告甲）本應注意檢查病患L右下腹穿刺傷口是否已進入腹腔，並應注意有高血壓、腎盂、腎炎等病史之病患，若因穿刺傷造成腹壁箝鈍性疝氣時，將有致小腸阻塞、小腸壞死而頃時死亡可能，且病患L當時持續表示腹痛，而依當時情形，客觀上並無不能注意之情事。再者，為病患L施行傷口擴創術等外科手術治療處置時，疏未注意檢查病患L右下腹穿刺傷口是否已進入腹腔，僅於術後安排住院觀察。又於病患L住院後，被告甲又疏未注意病患L多次抱怨腹痛且冒汗等症狀，可能係上

開傷口深度已進入腹腔，仍僅懷疑為腹膜炎變化，而僅安排再抽血檢查血液及實施腹部超音波檢查暨囑咐緊密觀察。病患L因被告甲之疏忽，延誤正確治療腹腔穿透傷時機及方法，繼而產生腹壁箝鈍性疝氣，造成小腸阻塞、小腸壞死，終至敗血性休克死亡。

關於本件醫療事實之時序圖如下：

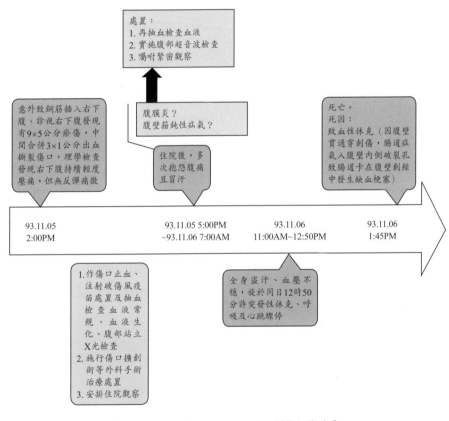

【醫療時序圖：鋼筋撕裂傷延誤治療案】

（二）被告回應

被告甲矢口否認有何業務過失致死罪嫌，辯稱：

病患L是在爬120公分高的木梯上面跌下來，是直接垂直插入右下腹

部。病患L在3、4點送到醫院時，因為有出血，我就清理傷口，做傷口擴創術。傷口是3×1公分，我的手指大約是7、8公分，但病患L是一位很胖大約100公斤的婦女，且當時是垂直插入，所以我用手指去摸，並沒有摸到任何穿透腹腔的情形。我的解釋是出入口跟腹腔的穿透是有一段距離，所以我的手指是摸不到的。

　　因為病患皮下有出血瘀血，所以就把傷口先縫合起來。我也有幫病患L作急診的X光片站立檢查，沒有看到有氣體跑到腹部裡面。當時我想有可能是肝膽血管破裂，或是胃腸泌尿道出血，或是腹壁內疝氣，因為病患L只是腹部的疼痛，所以我就說先住院觀察。為了預防腹膜炎引起的敗血症，我有要求病患L先禁食，並且打點滴，打兩種抗生素。當天晚上從病患L住院開始我隨時都去摸她的腹部，檢查彈痛現象，可是病患L一直都沒有腹膜炎的彈痛現象，有的只是右下腹的疼痛現象，以及冒冷汗，但沒有嘔吐，也沒有肚子脹或發燒的現象，隔天早上我又幫病患L作一次腹部超音波檢查，當時沒有看到病患L的腸子有腫脹的現象，而且肚子還是軟軟的。我隨時都有注意是不是要幫她手術，因為病患L一直沒有很明顯的腹膜炎的現象，生命徵象也很穩定，白血球數目也在正常範圍裡面，所以晚上值班時，我就給病患L止痛劑，並且交代護士隨時觀察。隔天8點我又再幫病患L作一次腹部超音波檢查，除了局部有一些出血以外，也沒有腹膜炎現象，所以當下我認為病患L可以再觀察。

　　病患L很肥胖，在外科手術上是很大的挑戰。在醫學界對於胖的病患就很注意，摸是摸不出來，只能用照X光及超音波，可是照的結果都是沒有腹膜炎或是穿孔的現象，整個過程我都是在醫院值班，病患的狀況都在我的掌握中，因為我是一般外科醫師，我的專長就是腹部手術，所以我已經盡了我專業上所有的努力去拯救治療這個病患。

（三）鑑定意見

1.醫審會鑑定結果
(1)死亡原因說明：
　　①醫師理學檢查沒有發現此右下腹壁鋼筋穿刺傷口已經進入腹腔，導

致腸道疝入穿刺傷口，腸絞窄梗塞，且依護理紀錄，病人於住院期間履次抱怨腹痛冒汗，醫師沒有發現因穿刺傷而造成的腹壁箝鈍性疝氣，導致小腸阻塞，小腸壞死，確有疏失之處。但即使小腸壞死，亦不致於24小時內死亡，所以病患死亡的原因可能與病患原有疾病，包括高血壓，腎盂、腎炎等應有關係，從解剖報告病患患有心肌細胞肥大，病患死亡原因無法斷定為敗血症。

②病患在建築工程工地意外從梯子跌倒，而為工地混凝土突出之鋼筋插到下腹部受傷送醫。工作場所無完善安全設施，鋼筋裸露，防護裝備闕如，導致意外事故發生，是此件死亡意外的主因。病患就醫後，檢查和治療中忽略了腹腔穿透傷的可能，使得失去了挽救生命的機會。不幸的，病患又發生罕見的腸箝制性疝氣，迴腸由腹腔壁上之穿刺孔道滑入卡住而絞勒，導致腸段嚴重梗塞壞疽，引起敗血症而猝死。其直接的死亡原因為意外事故，但如果醫療過程中能夠正確診斷和治療，或可避免這種敗血症猝死。

(2)傷口探查為主要：

①根據教科書（Schwartz's Principles of Surgery第8版），腹部穿刺傷之處理原則是在局部麻醉下，做傷口探查以確定穿刺傷是否深及腹腔，如果檢查發現沒有穿透腹膜，則不須進一步檢查。單純腹壁穿刺傷常會有傷口疼痛、血腫，但沒有其他特殊症狀可以判斷此穿刺傷已深及腹腔，因此傷口探查仍是最主要之檢查。

②根據本案診治醫師答辯內容及提出資料，該病患到院時，急診外科醫師乙，發現右下腹壁有一3公分×1公分×1公分之穿刺傷，安排病患於局部麻醉下施行傷口擴創及探查，發現穿刺傷並未進入腹膜腔，至於沒能發現穿透腹腔，可能與該病患體型較胖有關（體重為100公斤）。腹部穿刺傷中，除了要檢查是否有穿透腹膜外，更為重要者為檢查是否有腸道穿孔或內出血，醫師乙安排站立X光及腹部超音波，可見當時已考慮到此兩種可能，所做處置亦符合常規。腹壁穿刺傷後造成小腸疝入傷口之可能性並不高，且3×1×1公分傷口應不致疝入大量小腸。因此，若僅小部分小腸壞死應不致於24小時內就造成敗血症，而導致病患死亡。臨床上應有其

他原因造成死亡，如心肌梗塞或惡性高血壓。

2.法醫意見

　　經法醫師解剖，顯微鏡觀察結果：心臟：心肌細胞肥大。腎臟：急性腎盂腎炎。輸卵管：擴大積水。

　　死因分析：病患L因腹壁貫通穿刺傷，腸道疝入腹壁內側破裂孔，致腸道卡在腹壁創徑中發生缺血梗塞，因敗血性休克死亡。死者另有高血壓心臟病，腎結石腎盂腎炎、膽結石及輸卵管積水。

　　法務部法醫研究所另記載：本案死者自穿刺傷發生依始，至解剖當時都未被發現腸道已疝入穿刺傷創徑內，似未針對前述傷害給予適當治療。

（四）判決結果

　　臺灣新竹地方法院於民國98年08月31日作成判決，被告甲成立刑法第276條第2項業務過失致死罪，處有期徒刑壹年陸月，減為有期徒刑玖月。緩刑參年。

　　被告、檢察官於法定上訴期間未上訴，本案判決即確定。

（五）判決理由

　　法院認定被告甲成立業務過失致死罪之理由，摘要如下：

　　病患L在上揭工地發生鋼筋刺入腹部之意外後，其腹部穿刺傷已經穿通腹壁，意即在腹壁及腹腔內側各有一開口，已如前述，而依被告甲於偵訊時所供述：我幫她檢查，是在右下腹部刺傷，怕會刺到腹腔，以及其於本院審理時所供述：

　　（在醫療紀錄上你有寫不排除腹部臟器受傷，是何意？）這樣跌倒的病患可能外觀沒有受傷，可是可能膀胱破裂，小腸破裂。顯見被告甲亦知悉有此可能性。然觀被告甲於本案審理時所自承之診治過程：我用手去摸，是沒有辦法摸到有沒有穿刺傷，因為傷口是直線的，我用手去摸沒有摸到有穿刺傷。

　　（你怎麼判斷穿刺傷為進入腹膜腔？）一般用摸的，或是照X光，看

看有沒有氣體跑進去。

（除了用手摸和X光以及超音波之外，還有無其他方法？）一般就是這樣，除非再把病患推進去開刀，但是因為病患很胖，可能會把穿刺傷堵住，所以在照X光時，就看不到有氣體跑進去。

（你剛才有說肥胖的病人是一般外科很大的挑戰，為何這樣講？）因為正常人瘦瘦的，可以摸得到，但是胖胖的人會摸不到，很難診斷。法務部法醫研究所之鑑定書內容亦載明：臨床確認腹壁穿通傷可由理學檢查，如放射影像學檢查等方式為之，惟各項檢查之效度與信度，依據病人不同，傷害情形不同，應視臨床個案而定。本案病患體型甚為肥胖，皮下脂肪層厚度已超過一般人食指長度，很難用探查方式手指伸入傷口以觸覺確認在腹膜側是否開口，又病患腸道極可能在穿刺物剛拔出時即隨之疝入傷口，外部氣體尚無法易進入腹腔之鑑定結果，亦與被告甲所供承有肥胖體型之病患僅以手指探查及用X光檢查，很難判斷之內容若相符合。

被告甲既已知悉病患體型肥胖，很難以觸摸方式診斷，然被告卻在其所供述：因為病患是一個很肥胖的人，所以我的手指要摸到腹腔裡面是摸不到的，我沒有辦法去檢查他有沒有穿刺傷，有沒有穿刺到腹膜裡面是摸不到的等情之情況下，其僅係用觸覺及作X光檢查後，即率爾認定病患L並未因鋼筋刺入而致使腹部穿刺傷業已穿通腹壁受到傷害，是以並未針對此採取任何醫療措施，實難認其並無過失。

次查，病患L有高血壓及腎臟等疾病之病史等情，除據前揭鑑定書記載甚明外，並為被告甲自承知悉病患L有高血壓等病史，顯見被告甲在診療當時，本應充分考量病患L有此病史紀錄及其病情狀況是否因而受到影響至明。

而S醫院病歷資料中所附護理紀錄單內容亦明確記載：病患L11月5日15時15分入院、17時腹部痛，可忍、18時30分腹部痛，難忍，不適至冒汗，評估痛之情形、21時30分腹部痛，腹痛範圍有較廣，告知醫師、23時腹痛難忍，表情痛苦、11月6日7時腹痛難忍，哭泣、11時冒冷汗，訴腹痛及沿著腹股溝往上痛、12時30分照X光返室，坐於床旁，訴痛難忍，四

肢冒冷汗，冰冷等情，有上揭護理紀錄單資料在卷足憑。

　　病患L自入院後，其腹部疼痛情形一直存在，且未改善，之後疼痛一直加劇，至其無法忍受之程度。依被告甲於本院審理時所供述：我隨時都有注意要不要幫她手術，因為病患一直沒有很明顯的腹膜炎的現象，以及其之腹痛情形顯然並未獲得減輕觀之，益徵被告之診療行為並未針對病患L腹痛情形綜合予以考量各種可能性。

　　被告既明知病患有高血壓及腎臟病，也知悉可能造成之影響，同時亦明知病患因體型關係可能造成上揭檢查結果可能有所不足之情況下，卻並無依據的率爾認定病患並無腸子阻塞或穿刺傷可能造成之影響，並在病患一再表示腹痛難忍之情形下，僅是要求住院觀察，並在此過程中僅給予止痛劑及降血壓藥物。徵其對病患之病情變化情形疏未全然且全面性掌控，並未給予適當及積極醫療行為至明，此亦為前述行政院衛生署醫審會鑑定書中記載：如果醫療過程中能夠正確診斷和治療，或可避免這種敗血症猝死，及前開法務部法醫研究所記載：本案病患自穿刺傷發生依始，至解剖當時都未被發現腸道已疝入穿刺傷創徑內，似未針對前述傷害給予適當治療處置互可印證。

　　綜上，病患L於入院時即因體型肥胖、脂肪層較厚等因素，屬很難以用探查方式手指伸入傷口以觸覺確認在腹膜側是否開口之情形，加以其前曾有高血壓及腎疾等病史，此均會影響其病情之診斷及所採取治療方式，且均為被告甲所明知，而病患L自入院後，一再主訴有腹痛之情形，且隨時間經過日漸加劇，至難以忍受之程度，然被告甲卻僅是考慮病患L是否有腹膜炎之情形，並僅給予止痛藥及降血壓藥物等措施，而忽視其腹痛情形並未獲得有效治療，且逐漸加劇之情形，足見被告甲確有於醫療過程中，有疏忽未及早尋求出原因，而此疏忽進一步導致延誤診斷及後續可行的救命治療無誤，而以被告甲身為醫師所具備專業醫學知識及技能及當時客觀上之情事觀之，並無不能注意之情事，其未為上開必要及適當之檢查，造成病患L因此無法及時救治而死亡，其醫療行為自有疏失，且病患L之死亡與其業務過失有相當因果關係，亦堪認定。

二、延伸思考

問題一：本案鑑定意見認為被告對於腹部穿刺傷之檢查符合醫療常規，惟法官認為被告仍有過失，此是否表示符合醫療常規並非衡量過失的唯一或主要依據？

問題二：法醫研究所對於本案之意見稱「法醫學上腹壁貫穿傷確定診斷極為明確，只需剖開腹腔後確認腹壁內外兩側是否有相通貫穿之創口。但臨床上似無法為確定診斷而如此操作」，據此，請問你認為法醫解剖鑑定應在醫療過失之評定扮演何種角色？

問題三：法醫研究所之意見並認為「臨床確認腹壁穿通傷可由理學檢查，如放射影像學檢查等方式為之，惟各項檢查之效度與信度，依據病人不同，傷害情形不同，應視臨床個案而定」，依據此一觀點，請問你認為注意義務之標準，是否應依病患個人之生理或體質而異、或應有一致的標準？

問題四：本案鑑定意見認為：1.腹壁穿刺傷後造成小腸疝入之可能性並不高；2.3×1×1公分傷口應不至疝入大量小腸；3.小部分小腸壞死應不至於在24小時內造成敗血症。假設被告當時係依此一般臨床邏輯與經驗論，而推斷應有足夠時間找出腹痛真正原因，則是否足以改變其被認定有過失之結果？

問題五：醫療機構評鑑指標，應否融入醫療訴訟發生率為醫療品質參考？

三、判決來源

第十二案　肺部軟組織延誤治療案
（臺灣臺北地方法院99年度醫簡字第1號刑事判決）

（一）公訴事實與起訴意旨

醫師甲為M紀念醫院（下稱M醫院）胸腔內科醫師，病患L因久咳不癒，於民國九十六年四月十八日前往M醫院D院區醫師甲門診就診。

經醫師甲為病患L開立處方箋進行胸部X光攝影、肝功能、抽血及上消化道攝影等檢查，病患L於同日中午十二時十二分許進行胸部X光攝影檢查後，經M醫院放射線科U主治醫師於同日下午一時許，將判讀病患L胸部X光片之診斷結果：「Chest one view PA. ASHD with curvilinear calcification at aortic arch. Minimal biapical lower lung field near right CP angle. Please correlate clinically and follow up film for further evaluation.」（即病患右下肺野接近右肋橫隔膜角處有一卵形之軟組織陰影，建議須配合臨床資料研判，且須進一步做影像學相關檢查）輸入電腦上傳至病患L之病歷資料中。

醫師甲安排九十六年四月二十五日門診，病患L回診聽取上開各項檢查報告，針對其認病患L有上消化道胃酸逆流症狀予以用藥。

九十六年十一月二日病患L因久咳再度回診。於九十六年十一月六日病患L至M醫院腸胃內科C主治醫師門診安排進行腹部超音波檢查。發現有大量右側肋膜腔積液之狀況，收院檢查後始知已為第四期肺癌合併惡性肋膜積液、骨及腦轉移，於九十七年二月二十七日死亡。

案經檢察官提起公訴指出，醫師甲（下稱被告甲）為病患L開立處方箋進行胸部X光攝影、肝功能、抽血及上消化道攝影等檢查，病患L於同

日中午十二時十二分許進行胸部X光攝影檢查後,胸部X光片上已顯示有肺部軟組織陰影約4.8公分乘3.5公分,並經M醫院放射線科U主治醫師於同日下午一時許,將判讀病患L胸部X光片之診斷結果輸入電腦上傳至病患L之病歷資料中。

被告甲於九十六年四月二十五日門診,病患L回診聽取上開各項檢查報告時,本應注意詳加檢視病患L各項檢查數據及胸部X光攝影結果予以診斷,且依當時情形,並無不能注意之情事,竟疏未注意放射線科U主治醫師就病患L胸部X光攝影檢查之上開診斷結果,且疏未注意檢視、確認病患L胸部X光片內容,遽認病患L胸部X光片上所顯示之肺部軟組織陰影為肋骨交界處,診斷胸部X光攝影檢查結果正常,僅針對其認病患L有上消化道胃酸逆流症狀予以用藥。

迄於九十六年十一月二日病患L因久咳再度回診,仍未為病患L安排進一步檢查或診療,致未即時察覺病患L肺部X光片上所顯示之軟組織陰影實為肺部惡性腫瘤,延誤病患L之治療時間。

嗣於九十六年十一月六日,病患L至M醫院腸胃內科C主治醫師門診安排進行腹部超音波檢查後,已有大量右側肋膜腔積液之狀況,立即收院檢查後,始知已為第四期肺癌合併惡性肋膜積液、骨及腦轉移,雖經診治後,仍於九十七年二月二十七日不治死亡。

關於本件醫療事實之時序圖如下：

醫師甲門診（Ⅰ），表示胸部X光攝影檢查結果正常，僅針對其認有上消化道胃酸逆流症狀予以用藥

醫師甲門診（Ⅱ）

死亡。
死因：
第四期肺癌合併惡性肋膜積液、骨及腦轉移

久咳不癒

久咳

96.04.18　　　　96.04.25　　　96.11.02　　　96.11.06　　　97.02.27

胸部X光攝影、肝功能、抽血及上消化道攝影

同醫院腸胃內科主治醫師C門診安排進行腹部超音波檢查後已有大量右側肋膜腔積液

胸部X光攝影檢查後，胸部X光片上已顯示有肺部軟組織陰影約4.8公分乘3.5公分，並經同醫院放射線科U主治醫師於同日13時許，將判讀胸部X光片之診斷結果（即病患右下肺野接近右肋橫隔膜角處有一卵形之軟組織陰影，建議須配合臨床資料研判，且須進一步做影像學相關檢查）輸入電腦上傳至病歷資料中

【醫療時序圖．肺部軟組織延誤治療案】

（二）被告回應

被告甲對於上開犯罪事實坦承不諱。

（三）鑑定意見

本案為因業務過失致死案件，經檢察官提起公訴、法院合議庭裁定改以簡易判決處刑，判決書未附上鑑定意見。

（四）判決結果

經檢察官提起公訴，經法院合議庭裁定改以簡易判決處刑，臺灣臺北地方法院於民國99年12月17日作成判決，被告成立刑法第276條第2項業務過失致死罪，處有期徒刑捌月。緩刑貳年。

因被告甲業與病患L家屬等達成民事和解，有和解書一份及支票影本三份在卷可稽，且被告甲未曾受有期徒刑以上刑之宣告，此有臺灣高等法院被告前案紀錄表一份在卷可稽。綜上，法院認前所宣告之刑，以暫不執行為適當，爰併諭知緩刑二年，以啟自新。

被告、檢察官於法定上訴期間未上訴，本案判決即確定。

（五）判決理由

茲於下就被告甲疏未注意檢視、確認胸部X光片內容摘述如下：

證人即M醫院放射線科U主治醫師於法院審理時證稱：

病患L於九十六年四月十八日在M醫院所進行之胸部X光攝影檢查，係由渠負責驗片判讀，渠係在同日下午約一時許，將驗片判讀結果輸入電腦上傳至病患L之病歷資料中。

依照M醫院之驗片作業流程，僅有急診醫師所開立之X光攝影檢查係屬急件，須優先立即進行驗片判讀，其餘由門診醫師所開立之X光攝影檢查，均係由技術員將所拍攝之X光片交由登記室，再由登記室之工作人員登記、歸類後，將X光片集中放置在該位門診醫師所固定對應之放射線科主治醫師之待判讀X光片檔案櫃內，由放射線科主治醫師自取進行判讀，除有接獲門診醫生特地以電話通知要求優先判讀者外，一般而言在三天內進行判讀完畢即可。

再酌諸證人即病患L之妻於法院審理時證稱：

被告甲於九十六年四月十八日門診時，為病患L開立進行胸部X光攝影、肝功能、抽血及上消化道攝影等檢查之處方箋後，並未向病患L提及在做完胸部X光攝影後可立即取片，亦未要求病患L須在做完胸部X光片及肺功能檢查後，再度返回門診診間聽取胸部X光攝影檢查報告。

法院據此判認病患L於九十六年四月十八日至被告甲門診，持被告甲開立之處方箋至放射線科進行胸部X光攝影檢查後之驗片及判讀，均係依照非急件之一般作業程序為之，病患L並無於當日再度返回被告門診診間聽取胸部X光攝影檢查報告之情事，被告甲係在病患L於九十六年四月二十五日門診回診聽取各項檢查結果報告時，疏未注意詳加檢視病患L病歷資料中，由證人U醫師就病患L胸部X光攝影檢查所為，認病患L右下肺野接近右肋橫隔膜角處有一卵形之軟組織陰影，建議須配合臨床資料研判，且須進一步做影像學相關檢查之判讀結果，且疏未注意檢視、確認胸部X光片內容，即遽認病患L胸部X光片上所顯示之肺部軟組織陰影為肋骨交界處，向病患L表示胸部X光攝影檢查結果正常甚明。

二、延伸思考

問題一：請閱讀以下兩篇論文，試提出兩者觀點之異同。

1.侯英泠，X光片判讀案：檢查結果告知義務，月旦醫事法報告，63期，2022年1月，頁64-82。

2.周迺寬、許峻彬，X光片判讀案：論醫師診斷行為之注意義務判斷基準，月旦醫事法報告，63期，2022年1月，頁83-94。

問題二：本案門診醫師是否能主張合理之臨床裁量（請參第一部分醫療刑事判斷基礎理論之說明）而免負責任？

三、判決來源

第十三案　安眠藥物自殺誤認案
（臺灣新北地方法院100年度醫訴字第3號刑事判決）

一、案例基本資料

（一）公訴事實與起訴意旨

　　醫師甲係新北市三重區臺北S醫院（下稱S醫院）之急診科主任醫師。病患X於98年8月29日16時50分許，在新北市三重區住處，以服用大量含Zolpidem成分之安眠藥物方式進行自殺，適其女兒返家察覺有異，聯絡救護人員將病患X緊急送往S醫院急救。病患X於同日17時35分許被送抵S醫院後，即由醫師甲負責診治，抽血檢驗、打點滴即繼續留院觀察，病患X於翌日（即30日）7時許死亡。

　　案經病患X之姐訴請臺灣板橋地方法院檢察署偵查後提起公訴指出：

　　病患X於98年8月29日17時35分許被送抵S醫院後，即由醫師甲（下稱被告甲）負責診治。被告甲本應注意對於此類服用大量安眠藥物即藥物中毒之病患，若其服藥時間係在診療前1小時內或無法確定服藥時間，不論其意識是否清醒，均應對病患進行洗胃，始符醫療常規，且依急診護理紀錄內容，病患X家屬到院時即已告知病患X約係於當日16、17時許服用安眠藥，距診療時尚難認確已超過1小時，依當時情形復無不能注意之情事，詎被告甲竟疏未注意，誤認因無法確定病患X何時服藥，且病患X神智不清，遂未對病患X進行洗胃，而僅抽血檢驗、打點滴即繼續留院觀察，致病患X於翌日死亡。

（二）被告回應

　　被告對上揭犯罪事實，於法院準備程序中及審理時均坦承不諱。

（三）鑑定意見

　　本案有行政院衛生署醫事審議委員會鑑定書1份，社團法人臺灣急診

醫學會函一份，以及法務部法醫研究所解剖報告書、鑑定報告書各一份，說明病患S死因：安眠藥物中毒引發中毒性休克死亡。

其為簡式審判程序審理、處刑，判決文末附上鑑定書。

（四）判決結果

臺灣新北地方法院於民國100年12月23日作出判決，被告甲成立刑法第276條第2項業務過失致死罪，處拘役伍拾伍日，如易科罰金，以新臺幣壹仟元折算壹日。緩刑貳年。

被告、檢察官於法定上訴期間未上訴，本案判決即確定。

（五）判決理由

被告甲承認檢察官起訴指出本應注意對於此類服用大量安眠藥物即藥物中毒之病患，若其服藥時間係在診療前1小時內或無法確定服藥時間，不論其意識是否清醒，均應對病患進行洗胃，始符醫療常規。

經法院調查相關證據，足認被告甲自白與事實相符，堪以採信。本案事證明確，被告甲犯行洵堪認定。

二、延伸思考

問題一：本案法官於判決理由稱「兼衡病患自身藉服藥自殺本同可歸責」，意謂本案之分析應與下列何者較相近？1.酒駕不聽勸，自撞路樹傷重送醫延誤致死；2.駕車閃避突然竄出小孩，自撞路樹傷重送醫延誤致死。

問題二：本案法官於判決理由稱「兼衡病患自身藉服藥自殺本同可歸責」之用意應等同下列何種理論？1.自擔風險（assumption of risk）；2.可歸責於己的過失（contributory negligence）；3.比較過失（comparative negligence）。

三、判決來源

第十四案 車禍腹痛延誤治療案
（臺灣南投地方法院100年度訴字第244號刑事判決）

一、案例基本資料

（一）公訴事實與起訴意旨

　　醫師甲為南投縣竹山鎮竹山X醫院（下稱X醫院）之一般外科醫師，病患T於民國94年3月24日中午12時50分許，在彰化縣二水鄉發生車禍，經送往X醫院就醫。同日病患T有腹痛情形，因禁食而緩解，翌日則給予止痛藥以緩解腹痛，然於94年3月26日腹痛加劇，經H主治醫師診視並安排超音波檢查後，疑似有腹內出血情形，H主治醫師下達會診一般外科醫師之醫囑，S護理師聯絡當日表定值班一般外科D醫師前來會診，但D醫師當時在院外無法會診，S護理師逐轉而聯絡醫師甲，當時醫師甲亦在院外，但表示會先請另1名在院之一般外科Q醫師診視病患T病況，待其回院再行診視，嗣於同日下午4時10分許，病患T轉至加護病房，嗣Q醫師因醫師甲之指示至加護病房診視病患T，並在該處接獲醫師甲電話，而向其報告病患T病況，同日晚間7時30分許，醫師甲返院診視病患T腹痛情形。

　　94年3月27日上午10時許，加護病房值班護理師因病患T血壓下降且反應腹痛，即以電話聯絡醫師甲告知該情事，其指示繼續觀察病患T生命徵象、輸血等處置，同日上午11時許，護理師依醫師甲囑附為病患T輸血後，病患T狀況仍未改善不斷抱怨腹痛，護理師又致電醫師甲告知該情事，醫師甲仍指示繼續觀察病患T生命徵象、輸血等處置。

　　94年3月28日早上至加護病房診視病患T腹痛情形，並於同日下午3時許進行手術治療，病患T仍於94年3月31日上午5時15分許死亡。

　　案經臺灣高等法院臺中分院檢察署檢察官函送臺灣南投地方法院檢察署偵查、起訴指出：

　　醫師甲（下稱被告甲）原應注意其被會診目的係為協助H主治醫師判斷病患T腹痛原因，甚或接手腹痛治療，而病患T於3月27日已有心跳快、呼吸喘、血壓不穩、發燒、腹肌僵硬及壓痛等明顯腹膜炎症狀，被告甲即應積極探究腹內出血來源，並給予適當治療，而被告甲從事醫療業務已35年，經驗豐富，依當時情形，被告甲自有能力注意上揭情事，詎被告甲未注意及此，經加護病房護理師電告病患T病況後，仍未到院探究病患T腹內出血來源，並給予適當治療，遲至94年3月28日早上始至加護病房診視病患T腹痛情形，進行手術治療。

　　關於本件醫療事實之時序圖如下：

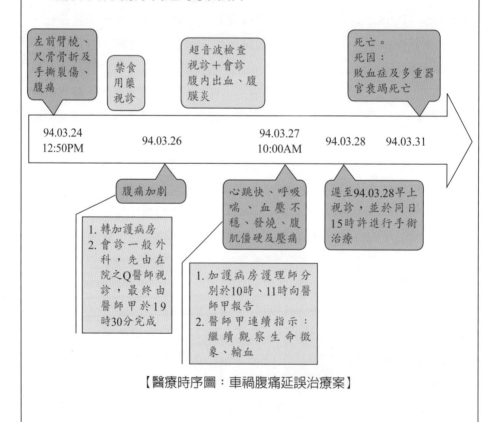

【醫療時序圖：車禍腹痛延誤治療案】

（二）被告回應

被告甲坦承有於94年3月26日中午12時許，知悉病患T需會診一般外科醫師後，即電請院內另1名一般外科Q醫師先行診視病患T，嗣於晚間7時30分許，親自回院診視病患T病況後返家，直至94年3月28日上午其再度診視病患T病況，於同日下午為病患T進行手術，矢口否認有何過失致死犯行，辯稱：

伊並未接到S護理師之電話；伊係基於院長職責，調派院內人力而指示Q醫師先行診視病患T，並非允諾成為被會診醫師；94年3月27日伊並未接到任何告知病患T病況之電話，故不知悉病患T病情變化；伊於94年3月28日始會診病患T，而成為被會診醫師，在此之前，病患T之被會診醫師應為D醫師或Q醫師，絕非伊本人，伊亦係成為被會診醫師後，始於該日下午親自為病患T進行手術，故病患T死亡結果與伊行為並無關聯。

（三）鑑定意見

1.醫審會鑑定結果

本案有行政院衛生署醫事審議委員會鑑定書共5份鑑定書。

其一鑑定意見指出，病患病情變化，此時，負責病患T腹痛部分病情之醫師即有積極為剖腹探查手術，以探究腹內出血原因之責任：

病患T於94年3月24日中午12時50分許發生車禍時，即受有腸繫膜及乙狀結腸出血之傷害，同日並已出現腹痛情形，直至同年3月26日腹痛仍未緩解，經H醫師安排超音波、驗血等檢查；同年3月27日腹痛及腹脹情形持續，晚間有發燒情形（攝氏38度）、白血球7200 /yl、中性白血球86%、淋巴性白血球7%、血紅素14.3 mg/dL之事實。而H醫師根據超音波、驗血檢查結果，判斷病患T疑似腹內出血，對其輸血並進行後續觀察，符合醫療常規，但病患T同年3月26日至3月27日之生理現象為腹膜炎表徵，晚上出現發燒情形，代表病情變化，且腹膜炎加劇，此時，負責病患T腹痛部分病情之醫師即有積極為剖腹探查手術，以探究腹內出血原因

之責任。

　　其二行政院衛生署醫審會鑑定書則說明「被告難謂無延誤之嫌」理由：

　　　H醫師於知悉病患T有疑似腹內出血情形後，立即會診一般外科醫師，目的當係希望一般外科醫師協助其判斷腹痛原因，甚至接手後續腹痛治療，故此後病患T腹痛相關問題之負責主治醫師，應為被會診醫師即被告甲，被告係負有應積極探究腹內出血來源並給予適當治療義務之人，且94年3月27日病歷記載明顯腹膜炎之症狀（心跳快、呼吸喘、血壓不穩、發燒、腹肌僵硬及壓痛），此時即應積極考慮剖腹手術，被告甲捨此不為，即難謂無延誤之嫌。

2.中山醫學大學附設醫院94年4月6日病理科解剖鑑定報告書

　　病患T係因車禍造成腸繫膜及乙狀結腸出血，導致敗血症，終因多重器官衰竭死亡。

（四）判決結果

　　臺灣南投地方法院於民國101年08月31日作成判決，認定被告甲成立業務過失致死罪，處有期徒刑拾月。減為有期徒刑伍月，如易科罰金，以銀元參佰元即新臺幣玖佰元折算壹日。

　　被告、檢察官於法定上訴期間未上訴，本案判決即確定。

（五）判決理由

　　就「被會診之醫師為被告甲」說明，法院依據多位證人證詞，總結：

　　病患T係因負責其腹痛治療之醫師遲延進行手術，探究腹內出血之原因，以致腹膜炎導致敗血症，敗血症造成肝發炎、肺發炎及透明膜形成，導致多重器官衰竭死亡，故該名負責治療病患T腹痛症狀之醫師延遲進行手術之行為，與病患T死亡之結果兩者間，有相當因果關係。

　　被告甲原應注意其被會診目的係為協助H主治醫師判斷病患T腹痛原因，甚或接手腹痛治療，而病患T於3月27日已有心跳快、呼吸喘、血壓

不穩、發燒、腹肌僵硬及壓痛等明顯腹膜炎症狀，被告甲即應積極探究腹內出血來源，並給予適當治療，而被告甲從事醫療業務已35年，經驗豐富，依當時情形，自有能力注意上揭情事。

被告甲未注意及此，經護理人員電告病況後，仍未到院探究病患T腹內出血來源，並給予適當治療，遲至94年3月28日早上始至加護病房診視病患T腹痛情形，顯見病患T係因負責其腹痛治療之醫師遲延進行手術，探究腹內出血之原因，以致腹膜炎導致敗血症，敗血症造成肝發炎、肺發炎及透明膜形成，導致多重器官衰竭死亡，故治療病患T腹痛症狀之醫師延遲進行手術之行為，與病患T死亡之結果兩者間，有相當因果關係。

綜上，被告甲延遲進行手術以探究病患T腹內出血之行為，導致病患T死亡結果發生，則被告甲之過失致死犯行，至為灼然。

二、延伸思考

問題一：本案其他科別醫師與護理師均懷疑病患腹內出血，應儘速由一般外科醫師協助判斷腹痛原因並予以治療，惟疑似囿於醫院行政倫理而未持續催促提醒被告，試探討本案過失責任如擴大至其他相關院內人士的利弊考量。

問題二：本案病患因車禍傷害就診，請問車禍肇事者應否為病患之死亡負法律責任？如你認為車禍肇事者應負相當法律責任，則其與被告醫師何者應負較大責任？試說明之。

三、判決來源

第十五案　診所陰道整形手術呼吸抑制案

（臺灣臺北地方法院88年度訴字第994號刑事判決）

一、案例基本資料

（一）公訴事實與起訴意旨

　　醫師甲為臺北市「X治療中心」（下稱「X中心」）醫師，領有中華民國婦產科專科醫師證書，同時任職於M醫院之婦產科擔任主治醫師。病患Y於晚間八時五十分許至「X中心」進行陰道整形手術，醫師甲於手術前為病患Y施用麻醉藥劑Demerol及Diprivan從事全身麻醉之醫療行為時，以鼻管（Cannula）預供氧氣。

　　醫師甲於劃第一刀後發現病患Y之血色素過黑，並於發現病患Y發生呼吸抑制之情事後，將病患Y之下巴提高，給予氧氣面罩及使用急救甦醒球壓迫氧氣，於晚間九時四十五分許送達臺北市立Z醫院急診室時，已無心跳、血壓等生命跡象，經急救後雖暫時恢復心跳及血壓，並轉入加護病房繼續救治，終因合併感染敗血症，於住院五天後死亡。

　　檢察官起訴指出，醫師甲（下稱被告甲）本應注意為病患施行全身麻醉手術之醫療行為時，其醫療場所應設置適當之心跳、脈搏及血氧飽合度監測設備，俾以於病患接受麻醉藥物後隨時監測，更應注意同時使用Demerol及Diprivan兩種麻醉藥劑為病患施行全身麻醉時，病患於臨床上極可能產生呼吸抑制、或因喉頭痙攣而產生暫時性窒息現象之副作用，為此須事先給予病患充分預供氧氣及藥物防止垂涎，且於給藥後應持續主動積極監測呼吸通氣狀態，設置適當之心跳及脈搏、血氧監測設備，用以連續監測病患之心跳及血氧飽合度，始得即時查悉全身麻醉手術中之病患是否因施用麻醉藥物而產生呼吸抑制（即缺氧）之現象，並得即時供應氧氣予

病患及採取急救措施，避免病患因缺氧而導致心肺功能衰竭，如X中心限於物力及人力，而無法提供上開用以維護病人生命安全之必要醫療設備，則不應從事全身麻醉手術之醫療行為。

被告甲復應注意，一旦發現病患有呼吸抑制而缺氧，應儘快採取置放人工口腔、鼻腔通氣道、氣管內管或給予肌肉弛鬆劑建立人工換氣之可行性等積極手段之麻醉醫療標準措施，以保持病患之呼吸道暢通，才能免去缺氧之惡果。

（二）被告回應

被告甲辯稱指稱，依據法務部法醫研究所之鑑定報告，「被害人係因手術中麻醉藥過敏引致死亡，係屬意外」，主張法醫研究所之鑑定報告應較可採。

（三）鑑定意見

本件醫事鑑定包括法務部法醫所鑑定意見、臺北榮總鑑定意見，以及臺大醫院鑑定意見：

1.法醫所鑑定意見

(1)有關麻醉藥品藥性

「於本案而言，Demerol是止痛，而Diprivan則是麻醉誘導劑，但在引起過敏反應時會發生喉頭水腫抑制呼吸」

(2)有關病患死因

「病理檢察結果：病患因接受陰道整形手術，在全身麻醉進行中突然發生心肺功能衰竭，急送Z醫院急救顯已來不及，發生腦缺氧病變住院五天後合併感染敗血症宣告死亡。鑑定結果：病患因手術中麻醉藥過敏引致死亡（意外）」

「按因心肺功能衰竭程度嚴重時，死亡來臨之時刻很短，恐未能及時以血液顏色之深淺為察知之方法」

2.臺北榮總鑑定意見

(1)有關麻醉藥品藥性

「榮民總醫院麻醉部醫療糾紛鑑定委員會之鑑定結果：本案被告進行『陰道整型手術』，施用Demerol及Diprivan兩種藥物為病患進行麻醉，此兩種藥物使用於上述手術之劑量與給予方式，尚稱妥適。」

(2)有關病患死因

「1.對本案病患應是單純麻醉用藥造成之呼吸抑制，未獲有效人工換氣輔助，造成窒息。2.被告並未採取合乎麻醉標準，檢視呼吸暢通及防止呼吸道阻塞之措施，監視系統亦無達麻醉標準常用連續監測心跳及血氧飽合度系統。3.很難以目視及早發現呼吸道阻塞之窒息現象。」

3.臺大醫院鑑定意見

「不論病患之呼吸抑制係藥物過敏或藥物之直接作用所產生，事實上兩者之臨床表現與應變處置並無太大差別。即正好本病患屬全身麻醉病患，醫師本就應有病患隨時可能產生呼吸抑制狀態的預防及應變措施。如榮總鑑定書上所述，被告之應變措施顯有不足之處。」

（四）判決結果

臺灣臺北地方法院於民國89年05月11日作成判決，被告因業務上之過失致病患死亡，係犯刑法第276條第2項之業務過失致人於死罪。

被告前未曾受有期徒刑以上刑之宣告，其於犯後已與病患之夫成立民事和解，故判決處有期徒刑拾月。緩刑參年。

被告、檢察官於法定上訴期間未上訴，本案判決即確定。

（五）判決理由

法院認定被告業務過失致死罪成立之理由，茲就醫事鑑定疑義、醫療是否過失，以及急救程序是否疏失摘要如下：

1.醫事鑑定疑義

依據法務部法醫研究所鑑定：

　　「病理檢察結果：病患因接受陰道整形手術，在全身麻醉進行中突然發生心肺功能衰竭，急送Z醫院急救顯已來不及，發生腦缺氧病變住院五天後合併感染敗血症宣告死亡。鑑定結果：病患因手術中麻醉藥過敏引致死亡（意外）。」

　　另臺灣臺北地方法院檢察署另請榮民總醫院鑑定：

　　「1.對本案病患應是單純麻醉用藥造成之呼吸抑制，未獲有效人工換氣輔助，造成窒息。2.被告並未採取合乎麻醉標準，檢視呼吸暢通及防止呼吸道阻塞之措施，監視系統亦無達麻醉標準常用連續監測心跳及血氧飽合度系統。3.很難以目視及早發現呼吸道阻塞之窒息現象。」

　　被告甲辯稱指稱，依據法務部法醫研究所之鑑定報告，「病患係因手術中麻醉藥過敏引致死亡，係屬意外」，主張法醫研究所之鑑定報告應較可採。

　　法院為求明瞭法醫研究所鑑定依據，向該所函詢鑑定書中有關「急送Z醫院急救顯已來不及」之判斷依據、以及「意外死亡」之判定是否已就醫療過程有無疏失之因素一併考量等，該所函僅簡略覆以：「是。」[2]

　　法院為期審慎，依職權送請國立臺灣大學醫學院為再次鑑定，經該院函覆略以：

　　「不論病患之呼吸抑制係藥物過敏或藥物之直接作用所產生，事實上兩者之臨床表現與應變處置並無太大差別。即正好本病患屬全身麻醉病

---

[2]　附帶證明臺灣臺北地方法院檢察署委請法務部法醫研究所鑑定死因時，僅檢附該署相驗卷影本一份作為參考，而該相驗卷宗內僅有被害人之夫及被害人之母指訴之警訊筆錄、該署檢察官會同法醫師相驗屍體之勘驗筆錄、訊問筆錄、相驗屍體證明書、仁愛醫院出具之死亡診斷證明書、仁愛醫院病歷及解剖屍體之勘驗筆錄，以及訊問筆錄等卷證資料。上開資料均僅得顯示自被害人被送至仁愛醫院急救後迄不治死亡為止之過程、住院紀錄及被害人屍體所呈現之病理現象，而與被告麻醉醫療過程及急救過程密切攸關等資料，原均係附於臺灣臺北地方法院檢察署八十八年度偵字第一一三〇〇號偵查卷宗內，而未一併檢送法務部法醫研究所參考，則就被告於施打麻醉藥劑之醫療過程，甚或其後之急救過程，法務部法醫研究所既無資料可供參酌，其為前開判斷所憑依據為何，尚非無疑。

患，醫師本就應有病患隨時可能產生呼吸抑制狀態的預防及應變措施。如榮總鑑定書上所述，被告之應變措施顯有不足之處。足見被告於施用麻醉藥劑之監測過程確有過失甚明，且其過失行為與病患之死亡有相當因果關係。」

至於被告主張，依據法醫研究所鑑定報告，「病患係因手術中麻醉藥過敏引致死亡，係屬意外。」應較可採，證人臺北榮民總醫院（下稱榮總）醫師暨該院麻醉部醫療糾紛鑑定委員會委員A（下稱證人A）到庭結證：

法院問：如何判定病患沒有特殊體質？

證人A：病患在美國曾使用同樣藥物，中間如無特別的病，再使用同樣藥物，應更安全，故病患應非特殊體質。

法院問：對法醫鑑定意外死亡有何意見？

證人A：我是以麻藥專業的角度來看的，法醫則是就病理研究來看過敏是否導致死亡，且藥物過敏不會當然造成死亡，處置不當才會導致死亡。

法院再參以國立臺灣大學醫學院鑑定結果亦認為「解剖時病患無特殊發現，但病患住院五天後才死亡，故病患為麻醉藥物過敏反應或麻醉藥物所直接引起之呼吸抑制，均有可能；但不論病患之呼吸抑制係藥物過敏或藥物之直接作用所產生，事實上兩者之臨床表現與應變處置並無太大差別。即本案病患屬全身麻醉病患，醫師本就應有病患隨時可能產生呼吸抑制狀態的預防及應變措施，如榮總鑑定書上所述，被告之應變措施顯有不足」等情，是以縱本案病患確係因麻醉藥物過敏反應而引起呼吸抑制，且發生死亡之結果亦非被告有意使其發生，而屬意外，然被告未採取必要之監測措施致未及時發現病患發生呼吸抑制之事，其後復未能依一般麻醉醫療標準之措施予以急救，而上開過失復與病患之死亡結果間，具有相當因果關係，被告自不得執病患係因藥物過敏引起呼吸抑制之詞，而主張解免其過失之責。

2.醫療是否過失

茲就麻醉用藥監測與急救時效分別論述。

(1)麻醉用藥監測

證人臺北榮民總醫院（下稱榮總）醫師暨該院麻醉部醫療糾紛鑑定委員會召集人B（下稱證人B）、委員C（下稱證人C）到庭結證：

法院問：本案兩種麻藥有無副作用？

證人C：副作用是會有嚴重呼吸抑制、呼吸停止，故坊間對病患要有特殊醫療處置，即指給予人工面罩式換氣工具。這二種藥物同時使用，可能產生呼吸抑制的副作用幾乎百分之百。

證人B：這二種藥物同時使用時，呼吸抑制的副作用會加強。

法院問[3]：當時是否須使被害人使用氣管內條、通條等器具幫助呼吸？

證人C：因副作用是可以預期的，故被告一開始麻醉，就應將被害人下巴提高，並施以氧氣面罩，協助病人呼吸順暢。如發現呼吸不順，應使用氣管內條及通條。施用麻藥的人，必須對施用麻醉藥品的知識要專業，不能一心二用，一般會用血氧飽和度的儀器或連續心電圖來監測。

證人B：因施打麻藥時，病人的舌頭會阻塞到氣管，故應將下巴提高必須專業麻醉醫師在旁邊注意。

法院問：一般病患缺氧多久，血液會變黑？

證人C：血液變黑色，代表氧氣已耗盡，一般約三至五分鐘，若使用監測系統，就可以馬上有反應及早發現。

法院認同鑑定意見，X中心未設置合乎麻醉標準之監視系統：

「由此足見同時使用Demerol及Diprivan兩種麻醉藥劑後，依被告對醫藥之專業知識應可預見病患極可能產生呼吸抑制或因喉頭痙攣而產生

---

[3] 本文認為法院問題應以「是否須預防性插管？需要設置哪些監測系統？」為宜。參考網路資料：臺北榮總護理部健康e點通，https://ihealth.vghtpe.gov.tw/media/773，最後瀏覽日：2022/4/19。

暫時性窒息現象之副作用。被告於對病患注射Demerol完畢後繼續注射Diprivan之過程中，並未設置合乎麻醉標準之監視系統連續監測病患之心跳或血氧飽合度，而僅任由護士以目測之方式觀察病患是否已因麻醉而昏睡。」

　　至於被告辯稱稱診所及醫學中心之麻醉設備設置標準應有所不同，法院之說明如下：

　　按醫療機構應依其提供服務之性質，具備適當之醫療場所及安全設施，醫療法第四十條定有明文。麻醉設備之設置標準雖可能因醫療機構係屬醫院、醫學中心或診所而有所不同，然全身麻醉攸關病患之生命、身體安危，被告既明知X中心並未設置有心跳及血氧飽合度監測設備，倘為病患從事全身麻醉之手術時，其設備顯不足以連續即時監測病患之身體狀況，而可能對病患之生命身體造成無可彌補之損害時，即應不得於該處從事該性質之醫療行為，況被告於斯時同時任職於M醫院之婦產科擔任主治醫師，其自應知悉M醫院可提供完善之心跳及血氧飽合度設備，足以避免病患生命身體遭受前開危險，當可於M醫院內為被告施行前開手術，詎其捨此不為而枉顧病患之生命、身體之權益，執意於其設備不足之診所內從事全身麻醉手術之醫療行為，其過失行為甚明，其於本院審理時竟執前詞辯解，實屬本末倒置捨本逐末之詞，顯不足採。

(2)急救時效

　　法院肯認法務部法醫研究所函示見解，認被告錯失對病患Y急救時效而有過失：

　　「承前所述，被告既可預見病患於施用前開兩種麻醉藥劑後極可能會產生呼吸抑制或因喉頭痙攣而產生暫時性窒息現象之副作用，自應積極連續監測病患之心跳或血氧飽合度，俾以預防上開副作用產生後對病患之生命及身體所可能造成之危害，詎被告竟遲至對病患施行手術劃第一刀後，因發現病患之血色素太黑時，始令護士為病患量血壓，然病患之血液顏色既因缺氧而變黑，顯見斯時病患已因呼吸抑制而導致血中氧氣不足至少三至五分鐘，並因而造成心肺功能衰竭，繼而產生腦缺氧病變，按因心肺功

能衰竭程度嚴重時，死亡來臨之時刻很短，恐未能及時以血液顏色之深淺為察知之方法，是對上開情形之急救自有其時效性，則被告竟於為病患手術劃刀後因發現血色素太黑，始發現病患因呼吸抑制致心肺功能衰竭，顯有因監測設備及應變措施不足，而錯失對病患急救時效性之過失。」

3.急救程序是否疏失

法院按證人——臺北市政府消防局救護人員D、E，以及證人B、C到庭結證稱，認病患Y送達Z醫院急診室時，已因嚴重換氣不足致呼吸及心跳停止，認被告未依一般麻醉醫療標準之措施救治病患，於急救過程顯有過失，此過失行為與病患之死亡間具有相當因果關係。

綜上，法院認被告身為婦產科專科醫師多年，其同時使用Demerol及Diprivan為病患Y做靜脈全身麻醉時，本應注意使用該二種麻醉藥劑可能會產生前述副作用，而應採取防護生命及身體安全之監測措施，且於前述副作用果然發生後，亦應採取符合一般麻醉醫療標準之急救措施。而依當時情形，被告並無不能注意之情事，惟其竟疏未注意，既無設置連續監測病患之心跳及血氧飽合度之設備，亦未注意病患之呼吸是否有窒礙之情事，且於發現病患因呼吸窒礙而缺氧時，所採取之急救措施亦未符合一般麻醉醫療標準之措施，致病患發生腦缺氧病變合併感染敗血症而死亡。被告之醫療過程顯有業務上之過失，且其業務上過失與病患之死亡間具有相當因果關係，其所辯均不足採信，本件事證明確，被告犯行堪以認定。

二、延伸思考

問題一：本案被告對病患施行全身麻醉後：1.未注意病患狀況；2.未掌握急救時效；3.未添購適當設備，何者與病患死亡有較高因果關係，試由高至低排序，並說明理由。

問題二：假設本案被告未充分瞭解病患是否有過敏史即為其施行全身麻醉，其是否有過失；又假設被告未充分瞭解病患是否有過敏史，且病患過往並無過敏史，卻因過敏致死，則被告是否有過失？

　　問題三：請比較下列兩種情況下被告的過失責任：1.病患因腹膜炎而在無適當監測設備的診所施行全身麻醉致死；2.病患因陰道整型手術而在無適當監測設備的診所施行全身麻醉致死。

三、判決來源

第十六案　頸部雙腔導管手術頸胸瘀血案
（臺灣基隆地方法院88年度訴字第68號刑事判決）

一、案例基本資料

（一）公訴事實與起訴意旨

醫師甲係基隆G紀念醫院（下稱G醫院）醫師。病患H因腎臟疾病，於民國（下同）八十七年十一月二日至G醫院急診住院，同月四日由該醫院A醫師、B醫師二人施作頸部雙腔導管手術，因手術失敗造成病患H頸部及右胸有瘀血現象，A醫師、B醫師二人逐改作股靜脈導管手術，手術後按時洗腎，病患H上開頸部及右胸瘀血現象，經適當處理後，逐漸消退好轉，病情亦穩定控制。

嗣因洗腎所需血流量不夠，經G醫院主治醫師T醫師決定再施作內頸靜脈雙腔導管置入手術，同月十八日上午九時十五分許由醫師甲執行，於實施上開手術後，病患H產生頭痛、右頸部疼痛，在當日中午十二時十分有胸悶冒冷汗、臉色蒼白及意識改變，十二時二十五分有心跳加速、血壓快速下降、血糖188 mg/dl等情形。病患H經急救後仍於同月十八日十六時二十分許不治死亡。

案經病患H之妻乙訴請臺灣基隆地方法院檢察署偵查起訴指出：

醫師甲（下稱被告甲）應注意並能注意病患H前已因此項手術造成頸部及右胸瘀血現象，應謹慎為之，詎猶疏於注意，於實施上開手術時，因放置導管不慎，造成導管置入處之肌肉層呈穿刺性出血。

（二）被告回應

被告甲坦承有為病患H施行內頸靜脈雙腔導管置入手術乙情，否認有何業務過失，辯稱：

醫術無法百分之百成功，伊已盡力而為，並無懈怠、疏忽之處，且病患H患有腎臟病，是否因尿毒症引發心包膜積水而阻塞心臟造成死亡，無從確知。

（三）鑑定意見

本件鑑定意見有醫審會兩件、法醫研究所一件。

1.醫審會鑑定結果

(1)第一次鑑定

本件鑑定書就病患H心包膜填塞之臨床徵象鑑定：

雖依據G醫院之病歷記載並沒有提到病患H有頸靜脈鼓脹之情形產生，惟病患H當時臨床徵兆已顯現多項心包膜填塞之表徵，且被告所施作之內頸靜脈導管置入手術就解剖位置而言，鄰近心臟、肺臟及大動脈，故有一定比率之併發症，如：心房心率不整、心室心率不整、動脈穿刺、血胸、氣胸、氣栓塞、中央靜脈或心室穿破、心包膜積血等，依據文獻記載，置於中央靜脈併發大血管或心臟之穿刺傷而引起心臟填塞者，約為0.2%，而心臟填塞引起之死亡率為47～77%，又尿毒症患者本身凝血功能就有障礙，容易出血，雙腔靜脈導管置放併發症產生機率更高。

再就尿毒症個案之心臟填塞產生提出見解：

尿毒病患者本身雖也可以產生心包膜積血，但產生心臟填塞之可能性不大。

(2)第二次鑑定

本件鑑定書就病患H被施救步驟鑑定：

病患H於完成該項導管置入手術不久後產生頭痛、右頸部疼痛，隨即在當日中午十二時十分有胸悶冒冷汗、臉色蒼白及意識改變，十二時二十五分已有心跳加速（次／分）、血壓快速下降（mmHg）、血糖188 mg/dl等情形，依據心臟內科教科書（Braunwald's Heart Disease, 1997）所載心包膜填塞之臨床表徵有頸靜脈鼓脹、奇脈、呼吸加速、心跳加快、心音減少、血壓快速下降等現象，足徵病患H於十二時二十五分時已有心

包膜填塞之情形發生。被告對病患H所施作之靜脈輸液、輸血及升壓劑等施救步驟,無法舒解其心包膜填塞之症狀,反而使病情惡化。

2.法醫意見

臺灣基隆地方法院檢察署檢察官督同法醫師相驗,經進行大體解剖後,確認病患H死因為上腔靜脈於放置導管時造成醫源性傷害,導致心包囊腔內積血猝死。

(四)判決結果

臺灣基隆地方法院於民國90年03月20日作出判決。被告從事業務之人,因業務上之過失致人於死,處有期徒刑陸月,如易科罰金,以參佰元折算壹日。

被告、檢察官於法定上訴期間未上訴,本案判決即確定。

(五)判決理由

法院就業務過失理由,依內頸靜脈雙腔導管置入過程、臨床表徵施救程序等判斷摘要如下:

1.就內頸靜脈雙腔導管置入過程判斷

(1)施作該手術是否有誤判

病患H因洗腎所需血流量不夠,經G醫院T主治醫師決定再施作內頸靜脈雙腔導管置入手術。被告甲對病患H所罹患之尿毒症決定施作雙腔靜脈導管置入手術,並無誤判之醫療過失。

(2)導管置入過程是否有過失

法院依鑑定意見判斷,認定被告就導管置入過程有疏於注意,病患死因與放置導管有直接之因果關係。

2.就臨床表徵施救程序判斷

病患H於完成該項導管置入手術不久後產生頭痛、右頸部疼痛,在當日中午十二時十分有胸悶冒冷汗、臉色蒼白及意識改變,十二時二十五分已有心跳加速(次/分)、血壓快速下降(mmHg)、血糖188 mg/dl等情

形，被告對病患H施作之靜脈輸液、輸血及升壓劑等施救步驟。

(1)延誤醫療時機

　　按第二次鑑定書表示，被告對病患H已顯現之心包膜填塞之數種臨床徵兆疏未注意，致病患H無法撐至被告通知心臟科醫師施作心臟超音波檢查並進行施救手術，而延誤醫療時機。

(2)施救步驟使病情惡化

　　續按第二次鑑定書表示，被告對病患H所施作之靜脈輸液、輸血及升壓劑等施救步驟，不但無法舒解其心包膜填塞之症狀，反而使病情惡化。

　　綜上，法院判決指出：

　　被告甲自應對罹患尿毒症之病患H在施作導管置入手術後表現之生理不適狀況時，即思及此不適情形應與心臟問題有關，竟忽略而僅就臨床表徵之呼吸加速、血壓降低進行輸血、升壓及給予氧氣等無法舒解心包膜填塞症狀之施救程序，而使病情益為惡化；且在病患H已因心包膜填塞（依據法醫解剖報告，其心包膜積血約為 80 cc，惟心包膜表面覆蓋黃色的纖維蛋白塊，重75公克，可推測心包膜變性及硬度增加而造成心內壓增高，心血充填受限及心輸出量減少）有產生心臟填塞之緊急情況下，仍捨可自行施作或請一般外科醫師協助以針頭穿刺心臟引流之心包膜放液術，因而無法確切解除心臟填塞之病理情況，終至病患H因心包膜積血嚴重造成心臟填塞之心因性休克死亡。

　　被告甲所受之專業訓練及當時之情形觀之，並非絕對無法期待其善盡此責，被告甲自難辭其咎。本件病患H之死亡與被告丙之過失行為間，具有相當因果關係，是其過失犯罪事證應堪認定。

二、延伸思考

　　問題一：請問你認為本案被告之主要過失在於頸部靜脈雙腔導管置入手術的實施過程，或是後續急救之過程？依你判斷，就注意義務而言，是否可預期被告接受的醫師專業訓練使其具備自行處理此類意外的能力？

　　問題二：請分別討論以下四項事實因素在本案之分析中應扮演何等角色：1.病患先前曾接受頸部靜脈雙腔導管置入手術失敗；2.主治醫師決定再度施作內頸靜脈雙腔導管置入手術，交由被告執行；3.尿毒症患者凝血功能本就有障礙，容易出血，雙腔靜脈導管置放併發症產生機率更高；4.病患洗腎所需血流量不夠。

　　問題三：本案鑑定意見指出「尿毒病患者本身雖也可以產生心包膜積血，但產生心臟填塞之可能性不大」，請問就法律責任歸屬之目的而言，如要求因果關係之分析須排除「有可能但機會不大的肇因」方得確立，你認為此要求是否合理？

三、判決來源

第十七案　包皮手術龜頭截肢案
（臺灣臺南地方法院91年度易字第61號刑事判決）

一、案例基本資料

（一）公訴事實與起訴意旨

醫師甲係外科專科醫師，在臺南縣新營市J外科診所執業。民國九十年七月七日上午十時許，病患乙為割除包皮手術前往求診，醫師甲進行割除手術時，將病患乙陰莖龜頭部分截肢，醫師甲立即將病患乙送至臺南縣永康市C醫院急診縫合。病患乙有尿道狹窄及龜頭尖端變形等後遺症。

案經病患乙訴由臺灣臺南地方法院檢察署檢察官偵查起訴指出：

醫師甲（下稱被告甲）明知包皮所在之陰莖係人體泌尿及生殖器官，進行割除手術時應注意避免傷害陰莖，且依當時情形並無不能注意情事，竟疏未注意，將病患乙陰莖龜頭部分約1.5公分完全截肢。

（二）被告回應

被告甲於偵訊及本院審理時，對於右揭時地，為告訴人乙進行包皮割除手術時，將告訴人陰莖龜頭部分截肢約1.5公分等情均坦承不諱。

（三）鑑定意見

無鑑定意見。

（四）判決結果

本案經臺南地方法院於民國91年05月31日作成判決，被告因業務過失傷害，處有期徒刑陸月，如易科罰金，以參佰元折算壹日，緩刑參年。

被告、檢察官於法定上訴期間未上訴，本案判決即確定。

（五）判決理由

被告甲自陳包皮割除手術之程序乃先將包皮拉起夾緊後，再予切除，而被告甲所以誤將告訴人之陰莖龜頭部分約1.5公分一併切除，顯係夾住包皮時，尚夾住部分陰莖龜頭所致。

綜上，被告甲進行手術時，對此應注意之部分明顯未加注意，法院復查無被告甲當時有不能注意之具體情事，被告甲進行手術時存有過失，昭然可認。

二、延伸思考

問題一：本案之陰莖龜頭部分截肢為過失行為之結果，則本案之過失行為為何？請明確定義該行為是手術準備或手術過程中的哪個步驟。

問題二：雙重確認是否為所有手術之標準流程之一，或是依手術項目不同而異？診所執業實務是否可因人手限制而彈性執行雙重確認步驟？

問題三：判決指出「無被告當時有不能注意之具體情事」，依醫療實務，所指為何？包皮手術有哪些應注意之風險？

三、判決來源

第十八案　診所抽脂手術風險案

（臺灣臺北地方法院86年度自字第1002號刑事判決）

一、案例基本資料

（一）自訴事實與意旨

　　醫師甲（下稱被告甲）係臺北市區T整型外科診所（下稱T診所）醫師。民國八十六年三月十八日，病患Y至T診所欲進行腹部抽脂手術。於同年月二十日下午二時四十五分順利完成手術，術後，病患Y之血壓、心跳及呼吸等與手術前相較並無明顯差異，且身體並無顯然不適，次日中午進食後亦未有異狀，故在該日下午辦理出院返家。病患Y因身體不適入院，曾有嘔吐，同年三月二十三日中午，因嘔吐症狀持續及嘔吐物含咖啡狀物有上消化道出血情狀，被告甲建議家屬轉診至臺北M醫院作進一步檢查，因病患Y之心臟主治醫師駐診於C診所，故要求轉至C診所，C診所以未設專任整型外科醫生為由而婉拒，病患Y則接受C診所建議改轉至S醫院（在三月二十三日下午約三時許即轉至S醫院）。同月二十七日S醫院為病患Y作剖腹手術時發現病患Y小腸穿孔、腹壁壞死性筋膜炎及十二指腸潰瘍合併出血，合併敗血症，於同年四月五日死亡。

　　病患Y腹部曾施行三次手術，左右肋骨下緣及右下腹部，分別施行心臟換瓣膜手術，膽囊摘除術及闌尾（判決書誤植為蘭尾）切除術，並定期服用抗凝血藥物（COUMADIN），每日半粒。

　　案經病患Y配偶提起自訴。法院起訴指出：

　　被告甲身為整形專科醫生，本應注意為病患施行腹部抽脂手術時，若病患腹部曾施行手術，手術後疤痕沾黏，會增加抽脂術之危險性，而抗凝血藥物長期服用，會增加出血及潛在出血之機會，亦增加傷口發炎之危險

性，故手術前兩週內禁服用含有抗凝血劑之藥物，抽脂術乃美容選擇性手術，非急迫性之手術，有上開情形施行腹部抽脂術有危險性，可能產生併發症，可等候狀況瞭解，或與患者告知清楚之後再手術，且依當時情形，並無不能注意之情事，竟疏未注意，安排於二日後即同年三月二十日十二時，在該診所內為病患Y進行腹部抽脂手術。

（二）被告回應

1.就術前管理而言
(1)術前評估

　　被告辯稱：手術前後，均已善盡注意義務[4]。並供稱：腹部抽脂手術是用一個小傷口來進行一個範圍的手術，所以不像一般手術可以做細的止血，需靠病人本身血液凝固及外在加壓來止血，且病患Y動過數次腹部手術留下多處疤痕，有腸壁沾粘而增加手術危險性之虞。

(2)告知義務

　　被告甲辯稱：

　　伊依醫療法第四十六條第一項前段規定，於實施手術時，取得其同意，簽具手術同意書及麻醉同意書，在簽具之前，並向其說明手術可能發生之併發症及危險。

---

[4] 關於術前評估，被告辯稱：伊於八十六年三月十八日被害人Y至其診所欲進行腹部抽脂手術時，為瞭解其之體質與身體健康狀況，曾為其作施作手術前之例行檢查，檢查結果一切均屬正常而無不適手術之情事……病患在手術前二週內固未禁服抗凝血劑之藥物，就病患在手術中之失血量尚在正常範圍內而未出現不正常出血情形以觀，病患併發症之發生與服用抗凝血劑藥物間並無關聯性。況縱因服用抗凝血藥物而引發血液凝固問題時，亦可利用維他命K來加以矯正治療，顯見病患於術前服用抗凝血藥物，尚不構成手術之不適應症。又病患腹部前因動過數次手術而留下之多處疤痕，固有腸壁沾粘而增加手術危險性之虞，然該危險亦尚非抽脂手術之絕對不適應症，只要伊於手術過程中審慎為醫療行為，縱病患腹部有前開病史及危險，該抽脂手術仍得為之，而不在禁止之列。

2.就術後管理而言

(1)症狀觀察

被告甲辯稱：

術後，病患Y之血壓、心跳及呼吸等與手術前相較並無明顯差異，且身體並無顯然不適，次日中午進食後亦未有異狀，故在該日下午辦理出院返家。

嗣其因身體不適入院時，曾有嘔吐，惟臨床上因全身麻醉後會引起嘔吐現象，伊除密切觀察生命徵象外，並給予藥劑治療，而其不適之情形亦獲有改善。又病患Y數年前曾因膽囊炎及盲腸炎動過兩次腹部手術，有腹部術後胃腸粘連之虞，致受該次全身麻醉及手術之刺激而使腸胃蠕動受抑制，造成腸阻塞，為恐症狀加劇轉變成腹膜炎而有進一步剖腹探查之可能，伊更仔細檢查其之腹部不敢有所怠忽，惟其並未有腹膜炎之一般癥兆，即腹部變硬與回縮痛，直至同年三月二十三日中午，仍無腹膜炎之一般癥兆。

(2)轉診治療

被告甲辯稱：

因嘔吐症狀持續及嘔吐物含咖啡狀物有上消化道出血情狀，故伊建議家屬轉診至臺北M醫院附設醫院作進一步檢查以免延誤治療。

被告甲並辯稱S醫院未及時為病患施作手術治療：

S醫院於同年月二十四日既業已發現病患Y胸部有氣體出現，依一般醫療臨床經驗，應即懷疑有腸胃穿孔之虞而進一步檢查或馬上緊急手術，S醫院卻遲至同年月二十七日始為病患Y手術治療，是以其死亡結果之發生，究係伊於醫療過程中因疏失所致，抑或因S醫院之未及時為病患施作手術治療所致，仍有審究之必要。

（三）鑑定意見

本件有行政院衛生署醫事審議委員會（下稱醫審會）鑑定書二份：

1.第一次鑑定

就本案之致命傷害部分鑑定：

由病患Y八十六年三月二十四日三軍總醫院胸部X光片顯示，左側有橫膈下氣體出現（Free air），於同年三月二十六日電腦斷層亦顯示肝上方與腹壁之間亦有不正常氣體出現，應懷疑已有腸胃系統之破孔，則抽脂手術造成小腸穿孔，應為本案之致命傷害。

2.第二次鑑定

就S醫院處置部分鑑定：

八十六年三月二十四日之X光片發現病患Y左側橫膈下有氣體，此乃是由病歷資料回朔追蹤及仔細觀察才發現的，以當時急診之狀況，病患施行過抽脂手術，其氣會進入皮下組織而影響X光之判讀，此種併發症在臨床上極為罕見，教科書及文獻上，似未見有，因此S醫院未懷疑腸穿孔是合理的。

病患Y於S醫院就醫時，係腸胃科醫師主治，當時之診斷為上腸胃道出血，於三月二十五日作胃鏡，其結果為只見有一些淺的潰瘍，三月二十六日所作之電腦斷層，發現腹腔內有血塊及氣體，立即會診一般外科及整型外科，並於三月二十七日緊急施行剖腹探查，這些過程都是積極且適當的處置，主要因從未見過會是小腸穿孔導致皮下發炎及敗血症。

三月二十日手術所造的穿孔，至三月二十四日轉至S醫院時，已有四天之時間，當時患者已是明顯的敗血症及呼吸窘迫，縱使立刻發現小腸穿孔而立即手術，也不一定能挽救回病患之生命。

（四）判決結果

臺北地方法院於民國91年07月15日作成判決，被告甲因業務過失致死，處有期徒刑伍月，如易科罰金，以參佰元折算壹日。緩刑貳年。

被告、自訴人於法定上訴期間未上訴，本案判決即確定。

（五）判決理由

1.就術前管理而言
(1)術前評估
　　　法院認為：

　　抗凝血藥物長期服用，會增加出血及潛在出血之機會，亦增加傷口發炎之危險性，故手術前兩週內禁服用含有抗凝血劑之藥物。病患Y腹部曾施行三次手術，左右肋骨下緣及右下腹部，分別施行心臟換瓣膜手術，膽囊摘除術及蘭尾切除術，並定期服用抗凝血藥物（Coumadin），每日半粒，且其PT27（凝血酶原）、PTT37（部分凝血活酶），在該診所驗血時PT21、PTT36，均已超過正常值（PT18、PTT29），在這些因素下施行腹部抽脂手術，有危險性，可能會有併發症之產生，且病患Y服用抗凝血藥物，可以事先與心臟科醫師討論，是否於停止服藥後二週，再行手術。

(2)告知義務
　　　法院認為：

　　抽脂術乃美容選擇性手術，非急迫性之手術，有上開情形施行腹部抽脂術有危險性，可能產生併發症，可等候狀況瞭解，或與病患告知清楚之後再手術。

2.就術後管理而言
(1)症狀觀察
　　　法院認為：

　　被告甲為整形專科醫生，若病患腹部曾施行手術，手術後疤痕沾黏，會增加抽脂術之危險性。

(2)轉診治療
　　　法院參用第二次鑑定意見，認為S醫院未懷疑腸穿孔是合理的：
　　以當時急診之狀況，病患施行過抽脂手術，其氣會進入皮下組織而影響X光之判讀，此種併發症在臨床上極為罕見，教科書及文獻上，似未見

有，因此S醫院未懷疑腸穿孔是合理的。

綜上，法院認病患Y腹部曾施行過手術，雖非絕對禁止再施行腹部抽脂手術，惟若病患腹部曾施行手術，手術後疤痕沾黏，會增加抽脂術之危險性，又抗凝血藥物長期服用，會增加出血及潛在出血之機會，亦增加傷口發炎之危險性，在這些危險因素存在下施行抽脂手術，可能有併發症之產生。被告身為整型專科醫師，應知抽脂術乃美容選擇性手術，非急迫性之手術，可以等候狀況瞭解，或與病患告知清楚之後再行手術，依病患Y之身體狀況施行腹部抽脂手術是否會造成疤痕沾黏，增加抽脂術之危險性，或是否有併發症產生之可能等等被告應更加審慎評估決定是否對病患Y施行腹部抽脂手術，亦可事先與心臟科醫師討論，是否於停止服用抗凝血藥後二週再行施行腹部抽脂手術，惟被告疏未注意，仍安排於二日後旋即為病患Y進行腹部抽脂手術，導致病患Y於手術後因腹壁壞死性筋膜炎併敗血性休克、小腸穿孔併腹膜炎而死亡，被告顯有過失，且其過失與被病患Y死亡間亦有因果關係。

二、延伸思考

問題一：鑑定意見認為本件「病患施行過抽脂手術，其氣會進入皮下組織而影響X光之判讀，此種併發症在臨床上極為罕見，教科書及文獻上，似未見有」。1.如本案被告未能預見該併發症之發生，對其過失責任影響為何？2.如因其罕見，合理之醫師難以預見其發生，則對被告之過失責任影響為何？3.如S醫院未能預見該併發症之發生，對被告之過失責任影響為何？4.如S醫院應可預見該併發症之發生，則對被告之過失責任影響為何？

問題二：假設被告過失已然確立，則被告復主張S醫院有過失之用意為何？假設S醫院有過失，且假設被告與S醫院之過失分別單獨均可能導致被告死亡，則兩者責任應如何認定或分配？

　　問題三：被告辯稱質疑患者「死亡結果之發生，究係伊於醫療過程中因疏失所致，抑或因S醫院之未及時爲病患施作手術治療所致，仍有審究之必要」，你認爲鑑定意見「此種併發症在臨床上極爲罕見，教科書及文獻上，似未見有，因此S醫院未懷疑腸穿孔是合理的」是否已回覆被告之質疑？

　　問題四：依法官意見，美容選擇性之非急迫手術與急迫性必要手術之告知義務與注意義務是否應有區別？被告主張實施手術前已取得患者同意，並簽具手術同意書及麻醉同意書，而在簽具之前，並向患者說明手術可能發生之併發症及危險，則被告是否已盡美容選擇性之非急迫手術之告知義務？被告之告知義務如有所未盡，則欠缺之處爲何？

　　問題五：被告辯稱中表示「伊於手術過程中審愼爲醫療行爲，縱病患腹部有前開病史及危險，該抽脂手術仍得爲之，而不在禁止之列」等語，比如「縱因服用抗凝血藥物而引發血液凝固問題時，亦可利用維他命K來加以矯正治療」等，被告應如何舉證？

三、判決來源

第十九案　診所剖腹產大出血案

（臺灣臺中地方法院91年度訴字第1147號刑事判決）

一、案例基本資料

（一）公訴事實與起訴意旨

　　醫師甲係臺中市區H婦產科診所（下稱H診所）院長。民國（下同）八十七年五月二十五日上午十時許，適有原第一胎於八十六年三月十八日亦在「H婦產科診所」剖腹生產之第二胎產婦W因「腹部陣痛」至該診所待產，由醫師甲為其實施剖腹接生。

　　產婦W家屬因至廟宇求神問卜看時辰，要求延至同日晚上二十三時以後始實施剖腹生產，醫師甲同意延至同日晚上二十三時十五分許，在上址診所內進行剖腹手術產下一男嬰。

　　翌日（同年月二十六日）凌晨二至三時許，產婦W因大量陰道出血，醫師甲診視後認係產後惡露稍多，認應再予觀察，囑家屬及產婦W安心。同日凌晨四時許，產婦W覺腹脹且陰道再度大量出血，醫師甲診視後給予Ergonovine（子宮收縮劑）1Amp及Transamine（止血劑）。同日上午十時許，醫師甲為產婦W輸紅血球濃縮液四單位（相當1000 CC全血所含之紅血球量。迄同日下午十四時許，產婦W發生呼吸急促現象，當時血壓為90/60 mmHg、脈搏120次／分，醫師甲囑續予觀察。同日下午十六時許，產婦W腹部明顯腫脹，超音波顯示大量腹腔積血，醫師甲於同日下午五時十分許為產婦W實施剖腹探查手術（Explore lap），並實施子宮次全切除術（Subtotal hysterectomy，即子宮上部切除，留下子宮頸），並再次要求產婦W配偶駕車前往臺中市捐血中心領取八單位（一單位為血漿500 CC）新鮮冷凍血漿後，為產婦W輸血，未見起色。

醫師甲於八十七年五月二十六日十九時許，將產婦W轉送至S醫院加護病房診治。

產婦W於同年五月二十九日下午二十一時許死亡。

案經產婦W之配偶訴請臺灣臺中地方法院檢察署偵查、起訴指出：

醫師甲（下稱被告甲）原亦為產婦W第一胎之剖腹產醫師，且其第二胎懷孕期間亦至H診所產檢，被告甲已知悉產婦W有「前置胎盤」之情形，本應注意實施剖腹生產手術時，因剝離胎盤易發生大量出血之危險；另家屬因至廟宇求神問卜看時辰，要求延至同日晚上二十三時以後始實施剖腹生產，被告甲明知延後實施剖腹生產更易造成手術後子宮收縮不良引起產後出血，須有適當之預防準備，諸如輸血及轉院治療等，以防止產婦大量出血導致血管凝血病變、急性腎衰竭及出血性休克等病變而死亡，而依當時情形又無不能注意之情事，被告竟應注意、能注意而疏未注意及此，仍同意延至同日晚上二十三時十五分許，在H診所內進行剖腹手術產下一男嬰。

產婦W於同年月二十六日凌晨二至三時始大量陰道出血，至八十七年五月二十六日十九時許，被告甲驚覺情況危急後，始將產婦W轉送至S醫院加護病房診治。惟產婦W仍因產後大量出血併發瀰漫性血管凝血病變、急性腎衰竭及出血性休克，延至同年五月二十九日下午二十一時許死亡。

（二）被告回應

被告甲承於上揭時地為產婦W實施剖腹生產之事實，否認有何業務過失致死之犯行，辯稱：

產婦W並無前置胎盤情形，手術中發現有輕微之植入性胎盤，但已有縫合，H診所平時沒有備血，開刀時沒有異常現象，出血量僅200 CC而已，當時先切除子宮以便止血後，再轉診至大醫院，而當伊發現有問題時，因當時情況緊急，怕轉診過程中即發生死亡，伊本身是專業產科醫生，還有一位S醫院產科主任乙在場，在備血與輸血之情況下，伊認為伊等二人已經足夠處理。

（三）鑑定意見

本件有行政院衛生署醫事審議委員會（下稱醫審會）鑑定書一份，就產婦W前置胎盤情形、延誤治療疏失說明：

被告甲於手術前已知產婦W有「前置胎盤」之情形，手術中亦發現植入性胎盤（之後再施行子宮次全切除術（Subtotal hysterectomy），術後之病理報告證實子宮壁有植入性胎盤組織）；因此被告應可預知手術會有較高之危險性，可能會手術中大量出血或手術後子宮收縮不良引起產後出血，而必須有適當之預防準備。

然被告甲未及時之輸血準備，術後見產婦W出血量增加及腹痛腹脹等症狀，亦未警覺情況嚴重，做適時必要的緊急處裡，致延誤治療時機，造成產婦W因產後大量出血併發瀰漫性血管凝血病變、急性腎衰竭及出血性休克。醫療院所設備或人力如不足以應付產婦大量出血及無法確實監測術後恢復情況時，即應適時轉院治療。被告並未詳細監測產婦術後狀況，亦無法提供及時足夠之輸血，在此情況下。又貿然進行剖腹探查手術，至不得已才匆匆轉院，確有延誤治療之疏失等情。

被告甲辯稱對醫審會鑑定結果不服，認其並未受到公平審議之機會，而該鑑定報告與事實亦不相符合，乃列舉其認為該鑑定報告與事實不相符合之疑點，向法院聲請再次囑託。

法院二度發函並檢具相關卷證囑託該委員會鑑定，經該委員會函覆稱：被告如無其他具體須再行鑑定事由或事項，應無再予鑑定必要。

（四）判決結果

臺中地方於民國91年12月03日作成判決。法院判被告因業務上之過失致人於死，處有期徒刑陸月，如易科罰金，以參佰元折算壹日。緩刑貳年。

被告、檢察官於法定上訴期間未上訴，本案判決即確定。

（五）判決理由

1.產程[5]注意義務

被告甲原為產婦W第一胎之剖腹產醫師，且產婦W第二胎懷孕期間亦至該診所產檢，被告已知悉產婦W有「前置胎盤」之情形，本應注意實施剖腹生產手術時，因剝離胎盤易發生大量出血之危險；另被害人家屬因至廟宇求神問卜看時辰，要求延至同日晚上二十三時以後始實施剖腹生產，被告明知延後實施剖腹生產更易造成手術後子宮收縮不良引起產後出血，須有適當之預防準備，諸如輸血及轉院治療等，以防止產婦大量出血導致血管凝血病變、急性腎衰竭及出血性休克等病變而死亡，而依當時情形又無不能注意之情事，被告竟應注意、能注意而疏未注意及此，仍同意延至同日晚上二十三時十五分許，在上址診所內進行剖腹手術產下一男嬰。

庭審中，被告所舉證人即S醫院產科主任乙醫師，到庭證稱：

被告均係依照婦產科之正常程序步驟來處置，亦轉診到醫學中心診治，沒有延誤醫療時機，產婦W最後係死於併發症，被告並無過失。

法院判認證人乙醫師係與被告一起對產婦W實施剖腹生產者，且被告係其親姐夫，是其證詞難免失真偏頗，迴護被告，顯難採為對被告有利事實認定之證據。

2.產後照顧義務

(1)產後出血

翌日（同年月二十六日）凌晨二至三時許，產婦W因大量陰道出血，被告診視，凌晨四時許，產婦W覺腹脹且陰道再度大量出血，被告診視後

5　產程，就是「生產過程」，是指孕婦在經過一段時間的規律性陣痛，使得緊閉的子宮頸，逐漸的變薄、縮短、擴張而後至全開。最後經由孕婦不斷的使用腹部的力量及子宮收縮的力量，往下推移胎兒終於分娩出胎頭。隨後在醫護人員的協助下，胎兒產出至胎盤完全脫落的過程。參婦產部孫序東醫師，亞東紀念醫院院訊，162期，2013年5月，https://www.femh.org.tw/epaperadmin/viewarticle?ID=5311，最後瀏覽日：2022/6/30。

給予Ergnovine（子宮收縮劑）1Amp及Transamine（止血劑），惟出血情形仍未見改善。同日上午十時許，被告為產婦W輸紅血球濃縮液四單位，迄同日下午十四時許，產婦W發生呼吸急促現象，被告囑續予觀察。同日下午十六時許，產婦W腹部明顯腫脹，且超音波顯示大量腹腔積血，於同日下午五時十分許始為產婦W實施剖腹探查手術（Explo lap.），並實施子宮次全切除術（Subtotal hysterectomy，即子宮上部切除，留下子宮頸），嗣於八十七年五月二十六日十九時許，將產婦W轉送至S醫院加護病房診治。

(2)延誤醫療

法庭引用醫審會鑑定意見指出：

被告應可預知手術會有較高之危險性，可能會手術中大量出血或手術後子宮收縮不良引起產後出血，而必須有適當之預防準備。然被告未及時之輸血準備，術後見產婦出血量增加及腹痛腹脹等症狀，亦未警覺情況嚴重，做適時必要的緊急處裡，致延誤治療時機，造成產婦W因產後大量出血併發瀰漫性血管凝血病變、急性腎衰竭及出血性休克。

醫療院所設備或人力如不足以應付產婦大量出血及無法確實監測術後恢復情況時，即應適時轉院治療。被告並未詳細監測產婦術後狀況，亦無法提供及時足夠之輸血，在此情況下。又貿然進行剖腹探查手術，至不得已才匆匆轉院，確有延誤治療之疏失。

綜上，法院判認被告既身為婦科專業醫師，明知產婦W有「前置胎盤」之情形，即應注意實施剖腹生產手術時，因剝離胎盤易發生大量出血之危險，且不應同意延後實施剖腹生產致更易造成手術後子宮收縮不良引起產後出血，而依當時情形又無不能注意之情事，被告竟應注意、能注意而疏未注意及此，竟仍同意延後進行剖腹生產，而於產婦W產後大量出血時，亦未能及時備血、輸血及轉院診治，自難辭其咎，顯有疏失，被告業務過失行為與產婦W之死亡結果間，具有相當因果關係。

二、延伸思考

問題一：你認為證人證詞的可信度應以哪一項（或哪些）因素判斷為宜，並說明理由：1.證人與被告之親屬關係；2.證人與被告之共事關係；3.證人之專業訓練及專業資格；4.證人之聲譽及外界評價；5.證人宣誓；6.證人證詞之內容；7.證人證詞是否有相關佐證；8.其他因素。

問題二：本案鑑定意見稱「被告於手術前已知被害人W有前置胎盤之情形」，但被告卻否認病患有前置胎盤情形，請問你認為鑑定意見是從何處得知或推定被告術前已知病患有前置胎盤情形？

問題三：請問剖腹產、前置胎盤與植入性胎盤之間，是否具有相關性，如有，三者之相關性為何？

問題四：當產婦家屬強烈要求延後剖腹生產，則於下列假設情況下，你認為應分別如何處置為宜？1.一年多前曾為該產婦接生，當時為順利自然分娩；2.一年多前曾為該產婦接生，當時為順利剖腹產；3.十餘年前曾為該產婦接生，當時為順利自然分娩；4.該產婦曾在其他醫院兩度剖腹產，相關情況不明。

三、判決來源

第二十案　診所抽脂手術全身麻醉案
（臺灣臺北地方法院91年度訴字第730號刑事判決）

一、案例基本資料

（一）公訴事實與起訴意旨

醫師甲係臺北市大安區Y整形外科診所（下稱Y診所）醫師，領有外科專科醫師證書（但無整形外科專科醫師證書），平日以從事整型美容外科手術及相關醫療行為為業；醫師乙則係前開整形外科診所之特約麻醉科醫師，領有麻醉科專科醫師證書，以從事手術麻醉工作為業。

民國八十九年五月三十日病患H即曾至上開Y診所進行腹部抽脂手術，同年六月十三日十一時許，病患H復至該診所欲再進行背部、臀部、腹部抽脂及切除多餘皮膚手術。

手術於同日二十一時三十分許結束，迨病患H恢復意識後，旋於同日二十二時許至上開診所之恢復室，交由護理師D獨自護理，於翌日上午八時許，病患之女至前開診所探視病患H時，發現病患H全身冰冷、口吐白沫，始召護理師D入內並送財團法人C診所醫院急救。病患H於同日上午九時十五分不治死亡。

案經臺灣臺北地方法院檢察署偵查、起訴指出：

醫師甲（下稱被告甲）身為外科專科醫師，醫師乙（下稱被告乙）身為麻醉科專科醫師，本應分別注意為病患施行抽脂手術、全身麻醉前，應實施適應症系統評估，即對客戶之全身性疾病（如糖尿病、心臟呼吸器官疾病）、凝血功能等詳加檢查，且依當時情形並無不能注意之情事，竟疏未注意，未為上揭測試即欲對病患H施行前揭抽脂、切除多餘皮膚手術及全身麻醉。手術進行中，被告乙本應注意手術之出血量，並予足夠之體

液補充，以避免產生脂肪栓塞之併發症，且依當時情形亦無不能注意之情事，仍疏未注意而未予足夠之體液補充，且未經病患H本人或家屬簽署全身麻醉同意書，即由被告乙於同日十七時許為病患H施作全身麻醉，被告乙本應注意輸液充足，且依當時情形復無不能注意之情事，然亦未注意而未為足夠體液之補充，由被告甲接續實施切除腹部多餘皮膚手術。手術於同日二十一時三十分許結束，病患H恢復意識後，旋於同日二十二時許將其送至上開診所之恢復室。

被告甲身為外科專科醫師，本應注意對手術後客戶身體內循環系統之運作加以評估而對客戶術後生命跡象加以監測（如監測血含氧量、尿量等），且依當時情形亦無不能注意之情事，卻仍疏未注意，率將病患H交由護理師D獨自護理，且未交代應注意上開事項，被告甲術後對生命跡象如血含氧量、排尿量等之監測有所不足，未監測客戶手術後恢復狀況及預防併發症之產生，即逕行離去，致病患H因術中及術後輸液不足，併發血管脂肪栓塞，於翌日上午八時許，病患H之女至前開診所探視病患H時，發現其全身冰冷、口吐白沫，始召D入內並送財團法人C診所醫院急救。

（二）被告回應

被告甲辯稱：

病患H至該診所向其諮詢有關抽脂手術事宜時，曾持一份全身健康檢查表予其參看，該表顯示病患H之血糖指數雖較正常值高些，但並未顯示有糖尿病，當時病患H之血糖指數可進行本件抽脂手術而不影響病患H之健康，又病患H若為凝血功能不足，當無肺栓塞之情形發生；再當日病患H之所以未簽署全身麻醉同意書，係因當時病患H說會痛，方改用全身麻醉，情況緊急之故；其對病患H補充之體液有6000西西係施打在病患H身上，有1250西西乃給病患H飲用，故並無體液補充不足之情況，且經評估後，病患H並無缺少水分之現象，若對病患H為過多之水分補充，甚至有可能造成病患H肺部水腫之情形，其術後有對病患H為生命跡象之監測處理，病患H之死亡與其無關。

被告乙辯稱則以：

渠僅係麻醉醫師，係配合手術醫師之手術進行，當天係因病患H於手術中喊痛而改用全身麻醉，渠接到緊急通知後前往該診所處理，當時有對病患H為系統性之評估，雖無病患H全身麻醉之書面同意書，但當時病患H於手術台上時業已口頭徵得病患H之同意而施行全身麻醉，當時病患H有提及被告甲業已告知此情，渠於術中依據病患H之心跳、血壓及排尿量有給病患H靜脈輸液1500西西之林格式液。

（三）鑑定意見

本件有行政院衛生署醫事審議委員會（下稱醫審會）鑑定書一份，就醫療疏失表示：

依據病歷記載，病患有糖尿病及心悸，並懷疑有心臟病，在術前並無血糖測試之資料，血型、血色素、心電圖及一般生化檢查等之報告，亦無病患身高及體重之紀錄。因此執行手術之醫師及麻醉醫師並未作好術前之適應症系統評估，顯有疏失之處。

就抽脂手術併發症表示：

「依國內、外之經驗及文獻報告，抽脂手術後突然死亡，最常見之原因是肺脂肪栓塞，要預防此一併發症之發生，手術中及手術後要補充足夠之水分。」

2.法醫意見

本件有法務部法醫研究所（下稱法醫所）鑑定書一份，就死因確認說明如下：

臺灣臺北地方法院檢察署檢察官督同法醫師相驗，並製有勘驗筆錄、驗斷書後，因無法確定被害人死因，遂對被害人加以解剖確定死因，經解剖後認定死因為抽脂手術併發血管脂肪栓塞死亡。

3.國立臺灣大學醫學院附設醫院鑑定書函兩份

第一份書函就抽脂手術中醫護人員應注意事項表示意見如下：

抽脂手術應注意事項有：一、病人是否有全身性疾病，例如糖尿病、

心臟呼吸器官疾病；二、藥物過敏史；三、凝血功能；四、手術出血量；五、動脈血含氧量；六、心電圖監測；七、吸出物監測。再抽脂相關麻醉及護理人員職責，則有：一、局部麻醉部分由外科醫師執行，需併用全身麻醉時由麻醉醫師執行；二、抽脂手術之麻醉方法，如誘導維持等，與一般全身麻醉並無不同；三、因抽脂手術常伴隨大量體液流失，需建立足夠靜脈輸液通路，並監測各種生命現象，特別注意輸液之補充；四、需特別留意手術中外科使用之局部麻醉劑之可能毒性，及血管收縮劑對生理之影響；五、如有生命跡象不穩定情形，需鑑別診斷脂肪栓塞之可能；六、麻醉護士之職責為全程監視病患生命現象的變化，並協助麻醉醫師執行以上麻醉相關業務。

並就手術之體液之補充說明：所謂體液之補充，係指靜脈輸液通路，並非口服之液體。

第二份書函就簽署麻醉同意書表示意見如下：

前開診所進行之約定手術應收金額之記載，其上亦載有「（張）編號十一、日期六月十三日、姓名、手術名稱抽脂腹、後臀、上背、小拉皮，麻醉費自付」等記載（見八十九年度相字第四○二號偵查卷宗第二十一頁），堪認本件被害人手術過程中本即有全身麻醉之療程，絕非如被告甲、乙所辯係因病患感覺疼痛，方改用全身麻醉，且當時情況危急，被害人方未簽署麻醉同意書等情狀。

並就病理解剖中關於輸液部分說明：

本案病患在背臀部抽脂3000西西，估計出血量應有500至1000西西；再加上切除下腹脂肪之出血量，及對應病理解剖發現腹壁有血塊500西西之體內狀況，病患應有血液不足及休克之情形。術中及術後之輸液僅有2500西西，似有不足。

（四）判決結果

臺北地方法院於民國93年08月27日作出判決。被告甲從事業務之人，因業務上之過失致人於死，處有期徒刑拾月，緩刑參年。被告乙從事

業務之人，因業務上之過失致人於死，處有期徒刑伍月，如易科罰金，以參佰元折算壹日。緩刑貳年。

被告、檢察官於法定上訴期間未上訴，本案判決即確定。

（五）判決理由

法院採參鑑定意見，認為被告甲、被告乙確已知悉病患可能患有糖尿病等疾病，然被告甲、乙於明知此情之情形下，於執行本件之抽脂手術及全身麻醉前卻未實施適應症系統評估，未對病患是否有全身性疾病（如糖尿病、心臟呼吸器官疾病）、凝血功能等詳加檢查而為上開檢驗，以致無從檢視病患是否因有上開疾病及先前業已曾為抽脂手術之故，致病患體質或身體健康狀況已不適合再為本件大規模之抽脂手術、切除皮膚手術及全身麻醉，其等顯有過失甚明。

被告甲於術中及術後、被告乙於術中既有為病患H為足夠體液補充之注意義務，且被告甲、乙依當時情形並無不能注意之情事，卻均疏未注意此情，致病患之體液補充有所不足，被告等就此顯有過失自明。被告甲應注意手術後對病患身體內循環系統之運作加以評估，且對術後生命跡象加以監測（如監測血含氧量、尿量等），依當時情形復無不能注意之情事，卻疏未對病患H術後之身體、血液等循環系統評估，亦未交代D護理人員應注意上開事項，對病患H生命跡象之血含氧量、排尿量等之監測有所不足，致病患H發生此脂肪栓塞之併發症，被告甲就此顯有過失。

從而，被告等於術前應實施適應症系統評估，即對病患之全身性疾病（如糖尿病、心臟呼吸器官疾病）及凝血功能等詳加檢查，術中應注意足夠之體液補充，以避免產生脂肪栓塞之併發症，被告甲於術後並應注意為足量體液之補充，對病患身體內循環系統之運作須加以評估而對病患術後生命跡象加以監測（如監測血含氧量、尿量等）等注意義務，且依當時情形並無不能注意之情事，竟均疏未注意，致被害人體液不足，併發血管脂肪栓塞死亡，病患死亡結果之發生與被告等之上開過失行為之間，客觀上顯具有相當因果關係。

二、延伸思考

問題一：被告稱「當日被害人H之所以未簽署全身麻醉同意書，係因當時被害人H說會痛，方改用全身麻醉，情況緊急之故」。1.病患之同意以醫師之充分說明為必要，假設被告所稱之緊急情況為真，則是否可合理認為被告可充分說明且病患對被告之說明可充分瞭解？2.假設在緊急情況下被告無法充分說明、或病患因情緒緊張無法充分瞭解，則抽指手術應如何進行？

問題二：法官認為被告在抽指手術及全身麻醉前，未對病患是否有全身性疾病（如糖尿病、心臟呼吸器官疾病），以及凝血功能等詳加檢查，以致無從檢視被害人是否因有上開疾病而不適合再為本件大規模之抽脂手術、切除皮膚手術及全身麻醉；法官復認為被告確已知悉被害人可能患有糖尿病等疾病。1.請問法官從何處得知或推定被告確已知悉被害人可能患有糖尿病等疾病？2.被告為外科醫師，依據全身健康檢查表，而未懷疑病患有糖尿病等全身性疾病是否合理？3.病患於約莫一個月前曾由被告執行腹部抽脂，假設被告因而認為病患身體應可承受再次手術，該認知是否合理？4.試分析糖尿病與病患死亡之因果關係。

問題三：被告為外科專科醫師，並無整形外科專科醫師證書，是否可執行整形外科業務，相關規範為何？

三、判決來源

第二十一案　冠狀動脈繞道手術心包填塞案
（臺灣臺南地方法院93年度簡字第2351號刑事判決）

一、案例基本資料

（一）公訴事實與起訴意旨

醫師甲係臺南縣永康市J醫院（下稱J醫院）之心臟專科醫師。病患H因患有冠狀動脈硬化狹窄心臟病，曾於民國九十年三月二十四日因心肌梗塞而在J醫院以冠狀動脈氣球擴張術方式治療。嗣於同年十一月三十日，病患H又因胸痛住進J醫院，於同年十二月四日下午五時三十分，由醫師甲為其施行冠狀動脈繞道手術（下稱第一次手術），共接五條血管，惟手術後因引流管出血量多，且血塊壓迫心臟引起心包填塞，導致血壓下降瀕臨休克，故於同年十二月五日下午一時五十五分、同年十二月六日凌晨五時五十一分許，又先後二次進入手術室（下稱第二、三次手術）。

病患H於第二次手術後，於十二月六日凌晨四點許，其中心靜脈壓即已升至20 mmHg，於同年十二月十九日晚上十一時死亡。

案經檢察官起訴偵辦指出：

醫師甲（下稱被告甲）身為病患H心臟外科手術之醫生，理應注意心臟手術後出血或引起心包填塞係心臟手術後常見之併發症，且當術後出血較多時，除應注意出血是否減少、停止，以及輸血是否足夠外，也須注意引流管是否因血塊堆積在心包內，而壓迫心臟造成心包填塞，病患H於第二次手術後，於十二月六日凌晨四點許，其中心靜脈壓即已升至20 mmHg，心包填塞的徵象已相當明顯，被告理此時即應對病患H採取重新打開傷口，清除血塊以解除心包填塞並止血，或於病況更危急時，並應立即拆開部分傷口縫線，以手指直探心包內，讓血水引流出，再徹底清除血

塊及止血，而以上開方式解除病患H之心包填塞病狀，且依當時之情況，又無不能注意之情事，惟被告並未及時採取上開之急救方法，致延誤治療時機。

（二）被告回應

被告於準備程序自白。

（三）鑑定意見

本案有行政院衛生署醫事審議委員會鑑定書兩份、法務部法醫研究所鑑定書一份。因為簡易判決處刑，判決書中無敘明鑑定摘要。

（四）判決結果

臺南地方法院於民國93年10月28日作出判決。被告自白犯罪及依其他現存證據，已足認定其犯罪，經合議庭裁定後，逕依簡易判決處刑：被告從事業務之人，因業務上之過失致人於死，處有期徒刑陸月，如易科罰金，以參佰元折算壹日。緩刑貳年。

被告、檢察官於法定上訴期間未上訴，本案判決即確定。

（五）判決理由

法院判決就手術併發症注意、延誤治療時機等項肯認鑑定內容並指出：

被告理應注意心臟手術後出血或引起心包填塞係心臟手術後常見之併發症，且當術後出血較多時，除應注意出血是否減少、停止，以及輸血是否足夠外，也須注意引流管是否因血塊堆積在心包內，而壓迫心臟造成心包填塞，此時即應對病患H採取重新打開傷口，清除血塊以解除心包填塞並止血，或於病況更危急時，並應立即拆開部分傷口縫線，以手指直探心包內，讓血水引流出，再徹底清除血塊及止血，而以上開方式解除心包填塞病狀，且依當時之情況，又無不能注意之情事，惟被告並未及時採取

上開之急救方法，致延誤治療時機，造成病患H於同年十二月十九日晚上十一時因心臟血管繞道手術後併發症肝衰竭而死亡。

二、延伸思考

　　問題一：本案發生在醫院，其就醫療檢驗項目異常值管理應較診所系統化，中心靜脈壓上升時應如何處置為宜？

　　問題二：判決文提及病患H於12月6日凌晨4時許，其中心靜脈壓已升至20 mmHg，並於12月6日凌晨5時51分許，又再度進入手術室（即三次手術），則判決文所指延誤應為何？

三、判決來源

第二十二案　腹腔鏡手術下腹主動脈裂傷案
（臺灣高雄地方法院91年度訴字第3570號刑事判決）

一、案例基本資料

（一）公訴事實與起訴意旨

　　醫師甲係財團法人C醫院高雄分院（下稱C醫院）婦產科醫師。病患L因婚後無法順利受孕，經友人介紹至C醫院就診，先於八十八年十月二十三日前往該院接受「子宮輸卵管造影術（Hysterosalpingography, HSG）」檢查。復於同年月二十六日，再次前往C醫院由醫師甲看診，診斷結果認為病患L罹有「子宮內膜異位（Endometriosis）」、「子宮肌瘤（Myoma）」導致之不孕症，於同日安排入院進行腹腔鏡手術。

　　於次日（即同年月二十七日）十五時許，由醫師甲為病患L實施腹腔鏡手術。手術中，病患L之血壓急速下降約至（50/25 mmHg），醫師甲見狀乃立即緊急開腹探查，並即刻通知該院心臟血管外科醫師丙前來會診。

　　醫師甲開腹探查後即發現病患L前開下腹主動脈裂傷之位置，逐直接以手壓迫傷口止血，俟醫師丙到場實施探查後，發現病患L有下腹主動脈裂傷與小腸撕裂傷等傷害，就下腹主動脈裂傷部分予以修補，另由醫師甲負責修補上開小腸撕裂傷，經輸血及血壓穩定後，送往加護病房觀察。

　　於同年月二十八日六時三十分許，病患L再因躁動及血壓下降（68/40 mmHg），由醫師丙於同日七時許實施第二次緊急剖腹探查，該次手術過程中，並未於病患L腹腔內發現其他出血處，且第一次手術所發現之下腹主動脈裂傷縫合情況良好、後腹腔血腫部位亦未有擴大或具有搏動性等現象，醫師丙乃決定暫不予處理並加以縫合後，將病患L轉至心臟外科加護病房觀察。

　　於同年十一月三日八時三十五分許，病患L意識不清，醫師丙照會腎

臟科醫師後，進行血液透析治療。

復於同年月五日七時許起，病患L陸續出現嚴重腹部腫脹（Abdominal Distension）、發紺（Cyanosis）等現象，經醫師丙多次前往探視，認為係主動脈破裂（Aorta Rupture），緊急通知備血以準備進行手術，直至同日八時三十五分許，因病患L出現躁動及血壓下降至68/45 mmHg，醫師丙乃徵得病患L之夫丁同意後，實施第三次緊急剖腹探查。

此次手術過程中，醫師丙先打開胸腔、將胸腔主動脈分離後，先以血管夾夾住止血，進而打開腹腔發現病患L第一次手術所修補之腹部主動脈裂傷再次裂開，傷口由原本0.5公分擴大為2公分，由於病患L腹腔內瀰漫性出血之現象並非外科手術得以修補，醫師丙逐以加強縫合方式就上開腹部主動脈裂傷、下腔靜脈裂傷等傷口予以縫合修補。

病患L於同年十一月七日上午八時三分許死亡。

案經臺灣高雄地方法院檢察署檢察官相驗後偵查起訴指出：

由醫師甲（下稱被告甲）為病患L實施腹腔鏡手術，於手術過程中，被告甲本應注意須謹慎操作腹腔鏡，避免腹腔鏡套管（trocar）前端尖銳處刺傷病患器官或血管，且依當時情況，又無不能注意之情事，詎其竟疏於注意，因操作腹腔鏡不當，導致腹腔鏡套管前端尖銳處刺及病患L之下腹主動脈及小腸，使病患L受有下腹主動脈0.5公分裂傷、及小腸0.5公分撕裂傷（過失傷害部分未據告訴）等傷害，造成大量出血與形成後腹腔血腫。

公訴意旨認醫師丙（下稱被告丙）涉有業務過失致死罪嫌，係以：

本件因被告甲操作器械不當，造成病患L受有下腹主動脈與下腔靜脈撕裂傷、及小腸0.5公分之裂傷等傷害。被告丙前於八十八年十月二十八日實施第二次緊急剖腹探查之際，本應打開後腹腔找出出血處—下腹腔靜脈撕裂傷，並予修補，以避免第三次手術及隨後不幸之後果，詎其猶疏未注意，未能打開病患L後腹腔而修補前開下腔靜脈撕裂傷，致病患L於十一月五日又因躁動及血壓下降，再度實施第三次緊急探查剖腹，雖經修補後，終因缺血性休克及吸入性肺炎而不治死亡，是被告丙所為亦有疏失等語為其論據。

（二）被告回應

被告甲坦承上情不諱。

被告丙辯稱：

伊接獲通知前往探查病患L時，僅發現下腹主動脈裂傷及小腸零點五公分之撕裂傷等傷害，伊即就血管部分加以修補，病患血壓穩定後就離開，而小腸破裂部分則由被告甲自己修補；下腹腔靜脈裂傷部分係伊實施第三次剖腹探查時，因剝離血管而造成，並非被告甲實施腹腔鏡手術所造成；伊於第一、二次剖腹探查手術時，雖均有發現病患L後腹腔之血腫，但因不具搏動性，沒有擴大現象，當時並無打開後腹腔之必要，遂決定僅加以觀察；另病患L下腹主動脈傷口再次破裂，可能係主動脈發炎感染經由感染物栓塞所致、或因菌血症繁殖於血管壁所造成。

（三）鑑定意見

1.醫審會鑑定結果

本案有行政院衛生署醫事審議委員會（下稱醫審會）鑑定書共四份。

(1)第一次鑑定

就被告甲手術疏失部分記載：

「本案係腹腔鏡手術探查，於手術進行中，產生出血現象，經緊急照會血管外科醫師丙作緊急剖腹探查，發現下腹主動脈破裂、後腹腔血腫及合併小腸0.5公分撕裂傷，經加以修補處理。惟病患之病情仍持續惡化，終導致死亡，故應為醫師甲器械操作不當，導致極為罕見的『下腹主動脈和下腔靜脈裂傷及小腸0.5公分裂傷』，顯有疏失之處。」

(2)第二次鑑定

判決書中末有摘要。

(3)第三次鑑定

就病患L之死亡原因認定：

死亡原因係「因血管破裂、出血，經手術及輸血治療，又再度破裂出

血，又經修補，終因缺血性休克和吸入性肺炎致死」，判決文指出此節亦為醫事審議委員會第三次鑑定意見所肯認。

(4)第四次鑑定

就系爭手術中小腸穿刺傷認定：

「腹腔鏡手術有可能同時傷及下腹主動脈、小腸及下腹腔靜脈。其主要原因是在腹壁穿洞以置入腹腔鏡時，所用之Trocar尖頭再穿刺到上述的組織，雖然機會不大，文獻報告曾有小腸及下腹主動脈之穿（刺）傷。」

2.法醫意見

本件有法務部法醫研究所鑑定書一份，就病患L之死亡原因係「因血管破裂、出血，經手術及輸血治療，又再度破裂出血，又經修補，終因缺血性休克和吸入性肺炎致死」認定。

（四）判決結果

高雄地方法院於民國94年11月04日作出判決。被告甲從事業務之人，因業務上之過失致人於死，處有期徒刑陸月，如易科罰金，以參佰元折算壹日。緩刑貳年。

被告丙無罪。

被告甲、檢察官於法定上訴期間未上訴，本案判決即確定。

（五）判決理由

1.有罪部分

就手術疏失部分，法院參醫審會鑑定意見指出：

本案係腹腔鏡手術探查，於手術進行中，產生出血現象，經緊急照會血管外科醫師丙作緊急剖腹探查，發現下腹主動脈破裂、後腹腔血腫及合併小腸0.5公分撕裂傷，經加以修補處理。惟病患之病情仍持續惡化，終導致死亡，故應為醫師甲器械操作不當，導致極為罕見的『下腹主動脈和下腔靜脈裂傷及小腸0.5公分裂傷』，顯有疏失之處」、及第四次鑑定意見認定：「腹腔鏡手術有可能同時傷及下腹主動脈、小腸及下腹腔靜

脈。其主要原因是在腹壁穿洞以置入腹腔鏡時，所用之TROCAR尖頭再穿刺到上述的組織，雖然機會不大，文獻報告曾有小腸及下腹主動脈之穿（刺）傷」。

　　鑑定人乙到庭具結稱：

　　依其判斷病患L下腹主動脈再次裂開之原因乃係身體狀況不佳，例如凝血功能異常，傷口癒合狀況不佳，免疫系統不好，腎臟功能也不好，因為病人後來有洗腎，造成多重器官衰竭，主動脈再次裂開；且此情況應係第一次手術前，病患血壓降到3、40，造成身體狀況不好，以致惡性循環影響後來狀況；依第三次手術紀錄記載，除了主動脈再次裂開外，並記載病患L有凝血病變，也就是整個腹腔都有出血點，可能一碰就會出血，這種情形下，病患應該極高的比例會死亡；至於病患L下腹腔靜脈撕裂傷之出血應與其死亡結果不生關聯，而係下腹主動脈破裂所造成者等。

　　並就造成下腹腔靜脈撕裂傷部分說明：

　　本院針對「茲就本件醫師甲進行腹腔鏡手術過程觀之，依其操作腹腔鏡之種類及插入腹腔之角度、位置，是否可能同時傷及下腹主動脈、下腹腔靜脈及小腸等部位？」、及「該『下腹腔靜脈撕裂傷』究係何次手術所造成之傷害？」

　　函請醫事審議委員會再予鑑定，嗣經該會第四次鑑定意見認定：「腹腔鏡手術有可能同時傷及下腹主動脈、小腸及下腹腔靜脈……雖然機會不大，文獻報告曾有小腸及下腹主動脈之穿傷」、「因醫師（即被告丙）僅於第三次手術紀錄中提及『下腹腔靜脈撕裂傷』，至於係何次手術所造成之傷害無法由病歷得知，……況後腹腔有血腫，不一定是下腹腔靜脈撕裂傷所引起。」

　　顯見本件尚乏積極事證足資推認病患L所受「下腹腔靜脈撕裂傷」果係被告甲實施腹腔鏡手術所同時造成，故前開醫事審議委員會第一次鑑定意見所指此部分之情，尚非有據。

　　後按鑑定人乙到庭陳述鑑定意見認為：

　　依第一次開刀（即八十八年十月二十七日）手術紀錄，手術圖上有發

現腹主動脈有一個0.5公分之傷口，然後進行修補，另於小腸部分亦有一個0.5公分之傷口，依被告丙所言，其於第三次手術就下腹腔靜脈裂傷補了一針，如果是腹腔鏡所造成下腹腔大靜脈之傷害，不可能只縫一針即可處理，故卷附病歷之記載應屬真實；且因下腹腔靜脈組織很薄，所以原則上比動脈更難處理，一但受有損害，不太可能拖到七、八天後，況於被告丙修補處理後，病患L血壓已有回升，據此綜合判斷被病患L於第一次手術時，並無下腹腔靜脈之傷害。

法院認定病患L所受下腹腔靜脈撕裂傷之傷害乃係被告丙實施第三次手術時血管剝離所造成、要非被告甲操作腹腔鏡所造成。

綜上，被告甲誤使腹腔鏡套管前端尖銳處刺及病患L下腹主動脈及小腸，使病患L受有下腹主動脈零點五公分之裂傷及小腸零點五公分之撕裂傷等傷害，並因大量出血導致身體狀況不佳，進而發生凝血功能異常、免疫系統不佳、影響腎臟功能及傷口癒合狀況等狀況，導致病患L於八十九於八十八年十一月五日再因下腹主動脈破裂而大量出血，雖經同案被告丙予以縫合修補，仍因急性腎衰竭及凝血功能異常等現象持續惡化，嗣於同年十一月七日上午八時三分許，終因缺血性休克及吸入性肺炎而宣告不治死亡，是被告甲前揭所為顯有過失，且其過失行為與病患L死亡之結果二者間具有相當因果關係。

2.無罪部分

被告丙辯稱：

伊接獲通知前往探查病患L腹腔時，僅發現下腹主動脈裂傷及小腸零點五公分之撕裂傷等傷害，伊即就血管部分加以修補，病患血壓穩定後就離開，而小腸破裂部分則由被告甲自己修補；下腹腔靜脈裂傷部分係伊實施第三次剖腹探查時，因剝離血管而造成，並非被告甲實施腹腔鏡手術所造成；伊於第一、二次剖腹探查手術時，雖均有發現病患L後腹腔之血腫，但因不具搏動性，沒有擴大現象，當時並無打開後腹腔之必要，遂決定僅加以觀察；另病患L下腹主動脈傷口再次破裂，可能係主動脈發炎感染經由感染物栓塞所致、或因菌血症繁殖於血管壁所造成等語。

　　(1)法院參醫審會鑑定報告就被告丙疏失之處審理：

　　A.第一次鑑定意見

　　推認被告丙於十月二十八日第二次緊急剖腹探查時，因病患L腹腔有血腫，本應打開後腹腔找出出血處（下腹腔靜脈撕裂傷）並予修補，則可避免第三次手術及隨後不幸之後果。

　　法院判認，本件病患L所受下腹腔靜脈撕裂傷之傷害並非被告甲操作腹腔鏡所造成、而係被告丙第三次手術時實施血管剝離而造成。

　　B.第四次鑑定意見

　　病患L後腹腔有血腫，不一定是下腹腔靜脈撕裂傷所引起，顯見該先後二次鑑定意見就此部分事實之認定已生歧異。

　　另參佐護理紀錄表之記載：病患L自八十八年十月二十八日第二次手術後，血壓狀況均得維持在正常範圍（收縮壓約為100至130 mmHg、舒張壓約為60至80 mmHg），直至同年十一月五日起，方始出現血壓明顯驟然下降之狀況（收縮壓約為60至90 mmHg、舒張壓約為40至60 mmHg）。

　　法院判認：倘病患L果於第一次手術時業因被告甲操作腹腔鏡不當、因而受有下腹腔靜脈撕裂傷之傷害，並持續出血造成後腹腔血腫之狀況，又何以相隔八日遲至同年十一月五日始有明顯血壓下降之情況？準此以觀，前開醫事審議委員會第一次鑑定意見核與事實有悖，當不得為被告丙不利之認定。

　　再者，第四次鑑定意見改認病患L之後腹腔血腫並非必然係前開下腹腔靜脈撕裂傷出血所造成，仍認定本件第二次手術時，病患後腹腔有血腫，依一般醫療常規，應找出出血處，並予修補，始能避免不幸。

　　基上，鑑定人乙意見：

　　本案係因病患L血壓下降，而須實施第二次手術，但血壓下降的因素很多，如不可逆休克，或敗血性休克，或是原來修補的大動脈傷口又裂開，故醫師會注意查看原來修補處有無破裂，或另有其他傷口未予修補，以此決定再做第二次剖腹探查；一般而言，後腹腔可能容納10000 CC之

出血量，以一般傷害來說，有2000 CC的血液留在後腹腔應屬常見，依其個人經驗，倘於後腹腔發現血腫，如未發現有明顯血管破損、出血現象，並不會打開後腹腔，因為有可能一旦打開後腹腔會造成壓力失衡而大量出血；依病患L病歷資料之記載，被告丙於第二次手術探查時，發現第一次手術縫合處良好，沒有其他出血點，另發現後腹腔血腫情形與第一次手術所見情況相同，因後腹腔血腫並非有出血點才會造成，有時候病患凝血功能異常，或是主動脈破損，均可能造成後腹腔血腫，從而倘於手術過程中並未發現明顯出血點，除非血腫很明顯在一天的時間內變得很大，原則上可以不予處理，故被告丙開腹後發現病患L後腹腔血腫情形與第一次手術所見並無不同，逐未予處理，應係符合大部分醫師處理程序。

法院詳繹前述不同鑑定意見所述，認前開醫審會鑑定意見並未針對病患L後腹腔血腫之情況於被告丙實施第二次開腹探查時，是否確有擴大或搏動性現象，倘病患L於是時後腹腔果有出血點，則被告丙逕予打開其後腹腔是否可能造成壓力失衡而大量出血等情形併予考量，遽為被告丙應於第二次手術時打開病患L後腹腔之認定，嫌速斷，認應以鑑定人乙前述鑑定意見較屬可採。

故法院認被告丙辯稱其於第二次開腹探查時並未發現後腹腔血腫有明顯擴大或搏動性現象，逐決定不予打開處理，洵屬有據，尚難憑此推認其有何疏失之處。

(2)法院再參法務部法醫研究所醫鑑字第一二七六號鑑定書，所載鑑定意見指出：

上述鑑定意見僅係客觀陳述病患L係因血管經多次破裂及手術修補，終因缺血性休克和吸入性肺炎致死之原因與過程，並未針對病患L所受傷害部位、受傷情狀、受傷時間等方面再予深入判斷，自有詳加究明之必要。

就病患L所受「下腹主動脈裂傷」及「下腹腔靜脈撕裂傷」等二處血管傷害析論之：

A.病患L所受「下腹腔靜脈撕裂傷」係被告丙於第三次手術時因實施血管剝離所造成、而非腹腔鏡手術時造成者。

醫審會第四次鑑定意見亦認定：

「醫師（即被告丙）針對『下腹腔靜脈撕裂傷』縫一針，當時病人雖發生凝血功能異常之現象，但其當時之處置仍屬允當」、「因病患當時情況嚴重，而且發生凝血功能異常，此種血管（即下腹主動脈）修補而再次出血之情形，是醫學上可容許之風險」、與「根據病患當時第三次手術情況血壓急速下降，下腹腔靜脈撕裂傷所造成之出血，是可能導致病患死亡之結果，但不是主要原因」等語。

經鑑定人乙到庭陳述鑑定意見亦認為：

法院問：一般檢查出血點時，有無需要利用血管剝離方式進行？

乙：從手術圖上來說，被告丙可能知道（病患L）裡面組織相當爛，所以這次開刀先將胸腔打開，然後把胸腔主動脈分離出後，用血管夾夾住，是為了止血以及便利之後的修補。然後再將腹腔打開作大動脈修補。

法院問：血管剝離時，為何會造成血管撕裂傷？

乙：因為大動脈經過三次手術修補，下腔靜脈就在大動脈旁邊，所以要進行大動脈修補，必須要將全部血管分離，在分離過程中，旁邊組織因為經過二次手術比較爛，所以有可能會傷到下腔靜脈。

法院問：為何病患腹腔除了靜脈外，在腹腔出現多處出血點，而一碰就會出血？

乙：這是凝血功能出現問題。第三次手術紀錄記載病患於手術過程中出血14000 CC，這表示病患凝血功能很差。

法院問：一般醫師發現傷口，且腹腔多處出血點，只就已發現傷口進行縫合，是否符合注意義務？是否需要再處理其他腹部的多處出血點？

乙：這是屬於內科性出血，沒有辦法透過外科方式處理，所以須進行內科性治療，例如透過藥物。

法院判認被告丙於第三次手術探查病患L體內之出血點而實施血管剝離，因而造成病患L「下腔靜脈撕裂傷」之傷害，並未違反醫療上之注意義務，另就實施手術縫合修補下腹腔靜脈過程觀之，亦難謂有何疏失可言。

法院綜依前述本件病患L實因第一次手術下腹主動脈裂傷造成失血過

多，導致凝血功能異常等身體不佳之狀況，以致該下腹主動脈再次裂開，終因急性腎衰竭及凝血功能異常等現象持續惡化，始發生病患L死亡之結果，據此認前述下腹腔靜脈撕裂傷之出血與病患L死亡結果二者間客觀上要不生任何關聯。

　　B.就「下腹主動脈裂傷」部分言之，該處傷害乃由被告甲操作腹腔鏡不當所造成，經被告丙於八十八年十月二十七日第一次手術中予以修補，於同年十一月五日第三次手術前再次破裂出血。

　　被告丙辯稱：

　　本件病患L下腹主動脈再次破裂，可能係主動脈發炎或菌血症所造成。

　　法院判認：

　　經法務部法醫研究所九十三年一月七日法醫理字第○九二○○○七五六號函覆意見認為：

　　「重切之組織臘塊，並重新以顯微鏡檢查各內臟器，包含其血管，均為發現感染物栓塞或細菌繁殖於血管壁」等語，是被告丙此部分所辯，尚非有據。然參以醫審會第四次鑑定意見認為：「因病患當時情況嚴重，而且發生凝血功能異常，此種血管經修補而再次出血之情形，是醫學上可容許之風險」，與鑑定人乙鑑定意見亦認定當病患大量出血、凝血功能不佳或是腹腔感染等情況，均有可能造成血管再次裂開等語，顯見病患L所受「下腹主動脈裂傷」雖非發炎感染或菌血症所造成，然因其自第一次手術後已因大量失血而導致凝血功能異常，是以前述第一次手術所發現之下腹主動脈裂傷雖經被告丙予以修補、而於第三次手術前再次破裂，乃係醫學上可受容許之風險，尚難推認被告丙果有違反醫療上注意義務之不當情事。

　　綜上，被告丙無罪。

二、延伸思考

　　問題一：本案歷經多次醫事鑑定，一次鑑定認為「應為醫師甲器械操作不當，導致極為罕見的『下腹主動脈和下腔靜脈裂傷及小腸0.5公分裂傷』」，

顯有疏失之處」，另一次鑑定復認為「其主要原因是在腹壁穿洞以置入腹腔鏡時，所用之Trocar尖頭再穿刺到上述的組織，雖然機會不大，文獻報告曾有小腸及下腹主動脈之穿（刺）傷」。請問你認為醫學上罕見的意外，對於過失的分析是否具任何意義？如有意義，其意義為何？

　　問題二：本件中，病患因手術所受血管傷害之不同位置以及傷害時間之不同判定，與被告是否有過失之關聯性為何？

　　問題三：本案鑑定意見稱「因病患當時情況嚴重，而且發生凝血功能異常，此種血管（即下腹主動脈）修補而再次出血之情形，是醫學上可容許之風險」，顯示外科手術往往具有高度侵入性，醫事人員是否違反醫療注意義務，應將可容許之風險納為考量。你認為在法律上的過失評估與在醫療實務上對於風險之可接受度應分別如何操作？

　　問題四：本案鑑定意見稱「根據病患當時第三次手術情況血壓急速下降，下腹腔靜脈撕裂傷所造成之出血，是可能導致病患死亡之結果，但不是主要原因」。換言之，鑑定意見不排除下腹腔靜脈撕裂傷亦可能為病患死亡的促成原因（contributing cause）之一，但法官不認為在此處構成過失，請試由介入原因（intervening cause）的角度加以解釋。

　　問題五：本案下腹腔靜脈傷害在何時發生，攸關被告丙是否有過失，如法官未對先前鑑定意見提出疑問，如「茲就本件醫師甲進行腹腔鏡手術過程觀之，依其操作腹腔鏡之種類及插入腹腔之角度、位置，是否可能同時傷及下腹主動脈、下腹腔靜脈及小腸等部位？」以及「該『下腹腔靜脈撕裂傷』究係何次手術所造成之傷害？」則被告丙亦可能因先前鑑定意見，而被認為有過失，請問你認為應如何避免因單一鑑定意見而導致誤判之可能性？請試從制度或程序層面、與個案層面分別探討。

三、判決來源

第二十三案　甲狀腺亢進者骨折手術麻醉案
（臺灣臺南地方法院94年度醫訴字第3號刑事宣示筆錄）

一、案例基本資料

（一）公訴事實與起訴意旨

醫師甲係X醫院麻豆分院（下稱X醫院）麻醉科醫師。病患S患有甲狀腺功能亢進多年，前亦曾至X醫院求診做相關檢查，其於民國九十二年九月二十九日七時許，騎乘機車跌落路旁水溝，造成受有左側大腿封閉性骨折之傷害，經救護車送X醫院急診室求診，病患S之父隨即告知急診醫師：病患S業已罹有甲狀腺機能亢進多年。當日十時三十分許，由骨科醫師乙主治，並決定施以外科手術治療，並由醫師甲擔任手術過程之麻醉科醫師。病患S術後出現甲狀腺風暴。經急救，於翌日二十二時二十七分許，宣告不治死亡。

案經病患S之父甲訴由臺南地方法院檢察署檢察官偵查、起訴指出：

骨科醫師乙（下稱被告乙，業經先以協商判決確定），決定施以外科手術治療，並由醫師甲（下稱被告甲）擔任手術過程之麻醉科醫師，被告乙明知病患S患有甲狀腺功能亢進多年，且仍呈現亢進狀態，應會診相關科別專科醫師，並重新抽血後待檢驗報告完成以明瞭病患S甲狀腺功能，以內科療法控制正常甲狀腺功能狀態，方施行手術。詎被告乙竟疏未注意，未做術前手術風險之完整評估，貿然於抽血檢驗報告完成前當日十二時十五分許，對病患S進行非急迫性之左側股骨骨內釘固定手術。手術前被告甲亦明知前揭驗血報告尚未完成、無從瞭解病患S之甲狀腺數值據以評估適切之麻醉方式，竟率爾進行麻醉，使病患S身受骨折創傷及麻醉手術之雙重 身體壓力，致術後出現甲狀腺風暴。

（二）被告回應

本案為協商案件，有刑事宣示筆錄，內容未載被告回應。

（三）鑑定意見

無鑑定意見。

（四）判決結果

臺南地方法院於民國97年02月15日作出刑事宣示筆錄，被告甲因業務上之過失致人於死，處有期徒刑肆月，如易科罰金，以銀元參佰元即新臺幣玖佰元折算壹日。緩刑貳年，緩刑期間付保護管束，並應於法院判決確定日起壹年內，依執行檢察官之命令，向指定之公益團體、地方自治團體或社區提供四十小時之義務勞務。

被告甲願給付財團法人臺灣兒童暨家庭扶助基金會臺南縣分會（即臺南縣家扶中心）新臺幣二十萬元（並已於九十七年二月一日將上開金額經郵政劃撥匯款完畢，有郵政劃撥儲金存款收據在卷可參）。

被告、檢察官於法定上訴期間未上訴，本案判決即確定。

（五）判決理由

法院判決指出，被告甲未完成評估適切之麻醉方式進行非急迫性之左側股骨骨內釘固定手術：

骨科主治醫生乙明知病患S患有甲狀腺功能亢進多年，且仍呈現亢進狀態，應會診相關科別專科醫師，並重新抽血後待檢驗報告完成以明瞭病患S甲狀腺功能，以內科療法控制正常甲狀腺功能狀態，方施行手術。詎乙竟疏未注意，未做術前手術風險之完整評估，貿然於抽血檢驗報告完成前當日十二時十五分許，對病患S進行非急迫性之左側股骨骨內釘固定手術。手術前被告甲亦明知前揭驗血報告尚未完成、無從瞭解病患S之甲狀腺數值據以評估適切之麻醉方式，竟率爾進行麻醉，使病患S身受骨折創傷及麻醉手術之雙重身體壓力，致術後出現甲狀腺風暴，雖經急救，仍於

翌日二十二時二十七分許，宣告不治死亡。綜上，被告甲成立過失致死案件。

二、延伸思考

問題一：本案發生在醫院，其手術管理機制與術前評估應較診所縝密，若個案術前評估尚未完成，為何裁定手術可逕自進行？相關督責應如何認定或分配？

問題二：本案手術之為非急迫性手術對於過失判定之影響為何？本案手術如延後施行，其對於病患之可能影響為何？

三、判決來源

第二十四案　總膽管取石術腹痛未照會案

（臺灣臺中地方法院98年度醫訴字第3號刑事判決）

一、案例基本資料

（一）公訴事實與起訴意旨

　　醫師甲係位在臺中縣太平市X醫院（下稱X醫院）之腸胃科主任。病患O於民國95年5月5日，因氣喘合併呼吸道感染至X醫院就診，由醫師甲診視並收住院治療，住院診斷為氣喘併感染及腎疾病。

　　病患O住院期間，經由腹部超音波檢查發現有肝臟1公分腫瘤、膽結石及總膽管腫大直徑9毫米之情形。95年5月9日下午，腹部電腦斷層掃描檢查顯示極輕微總膽管腫大後，逐由醫師甲於當日施行內視鏡逆行性膽胰管攝影檢查（ERCP），並進行十二指腸括約肌切開及總膽管取石術，取出1顆總膽管結石。依術後當日18時之護理紀錄顯示，病患O當時並無身體不適。同日19時30分許，病患O主訴腹部疼痛，經醫師甲進行理學及抽血檢查，發現有白血球偏高（白血球計數：13900 /uL）及胰臟酵素升高（amylase：366 U/L，lipase：5170 U/L）之情形，並安排腹部超音波及電腦斷層檢查，懷疑是急性胰臟炎發作，逐給予藥物治療。病患O情況未見改善，仍有持續發燒及腹痛、併發黃疸（總膽紅素10.6 mg/dl）。

　　95年5月12日9時經轉至加護病房，並安排腹部電腦斷層掃描檢查，結果顯示3天前之內視鏡逆行性膽胰管攝影檢查（ERCP）所打入之造影劑仍存留在膽道及膽囊中。醫師甲乃於當日13時對病患O施行內視鏡經鼻膽道引流術（ENBD），5月12日15時護理紀錄顯示，該引流管並未引流出任何液體，於18時5分拔除引流管。

　　病患O於95年5月13日6時30分，開始出現生命跡象不穩定現象，於同

日8時30分，由救護車轉至C醫院。經急救無效，於同日11時50分，因多器官衰竭及敗血性休克而死亡。

案經檢察官偵查、起訴指出：

醫師甲（下稱被告甲）於5月12日13時對病患O施行內視鏡經鼻膽道引流術（ENBD），因該引流手術失敗、發生阻塞或引流管脫落之故，該剛剛完成之ENBD留置引流管未引流出任何液體，5月12日15時護理紀錄顯示，該引流管並未引流出任何液體，於18時5分拔除引流管。於此情形下，依醫療常規，被告甲原應注意病患O在ENBD留置之引流管不能引流出膽汁時，雖已有抗生素治療，然若不加上適切之膽汁引流，是難以避免嚴重敗血症發生之可能性，而有升高死亡結果之風險，此時就應照會外科或放射科醫師，緊急施行引流手術，以求順利引流，且依被告之專業知識及當時客觀環境，並無不能注意之情事，被告甲竟因疏失而未照會外科或放射科醫師緊急施行引流手術，致病患O因急性壞死性膽囊炎及胰臟炎併發腹膜炎，病情惡化，於95年5月13日6時30分，開始出現生命跡象不穩定現象，於同日8時30分，由救護車轉至C醫院。經急救無效，於同日11時50分，因多器官衰竭及敗血性休克死亡。

（二）被告回應

1.ENBD引流術成效

被告甲辯稱：

「於95年5月12日上午進一步安排腹部電腦斷層檢查，發現打入之造影劑仍有留在膽道及膽囊中，於同日13時許證實有急性壞死性胰臟炎及顯影劑殘留，為避免次發性感染進行內視鏡經鼻膽道引流術進行膽汁抽取（用30 cc空針抽吸，即快速引流的方法），併將檢體送細菌培養，因恐尚有殘存未乾淨，故流置3小時許觀察，到18時5分未再引流出液體，證明已經引流乾淨，才將引流管拔除（拔除原因為：膽道阻塞之因素已經排除，膽汁已經可以自行引流至小腸）。」所施行之ENBD引流術為成功有效。

被告甲並就第三次鑑定意見辯稱：

「剛剛完成之ENBD留置引流管未引流出何液體，應是引流手術失敗、發生阻塞或是引流管脫落，並無已引流乾淨專業判斷之可能性。」此處之「未引流出何液體」究竟所指為何？為何未考量一開始施行ENBD引流所清除積存在膽道中之膽汁部分？斷無僅以：「在當日15時之護理紀錄顯示該引流導管並未引流出任何液體」即可遽論「剛剛完成之ENBD留置引流管未引流出何液體，應是引流手術失敗、發生阻塞或是引流管脫落」。

2.消極不作為

被告甲辯稱：

在本件中，會診外科究竟能降低多少比例之死亡風險，外科是否會採取何種之措施？本件是否會即刻開刀或是維持當時之治療方式繼續觀察，均仍有未明。本件在5月12日18時5分未會診外科，對於病患存活機會喪失影響之比例為何？在鑑定意見中並未提及，自不得作為被告不利認定之依據。在本件中是否必須對被告施加刑罰，容有斟酌之空間。本件病患在醫療臨床上可得確定有壞死性胰臟炎之結果，係於5月12日13時，被告甲即接續為病患安排相關檢查以及處置。病患於被告接手後之翌日即95年5月13日6時30分，突然出現生命跡象不穩現象，於7時20分，測量不到血壓，進行氣道內插管急救，8時許經被告向病患家屬解釋病況，家屬要求轉院至C醫院，隨即配合家屬辦理轉院之相關事宜（如copy超音波、電腦斷層片、填寫轉診病歷等）。病患O在轉診至C醫院仍告不治。顯見病患於該日病況變化後即急轉直下，被告甲醫療處置過程並無疏失，其醫療行為與病患死亡結果間亦無因果關係。

（三）鑑定意見

1.醫審會鑑定結果

本件有行政院衛生署醫事審議委員會（下稱醫審會）鑑定書共3份。

(1)第一次鑑定

　　醫師甲為病患進行之手術名稱為內視鏡逆行性膽胰管攝影術（ERCP），膽胰管擴約肌切開術及總膽管結石取出術。其進行之程序為從病患嘴巴伸進內視鏡管子，並在鏡頭導引下深入十二指腸找到膽胰管之出口處，從此出口處注射顯影劑，並立即照射X光來進行膽胰管顯影術。若從膽管X光攝影發現有總膽管結石，則一般會將膽胰管的擴約肌經由內視鏡切開，使膽胰管的出口變大，並進一步經由內視鏡將膽管內的結石取出。

　　經由相關病歷及檢查報告，病患此次是因氣喘及呼吸道感染住院治療，並無總膽管結石所引起之相關症狀（黃疸膽管炎）。通常病患經由影像學檢查發現有總膽管結石，即使沒有相關症狀，為避免以後發生黃疸及膽管炎，醫師會考慮用ERCP的方式將結石取出。此病患在此次進行手術前，雖然氣喘及呼吸道感染已獲得控制，並無絕對不能進行此手術之禁忌，但也沒有需要立即進行手術之急迫性。

　　此手術可能引起的併發症包括：胰臟炎、膽囊炎、十二指腸穿孔、腹腔內出血及膿瘍等。其中和此病患相關的胰臟炎發生機率約5%，但大部分是輕微到中等程度之胰臟炎，此類病患一般支持療法可改善病情。但嚴重的壞死性胰臟炎發生機率約0.4～0.6%，另外和此病患有關的壞死性膽囊炎發生機率約0.2～0.5%，此類病患在支持療法後，若病情未見改善，需考慮手術引流。總括來說，此手術所導致的死亡率約0.49%。

　　醫師甲在術後病患主訴腹部疼痛時，即已進行相關檢查及處置，包括抽血、腹部超音波及電腦斷層等。在診斷急性胰臟炎後，並積極給予禁食、抗生素及點滴水分補充等支持療法，此部分實符合醫療常規。但病患在藥物治療後，病情仍未見改善，且電腦斷層已經懷疑有壞死性胰臟炎的情形，實應考慮照會外科或放射科醫師施行引流手術，但從病歷紀錄中未見醫師甲有此照會的醫療行為，此部分在醫療常規上有所疏失。

(2)第二次鑑定

　　內視鏡逆行膽胰管攝影術（ERCP）引發胰臟炎之併發症，通常是因

顯影劑注射壓力所導致，也有可能是總膽管取石過程中，造成胰液及膽汁分泌不順或阻塞所導致。根據醫學文獻記載，內視鏡逆行性膽胰管攝影術引發胰臟炎併發症之機率約為1～7%。而以治療為目的之內視鏡逆行性膽胰管攝影術，可能導致併發症而死亡之機率約為0.4%。根據病歷中與醫師甲所進行內視鏡逆行膽胰管攝影術當天相關紀錄，醫師甲尚無應注意而未盡注意之事項。

　　病患於術後當日即95年5月9日18時之護理紀錄顯示，當時並無身體不適（此時間點由內視鏡逆行性膽胰管攝影術報告之印出時間為5月9日17時15分，推斷應約為術後至少1小時以上，可能更久，因5月8日醫囑中此檢查為自13時30分開始執行）。後續當日19時30分之護理紀錄已顯示開始發生腹痛，推斷約在術後至少2個半小時後，才開始有胰臟炎之症狀發生。根據病歷紀錄，醫師甲在病患開始腹痛後，就開始進行相關診療作為，尚無延誤。臨床上經過血液檢查，證實為急性胰臟炎之時點為5月9日術後當日22時30分。本案例之急性胰臟炎進展為壞死性胰臟炎，此於5月12日上午發現病患有黃疸現象，並安排腹部電腦斷層檢查後證實。查得到最早紀錄時間為當日13時。病患在內視鏡逆行膽胰管攝影取石術後引發急性胰臟炎之後，再進展為壞死性胰臟炎，同時併發黃疸之臨床病況時，5月12日腹部電腦斷層檢查結果顯示，3天前之內視鏡逆行性膽胰管攝影術（ERCP）所打入之造影劑仍存留在膽道及膽囊中，表示取石術後膽汁排泄不良。其處置重點是抗生素治療加上適切之引流手術，此時可考慮內科引流（包括放射線科引流）或外科手術。若無法內科引流時，就需外科手術治療。此病患從住院開始就在持續使用抗生素中，醫師甲也瞭解膽汁引流之必要性，並在當日13時施行內視鏡經鼻膽道引流術（ENBD），然而在當日15時之護理紀錄顯示該引流導管並未引流出任何液體，此引流導管在當日18時5分拔除。此時即應照會外科醫師。病患在5月13日6時30分開始出現生命跡象不穩定現象後，於7時20分量不到血壓，進行氣管內插管急救。

　　急性胰臟炎在常規上並不需要進行細菌培養，然而在病患發燒或有

感染跡象時，則在考慮要使用抗生素治療前，或是發生壞死性胰臟炎之案例，可進行細菌培養，以作為後續治療之參考。一般細菌培養需時3至5天。此案例從住院開始就持續使用抗生素，故即使有進行細菌培養，多數亦無法分離出細菌，助益有限。醫師甲提出之被證第10、11、12文獻之狀況，與本案例並不太相同。文獻中所指為單純之壞死性胰臟炎病況之處理原則，本案例則是內視鏡逆行性膽胰管石術後，除併發壞死性胰臟炎外，還有黃疸之臨床病況，此時除應作一般性之支持治療外，其處置重點是以抗生素治療，加上適切之膽汁引流手術，引流手術可考慮內科引流（包括放射線科引流）或外科手術，此與文獻中所指之壞死性胰臟炎的壞死組織之引流，不盡相同。

(3)第三次鑑定

對於留置之引流管（ENBD）沒有再流出液體之代表意義，證人乙之解讀有部分與醫療常理不盡相符。ENBD引流管之留置與一般手術後引流管之目的有所不同，ENBD引流管留置是為維持膽汁流出順暢，而一般手術後之引流管目的是將身體內部之積液引流乾淨。以證人之專業程度不一定能瞭解此差異。另ENBD內視鏡經鼻膽道引流術，目的是引流膽道中之膽汁，若膽囊與膽管間沒有阻塞的話，確實可以間接引流出膽囊內之液體，但不是直接抽出膽囊內之液體。又施行ENBD內視鏡經鼻膽道引流術後，留置之引流管除非發生阻塞，否則應會繼續引流出膽汁，並非證人所言「只有一半一半之機會才有引流出東西」。又本案之ENBD很有可能是在加護病房之床邊進行，而不是在放射線下做的。ENBD於床邊即可施行。本案之加護病房護理紀錄顯示，於5月12日13時主護士記載協助醫師進行ENBD，且紀錄中並無病患離開加護病房之記載。

放射科醫師所施行之引流手術，有被稱之為經皮穿肝膽汁引流術（PTCD），為經皮膚穿過肝臟將導管放入膽道內引流。另外，也有經皮穿肝膽囊引流術（PTCCD），為經皮膚穿過肝臟將導管放入膽囊內引流，兩種手術均較為侵入性。若ENBD留置之引流管能順利持續引流出膽汁，就不用照會外科或放射科醫師施行較為侵入性之引流手術。

　　施行ENBD內視鏡經鼻膽道引流術後，留置引流管目的是引流膽道中之膽汁。剛剛完成之ENBD留置引流管未引流出任何液體，應是引流手術失敗、發生阻塞或是引流管脫落，並無已引流乾淨專業判斷之可能性。5月12日15時護理紀錄顯示，該引流導管並未引流出任何液體，向醫師報告後，醫師囑附進行KUB腹部X光檢查。病歷紀錄顯示，有兩份KUB腹部X光檢查報告，應是第一次X光檢查條件不佳，而重照所致。目的應是查察為何剛完成之ENBD留置之引流管未引流出任何液體。兩份KUB腹部X光檢查報告均看到造影劑仍存留在膽囊中，顯示並無達到引流之目的。

　　本案為內視鏡逆行性膽胰管攝影取石術後，除併發壞死性胰臟炎外，還發生黃疸之臨床病況。病患第二次腹部電腦斷層檢查結果也顯示，三天前之內視鏡逆行性膽胰管攝影術（ERCP）所打入之造影劑仍存留在膽道及膽囊中，表示取石術後膽汁排泄不良，此狀況具有高度發生後續嚴重感染之可能性。病患在ENBD留置之引流管不能引流出膽汁時，雖已有抗生素治療，然若不加上適切之膽汁引流，是難以避免嚴重敗血症發生之可能性。此時就應照會外科或放射科醫師，緊急施行引流手術。此一不作為之疏失，雖與病患死亡結果無直接因果關係，但確實有升高死亡結果之風險。

2.法醫意見

　　本件有法務部法醫研究所鑑定意見1份，摘要如下：

　　「病患全身皮膚及角膜呈黃疸色。剖開死者腹腔，有1500毫升血樣腹水，併上腹部膽囊、腎臟及胰臟周圍血腫，有膿腫現象。經病理解剖顯微檢查，其脾臟周圍出血，有膿腫現象；胰臟明顯死後變化，周圍出血，有膿腫現象；腎臟周圍出血，有膿腫現象；膽囊急性壞死性膽囊炎。判定病患因急性壞死性膽囊炎及胰臟炎併發腹膜炎死亡，死亡機轉為多器官衰竭」。

（四）判決結果

　　臺中地方法院於民國99年11月02日作出判決。被告甲因業務上之過

失致人於死，處有期徒刑捌月，減為有期徒刑肆月，如易科罰金，以銀元參佰元即新臺幣玖佰元折算壹日，緩刑貳年。

　　被告、檢察官於法定上訴期間未上訴，本案判決即確定。

（五）判決理由

1.被告不作為在醫療常規上有所疏失

　　綜上鑑定內容可知：被告在為病患施行內視鏡經鼻膽道引流術（ENBD）後，未能順利持續引流出膽汁時，即應照會外科或放射科醫師，緊急施行引流手術，以避免嚴重敗血症發生之可能性，被告此等不作為在醫療常規上有所疏失，並已升高病患死亡結果發生之風險，病患最後即因急性壞死性膽囊炎及胰臟炎併發腹膜炎死亡。

　　再參以95年5月12日護理紀錄確有記載「病患ENBD管未有引流液，告知醫師甲，醫師甲囑咐進行KUB腹部X光檢查」等內容，而隨後兩份KUB腹部X光檢查報告均看到造影劑仍存留在膽囊中，顯示被告所為ENBD引流術確未達到引流之目的，被告辯稱其所施行之ENBD引流術為成功有效，並無可採。

2.此等手術所導致的死亡率僅約0.49%

　　被告為病患O進行內視鏡逆行性膽胰管攝影術（ERCP），膽胰管擴約肌切開術及總膽管結石取出術，此等手術可能引起的併發症中，和病患相關的胰臟炎發生機率約5%，但大部分是輕微到中等程度之胰臟炎，此類病患一般支持療法可改善病情，但嚴重的壞死性胰臟炎發生機率約0.4〜0.6%，另外和此病患有關的壞死性膽囊炎發生機率約0.2〜0.5%，此類病患在支持療法後，若病情未見改善，需考慮手術引流。總括來說，此等手術所導致的死亡率僅約0.49%。

　　綜上，法院判認，被告本應注意履行上述照會外科或放射科醫師緊急施行引流手術之作為義務，而依據被告所具備之醫療專業知識及當時客觀環境，又非不能注意，竟未注意及此，致病患未能獲得有效引流之醫治，以控制穩定病情，因而提高病患死亡結果發生之危險，足徵被告確有不作

為之醫療過失。

　　被告在術後診斷病患患有急性胰臟炎時，雖有瞭解膽汁引流之必要性，並於95年5月12日13時為病患施行內視鏡經鼻膽道引流術（ENBD），然在ENBD術後留置之引流管不能引流出病患膽汁時，未能按醫療常規照會外科或放射科醫師，緊急施行引流手術以適切引流膽汁，被告此一不作為之醫療疏失，確已升高病患死亡之風險，且病患隨後即因急性壞死性膽囊炎死亡，則在因果關係此一要件上，縱無法依條件說肯認「被告如果履行作為義務照會外科或放射科醫師，緊急施行引流手術以適切引流膽汁，則病患死亡結果一定不會發生」此等直接因果關係，但依經驗法則，應可認定被告可歸責之醫療過失不作為，與病患之死亡結果間，具有相當因果關係。

　　本案業經三次送行政院衛生署醫事審議委員會鑑定，鑑定結果認被告有違反醫療常規之疏失的結論始終一致，被告及其選任辯護人仍不服鑑定結果，猶主張本案被告所為之ENBD引流術並未失敗，病患O之死亡與被告之醫療行為並無因果關係，而請求再一次送醫療鑑定。法院認依現有事證調查結果，已足認定被告確有醫療過失，且其過失與病患O死亡間復具有相當因果關係，從而並無再送醫療鑑定之必要。本案事證已臻明確，被告犯行堪以認定。

二、延伸思考

　　問題一：醫療業務執行助理之證詞，在涉及醫療過失之案件中，可適用之證明事項為何？試舉例說明之。

　　問題二：ENBD中，引流的膽汁做細菌培養是否為感染控制措施SOP之一環？其結果在本件判決中的證據價值如何？

　　問題三：本案鑑定意見與法官均認為被告未照會外科或放射科醫師，因而有升高病患死亡之風險，法官並據以認定被告過失，請問：1.此一見解是否即「存活機會喪失理論」？2.升高病患死亡結果1%風險與升高50%風險，是否應

在過失的判定上一視同仁？3.本案法官依「經驗法則」認定被告之不作爲與病患死亡之因果關係，而非依據條件說肯認「被告如果履行作爲義務照會外科或放射科醫師，緊急施行引流手術以適切引流膽汁，則病患死亡結果一定不會發生」之直接因果關係，請問你是否同意並說明理由？

　　問題四：鑑定意見稱「內視鏡逆行性膽胰管攝影術（ERCP），膽胰管擴約肌切開術及總膽管結石取出術，此等手術可能引起的併發症。總括來說，此等手術所導致的死亡率僅約0.49%」，請問你認爲特定併發症之臨床發生率低，是否可被視爲一旦該併發症發生，即可能爲過失所導致之間接證據？

三、判決來源

第二十五案　子宮次全切除術發燒案

（臺灣高雄地方法院100年度審醫訴字第5號刑事判決）

一、案例基本資料

（一）公訴事實與起訴意旨

　　醫師甲係高雄市前鎮區J醫院（下稱J醫院）之醫師。病患T因下腹痛及陰道出血等病症，於民國98年10月15日前往醫師甲門診就診，經婦科超音波檢查診斷為子宮肌瘤、腺肌症，故病患T於98年10月31日至J醫院辦理住院，由醫師甲負責治療，計畫接受開腹子宮全切除手術，於同年11月1日9時58分許進行手術，術中發現子宮腺肌症及右側卵巢之腫瘤併沾黏，施行子宮次全切除及右側卵巢切除手術，手術於同日10時55分結束。

　　術後，病患T於同年11月5日陸續於5時50分自述身體發熱、14時20分自述倦怠、15時20分自述額頭冒汗、19時40分自述頭痛、20時20分自述腹痛持續、21時10分自述寒顫等症狀，且體溫檢查均呈現發燒現象，於同年11月6日1時許，病患T出現血壓下降、體溫再度發燒之情況，於同年11月7日13時及22時30分，曾2次經腸胃科醫師會診，經診斷為急性腸胃炎及腸阻塞等情，醫師甲給予病患T生理食鹽水及自費Aminoplex之治療方式，至同年11月7日23時30分許，病患T因仍感氣喘，血壓不穩，醫師甲建議轉診至高雄G紀念醫院（下稱G醫院）。

　　G醫院懷疑病患T係中空臟器破裂，經進行剖腹探查，發現直腸後方及小腸間隙膿瘍，後腹壁續積大量混濁液體，施行清除膿液、置放雙J輸尿管導管治療，診斷為腹內、腹膜後膿瘍及輸尿管發炎，給予抗生素等藥物治療。病患T於98年11月12日6時許不治死亡。

　　案經病患T之子訴由臺灣高雄地方法院檢察署檢察官偵查、起訴指出：於各該時，醫師甲（下稱被告甲）應察覺病患T有低血壓、高燒及腹瀉等敗血性休克現象，應注意是否術後感染，立即找尋感染源，必要時考慮為該病剖腹探查、清創及引流或為其他進一步處理，以防止因感染引起腹腔膿瘍造成敗血性休克、危及生命。

　　關於本件醫療事實之時序圖如下：

醫師甲負責治療，計畫接受開腹子宮全切除手術。同年11月1日9時58分許進行手術，術中發現子宮腺肌症及右側卵巢之腫瘤併沾黏，施行子宮次全切除及右側卵巢切除手術，手術於同日10時55分結束

明顯血壓下降、體溫再度發燒之情況

因子宮次全切除及右側輸卵管和卵巢切除術後併發後腹腔內膿瘍及腹膜炎，續發敗血性休克，而於98年11月12日6時許死亡。

98.10.15　　　98.11.05　　　98.11.06　　　98.11.07　　　98.11.12

前往J醫院醫師甲門診就診，經婦科超音波檢查診斷為子宮肌瘤、腺肌症，故病患T於98年10月31日至J醫院辦理住院

5時50分自述身體發熱、14時20分自述倦怠、15時20分自述額頭冒汗、19時40分自述頭痛、20時20分自述腹痛持續、21時10分自述寒顫等症狀，且體溫檢查均呈現發燒現象

同年11月7日13時及22時30分，曾2次經腸胃科醫師會診，經診斷為急性腸胃炎及腸阻塞等情。醫師甲給予生理食鹽水及自費Aminoplex。23時30分許，病患T因仍感氣喘，血壓不穩，建議轉診至G醫院

【醫療時序圖：子宮次全切除術發燒案】

（二）被告回應

訊據被告對於上揭事實坦承不諱。

（三）鑑定意見

本件有行政院衛生署醫事審議委員會鑑定書、法務部法醫研究所解剖報告書及鑑定報告書各1份。因為簡式審判程序，上述鑑定意見內文未於判決文中呈現。

（四）判決結果

高雄地方法院於民國100年09月30日作出判決。因被告於本院準備程序中就被訴事實為有罪之陳述，本院告知被告簡式審判程序之旨，並聽取當事人之意見後，由本院合議庭裁定改由受命法官獨任依簡式審判程序進行，判被告業務過失致人於死罪，處有期徒刑捌月。緩刑參年。

被告、檢察官於法定上訴期間未上訴，本案判決即確定。

（五）判決理由

法院採認鑑定意見，判定被告甲為J醫院醫師，以為他人診療疾病為業務，為從事醫療業務之人。本應盡其職責，詳讀被害人於術後之各項檢查紀錄，觀察病患病情之變化，且應知悉病患術後若呈現低血壓、高燒及腹瀉等現象，極有可能係術後感染所致，並立即找尋感染源及進行必要之處置，以免病患因感染引起腹腔膿瘍造成敗血性休克而危及生命，然其竟疏於對病患自述有上開症狀採取積極之治療方式，以致延誤治療時機，終至病患喪失寶貴之生命，所為自應予相當之刑事非難。

二、延伸思考

問題一：本案被告為婦科醫師，其在術後曾二度照會腸胃科醫師為病患會診，經後者診斷為急性腸胃炎及腸阻塞，而後病患於G醫院診斷為腹內、腹膜

後膿瘍及輸尿管發炎。本案判決指出病患係因子宮次全切除及右側輸卵管和卵巢切除術後併發後腹腔內膿瘍及腹膜炎，續發敗血性休克，請探討腸胃科會診醫師在本案之可能責任？

問題二：請探討「急性腸胃炎及腸阻塞」與「腹內、腹膜後膿瘍及輸尿管發炎」如何進行區別診斷，以及合理之婦科醫師是否應具備該區別診斷之能力？

三、判決來源

第二十六案　診所拉皮手術麻醉急救案
（臺灣臺北地方法院101年度醫訴字第5號刑事判決）

（一）公訴事實與起訴意旨

　　醫師甲領有醫師證書及電波拉皮執照（Certificate of Training Ther-mage），並任職於臺北市區H診所（下稱H診所）。病患K於民國101年4月2日下午4時30分許，至H診所向醫師甲求診，要求施作非醫療目的之電波拉皮手術，並向醫師甲表明患有自體免疫疾病、長期服用類固醇等個人特殊體質情形。醫師甲開立Fentanyl：25 ug、Midazolam：2.5 mg、Propofol：50 mg等藥劑，交由領有護理師證書及麻醉訓練合格之護士L一次給予病患K施打。

　　病患K施打上述藥劑後，產生收縮壓下降、血壓、血氧無法量測及呼吸心跳異常等狀況，醫師甲給予病患K藥物Atropine：0.5 mg及調高氧氣濃度等急救措施，病患K心跳與呼吸仍持續下降，醫師甲電請消防救護人員到場救護並將病患K送往M醫院急救。病患K仍於101年4月14日上午8時5分死亡。

　　案經病患K之夫訴請臺灣臺北地方法院檢察署偵查、起訴指出：

　　病患K於民國101年4月2日下午4時30分許，至H診所向醫師甲（下稱被告甲）求診，要求施作非醫療目的之電波拉皮手術，並向被告甲表明患有自體免疫疾病、長期服用類固醇等個人特殊體質情形，被告甲明知如施打麻醉藥物Propofol需於醫院或其他有足夠設備（如插管工具、急救藥物及人工換氣設備等）之治療單位，由受過麻醉或加護照顧訓練之醫師給藥（手術或診斷過程之鎮靜），不應由執行手術或診斷之人給予，且依據病

患K個人體質，被告甲明知應予以麻醉術前評估及診所並無足夠設備應付麻醉後緊急狀態處置，未注意相關醫學麻醉等規範，貿然開立Fentanyl：25 ug、Midazolam：2.5 mg、Propofol：50 mg等藥劑，交由領有護理師證書及麻醉訓練合格之護士L一次給予病患K施打，而非漸進式施打，詎病患K施打上述藥劑後，產生收縮壓下降、血壓血氧無法量測及呼吸心跳異常等狀況，被告甲給予病患K藥物Atropine：0.5 mg及調高氧氣濃度等急救措施，病患K心跳與呼吸仍持續下降，被告甲遂電請消防救護人員到場救護並將病患K送往M醫院急救。病患K仍於101年4月14日上午8時5分因急性缺氧致缺氧性腦症併發肺炎而多重器官衰竭死亡。

（二）被告回應

起訴書所載之犯罪事實，業據被告於本院準備程序時坦承不諱。

（三）鑑定意見

1.法醫意見

本件有法務部法醫研究所解剖報告書及鑑定報告書各1份。鑑定後判定死亡經過及檢驗判明為「死者之死亡機轉為多重器官衰竭，死亡原因為急性缺氧性腦症併發症，最後因器官衰竭死亡。死亡方式為病死/自然死」。研判死亡原因為：「甲、多重器官衰竭；乙、急性缺氧性腦症併發肺炎；丙、手術麻醉」。

2.長庚醫療財團法人林口長庚紀念醫院及行政院國軍退除役官兵輔導委員會臺北榮民總醫院施以鑑定鑑定意見及鑑定書各1份。

上函針對本案被告甲於上開非醫療目的之電波拉皮手術過程中所為之行為確不符合醫學專業要求與規範說明如下：

(1)Propofol給藥說明

長庚醫療財團法人林口長庚紀念醫院（下稱長庚醫院）及行政院國軍退除役官兵輔導委員會臺北榮民總醫院（下稱臺北榮總醫院）施以鑑定之結果分別為「我國法律雖未禁止非麻醉專科醫師執行麻醉……，根據被告

於系爭醫療過程所使用之麻醉藥物propofol原廠仿單說明及美國麻醉醫學會臨床指引ASAguideline，Propofol需於醫院或其他有足夠設備（如插管工具、急救藥物及人工換氣設備等）之治療單位，由受過麻醉或加護照顧訓練之醫師給藥，亦即於手術或是診療過程中之鎮靜，propofol不應由執行手術或診斷之人給予。本案如係由曾接受訓練之醫師或麻醉專科醫師在場，即可明顯發現病患係因麻醉藥物過量引發呼吸抑制，如立即施行人工呼吸及使用急救藥物，應可避免病患死亡之結果發生」。

(2)急救程序規範

①病患本身長期服用類固醇，此點麻醉紀錄上有所記載，但所附資料並無正式之麻醉術前評估。之後發生呼吸心跳異常狀況（血壓血氧下降至無法偵測）其所謂處置只是給予Atropine0.5mg以及調高氧氣濃度，並不符合基礎以及高級心臟救命術（ACLS，advanced cardiac life support，急救要點流程詳見上開偵卷第9頁）對於病患之急救程序。於其他救護人員抵達現場前，被告之緊急應對處理並不符合規範：第一，並未即時建立或維持良好呼吸道，當病患血氧降低時，這是最基本的處置。第二，於所附資料中並未見到最基礎之急救第一線用藥腎上腺素（epinephrine）之給予。

②導致病患血壓血氧下降之可能診斷因資料不足無法做更好的判斷。雖然被告此次所使用之麻醉藥物劑量對於正常病患而言在安全範圍，但此病患並非普通病患，此次劑量尤其是容易導致血壓下降之Propofol應該是漸進式緩慢給予並避免一次性的較高劑量，此其一。另對於病患之麻醉評估，麻醉後生理反應等處置，已於第一點中指出其處置不符之處，此其二。

綜觀上述二點，被告並不符合醫學專業要求與規範。

（四）判決結果

臺北地方法院於民國101年10月30日作成判決，被告甲因業務過失致死案件，於法院準備程序中就被訴事實為有罪之陳述，經告知簡式審判程

序之旨，並聽取公訴人、被告甲及辯護人之意見後，法院合議庭認為適宜由受命法官獨任進行簡式審判程序而裁定改由受命法官獨任進行簡式審判程序審理。告訴人已與診所及被告達成和解，取得相當之賠償金，並已具狀表示撤回告訴之旨，有協議和解書1份在卷。

判決如下：被告為從事業務之人，因業務上之過失致人於死，處有期徒刑拾月。緩刑參年。

被告、檢察官於法定上訴期間未上訴，本案判決即確定。

（五）判決理由

法院參鑑定意見，認為本案病患K死亡與被告上開不符合醫學專業要求與規範之行為有相當因果關係：

1.麻醉藥品使用注意義務

被告明知如施打麻醉藥物Propofol，依據藥廠仿單說明及美國麻醉醫學會臨床指引ASAguideline，麻醉藥物Propofol需於醫院或其他有足夠設備（如插管工具、急救藥物及人工換氣設備等）之治療單位，由受過麻醉或加護照顧訓練之醫師給藥（手術或診斷過程之鎮靜），不應由執行手術或診斷之人給予，且依據病患K個人體質，被告明知應予以麻醉術前評估及診所並無足夠設備應付麻醉後緊急狀態處置，竟仍圖新臺幣（下同）15萬元之醫美高額報酬，而未注意相關醫學麻醉等規範，貿然開立Fentanyl：25 ug、Midazolam：2.5 mg、Propofol：50 mg 等藥劑，交由領有護理師證書及麻醉訓練合格之護士L一次給予病患K施打，而非漸進式施打。

2.急救義務

病患K施打上述藥劑後，產生收縮壓下降、血壓血氧無法量測及呼吸心跳異常等狀況，被告僅給予病患K藥物Atropine：0.5 mg及調高氧氣濃度等急救措施，而未及時建立或維持良好呼吸道等基礎及高級心臟救命術之急救程序，病患K心跳與呼吸仍持續下降，被告遂電請消防救護人員到場救護並將病患K送往M醫院急救。

綜上，法院判認被告甲為領有醫師證書及電波拉皮執照（Certificate of Training Thermage）之人，並於診所擔任醫師，以為他人施作非醫療目的之電波拉皮手術為業務，為從事業務之人。是核被告甲所為，本應盡其職責，於知悉病患K長期使用類固醇，顯與普通病患不同下，卻疏於施作電波拉皮手術前做正式之麻醉術前評估，及觀察病人病情之變化，作必要之生理反應處置及急救措施，導致病患K無法及時獲得正確且必要之醫療治療，因而喪失寶貴之生命。

二、延伸思考

問題一：本案鑑定意見稱「被告此次所使用之麻醉藥物劑量對於正常病患而言在安全範圍」。僅就麻醉藥品使用之注意義務而言，請比較下列兩種情況下之合理注意義務是否相同？1.病患未告知其患有自體免疫疾病且長期服用類固醇；2.病患告知其患有自體免疫疾病且長期服用類固醇。

問題二：麻醉藥物Propofol原廠仿單說明及美國麻醉醫學會臨床指引ASA guideline是否等同合理注意義務之標準？

問題三：本案護理人員為麻醉訓練合格，假設護理人員被訴追，可能會涉及哪些法律責任？

三、判決來源

第二十七案　腹腔鏡膽囊切除術心跳停止案

（臺灣臺中地方法院102年度醫訴字第8號刑事判決）

一、案例基本資料

（一）公訴事實與起訴意旨

　　醫師甲係臺中市區Q綜合醫院（下稱Q醫院）之外科主治醫師。病患C於民國101年11月13日，因膽囊結石至Q醫院就診，於翌日下午，經以超音波檢查診斷認係「膽囊及膽管結石無膽囊炎」，並經病患C同意施行「腹腔鏡膽囊切除手術」後，於同年月16日上午8時45分許，由醫師甲在上開醫院手術房為病患C施行上開手術。其於手術進行中，病患C於同日上午8時50分許心跳停止，血壓降至0。醫師甲施以CPR急救，並將病患C於同日上午9時許，轉入加護病房，繼續施以輸血、心臟按摩等方式急救，病患C於同日下午1時50分死亡。

　　案經病患C之母、夫委由告訴代理人告訴，檢察官偵辦指出：

　　醫師甲（下稱被告甲）其於手術進行中，原應注意謹慎操作腹腔鏡，以避免腹腔鏡套管（Trocar）前端尖銳處刺傷器官或血管，而依當時情形，並無不能注意之情形，竟疏於注意，因操作腹腔鏡不當，導致腹腔鏡套管前端尖銳處刺到病患C之腸道及腸繫膜造成出血，致病患C於同日上午8時50分許心跳停止，血壓降至0。被告甲疏未發現病患C有內出血之情形，復未能及時開腹探查，未能及時對該傷口做縫合、止血之處置，僅施以CPR急救，並將病患C於同日上午9時許，轉入加護病房，繼續施以輸血、心臟按摩等方式急救，致病患C於同日下午1時50分，因腸繫膜穿刺傷併大量出血、休克而死亡。

（二）被告回應

被告甲辯稱：腹腔內的出血係因急救施行CPR對胸部按摩方造成大量出血。

（三）鑑定意見：法醫意見

本件有法務部法醫研究所就病患C之死亡原因鑑定為：

甲、出血性休克。乙、腸繫膜穿刺傷併大量出血。丙、膽結石內視鏡手術。

本件之解剖結果為：

病患C之迴腸表曾有1處銳器刺傷及周圍組織有出血。闌尾附近之腸繫膜有1處銳器刺入傷及附近之腸繫膜有大面積出血，為出血最嚴重的區域。解剖報告中並無本件發生麻藥過敏、氣體栓塞之解剖證據。

（四）判決結果

臺中地方法院於民國104年07月21日作成判決。被告甲認罪，經檢察官與被告於審判外達成協商合意，其合意內容為：被告係犯刑法第276條第2項之業務過失致死罪，願受有期徒刑4月之科刑，如易科罰金，以新臺幣1千元折算1日。緩刑2年。本院查上開協商合意並無刑事訴訟法第455條之4第1項所列情形之一，檢察官聲請改依協商程序而為判決，本院爰不經言詞辯論，於協商合意範圍內為協商判決。

被告、檢察官於法定上訴期間未上訴，本案判決即確定。

（五）判決理由

法院依據被告甲供述：

其有為病患C進行「腹腔鏡膽囊切除手術」之事實。手術過程中使用的腹腔鏡套管（Trocar）有尖銳的頭，有可能會造成傷口之事實。

麻醉科醫師L有詢問是否為內出血，伊認為並非內出血，且過程中並未懷疑病患C是內出血引起這情形之事實。

被告甲辯稱：腹腔內的出血係因急救施行CPR對胸部按摩方造成大量出血。

法院參證人（即麻醉師L）陳述：

病患C於同日上午8時50分許心跳停止，血壓降至0，被告對病患C做CPR後，其有詢問被告本件病患C有無內出血之情形，被告答稱手術還沒開始，不可能是內出血之事實。

病患C轉到加護病房後，抽血結果為血紅素、血小板的數目下降，且其為病患C做CPR及心臟按摩，覺得肚子有漲一點，伊一直持續懷疑是內出血，並再次詢問被告甲，被告甲仍認定病患C無內出血之事實。

病患C在加護病房待一段時間後，又沒有血壓，在加護病房持續急救，急救最後時，被告甲表示如果這次救回來，考慮回開刀房，要將病患C肚子打開看有無內出血之事實。

再佐病患C當日之護理紀錄：11時32分載有「病患C腹部有變大趨勢Dr知」之內容，病患C於當日9時34分之血液檢驗報告單：HGB（血紅素）8.9 g/dl，PLT（血小板）53×1000 /uL，較之其於101年11月13日之血液檢驗報告單中，HGB（血紅素）13.8 g/dl，PDW（血小板分布寬度）309×1000 /μL，顯著降低。

綜上，法院就被告甲辯稱事由，依解剖結果判認不足採信，理由如下：

腹腔內的出血是因腹部手術時造成之銳器傷，刺傷腸道及腸繫膜後造成出血，最後因大量出血，休克而死亡。足見病患C之腹腔內出血乃因被告對病患C為腹部手術時所造成之銳器傷所致而出血。被告辯稱係因急救施行CPR對胸部按摩方造成大量出血云云，核與解剖結果不符，顯非可採。

被告猶辯稱：被害人死亡原因可能係因麻醉、氣體拴塞或手術過程所產生之風險而死亡，核與事證不符，為卸責之詞，不足採信。

綜上，法院參酌證人L證言：於病患C急救過程中，其自始均懷疑病患C有內出血之可能性而3次詢問被告甲，足見本件自始確有病患C內出血

之徵兆。證人L一再提醒被告甲本件有內出血之可能，均遭被告甲率爾否定。被告甲未及時發現被害人內出血之情形而為處理，顯有疏失。再參病患C當日之護理紀錄中，11時32分載有「病患C腹部有變大趨勢Dr知」之內容，足見當時確有證人L所指之內出血之徵兆，且為被告甲所明知，被告甲當可據此及時研判處理，其疏未注意，顯有過失。

二、延伸思考

　　問題一：本案被告與證人對於被告於術中是否已懷疑內出血的說詞不一致，請問本案係如何釐清何者之說詞可信？

　　問題二：本案被告與護理紀錄對於被告於術中是否已懷疑內出血的說詞不一致，請問做護理紀錄登載之人是否應出庭作證以證實登載之真實性？

　　問題三：操作腹腔鏡相關手術之合理SOP為何？在操作上應如何避免或降低傷害之風險？

三、判決來源

第二十八案　診所白內障手術損傷案

（臺灣臺北地方法院102年度醫易字第2號刑事判決）

一、案例基本資料

（一）公訴事實與起訴意旨

1.受理部分

　　醫師甲係新北市區J眼科診所之眼科醫師。病患L於100年4月27日，因右眼微血管充血至上診所向醫師甲求診，於翌（28）日回診時，醫師甲為病患L進行右眼白內障手術。病患L因術後併發右眼嚴重水腫、偽晶體性水泡性角膜病變、視網膜剝離及右眼隅角閉鎖，致右眼視能嚴重減損。

　　案經病患L告訴，檢察官起訴指出：

　　醫師甲（下稱被告甲）原應注意病患L僅有輕度白內障，並無雙眼不等視之困擾，又白內障手術僅為治療選項之一，需向病患L解釋手術之利害，且應於術前評估包含裸視、矯正視力、前房角膜水晶體、眼底、眼壓及生物計測儀等檢查，而依當時情形並無不能注意之情事，竟疏未注意及此，冒然於同日為病患L進行右眼白內障手術。

2.不受理部分

　　公訴意旨略以：被告甲係眼科醫師。病患T於民國100年3月19日，因眼睛不適至上揭診所求診，被告甲本應注意為其診治或施行手術時，均須秉其醫療專業施以檢查、判斷有無進行手術之必要，且明知白內障不宜於第一次門診當天即施行手術，若仍進行手術，於術前應先測量屈光度數，參考屈光度數並驗矯正視力，手術之處理亦應符合醫療常規，依當時狀況並無不能注意之情形，詎仍疏於注意，罔顧病患T並無進行白內障手術之

急迫性、未測量趨光度數及驗矯正視力，逕於同日稍晚，即在上揭診所內，對病患T進行右眼白內障手術，手術過程中更因疏於注意，使內皮細胞受傷而致角膜內皮細胞失償，手術後病患T右眼角膜水腫及玻璃體脫出於白內障手術傷口外，受有右眼視能毀敗之重傷害；因認被告甲涉犯刑法第284條第2項後段之業務過失重傷害罪嫌。

（二）被告回應

犯罪事實，被告甲於審理時坦承不諱。

（三）鑑定意見

本件行政院衛生署醫事審議委員會（下稱醫審會）鑑定書共2份，就病患L手術後右眼視能說明如下：

病患L因術後併發右眼嚴重水腫、偽晶體性水泡性角膜病變、視網膜剝離及右眼隅角閉鎖，致右眼視能嚴重減損等情。

（四）判決結果

臺北地方法院於民國104年12月30日作成判決，被告甲因業務上之過失傷害人致重傷，處有期徒刑貳月，如易科罰金，以新臺幣壹仟元折算壹日。被告甲被訴業務過失重傷害病患T部分公訴不受理。

被告、檢察官於法定上訴期間未上訴，本案判決即確定。

（五）判決理由

法院就被告注意義務部分，採認醫審會鑑定意見，說理如下：

被告原應注意病患L僅有輕度白內障，並無雙眼不等視之困擾，又白內障手術僅為治療選項之一，需向病患L解釋手術之利害，且應於術前評估包含裸視、矯正視力、前房角膜水晶體、眼底、眼壓及生物計測儀等檢查，而依當時情形並無不能注意之情事，竟疏未注意及此，冒然於同日為病患L進行右眼白內障手術，病患L因術後併發右眼嚴重水腫、偽晶體性水泡性角膜病變、視網膜剝離及右眼隅角閉鎖，致右眼視能嚴重減損。

　　另就公訴撤回、不受理部分，說理如下：

　　病患T於民國100年3月19日，因眼睛不適至上揭診所求診，被告本應注意為其診治或施行手術時，均須秉其醫療專業施以檢查、判斷有無進行手術之必要，且明知白內障不宜於第一次門診當天即施行手術，若仍進行手術，於術前應先測量屈光度數，參考屈光度數並驗矯正視力，手術之處理亦應符合醫療常規，依當時狀況並無不能注意之情形，詎仍疏於注意，罔顧病患T並無進行白內障手術之急迫性、未測量屈光度數及驗矯正視力，逕於同日稍晚，即在上揭診所內，對病患T進行右眼白內障手術，手術過程中更因疏於注意，使內皮細胞受傷而致角膜內皮細胞失償，手術後病患T右眼角膜水腫及玻璃體脫出於白內障手術傷口外，受有右眼視能毀敗之重傷害；因認被告涉犯刑法第284條第2項後段之業務過失重傷害罪嫌等語。

　　按告訴乃論之罪，病患T於第一審言詞辯論終結前，得撤回其告訴；其告訴經撤回者，法院應諭知不受理之判決；並得不經言詞辯論為之；茲病患T於第一審言詞辯論終結前撤回其告訴，有102年8月20日刑事撤回告訴狀在卷可稽，揆諸前揭規定，此部分爰不經言詞辯論，逕為諭知不受理之判決。

二、延伸思考

　　問題：本案病患原為右眼微血管充血求診，並非為白內障手術，且其當時僅有輕度白內障，施行白內障手術僅為治療選項之一，並非緊急或必要。1.試探討當中是否有涉及說明義務或知情同意問題的可能性；2.假設本案醫療費用係由全民健保給付，試探討其合理性或可能涉及責任。

三、判決來源

第二十九案　診所抽脂等多手術無呼吸案
（臺灣臺北地方法院105年度醫簡字第2號刑事判決）

一、案例基本資料

（一）公訴事實與起訴意旨

　　醫師甲係臺北市區X診所（下稱X診所）之醫師。102年7月12日下午3時許起至同日晚上11時許止，在X診所內，連續為病患L施行抽脂手術、胃繞道手術、人工陰莖植入手術、自體脂肪移植手術、割雙眼皮與割眼袋手術等多項手術。醫師甲於同年月15日凌晨2時30分，發現留院休養之病患L無呼吸，給予病患L氧氣面罩、置放氣管內管、施打強心針等心肺復甦術後，至同日上午6時40分許，始叫救護車將病患L轉送至臺北M醫院。

　　檢察官起訴指出，醫師甲（下稱被告甲）原應注意病患L有高血壓、糖尿病之病史，為血栓發生之高風險病患，不宜同時進行多項手術，以免手術時間過長而增加血栓發生之風險，而依當時情形，並無不能注意之情事，竟疏未注意此，自102年7月12日下午3時許起至同日晚上11時許止，在X診所內，連續為病患L施行抽脂手術、胃繞道手術、人工陰莖植入手術、自體脂肪移植手術、割雙眼皮與割眼袋手術等多項手術，手術時間長達8小時，使病患L之血栓發生風險大增；復被告甲於同年月15日凌晨2時30分許發現留院休養之病患L無呼吸，給予病患L氧氣面罩、置放氣管內管、施打強心針等心肺復甦術後，原應注意經急救後之病患L病況仍未改善，應立即安排病患L轉院，以利進一步診治，而依當時情形，並無不能注意之情事，竟疏未注意及此，遲未安排病患轉院，迨至同日上午6時40分許，始叫救護車將病患L轉送至臺北M醫院，惟病患L於同日上午7時12分許到院時已死亡。

（二）被告回應

本案被告自白犯罪，法院以簡易判決處刑。犯罪事實，被告於準備程序中坦承不諱。

（三）鑑定意見

1.醫審會鑑定結果

本件有衛生福利部醫事審議委員會鑑定書1份，就病患L之病史與手術、急救與死亡關聯說明如下：

病患L有高血壓及糖尿病等病史，本為血栓發生之高風險病患，於抽脂、胃繞道手術、人工陰莖植入、自體脂肪移植、割雙眼皮及割眼袋多項手術同時進行，且整體手術時間長達8小時之情況下，更增加肺動脈血栓風險，受限於診所內無完整急救設備及後續診療能力，經急救後病患病況仍未改善時，宜立即安排病患轉院，以利進一步之診治，未立即安排病患轉院，與病患之死亡有關。

2.法醫意見

本件有法務部法醫研究所鑑定報告書一份，就死因鑑定為：病患L因肺主動脈血栓栓子造成呼吸休克死亡。

（四）判決結果

臺北地方法院於民國105年06月29日作出判決。被告從事業務之人，因業務上之過失致人於死，處有期徒刑參月，如易科罰金，以新臺幣壹仟元折算壹日。

被告、檢察官於法定上訴期間未上訴，本案判決即確定。

（五）判決理由

法院參同鑑定意見，就肺動脈血栓風險、急救設備、診療能力及轉院等要點判認：

1.肺動脈血栓風險

病患L因肺主動脈血栓栓子造成呼吸休克死亡，而病患有高血壓及糖尿病等病史，本為血栓發生之高風險病患，於抽脂、胃繞道手術、人工陰莖植入、自體脂肪移植、割雙眼皮及割眼袋多項手術同時進行，且整體手術時間長達8小時之情況下，更增加肺動脈血栓風險。

2.急救設備、診療能力

X診所內僅有醫師、護士各1名，受限於診所內無完整急救設備及後續診療能力。

3.轉院

經急救後病患病況仍未改善時，宜立即安排病患轉院，以利進一步之診治，未立即安排病患轉院，與病患之死亡有關。

綜上，法院審酌被告甲原應注意病患L有高血壓、糖尿病之病史，為血栓發生之高風險病患，不宜同時進行多項手術，以免手術時間過長而增加血栓發生之風險。經急救後之病患L病況仍未改善，受限於X診所內僅有醫師、護士各1名，並無完整急救設備及後續診療能力之狀況下，應立即安排病患L轉院，以利進一步診治，致病患L因肺主動脈血栓栓子造成呼吸性休克死亡，違反注意義務之程度難謂輕微，所生之損害亦難以回復。

二、延伸思考

問題：試探討本案病患在明知自身有高血壓與糖尿病等風險因子的情況下，1.為何同意同時進行多項非緊急性的醫美手術？2.假設病患在經過詳實解說之後，仍自願承擔同時進行多項手術之風險，是否能適用自擔風險（assumption of risk）原則？

三、判決來源

第三十案　診所抽脂手術腳部燙傷案

（臺灣新北地方法院104年度醫易字第2號刑事判決）

一、案例基本資料

（一）公訴事實與起訴意旨

醫師甲受僱於新北市區K診所（下稱K診所），擔任整型外科醫師。於民國103年1月20日上午11時35分許起至同日下午3時許止，在K診所手術房內為病患P進行抽脂體雕手術，經流動護士即護理人員乙告知病患P有發冷顫抖狀態，指示被其以烘被機為病患P加熱保暖，病患P之右下肢受有傷害。

案經檢察官起訴指出：

醫師甲（下稱被告甲）為手術團隊之領導與決策者，本應注意病患之照護及手術房內相關設備儀器之安全性，以免對病患造成危害；且經全身麻醉之病患因失去知覺而無法感知傷害及自我保護，於為該等病患保溫時應避免病患燙傷；又烘被機為空氣濾清、烘被、暖風、烘鞋及風乾等用途，無法嚴密監控溫度變化，且非屬衛生福利部審核通過為保暖之醫療器材，使用於手術中病患低體溫之保溫用途，不符合醫療常規，而依當時情形，並無不能注意之情事，詎被告甲於病患P經全身麻醉失去知覺後，在手術進行之後期，經護理人員乙告知病患P有發冷顫抖狀態，竟疏未對烘被機之設定及功能再為確認，亦未詳加指示烘被機之出風口擺放位置、加熱時間及監督病患P之保溫狀況，率爾指示護理人員乙以烘被機為病患P為長時間且高溫之加熱保暖，致病患P之右下肢因持續處於高熱燒燙之狀況下，受有1%體表面積2度燙傷等傷害。

護理人員乙（下稱被告乙）在K診所擔任護理師，為從事醫療業務之人。緣被告甲於103年1月20日下午某時起，在K診所之手術房內，擔任對

病患P進行腰部抽脂體雕手術之主刀醫師，被告乙則擔任流動護理師，在手術房內負責執行醫囑、維持病患保暖、點滴順暢、呼吸道暢通等確保手術流程順利進行之工作，於病患P進入手術房開始手術而經全身麻醉後，因手術房需保持無菌低溫狀態，業經深沉麻醉之病患P因此產生發冷顫抖狀態，被告甲遂指示被告乙開啓烘被機為病患P保暖。

被告乙即依從被告甲之醫囑指示，以烘被機對進入深沉麻醉狀態之病患P為長時間且高溫之加熱保暖，致病患P之腳部造成其1%體表面積2度灼傷、右下肢疤痕形成、色素沉積等傷害。因認被告乙涉犯刑法第284條第2項前段之業務過失傷害罪嫌。

（二）被告回應

被告甲辯稱：

遵從K診所製訂之保暖儀器操作SOP。

（三）鑑定意見

1.醫審會鑑定結果

本件有衛生福利部醫事審議委員會（下稱醫審會）鑑定書1份，就手術過程中為病患保暖之醫療常規說明如下：

告訴人右下肢受有1%體表面積2度燙傷，案經送請醫審會鑑定結果，認一般而言，手術過程中為病患保溫之器具有棉被及遠紅外線保溫毯或可加熱之保溫毯，後者為需衛生福利部食品藥物管理署發給許可證之醫療器材；手術過程中如遇病患有非預期低體溫或產生發冷顫抖狀態，醫師可囑託護理人員為病患覆蓋溫毯或給予加熱之靜脈輸液，以減輕病患之不舒適感。

被告甲指示保暖，符合醫療常規；保暖行為為醫療輔助行為，惟使用烘被機為病患保暖，並未符合醫療常規，按烘被機非屬衛生福利部審核通過為保暖之醫療用器材，一般手術室之保暖設備，係可嚴密監控溫度變化，以避免病患受到傷害，本案被告甲指示被告乙使用烘被機為病患取暖，可能是造成本案病患受傷之原因；烘被機非屬衛生福利部審核通過為

保暖之醫療用器材，使用於手術中病患低體溫之保溫用途，不符合醫療常規；烘被機設備本無嚴密監控溫度變化之功能，如被告乙未向被告表示病患有異狀，被告無法得知病患腳部保暖之情形，被告對被告乙之行為有監督義務，只要有任何影響病患身體之異狀，皆應立即加以處理；依卷附照片之影像，可得知病患右腳燙傷之程度為2度燙傷合併輕微感染，若術後照護不佳（例如感染），係有可能變成林口C醫院所診斷之狀況；吸菸及使用中央空調暖氣或電暖器，並非造成燙傷傷口癒合不良或惡化之主要原因，而係應與受傷當時之燙傷程度與嗣後之傷口照顧有關等語，有衛生福利部醫事審議委員會鑑定書1份在卷可查。

2.臺灣麻醉醫學會意見

　　本件有臺灣麻醉醫學會函1份，就手術全身麻醉病患於術中發生燙傷意外，醫師之臨床監督責任說明如下：

　　若同時於腰部、腹部、手部等多處進行抽脂手術之病患，麻醉臨床上一般是以全身麻醉進行，一般若為了手術姿勢需要，可能會固定病患四肢，在給予病患保暖吹風時，也應避免病患燙傷，此乃因病患於全身麻醉狀況下，失去知覺，無法感知傷害及自我保護，全身麻醉下有可能體溫喪失，保溫方式有多種，如調整空調、點滴加溫、覆蓋溫毯（包括熱風式溫毯）、照烤燈等等，同時要注意不可造成病患傷害如燙傷，手術中發生意外事故應屬於手術團隊整體之責任，至於是醫師還是流動護士的責任，則需視其是否有開立醫囑，如何執行醫囑，日常院內作業是否已有明示，員工教育是否落實來判斷，病患術中發生燙傷意外，外科兼麻醉醫師實難謂為毫無臨床監督責任等情。

（四）判決結果

　　新北地方於民國106年01月13日作出判決。被告甲犯業務過失傷害罪，處拘役伍拾日，如易科罰金，以新臺幣壹仟元折算壹日。緩刑貳年，並應向公庫支付新臺幣壹拾萬元。被告乙被訴業務過失傷害部分公訴不受理。

　　被告甲、檢察官於法定上訴期間未上訴，本案判決即確定。

（五）判決理由

法院就被告甲之醫療行為指揮、監督責任描述如下：

本案被告甲指示被告乙使用烘被機為病患取暖，可能是造成本案病患受傷之原因；烘被機非屬衛生福利部審核通過為保暖之醫療用器材，使用於手術中病患低體溫之保溫用途，不符合醫療常規；烘被機設備本無嚴密監控溫度變化之功能，如被告乙未向被告表示病患有異狀，被告無法得知病患腳部保暖之情形，被告甲對被告乙之行為有監督義務，只要有任何影響病患身體之異狀，皆應立即加以處理。

手術中發生意外事故應屬於手術團隊整體之責任，至於是醫師還是流動護士的責任，則需視其是否有開立醫囑，如何執行醫囑，日常院內作業是否已有明示，員工教育是否落實來判斷，病患術中發生燙傷意外，外科兼麻醉醫師實難謂為毫無臨床監督責任等情。

綜上，被告甲於為病患P進行抽脂體雕手術時，本應注意病患之照護及手術房內相關設備儀器之安全性，以免對病患造成危害；且業經全身麻醉之病患因失去知覺而無法感知傷害及自我保護，於為該等病患保溫時應避免病患燙傷；又烘被機為空氣濾清、烘被、暖風、烘鞋及風乾等用途，無法嚴密監控溫度變化，且非屬衛生福利部審核通過為保暖之醫療器材，使用於手術中病患低體溫之保溫用途，不符合醫療常規，而依當時情形，依被告甲自身之專業智識能力，又無不能注意之情形，竟於告訴人發冷顫抖時，率爾指示被告乙以烘被機對病患P為長時間且高溫之加熱保暖，而K診所使用之烘被機，尚不符合醫療器材之定義，不以醫療器材列管，被告甲指示被告乙以烘被機為告訴人保暖，致病患P右下肢燙傷，其有應注意、能注意而未注意之過失，洵屬明確。從而，被告甲之過失行為與告訴人受傷之結果間，有相當因果關係，洵無疑義。

被告乙被訴業務過失傷害部分公訴不受理，理由如下：

病患P指訴被告乙業務過失傷害案件，起訴書認被告乙所為係犯刑法第284條第2項前段之業務過失傷害罪，依同法第287條前段之規定，須告訴乃論。

　　病患P最遲於103年4月間已知悉該操作烘被機之護士為被告乙，而病患P提告時僅須申告犯罪事實並且表示希望追訴之意即可，並不以指明犯人為必要，業如前述。病患P既早於103年1月21日或至遲於同年4月間即可知悉被告乙為操作烘被機之護理人員，然其遲至104年1月23日始具狀向臺灣新北地方法院檢察署提出刑事追加被告狀，追加對被告乙提出告訴，有該刑事追加被告狀1份在卷可查，顯已逾告訴期間而無從補正，揆諸上開說明，爰就被告乙被訴業務過失傷害部分諭知不受理之判決。

二、延伸思考

　　問題一：被告甲聲稱其指示以烘被機為病患取暖係遵從診所制定之保暖儀器操作SOP。請問按機構評鑑相關病患安全規定，有關用冷或用熱治療之適當SOP應為何？假設任職診所或醫院制定之SOP明顯不合理而導致傷害發生，其責任應在制定SOP之人或盲目遵從SOP之人？

　　問題二：請問所謂的「流動護士」是否有涉及醫療機構設置相關辦法之問題？

　　問題三：本件另有提起醫療民事訴訟（參臺灣新北地方法院105年度醫字第9號民事判決），試就民事判決與刑事判決加以比較。

　　問題四：本案見解「手術中發生意外事故應屬於手術團隊整體之責任，至於是醫師還是流動護士的責任，則需視其是否有開立醫囑，如何執行醫囑，日常院內作業是否已有明示，員工教育是否落實來判斷」，此意見原係出自臺灣麻醉醫學會就醫師之臨床監督責任所作之說明，經法官採認，請問你認為此原則僅適用於手術團隊或是可擴及所有醫療團隊之行為？

三、判決來源

第三十一案　待營診所拉皮手術心律不整案

（臺灣嘉義地方法院107年度嘉簡字第454號刑事判決）

一、案例基本資料

（一）公訴事實與起訴意旨

　　醫師甲係址設嘉義市區Q診所（開業登記申請中，下稱Q診所）負責人，具有醫師資格，且領有西醫一般科醫療機構開業執照，負責該診所之醫美業務。病患X係該診所投資人，醫師甲為求診所成立，以病患X整形後為代言人。

　　檢察官起訴指出：

　　醫師甲（下稱被告甲）明知依醫療常規，手術前醫師需親自診視病患，評估及進行身體檢查，並詢問病史，依其學識、經歷，並無不能注意之情事，竟疏未注意，僅與病患X以通訊軟體LINE聯繫，並在南投碰面一次，並告知病患X抽血檢驗後，在未詳實評估病患X身體狀況 是否適於施行臉部拉皮手術之情況下，若貿然施行該項手術，將使病患發生及缺氧／缺血之情形，且該診所尚未正式營運，並處於裝潢階段，執行手術與急救設備均尚未完備，而依當時之情況，並無不能注意之情事，被告甲竟貿然於106年3月15日下午4時許，在Q診所內，僅為病患X測量血壓後，即進行臉部拉皮手術。

　　手術至下午5時許病患X出現心律不整；於下午6時4、50分許，病患X開始呈現血壓不穩、意識模糊，被告甲隨即施以急救，並緊急送醫療財團法人J醫院（下稱J醫院）救治，病患X於106年4月9日上午9時26分許，因嚴重缺血／缺氧性腦病變致中樞神經性休克併多重器官衰竭死亡。

（二）被告回應

本案被告自白犯罪，法院依簡易程序、簡易判決處刑。

（三）鑑定意見

1.醫審會鑑定結果

本件有衛生福利部醫事審議委員會（下稱醫審會）鑑定書1份，針對違反醫療常規部分鑑定意見如下：

被告甲術前未對病患進行身體評估、告知手術風險、簽署手術及麻醉同意書且未留下任何病歷，違反醫療常規。

2.法醫意見

本件有法醫解剖鑑定報告書1份，意見如下：

病患X因拉皮手術施行局部麻醉、心律不整、缺血／缺氧性腦病（腦死）、中樞神經性休克併多重器官衰竭死亡。

（四）判決結果

臺灣嘉義地方法院於民國107年03月20日以簡易判決處刑。被告甲所為係犯刑法第276條第2項之業務過失致人於死罪，處有期徒刑陸月，如易科罰金，以新臺幣壹仟元折算壹日，緩刑貳年。

被告、檢察官於法定上訴期間未上訴，本案判決即確定。

（五）判決理由

法院判認被告成立業務過失致死罪，理由如下：

1.證人證述

(1)證人A之證述：

病患X確實因由被告施做臉部拉皮手術死亡；該診尚在籌備中；術前僅參考病患X前幾日之抽血報告及量血壓。

(2)證人B之證述：

病患X確實因由被告施做臉部拉皮手術死亡；該診尚在籌備中，因此沒有病患X之護士紀錄及病歷紀錄。

2.醫審會鑑定報告

　　法院併參醫審會鑑定報告認為：被告甲前有違反醫師法之前科，有臺灣高等法院被告前案紀錄表在卷可稽，素行非佳，疏未注意於施行手術前，親自診視病患，以評估並進行身體檢查、詢問病史，判斷施行手術之危險性，即貿然施行手術，造成病患X死亡。

二、延伸思考

　　問題一：本案提到之醫師親自診察義務與告知說明義務立法目的為何？

　　問題二：假設本案被告並非自白犯罪，則依「被告術前未對病患進行身體評估、告知手術風險、簽署手術及麻醉同意書、且未留下任何病歷」是否足以判定被告行為致病患死亡？

　　問題三：本案被告為再犯，除刑事罰則以外，是否仍有涉及行政罰則之可能性？

三、判決來源

〔無罪判決〕

第一案　高燒敗血症案

（臺灣臺北地方法院87年度訴字第1020號刑事判決）

一、案例基本資料

（一）公訴事實與起訴意旨

醫師甲係臺北市立W醫院（下稱W醫院）住院醫師。H童於八十五年十二月十八日四時十五分許發高燒，同日五時八分經家屬送W醫院急診室，由醫師甲負責診治。H童即於同日五時十五分離開醫院，返家後，同日十時三十分許，其母發現H童出現臉色蒼白、腹瀉、嘴唇發紫，嘴邊及生殖器周圍有紅斑出現，同日十二時二十六分許再至W醫院急診室急救，經另一名J醫師診治。H童有哭泣、躁動、盜汗、發紺等現象，血壓無法測得，心跳112次／分，呼吸26次／分，體溫37.3℃、呼吸音粗，給予氧氣及靜脈點滴注射後，十二時五十分住進加護病房，後經各種急救無效，十四時十分H童死亡。

案經臺灣臺北地方法院檢察署提起公訴指出：醫師甲（下稱被告甲）應注意，能注意，竟疏未注意量測H童之血壓、心跳、呼吸，及抽血檢驗，亦未觀察其病情變化，致未發現H童感染肺炎鏈球菌，僅診斷出H童罹患上呼吸道感染，給予化痰藥、退燒藥及抗組織胺等藥物，認被告甲涉有刑法第二百七十六條業務過失致死罪。

（二）被告回應

被告甲否認有業務過失犯行，稱：

　　「量血壓、測心跳及呼吸等是護士的工作，因H童的情況護士沒作，我根據H童心跳、血壓、判斷他是上呼吸道感染，這病用聽診器可以判斷出來，沒量血壓、心跳並沒有關係，我認為我沒有過失」、「當時並沒有異常情況，我們經由聽診看出情形，也告知H童家屬有異常隨時帶來（按指回診）」、「她說（指H童之母親）發燒帶來急診，她說當天發燒有咳嗽流鼻水」。

　　「（H童母親有無告知你曾帶H童看過醫生）有，她說曾看過醫生說是感冒」、「H童來初診肺音清楚並沒有不清楚狀況」、「H童當時情況還好，診斷是上呼吸道感染，所以沒建議留院觀察」、「根據H童母親說當天發燒，如果發燒一個禮拜診斷就不一樣」。

　　「當時H童量體重、打開喉嚨，小孩意識清楚很配合，我按照一般情形是上呼吸道感染感冒，前次鑑定是根據家屬說的我不認為我有過失」、「H童之母的主述有流鼻水咳嗽情況並沒說發燒頭痛一週，鑑定報告說有一週頭痛情形有誤會」、「當時H童有腎上腺出血現象，解剖報告並沒有說明其腎上腺有無病變現象，這是當時婦幼科主任對我說的，他當時在解剖現場，這份法醫鑑定報告也沒有這方面的論述。腎上腺出血是一種特殊的徵候群，可導致病童在七小時內死亡，該病的徵狀一般會在二十四小時內死亡，H童到院時除了發燒，咳嗽外，我當時依據聽診的結果，H童的活力還很正常，就診當時H童並無紫斑，應該是回去後，上午十時發現H童身上有紫斑，十二時三十分H童再送回醫院」。

　　「H童死亡原因為肺炎性鏈球菌感染，他送到醫院時，診斷出他有上呼吸道感染併發，鏈珠菌感染所造成的敗血症會造成臟器的出血，腎上腺出血即所謂的Waterhouse的症候群，依文獻報告有十三個病例全部死亡，故我們懷疑H童的死亡是這種症狀。H童在十八日上午五時許送來醫院時，我依當時的情況診斷為上呼吸道感染，前開陳述是H童再回院急診及解剖資料及相關文獻資料所陳述」。

　　「我當時有用聽診器檢驗H童的呼吸心跳，他的呼吸很乾淨，表示呼吸道並沒有感染也無急促現象。依H童當時就醫時所表現的病徵及當時我所作的診斷，我並沒有疏忽或過失的地方，現在我對一般病童的診斷仍然

如此。」

（三）鑑定意見

本案有行政院衛生署醫事審議委員會（下稱醫審會）鑑定書共三份，摘要如下：

1.醫審會第一份鑑定意見：

根據W醫院H童的病歷資料，H童於八十五年十二月十八日五時八分在醫院急診室就診紀錄，身體檢查僅有體溫39℃，咽喉發炎，其他檢查包括頸部、胸腔、肺部、心臟、腹部等均屬正常，如紀錄屬實，被告診斷為上呼吸道感染及治療均無不當。但因無體重、血壓、呼吸、心跳紀錄，故不知H童的病情嚴重程度。H童於十二時二十六分再度被送回醫院急診室時，病歷紀錄主訴為哭泣、躁動、盜汗、發紺，而身體檢查發現血壓無法測得，心跳112次／分，呼吸26次／分，體溫37.3℃，神智在注射點滴時仍可主訴疼痛，呼吸時胸部退縮現象，呼吸音粗，其他均無異常，經給予氧氣及靜脈點滴注射後，於十二時五十分住進加護病房；住院病歷紀錄心跳170次／分，呼吸60次／分，血壓測不到，四肢發冷出汗發紺、脈搏微弱，皮膚有出血點；後經各種急救，包括使用氣管插管、呼吸器、升血壓藥物均無效。於十三時H童意識喪失，各種急救均無效，於十四時十分死亡。

死後多項檢測數值均吻合急性感染造成敗血症、休克及全身瀰散性血管內凝血，加以死後脊髓穿刺，腦脊髓培養肺炎鏈球菌，故H童係死於肺炎鏈球菌感染造成的敗血症、腦膜炎，依臨床經驗判斷，肺炎鏈球菌感染之病程，在短短七小時內即出現如此急劇的病情變化，較為罕見。故請法院查明醫師甲病歷紀錄之真實性，如屬真實正確，則被告醫師無醫療過失。

2.法院函請醫審會第二次鑑定之鑑定事由：

(1)據H童家屬稱以聽診病童胸部、肺部，則可否作成病童呼吸、心跳之紀錄，以為判定病情之依據？(2)據病童家屬稱主訴病童持續發燒一

星期，且有頭痛現象，此症狀一般之診治過程為何？被告甲未對病童量血壓、心跳、呼吸及抽血檢驗是否違反規定之診治過程，而有疏失？(3)肺炎鏈球菌感染之症狀為何？依本案H童之主訴（包括發燒一星期及頭痛等）及被告甲之診斷過程中，可否發現？(4)一般肺炎鏈球菌感染造成敗血症之機率為何？又肺炎鏈球菌感染變成敗血症、腦膜炎之通常時間為何？而本案為何僅七小時？是否有前例？(5)另醫師就該病情之變化，可否於診治過程中發見並加以預防之可能？

醫審會第二次鑑定之鑑定意見：

(1)如果仔細聽診胸部、肺部，專科醫師應可判定心跳、呼吸的次數是否規則，有無雜音、囉音、哨音等，故可作為病情判定的依據。

(2)發燒一週且有頭痛現象的原因很多，一般診治過程要確定有無發燒，測量體溫、脈搏、檢查咽喉、口腔及神經系統，包括神經反射，頸部是否僵直，必要時要檢查眼底。檢驗室檢查包括：驗白血球、血紅素，發炎反應，在懷疑腦部發炎時，需要做腦脊髓液檢查，必要時得做電腦斷層等特殊檢查。但根據H童病歷紀錄，僅前晚半夜發燒，無頭痛紀錄，僅有咳嗽、流鼻涕。身體檢查紀錄：肺音清晰、心跳規則，無雜音，頸部柔軟，腹部柔軟。依據這些紀錄，未量血壓，數心跳、呼吸次數及抽血檢驗，且聽診過程亦嫌草率。

(3)肺炎鏈球菌感染之症狀，依細菌感染部位及嚴重性，有不同的表現。如為肺炎，則包括：高燒、呼吸窘迫、咳嗽等，如為腦膜炎則包括：發燒、食慾不振、全身疼痛、心跳快，血壓低、頸部僵直、頭痛、皮下出血、抽筋、神志改變等，如為敗血症，則包括：發燒、發冷、呼吸急促、心跳過快、皮下出血、神智改變、反應遲鈍、甚至昏迷、血壓下降、發紺、休克等。在本案H童病歷紀錄中，除了發燒、活力較差外，無其他可能敗血症引起的徵候紀錄。

(4)根據文獻紀錄，肺炎鏈球菌感染最常見的位置肺部。在引起肺炎的病人中，25～37%可引起菌血症，但非所有菌血症病人都引致敗血症。醫師無法預見任何感染會百分之百引起敗血症，只有出現敗血症的症狀或

採血液培養，才能發現及證實。肺炎鏈球菌感染可引起全身各處感染，均能引起菌血症或直接出現敗血症症狀，在醫學文獻上無任何資料可查詢到敗血症、腦膜炎出現所需要的時間。惟在臨床上，於七小時內發生如此急刻變化，則為罕見。

(5)醫師治療病童病情，如有特殊變化當可發現，並加早期診治，本案H童在急診室的紀錄雖簡單，但依其紀錄內容是符合上呼吸道感染症狀。H童於五時八分到達，五時十五分離開，且無觀察病情變化的資料，未見問出發燒已有一週且有頭痛、未量血壓、心跳、呼吸及抽血檢驗，其診治過程草率顯有疏失之虞。

3.法院函請醫審會第三次鑑定之事由：

(1)前開二次鑑定報告稱「依據H童病歷紀錄除了發燒、活動力較差外，無其他可能敗血症引起的徵候紀錄」。但根據H童就診紀錄，其體溫於八十五年十二月十八日清晨五時八分為39℃、咽喉發炎，此是否上開第二次鑑定意見所稱因發燒而未診出之敗血症徵候？(2)三歲幼童可否測得血壓？此之測得血壓與敗血症有無關聯性？當日清晨被告甲初診H童時未量血壓即診斷為上呼吸道感染，是否符合一般之醫療注意？(3)本件H童就診之初，抽血檢驗是否必要？被告甲依聽診器診斷H童為上呼吸道感染，是否仍須再行抽血檢驗？未為檢驗是否已違一般醫療上之注意？

醫審會第三次鑑定意見：

(1)體溫39℃可能為敗血症的症狀之一，但發燒的原因很多，不能僅以發高燒診斷為敗血症。又敗血症的徵候很多，發燒僅是其一，但有時敗血症的體溫正常，或是低體溫。咽喉發炎的原因很多，可能是病毒或細菌感染，如為嚴重的細菌感染，則可能引發敗血症，而非敗血症的徵候。

(2)三歲幼童是可測得血壓。惟敗血症時血壓可能降低，但也可能正常而引起休克。但診斷上呼吸道感染的常規檢查並不含測量血壓。

(3)依據H童病歷，在H童就診W醫院時，僅有在半夜高燒之紀錄（病童家屬卻稱發燒一星期，且有頭痛現象），且診斷為上呼吸道感染，此時不抽血檢驗是可以接受的。不過在急診處，應有呼吸、心跳的紀錄。惟肺

炎鏈球菌敗血症及腦膜炎的變化十分快速，有時會突然致命。

（四）判決結果

臺灣臺北地方法院於民國89年04月14日作成判決。被告甲無罪。

檢察官於法定上訴期間未上訴，本案判決即確定。

（五）判決理由

法院判斷被告甲前開診治過程及結論是否有業務過失之罪責，應依當時H童送醫時所呈現之病徵及家屬主述病情，被告甲據此客觀資訊所作之診療及處置行為，是否已悖一般專業醫師之注意義務為斷。

醫審會鑑定之最終論據為肺炎鏈球菌敗血症及腦膜炎的變化十分快速，有時會突然致命；故判定被告甲於H童就診時是否有醫療過失，應判定被告於八十五年十二月十八日五時八分在醫院急診室就診紀錄是否正確，即是否真實反映H童當時之身體情況。

依據H童之母親所述，可知八十五年十二月十八日五時八分許，H童送至醫院時，病徵只有自凌晨二時許發燒（39℃至40℃）、咳嗽、流鼻水一週、喉嚨紅腫等病徵，並未包括發燒一週且有頭痛現象之病徵，與前開被告甲所記錄八十五年十二月十八日急診病歷內容相符，再核之Z診所八十五年十二月十一日之電腦列印病歷亦僅有鼻涕倒流之記載，並未有發燒之記載，故被告甲於H童就診時之急診病歷紀錄與當時之客觀情狀相符，而具真實性及正確性。

法院綜合醫審會鑑定意見判斷，H童於八十五年十二月十八日五時八分許至醫院時當時之病徵只有自凌晨二時許發燒、咳嗽、流鼻水一週、喉嚨紅腫等病徵，鑑定書之結論認為被告甲之急診病歷紀錄具真實性及正確性，被告甲以當時H童就醫時之客觀病徵，對之施以之檢查包括量體溫、頸部、胸腔、肺部、心臟、腹部等，並經聽診胸部、肺部以判定心跳、呼吸的次數是否規則，有無雜音、囉音、哨音等，而診斷為上呼吸道感染及治療均應無不當，此時不抽血檢驗是可以接受的，難認被告甲有何過失行為。

復依第三次鑑定意見「惟肺炎鏈球菌敗血症及腦膜炎的變化十分快速，有時會突然致命的」，H童於當日十二時二十六分再度被送回醫院急診室，於十三時H童意識喪失，各種急救均無效，於十四時十分發生死亡，其結果難認與被告甲前之診療行為有何因果關係。

雖第二次鑑定書以發燒一週且有頭痛現象為認定前提，而判定被告甲所為之H童急診病歷紀錄「僅前晚半夜發燒，無頭痛記錄，僅有咳嗽、流鼻涕。身體檢查紀錄：肺音清晰、心跳規則，無雜音，頸部柔軟，腹部柔軟。」並依據這些紀錄，認為未量血壓，數心跳、呼吸次數及抽血檢驗，且聽診過程嫌草率等，其診治過程草率顯有疏失，而認定被告甲有過失。

然依告訴人之指述、Z診所之病歷紀錄、及H童之急診病歷等證據均足認H童於八十五年十二月十八日五時八分送進醫院時並無「發燒一週且有頭痛現象」等病徵，故第二次鑑定書之結論不能採為不利被告甲之依據，此外復查無其他積極證據足認被告甲有業務過失犯行，依前開論據及鑑定書之結論，應認被告甲罪嫌尚有不足，爰為被告甲無罪判決之諭知。

二、延伸思考

問題一：被告甲為急診住院醫師。按鑑定意見表示：「如果仔細聽診胸部、肺部，專科醫師應可判定心跳、呼吸的次數是否規則，有無雜音、囉音、哨音等，故可作為病情判定的依據。」基此，本案被告之注意義務範圍為何？有無會診義務？

問題二：鑑定意見指出：「根據文獻紀錄，肺炎鏈球菌感染最常見的位置為肺部。」本案中，瞭解肺部病徵的診察可能有哪些？證據評價如何？

三、判決來源

第二案　急性主動脈剝離案

（臺灣基隆地方法院88年度自字第51號刑事判決）

一、案例基本資料

（一）自訴事實與自訴意旨

　　醫師甲（下稱被告甲）係基隆市區G醫院（下稱G醫院）之心臟專科醫師。自訴人之配偶（下稱病患Y）於民國八十四年六月二日上午三時許，在家中突然昏倒，由自訴人陪同於同日上午五時三十九分許至G醫院急診，當時病患Y意識欠清，全身溼冷，血壓為82/45 mmHg，心跳每分鐘69次，呼吸每分鐘16次，體溫為攝氏34度，昏迷指數為八分，雙側瞳孔為3.5公厘，有呻吟、痛覺、嘴唇發紫及心音不清，經急診室C醫師診治後記載昏迷指數為六分，肢體冷、發紺、右側手腳無力及病理反射，乃臆診為腦中風，安排電腦斷層檢查並緊急輸液，使用升壓劑升壓，並於六時三十二分進行胸部X光攝影，且照會神經科H醫師，H醫師診斷認為是心臟血管之問題，而於同日九時透過內科代總醫師乙照會被告甲到場會診。

　　被告甲翌日做超音波檢查。查急性主動脈剝離引發之死亡率與過程時間密切相關，一般而言發病後，每一小時死亡率遞增1%，依據行政院衛生署醫事審議委員會所提供之鑑定意見，「依據病患之症狀、心電圖及X光片，本案較難於心臟超音波及胸部電腦斷層檢查未完成之前，診斷為主動脈剝離。又上述之檢查，確為本案最後確診之工具，惟病患Y於六月二日五時三十九分到院，急診醫師於十一時照會（據急診醫師謂九時業已照會）心臟科醫師，該醫師囑不需緊急檢查，至六月三日九時始進行心臟超音波，以G醫院之設備及能力，延誤二十二小時，是有疏失之虞」。

　　因被告甲之過失，以致病患Y延誤至八十四年六月三日下午方完成關鍵性之心臟超音波及胸部電腦斷層檢查，以致病患Y雖進行開刀手術，仍

未能挽回生命。被告甲延誤診療之過失行為與病患之死亡間，顯然具有相當關係，因認被告甲涉犯刑法第二百七十六條第二項之業務過失致人於死罪。

（二）被告回應

被告甲堅決否認有任何業務過失致死之犯行，辯稱：

病患Y至醫院就診時已無意識，依病歷得知病患Y有心房纖維性顫動之宿疾，且有右側偏癱之情狀，急診醫師確定診斷是左大腦動脈阻塞造成左大腦缺血性中風，因缺血性腦中風合併心房纖維性顫動之患者在兩個星期內急性期之治療方式與一般缺血性腦中風患者相同，然在腦部情況穩定後之治療可能不同，若心房纖維性顫動合併有左心房血栓，可考慮加上抗凝血藥物長期治療，若無左心房血栓，則與一般缺血性腦中風患者之長期治療相同，為了檢查患者心房纖維性顫動原因及心臟是否有血栓，以決定日後是否需長期接受抗凝血性藥物治療，故為病患Y進行心臟超音波檢查，依心臟超音波檢查結果因懷疑病患Y併有主動脈剝離，乃建議急診醫師為胸部電腦斷層檢查，始確定病患Y有升主動脈剝離之情形，因G醫院無心臟外科手術設備，乃轉診至總院進行開刀手術，仍不治死亡。

病患Y有心房纖維性顫動之宿疾，長期心房纖維性顫動會造成心臟擴大，並且容易造成腦中風，且依其就診之症狀，急診醫師診斷為腦中風及心房纖性顫動並無疏失，由於病患Y合併有心房纖維性顫動及血壓較低，才照會心臟內科，而病患Y並無典型主動脈剝離症狀，係因進行常規之心臟超音波檢查時無意中發現，且診斷主動脈剝離主要須經胸部電腦斷層及核磁共振檢查，心臟超音波很難診斷出主動脈剝離，況A型主動脈剝離死亡率並非100%，而每小時有1%死亡率遞增之說法，係指患者不接受醫學治療時之自然死亡率，當患者已開始接受醫學治療後，死亡率即不能援引該數字，如患者在發病後一個小時立即接受開刀手術治療，患者之死亡率絕對不會是1%，而是決定於開刀之失敗機率，病患Y在血壓穩定意識清醒情況下進行手術治療，故其死亡是由於手術治療失敗所致，與被告甲為

病患Y之診斷治療並無因果關係，被告甲自無庸負業務過失致死罪責。

（三）鑑定意見

1.醫審會鑑定意見

醫審會第一次鑑定摘要如下：

六月二日五時三十九分再度往G醫院求診，以胸疼及意識欠清再加上低血壓82/45 mmHg，低體溫34℃，當時急救重點在於提升血壓，使用輸液及Dopamine升壓劑，其治療效果無充分病歷記載足資判斷。唯以心電圖顯示心房纖維顫動及右束枝傳導阻滯，胸部X光（六月二日六時三十二分攝影）也顯示心臟擴大，主動脈擴大，肺紋路浮張等項，應即進一步心臟檢查如超音波及胸部電腦斷層檢查，唯此等關鍵性照會，都在六月三日下午才完成檢查，也因此才確定診斷主動脈剝離，而送G醫院總院緊急外科手術。

按本病引發之死亡率與過程時間有密切相關。一般而言發病後，每小時有1%死亡率之遞增，以G醫院之設備，負責醫師應有即時診斷能力。病患留置急診，歷經近一日半，始確定診斷而進行開刀手術，似嫌診療有所延誤。

第二次鑑定摘要：

(1)主動脈剝離之初期症狀可因剝離部位不同而有不同之症狀，除非病患休克、無意識或不能言語，初期症狀概以脈動性胸疼或腹疼，如以A型之剝離，多會先以前胸疼痛為發作症狀，依序疼痛上升直抵上胸及頸部，隨後轉趨後背，從上而下，依剝離程度而有不同。本病有40%會有如本例相同之神經症狀（右側手腳無力）。主動脈剝離可伴發腦中風，如未詳盡檢查分析可能僅作腦中風之診斷。一般而言，主動脈剝離屬外科治療疾病，以急診開刀為主，唯死亡率仍屬偏高達15%，一般內科治療以維持血壓為主，採用β型交感神經阻斷劑及抗血壓劑。

(2)從病程經過，心臟及神經科會診醫師尚無處置失當。從病歷紀錄急診醫師急視心胸悶症狀及胸部X光所示心臟擴大和肺紋路增大（顯示有

重大心肺疾患），而未及時照會專科醫師或作胸部電腦斷層檢查厥為未能即時診斷之關鍵所在。

　　針對其他急診醫師之醫療行為是否有過失，醫審會第三次鑑定意見如下：

　　(1)經再詳閱病歷，急診醫師於六月二日已照會神經科、內科及心臟科等專科醫師，且依據照會之意見安排檢查及治療，應無疏失。惟心臟科醫師遲至翌日始做超音波檢查，則有所延誤。至於第二次鑑定之意見中所謂「急診醫師未及時照會」，因參與之醫師為數不少，以致是否為急診醫師抑或心臟科醫師，未詳予查證，實則該次鑑定意見應為「心臟科醫師，而未及時作胸部電腦斷層檢查」。

　　(2)缺血性中風之初期症狀，可能為單側肢體無力、麻痺、口齒不清及意識喪失等，初期之腦部電腦斷層檢查，可無異常之表現；又罹患主動脈剝離之病患，40%有缺血性中風之變化表現。本案醫師初期依據病歷、X光及CT片臆診為缺血性中風，尚可接受。

　　(3)依據症狀、心電圖及X光片，本案較難於心臟超音波及胸部電腦斷層檢查未完成之前，診斷為主動脈剝離。又上述之檢查，確為本案最後確診之工具，惟病患於六月二日五時三十九分到院，急診醫師於十一時照會心臟科醫師，該醫師於照會意見中囑不需緊急檢查，至六月三日九時始進行心臟超音波。由於主動脈剝離之死亡率高達15%，病發後每小時有1%死亡率之遞增，縱然及早檢查而診斷，是否即可避免死亡，雖屬未定，但六月二日十一時照會至六月三日九時始檢查，以G醫院之設備及能力，延誤二十二小時，是有疏失之處。

　　醫審會第四次鑑定意見，摘要如下：

　　(1)所列之（胸部電腦斷層檢查、心臟超音波檢查、核磁共振檢查、經食道超音波檢查）四種檢查，均可作為主動脈剝離之診斷確定方式，惟心臟超音波之診斷率較低。

　　(2)當病患之臨床症狀及身體檢查懷疑有主動脈剝離時，醫師應立刻安排心臟超音波檢查，倘若病患狀況適合（即生命徵象穩定時），更應安

排經食道超音波或胸部電腦斷層或核磁共振檢查。

(3)一般腦中風病患如無其他之合併症，其血壓應為偏高。本病例已有高血壓之病史，本院時血壓卻偏低，甚至於急診留觀時，尚須使用升壓劑（Dopamine），否則血壓量不到，且病患四肢冰冷、少尿、有休克之現象，這些都與單純性之缺血性腦中風不吻合；其他病狀、X光、心電圖及腦部電腦斷層之發現，則並未與缺血性腦中風有不吻合之處，此時應考慮其他可能之疾病，如主動脈剝離。

(4)依上所述，於六月二日十六時三十分病患血壓突又下降時（十六時三十分，60/? mmHg；十七時十分，84/40 mmHg），即應立即施行心臟超音波檢查，以診斷休克之原因。

(5)A型主動脈剝離之死亡率極高，其發病後每小時有1%死亡率之遞增，縱使有即時做出正確之診斷及手術治療（本病例因合併中風，應更為高危險），其死亡率也在15%左右。如本病例，發作時有合併大片腦中風、心包膜填塞及休克，實達難已救治程度，即使第一時間正確診斷，亦可能難挽回生命。

2.臺北榮民總醫院鑑定意見

法院就未懷疑有主動脈剝離之情形，無必需立即作心臟超音波檢查之急迫性，另函請臺北榮民總醫院鑑定，摘要如下：

病患Y於八十四年六月二日至G醫院急診室，症狀以腦中風為主，而慢性心房顫動引起腦中風機率比正常人高五至十倍，因此急診醫師及神經科會診醫師根據臨床症狀診斷腦中風並無不當。雖然慢性心房顫動病患合併腦中風必須安排心臟超音波檢查，來尋找心房內是否有血栓造成腦中風，但並非是必須立即做的檢查，一般可等病情穩定後再行檢查。因此以病患六月二日狀況，似乎還未到必須立即做心臟超音波的地步。

其實主動脈剝離手術死亡率極高，更何況病患同時合併中風，即使早點診斷出來，能否有較好結果也在未定之天。

3.三軍總醫院鑑定

三軍總醫院就主動脈剝離死亡率之說明：

　　急性升主動脈剝離是一死亡率極高的疾病，其死亡率為23.6%，尤其是在病患合併有心包膜填充時，故此例之死亡，就醫學觀點，在急診室時，血壓偏低（80/40 mmHg），體溫偏低（34℃），已有週邊組織灌注不足及休克現象，端賴升血壓藥物，勉強維持其生命現象，其預後本來即極差，其死亡與醫療處置應無直接關係。

（四）判決結果

　　臺灣基隆地方法院於民國89年10月12日作成判決。被告甲無罪。

　　自訴人於法定上訴期間未上訴，本案判決即確定。

（五）判決理由

　　1.病患Y被送至急診室時，意識欠清，全身濕冷，當時血壓82/45 mmHg，心跳69次／分，體溫34℃，昏迷指數為八分，雙側瞳孔3.5 mm，有呻吟、痛覺、嘴唇發紫及心音不清，經急診室C醫師診治後記載昏迷指數為六分，肢體冷、發紺、右側手腳無力及病理反射，初步判斷係腦中風，安排電腦斷層檢查並緊急輸液，使用Dopamine升壓，C醫師照會神經科H醫師，認為是心臟問題，乃照會內科代總醫師乙及被告甲，翌日進行心臟超音波檢查，始發現上升主動脈剝離及心包膜積水，急作胸部電腦斷層證實A型主動脈剝離及上升主動脈、弓部及下降主動脈，且有心包膜及胸腔積水等情，此有病患之病歷及第四次鑑定書之記載可參。

　　2.病患Y之直接死因為心肌衰竭，間接死因為急性主動脈剝離，此有死亡診斷書及為病患Y開刀治療主動脈剝離之總院J醫師記載之護理紀錄單可稽，而「主動脈剝離之初期症狀可因剝離部位不同而有不同之症狀，除非病患休克、無意識或不能言語，初期症狀概以脈動性胸疼或腹疼，如以A型之剝離，多會先以前胸疼痛為發作症狀，依序疼痛上升直抵上胸及頸部，隨後轉趨後背，從上而下，依剝離程度而有不同」，此有第二次鑑定書可稽。

　　按病患Y急診前，苟有上開主動脈剝離之症狀，在急診室時，應會將

各種病症告知醫療人員，以便醫師得準確的判斷病情，然病患Y急診時意識不清，自無法告知有無前胸疼痛症狀，且C醫師供稱當時自訴人描述病患Y有胸口悶熱現象，故伊於急診病歷上記載「胸口悶熱」字樣，病患Y當時沒辦法溝通等情，足見自訴人係描述病患Y有胸口悶熱現象，並非告知醫師有心痛症狀，而卷附之急診病歷及護理記錄，則均無心痛之記載。

證人（即醫師乙）於偵查時亦證稱「（病患Y）X光與八十年X光片比較，心臟與主動脈並無異樣，而且八十年心電圖與急診當天做的心電圖一樣是心房顫動，故判斷是中風現象，故無懷疑主動脈剝離，接下來請被告甲會診，我跟他討論結果是中風引起，因當時認為病患主要徵兆在腦部，待病患狀況較穩定再做心臟超音波，做完超音波懷疑有主動脈剝離才做心臟電腦斷層檢查，隔天六月三日我再去看病患，因病患心律不整，怕有栓塞，才又安排他做心臟超音波，後來由被告甲去做」。

益證病患Y確有腦中風之表現，參以第二次鑑定書亦認為「缺血性中風之初期症狀，可能為單側肢體無力、麻痺、口齒不清及意識喪失等，初期之腦部電腦斷層檢查，可無異常之表現；又罹患主動脈剝離之病患，40%有缺血性中風之變化表現。本案醫師初期依據病歷、X光及CT片臆診為缺血性中風，尚可接受」，是被告甲所為病患Y係缺血性腦中風合併心房纖維性顫動，並無典型主動脈剝離症狀之辯解，尚非無據。

3.病患Y經急診醫師檢查後，初步判斷係腦中風，後於八十四年六月二日十一時許，被告甲經通知至急診室與內科代總醫師乙對病患Y會診後，亦判斷其係腦中風，並建議病患Y住院繼續做治療觀察及安排心臟超音波檢查，其後辦理住院，並由被告甲於八十四年六月三日九時許進行心臟超音波檢查等情，為被告甲所供述不諱，且有病患Y之病歷可參。

被告甲係在醫院內擔任心臟內科之門診工作，僅於八十四年六月二日十一時許至急診室對病患Y作會診建議其住院觀察及安排心臟超音波檢查，並未負責病患Y之整體診治過程，依病患Y當時病情，並未懷疑有主動脈剝離之情形，已如前述，無必需立即作心臟超音波檢查之急迫性。

臺北榮民總醫院鑑定結果，亦認「病患於八十四年六月二日至G醫院

急診室，症狀以腦中風為主，而慢性心房顫動引起腦中風機率比正常人高五至十倍，因此急診醫師及神經科會診醫師根據臨床症狀診斷腦中風並無不當。雖然慢性心房顫動病患合併腦中風必須安排心臟超音波檢查，來尋找心房內是否有血栓造成腦中風，但並非是必須立即做的檢查，一般可等病情穩定後再行檢查。因此以病患六月二日狀況，似乎還未到必須立即做心臟超音波的地步」。

　　雖第四次鑑定書認病患Y於八十四年六月二日十六時三十分許血壓突又下降時，即應立即施行心臟超音波檢查，以診斷休克之原因，然病患Y於八十四年六月二日十六時三十分許，血壓突又下降時，護理人員係告知L醫師，由L醫師給予升壓劑，並有護理紀錄單可憑，且依護理紀錄單之記載，病患Y之家屬於八十四年六月三日八時三十分許旁訴病患Y可以簡單字句說話，足見病患Y當時狀況尚屬穩定，被告甲既不知悉病患Y有血壓突又下降情形，實無從為任何處置，第四次鑑定書此部分意見是否可採，非無疑問，故被告甲未立即對病患Y實施該心臟超音波檢查，就病患Y之死亡結果發生，並無未盡注意義務之情事。

　　4.又第四次鑑定書明確認定「五、A型主動脈剝離之死亡率極高，其發病後每小時有1%死亡率之遞增，縱使有即時做出正確之診斷及手術治療（本病例因合併中風，應更為高危險），其死亡率也在15%左右。如本病例，發作時有合併大片腦中風、心包膜填塞及休克，實達難以救治程度，即使第一時間正確診斷，亦可能難挽回生命」。且臺北榮民總醫院認為「……其實主動脈剝離手術死亡率極高，更何況病患同時合併中風，即使早點診斷出來，能否有較好結果也在未定之天」；三軍總醫院認為「急性升主動脈剝離是一死亡率極高的疾病，其死亡率為23.6%，尤其是在病患合併有心包膜填充時，故此例之死亡，就醫學觀點，在急診室時，血壓偏低（80/40 mmHg），體溫偏低（34℃），已有周邊組織灌注不足及休克現象，端賴升血壓藥物，勉強維持其生命現象，其預後本來即極差，其死亡與醫療處置應無直接關係」。

　　法院綜合上述鑑定意見，認同病患所罹患之急性主動脈剝離乃死亡

率極高之疾病，且合併大片腦中風，於接受八小時之開刀手術置換升主動脈後，仍呈高度心衰竭而死亡之情形下，被告甲未儘早進行心臟超音波檢查，不必然會發生病患死亡之結果，則被告甲之醫療行為與病患Y之死亡間，並無相當因果關係，堪以認定，而被告並無未盡其醫療上注意義務之情事，已如前述，尚難遽以病患Y之死亡結果，即認被告甲須負刑法上之業務過失致死罪責。

意即以病患Y之臨床症狀觀看，尚難認被告甲之診斷錯誤，且病患Y在住院期間狀況已有改善，被告甲所為之診斷處置並無不當或疏忽懈怠處，縱認被告甲未能即時為病患Y進行心臟超音波檢查有可疑慮之處，亦不會導致病患Y死亡之結果，兩者之間既無相當因果關係，被告甲自無庸就病患Y之死亡結果負業務過失致死刑責，此外，復查無其他積極證據足資證明被告甲涉有自訴人所指之犯行，應認不能證明被告甲犯罪，爰為無罪判決之諭知。

二、延伸思考

問題：本案法院與鑑定意見認為「病患所罹患之急性主動脈剝離乃死亡率極高之疾病，且合併大片腦中風，於接受八小時之開刀手術置換升主動脈後，仍呈高度心衰竭而死亡之情形下，被告未儘早進行心臟超音波檢查，不必然會發生病患死亡之結果，則被告之醫療行為與病患之死亡間，並無相當因果關係」。假設儘早進行心臟超音波檢查，依統計可望降低1%、5%、10%、或雖無相關統計資料但依經驗可相當程度降低死亡風險，則何種情況下你認為可望改變因果關係之結論？

三、判決來源

第三案　毒癮病患意識改變案
（臺灣高雄地方法院89年度自字第631號刑事判決）

一、案例基本資料

（一）自訴事實與意旨

　　醫師甲（下稱被告甲）為G醫院高雄分院（下稱G醫院）醫師。民國八十七年二月二日上午八時許，自訴人之子（下稱病患L）因病至G醫院就診，被告甲為其主治醫師，當日病患L身心精神狀況及言語正常，被告甲卻於未檢查狀況下即開立病危通知單，當日十時許，被告甲將病患L送往做腦部斷層掃描後，腦部一切正常，被告甲卻強迫病患L戴呼吸器至二月六日沒有任何治療行為，後於二月七日，被告甲未經診察即以病患L疑似患有細菌性心內膜炎，需接受腰椎穿刺手術，要求自訴人簽署手術同意書，惟自訴人簽署同意書後，被告甲卻未對病患L施以必要之醫療措施，遲至二月十日上午九時許，病患L併發頭暈及頭痛而痛苦不已，被告甲始將病患再做腦內斷層掃描，上午十一時檢查完畢後，被告甲即以病患L腦部出血需作腦部手術，要求自訴人再簽立接受腦部手術之同意書。被告甲取得同意書後，卻遲遲拖延手術，嗣於二月十四日被告甲始以病患L已病重無法救治，趁其一息尚存，儘快辦理出院返家壽終正寢，自訴人為病患L辦理出院手續，其於當日在家中病故。

　　自訴意旨指出：被告甲早於二月十日已診斷出病患L腦部出血，並已取得手術同意書，至二月十四日病患死亡之四天中，始終未採取必要之救治措施，顯有嚴重疏忽，是其已違反醫療法第四十三條第一項醫院、診所遇有危急病人應即依其設備予以救治或採取一切必要措施，不得無故拖延，及同法第十六條第一項但書病患情況緊急時，醫院醫師毋須取得病人

或其配偶、親屬或關係人之同意簽署手術同意書及麻醉同意書得逕行施術等規定，又其身為職業醫師，對於一定結果之發生，法律上有防止義務，能防止而不防止者，與因積極行為發生結果者同，是其涉有刑法第二百七十六條第二項業務過失致死罪。

（二）被告回應

被告甲對其任職於G醫院，為病患L之主治醫師等情固坦承不諱，惟否認有何業務過失致人於死之犯行，辯稱：

病患L於八十七年二月二日到醫院時，已經有發高燒、會喘、兩腿下肢水腫等狀況，伊馬上為其作生化檢查，緊急心臟超音波，發現病患有腎衰竭現象，且肺部細菌掉出造成栓塞，心臟二尖瓣膜跟三尖瓣膜細菌滋長，病情極為危險，所以根據醫院合法醫療程序及伊之授權，由住院醫師W簽告知病危通知書予自訴人。

於二日三日病患L表示有頭痛之症狀，伊緊急照會神經內科，並同時跟家屬講要作包括電腦斷層、腰椎穿刺等檢驗手續，但是家屬、病人均不同意，直到二月七日時，病患L因頭痛到受不了之地步，家屬才同意作腰椎穿刺手術檢驗。

於二月十日為病患L再次作電腦斷層掃描時，發現病患已有腦部出血之狀況，雖可開刀加以治療，惟經會診腦部神經外科後，評估開刀危險性太高，經和家屬討論，決定用藥物治療之方式救治，上述醫療過程中，除腦部神經外科外，尚有會診內科、感染科，亦皆認為病患無法救治，病患L之主要死亡原因係腦部血管破裂，次要是心、肺、腎衰竭。

（三）鑑定意見

法院將病患L於H醫院及G醫院就診之病歷資料送往行政院衛生署鑑定被告甲是否有醫療過失，其中病患L至H醫院之就醫過程為：

（病患）八十七年一月十五日因發燒，全身無力及呼吸困難至H醫院住院治療。經檢查結果發現有貧血及肺部敗血性栓塞，疑急性膽囊炎；血

液培養有金黃色葡萄球菌及格蘭氏陰性桿菌。一月十五日給予抗生素及輸血治療後，病情稍有好轉，病患於八十七年一月二十一日要求自動出院。

病患L至G醫院之就醫過程為：

（病患）於二月二日再度發燒、氣喘及全身無力至G醫院住院治療，由心臟科醫師即被告甲主治。實驗室數據顯示病患白血球偏高、貧血、血小板偏低、肝功能異常、腎功能異常及菌血症（金黃色葡萄球菌）；心臟超音波顯示二尖瓣有贅疣物及嚴重之三尖瓣閉鎖不全，胸部X光攝影顯示兩側肺野均有病灶，病患L遂於當日晚上入心臟科病房接受進一步之治療。值班醫師立即開立給予抗生素治療，當時診斷為感染性心內膜炎合併肺栓塞，因此向家屬發出病危通知。

被告甲於隔天（二月三日）因懷疑中樞神經系統亦有感染之情形，乃安排腦部斷層檢查，並會診神經內科，電腦斷層在左側頂枕葉有病灶發現，神經內科醫師亦懷疑中樞神經系統感染，建議腰椎穿刺檢查。

衛生署醫事審議委員會鑑定意見為：

1.細菌感染性心內膜炎是一種相當嚴重且難治的疾病，一般療程至少需六星期以上，本案患者可能是因長期使用海洛因注射而感染。病患第一次在H醫院住院就診時，即已被診斷為葡萄球菌性菌血症及肺部敗血性栓塞。患者接受不到一星期的抗生素治療，病情雖有改善，但在病情尚未得到完全控制的情況下，即要求自動出院，未按規定治療。故十二天後（二月二日）到G醫院住院時，已發現病情再度復發，變成心內膜炎，甚至造成腦部栓塞。開始病況雖尚未十分嚴重，但被告甲已警覺到此病的嚴重性，而給予家屬病危通知書，應屬恰當。

2.備血通知單乃因病患貧血嚴重（二月五日血紅素7.3 g/dL，正常成年男性血紅素為14～16 g/dL），需要輸血所為，而非案情需要手術之用。

3.被告甲於二月三日懷疑中樞神經系統感染，即會診神經內科醫師，安排腦部電腦斷層檢查，並建議施行腰椎穿刺檢查，以利正確之診斷，惟病患及家屬當時拒絕此項檢查，以致遲至二月七日同意後，才得以進行該項檢查。

4.病患L於二月十日突然發生意識改變，被告甲便緊急會診神經內科醫師，緊急安排腦部電腦斷層檢查，待發現腦出血合併腦室壓迫後，便緊急會診神經外科醫師，評估手術治療之可能性。惟神經外科醫師認為手術治療危險性高，建議採用內科療法。

5.病患L於二月十三日呈現嚴重休克狀態，即使在大量升壓劑下仍處於低血壓，此時家屬要求在病患留一口氣的情形下，回臺南縣家中，而於二月十四日辦理病危自動出院，與自訴人所述有所出入。

綜合案情概要及以上五點意見，被告甲對於病患L之醫療，應無醫療過失。

（四）判決結果

臺灣高雄地方法院於民國91年03月26日作成判決，被告甲無罪。

自訴人於法定上訴期間未上訴，本案判決即確定。

（五）判決理由

法院參酌醫審會意見判斷，病患於H醫院診治尚未完全康復即自行出院之情，實堪認定，自訴人上開所指僅為其單方面之認定，與實情尚有出入。

法院再參前揭鑑定報告判斷，而該報告所載內容，經核亦與被告前述所辯大致相符，病患L入院後，被告甲除對其進行各項生理檢測外，並有開立抗生素加以治療，自訴人指述被告於病患L住院期間未為任何治療行為，尚非有據。至被告甲要求病患配戴呼吸器等情，應係經前述檢驗，本其專業考量認患者病情嚴重，為幫助其呼吸始加以為之，難因患者本人不願配戴即認被告有何失當之處。法院整合該委員會之鑑定意見認被告並無醫療過失，顯示被告上開處置並未失當。

綜上所述，由自訴人所提之證據無法證明病患L死亡係由被告不當之醫療行為所致，自訴人主觀上之臆測，尚非可採。此外，復查無其他積極證據證明被告有何刑法第二百七十六條第二項業務過失致死之行為，依首揭法條規定及判例說明，自應為被告無罪之諭知。

二、延伸思考

問題：判決書中指出本件自訴人認被告涉犯刑法第276條第2項業務過失致死之罪嫌，無非係以患者之病危通知書、備血通知單、自訴人同意患者接受腰椎穿刺、腦部手術之同意書、自訴人聲明患者自願立即出院之聲明書及患者友人所簽立之一般特殊檢查同意書影本各一紙為主要論罪依據。假設你是本案自訴代理人，是否能以這些基本文件發展可能的證據策略？

三、判決來源

第四案　診所嵌入性脫腸案
（臺灣桃園地方法院89年度交訴字第4號刑事判決）

一、案例基本資料

（一）公訴事實與起訴意旨

　　醫師甲為中壢市區J聯合診所（下稱J診所）之小兒科主治醫師。八十八年二月二十七日中午，產婦乙在該診所內產下一子，自出生後，即由醫師甲負責該新生兒之照顧工作，二月二十八日晚上十一時四十五分許，值班護士在替新生兒換尿片時，發現其膚色蒼白且右下腹鼠蹊部位有瘀血與陰囊腫塊現象，通知醫師甲前來處理。同年三月一日凌晨許，嬰兒轉送至林口G醫院（下稱G醫院）救治，經檢驗後血壓非常低，且驗血報告之血紅素非常低，只有2.6 mg/dL，嬰兒因生命跡象不穩定，而無法開刀救治，於翌日即三月二日下午三時四十分許死亡。

　　案經檢察官提起公訴指出：

　　醫師甲（下稱被告甲）依其小兒科醫師之專業能力自應注意該嬰兒之健康狀況，並隨時採取必要之醫療措施，以確保其安全，竟疏未注意其生理反應及變化，迄於二月二十八日晚上十一時四十五分許，值班護士在替新生兒換尿片時，始發現其膚色蒼白且右下腹鼠蹊部位有瘀血與陰囊腫塊現象，即通知被告甲前來處理，被告甲依其小兒科醫師之專業能力，本應注意嬰兒有脾臟破裂及嚴重貧血之症狀，且應對此狀況予以適當正確之處置，以防止病情之惡化，且依當時情形並無不能注意情事，竟疏於注意，即誤判為嵌入性脫腸及簡單皮下出血，而未作任何檢查或急救，遲至同年三月一日凌晨許，始將嬰兒轉送至G醫院救治，經檢驗後血壓非常低，且驗血報告之血紅素非常低，只有2.6 mg/dL，即有缺血性休克之症狀，及

腹部有內出血，並於脾臟處發現約3公分之傷口現象，嬰兒因生命跡象不穩定，而無法開刀救治，於翌日即三月二日下午三時四十分許，因多重器官衰竭導致缺血性休克而不治死亡。因認被告甲涉有刑法第二百七十六條第二項之罪。

（二）被告回應

被告甲否認其有何過失致死犯行，稱：

本件由於沒有解剖，所以伊只能依病史推斷嬰兒可能是極少數之一的在出生脫離子宮、產道那一刻，嬰兒肝、脾臟受到壓力極速變化，因小孩出生體重較大，可能有凝血問題，或本身肝脾腫大，導致肝脾破裂，出生時因脾臟有一層膜包圍，故血液不會馬上流入腹腔內，在嬰兒出生後可能表現正常，開始時症狀輕微無異常現象，之後變化逐漸加快，就會造成腹腔出血，且不易凝血、貧血休克甚至死亡的情況，因此判斷此案嬰兒在二月二十八日晚上十時以後至三月一日凌晨左右，脾臟的血液進入腹腔後開始有右側鼠蹊部黑青及陰囊腫大的現象，接著貧血、休克等變化逐漸迅速，才造成此不幸事件。

本件病患在發病前，根據紀錄他確實沒有異樣，且他吃奶及生理狀況都正常，如果生理狀況不正常，是不可能吃得下奶的，只是到了當天晚上才發現他鼠蹊部有瘀青狀況，伊發現此為不尋常狀況後，馬上轉診G醫院，到G醫院的第二天八、九點才發現脾臟有陰影的情形，有可能是脾臟出血，在其診所的設備及當時病患的表現，是不可能讓伊發現小孩有此種情形。

寶寶出生後，伊有仔細檢查，確實沒有發現異狀，寶寶的表現媽媽也有看到，護士餵奶也沒發現異狀，伊聽診也未發現異狀，一發現後，就趕緊送G醫院。嬰兒之健康狀況伊都有注意，嬰兒之紀錄都正常，當時因為媽媽剛生產完還住在院內，她都有下樓看小孩，小孩都還是正常，後來才發現嬰兒鼠蹊部有瘀青。嬰兒脾臟出血並非伊所造成的，小孩比較大、凝血有問題或是脾臟有問題都有可能造成。脾臟破裂可能會在二十四小時後

才發現，但一發現後，其速度就非常快了，行政院衛生署醫事審議委員會指稱伊沒有注意到脾臟破裂，然在那種情況下，伊是檢查不出來的，當伊發現時，醫院裡也沒有儀器可檢查，伊不知錯在那裡。鼠蹊部出血有很多種原因，當時送G醫院後，G醫院也懷疑是嵌入性脫腸，第二天照超音波後才發現是脾臟出血而不是嵌入性脫腸。

（三）鑑定意見

行政院衛生署醫事審議委員會（下稱醫審會）鑑定摘要如下：

一、根據J診所之嬰兒病歷紀錄記載，該童出生時之情況良好，出生後二十三小時被發現右下腹及右鼠蹊部腫脹、發黑及瘀血，翌日在G醫院檢查發現血色素僅7.4 mg/dL，有明顯且嚴重之貧血，腹部超音波懷疑脾臟破裂，造成腹內出血及休克，而引發病童死亡。

二、嬰兒在J診所的二十五小時中，誤判右鼠蹊部腫脹發黑及瘀血為簡單之皮下出血，且未做任何檢查，最後被發現腹部器官破裂及大出血，醫師於醫療過程中，顯有疏失之處。

（四）判決結果

臺灣桃園地方法院於民國91年04月30日作成判決，被告甲無罪。

檢察官於法定上訴期間未上訴，本案判決即確定。

（五）判決理由

法院判斷略以：

1.公訴人稱新生兒之死因係脾臟破裂而導致多重器官衰竭引發缺血性休克而不治死亡，其原因既為脾臟破裂，與公訴人所指新生兒受病菌感染，致生危害於生命，已不相干。且公訴人既謂二月二十八日晚上十一時四十五分許，值班護士在替新生兒換尿片時，始發現其膚色蒼白且右下腹鼠蹊部位有淤血與陰囊腫塊現象，即通知被告甲前來處理，又謂被告甲遲至八十八年三月一日凌晨許，始將嬰兒轉送至林口G醫院救治云云。以公訴人所述二月二十八日十一時四十五分至凌晨之間，不過十五分而已，被

告如在十五分鐘內即將病患轉診，其處置應無延誤，公訴人以被告遲延將嬰兒送醫，所述尚非允洽。

2.再該新生兒之身體並無遭碰撞而有外傷，此經證人即照顧之護士於偵查中證述在卷，證人即G醫院診治嬰兒之小兒科醫師於偵查中亦證稱：依肉眼無法判斷該新生兒有受外力撞及跡象等語。且該院診治嬰兒之病歷亦未載有任何外傷。故不能證明該新生兒係因受外傷而致死亡者。

本件依G醫院之診治結果，其出院之診斷為缺血性休克、多重器官衰竭、內出血，而其原因疑為脾臟破裂，有嬰兒之出院病歷摘要在卷可稽，該嬰兒既無身體外傷，其脾臟破裂原因可能為其生產過程或其他不明原因所造成者，自非可歸責於被告甲。

3.G醫院急診室證人等證稱：

G醫院急診室接手診治嬰兒之醫師於本案審理時證稱：嬰兒之瘀青是由鼠蹊部延伸到陰囊，長度約有4、5公分，當時是紅腫，倒不是整片都是很深的瘀青，據其當時研判，可能是腹腔出血或嵌入性疝氣。同院接手診治之小兒科醫師於偵查中亦證稱：當時伊在新生兒加護病房值班，在三、四點時接到通知，有一名病患自急診室過來，伊看到男嬰呼吸、心跳都正常，外觀比較蒼白，肚子有腫脹，右邊鼠蹊部、睪丸部分有瘀血現象，伊得到的資訊是患者血壓非常低，而且伊拿到驗血報告，血紅素非常低，只有2.6 mg/dL，其等認定他有缺血性休克的症狀，伊即刻給予打生理食鹽水點滴，然後進行輸血，經驗血發現血紅素僅2.4 mg/dL，再持續輸血，約在八點時，又請外科醫師會診，初步認定有內出血的現象，因為患者情況不穩定，以致不敢開刀，後來做超音波檢查，檢測結果，腹部有內出血，並且在脾臟處發現有一約3公分的傷口。

法官認為以G醫院之設備及多位醫師診治結果，該院仍須待超音波檢查後至三月一日九時始認嬰兒之病症疑為脾臟破裂。被告甲之初步判斷雖與上開意見不同，惟被告甲係因受限於其診所之設備、人力之故，故其檢驗未及G醫院之精確，然終不能因被告診所之設備、人力不足，即認被告甲有過失。

4.醫審會鑑定意見，其認為被告甲有過失之處在於該鑑定書鑑定意見二：

被告甲於嬰兒在診所內之二十五小時中，誤判右鼠蹊部腫脹發黑及瘀血為簡單之皮下出血，且未做任何檢查，故於醫療過程中顯有疏失。

是故本案之關鍵在於被告是否因疏失而誤判、或未立即檢查，且其誤判及未檢查是否為造成本件新生兒死亡之原因。

法院判斷略以：

(1)上開鑑定書稱被告甲誤判右鼠蹊部腫脹發黑及瘀血為簡單之皮下出血，且未做任何檢查，然依病歷紀錄表所載，被告甲並未對嬰兒上開症狀為簡單皮下出血之判斷，而被告甲之夫於偵查中稱對於嬰兒之症狀，其夫妻二人懷疑是嵌入性脫腸，故鑑定報告稱被告甲誤判右鼠蹊部腫脹發黑及瘀血為簡單之皮下出血之言，應屬無憑。

(2)又上開鑑定書僅指被告甲誤判右鼠蹊部腫脹發黑及瘀血為簡單之皮下出血，未具體指出被告甲誤判之可責性為何，即被告甲之誤判是否出於輕率、疏忽或其他可歸責於被告甲之情事，且其誤判與嬰兒之死亡間，是否有直接之關聯，均未見記載，是其所述尚有未完足之處。

法院函請該會重為鑑定，惟未獲有正面之回覆，則該鑑定書所指被告過失一節，上開疑問仍在。

(3)依J診所之護理紀錄所載，嬰兒經多位護理人員照顧，直至二月二十八日晚上九時止，未有異狀被發現，每四小時之吸奶量為30毫升，情況正常。而告訴人夫妻稱二人於二月二十八日晚上九時三十分許，前往探視嬰兒時還好好的，嬰兒因父親之探視而雙手舞動。護理人員於法院審理時稱：當晚九點係由伊換尿片，當時還沒有發現異常症狀。J診所之診斷證明書載於二月二十八日晚上十一時發現嬰兒皮膚出現瘀青及鼠蹊部出現腫塊，是嬰兒之不正常現象應出現在該日晚上九時三十分至十一時之間。嬰兒之身體既未出現任何異狀，則被告甲及J診所內之醫護人員，自難察知其體內有脾臟破裂之事。

嬰兒出現症狀至被告發現時，至多亦僅一個半小時，鑑定報告以嬰兒

在J診所二十五小時中，未作任何檢查，與事實不符。而醫師對新生兒之檢查，除量其呼吸、心跳、血壓外，如無特別狀況，實難要求其就每一新生兒為超音波或電腦斷層檢查，是被告未檢查出嬰兒之脾臟有一傷口，亦不能執此即認其有過失。

(4)證人於法院審理時證稱：

從病歷上看來，急診室醫師判斷嬰兒的病情第一是嵌入型疝氣，另一個是睪丸扭轉，或是腹腔出血，到了加護病房，伊之研判也是此種情形，而一般診所，若是這三種情況，只有送大醫院一途。

法院依證人之言判斷，將病童轉送大醫院處理，應為唯一之決定。如上所述，嬰兒之症狀係於二月二十八日晚間十一時始被發現，而依G醫院之急診病歷所載，嬰兒到院時間為三月一日一時四十六分，故自被告甲發現嬰兒之上開症狀至轉送G醫院救治之時間，約為二小時四十分，扣除被告甲查看嬰兒症狀及護送至G醫院之在途時間，被告甲立即將嬰兒轉送G醫院，亦未有延宕之失誤，是被告甲之處置即無不當。

被告甲對於嬰兒病情之判斷，縱或與事實不符，然其送大醫院轉診之處置則無不當。被告甲之判斷如屬無誤，則被告甲之處置為必須轉送大型醫救診治；被告甲之判斷若屬有誤，其亦已將嬰兒轉送大型醫院處理，其處置符合證人之所述。不論被告甲對嬰兒病情之判斷正確與否，被告甲已為唯一且正確之處置，將嬰兒送大型醫院診治，則嬰兒之死亡與被告甲之判斷錯誤間，即無因果關係可言。

嬰兒經送G醫院救治後，在該院之診療過程中，該院之醫師對其病情仍無法為有效之救治而死亡，以該院之設備、人力已屬全國醫療界之冠，仍不免於死；J診所內之醫療設備、人力，諒不能超越G醫院，若嬰兒留在J診所內由被告甲救治，其成效亦未見樂觀。上開鑑定書謂被告判斷失真致嬰兒死亡，其未考慮二者間之因果關係即下結論，亦嫌速斷。是以，被告之決定與嬰兒之死亡間既無因果關係存在，自不能謂被告應對嬰兒之死亡負過失責任。

綜上所述，法院判認公訴人所指被告之過失情形並不存在，而醫審

會之鑑定報告亦未足以證明被告之過失，及其過失與嬰兒死亡間之因果關係，自不能據為認定被告於嬰兒之死亡有何過失罪責。此外，法院復查無其他積極證據足認被告有公訴人所指之犯行，其犯罪不能證明，自應為無罪之諭知。

二、延伸思考

問題一：本案中，醫審會認定醫師甲於醫療過程中顯有疏失，然法院判醫師甲無罪，關鍵點為何？

問題二：法院認為被告本身為醫師，其於醫學方面之知識自較乎一般人為高，則由被告本人對醫審會鑑定者發問、提出質疑，自有助於被告過失與否之釐清，但衛生署以不便告知為由拒絕。請問你是否同意由被告與鑑定者對質，因兩者醫學知識較接近，兩造對質可助釐清疑點？反之，對質是否有任何缺點或顧慮？

三、判決來源

第五案　溢奶發生吸入性肺炎案

（臺灣高雄地方法院88年度自字第330號刑事判決）

一、案例基本資料

（一）自訴事實與意旨

　　醫師甲（下稱被告甲）係高雄市區J婦產科醫院（下稱J醫院）醫師，護理人員乙（下稱被告乙）係J醫院之醫護人員。自訴人之子（下稱病患U）於民國八十八年三月二十六日，在高雄G紀念醫院（下稱G醫院）出生，身體狀況正常。於八十八年三月三十一日中午，隨其母（即自訴人之妻）自G醫院轉至J醫院住院接受照護（即坐月子）。被告乙於同年四月一日凌晨零時許餵奶後，於是日凌晨三時三十分許，發現病患U活動力差，出現發紺現象，經通知當天值班之被告甲進行急救，被告甲施以心肺復甦術，因其病況危急，經轉送G醫院急救，延至是日二十三時二十三分許急救無效不治死亡。

　　案經自訴人提起自訴指出：

　　按對新生兒之正確餵奶方式，應使嬰兒成四十五度抱著餵食，不應讓嬰兒躺著吸奶，被告乙身為護理專業人員，對此應知之甚明，自應加以注意，惟其應注意、能注意而疏未注意，於同年四月一日凌晨零時許，替病患U餵奶時，竟讓病患U躺著吸奶，致病患U因溢奶而發生吸入性肺炎，被告乙於是日凌晨三時三十分許，發現病患U活動力差，出現發紺現象，經通知當天值班之醫師即被告甲進行急救，而被告甲明知嬰兒發生嗆奶時，其正確處理原則應保持呼吸道順暢，而方式上應用力拍打其背部，使其咳出吐出物（牛奶），若無反應，則即刻用力刺激腳底板（或夾或捏），使嬰兒感覺疼痛而呼吸，被告甲既係以從事醫療務為業，自應具相

當從業經驗及注意義務，竟亦未注意而對胸骨脆弱之新生兒施以心肺復甦術，急救方法恐有不當。嗣病患U病況危急，經轉送G醫院急救，延至是日二十三時二十三分許急救無效不治死亡。被告乙為掩飾其醫療上之疏失，復在J醫院嬰兒室護理紀錄上偽造、更改病歷，明知為不實之事項而登載於其業務上作成之文書，足以生損害於他人。

　　據上，本件自訴人指被告甲、被告乙治療及照顧病患U之方式失當，致病患U因而死亡，涉犯刑法第二百七十六條第二項業務過失致死罪嫌，被告乙另涉有刑法第二百七十六條第二項業務過失致死及同法第二百十五條業務上登載不實之罪，提起本件訴訟。

（二）被告回應

　　被告甲堅決否認有何業務過失致人於死犯行，被告乙亦堅詞否認有何業務過失致人於死及業務登載不實等犯行。

　　被告甲辯稱：

　　病患U並非伊照顧之病患，伊於四月一日擔任值班醫師，於接獲被告乙通知後，隨即對病患U施行心肺復甦術，伊並無過失；

　　被告乙辯稱：

　　伊發現病患U出現發紺現象，隨即通知值班醫師施以急救，立刻告知自訴人，馬上將病患U轉送G醫院，伊已盡一切注意義務，並無疏失，病患U之死亡與伊之餵奶方式無相當因果關係，亦無過失可言，且伊亦無偽造護理紀錄之動機。

（三）鑑定意見

　　本案有行政院衛生署醫事審議委員會（下稱醫審會）二次鑑定意見。

1.醫審會第一次鑑定意見：

　　(1)先天性異常疾病，無法用大體解剖診斷，G醫院出院病歷摘要已經提到這種病。

　　(2)若嬰兒溢奶或嗆到，保持氣管順暢及拍背，若已發現發紺，則進

行心肺復甦術（其中包括胸部壓迫法），被告等處理並無不當。

(3)嬰兒躺著餵食，比較會引起溢奶或嗆到現象，若食後有抱起來拍背排氣，就比較不會溢奶，一般嬰兒在非餵食期間亦有溢奶現象，若非生病或體弱，顯少會引起吸入性肺炎。

(4)個案之子在坐月子中心被發現發紺，活動力差，經被告等進行急救並轉送G醫院，因無法自行呼吸，予以插管及使用呼吸器幫助呼吸，並入加護病房加強照護。住院時，主要理學檢查發現：對外界刺激沒有反應，依賴呼吸器，呼吸聲粗糙，沒有囉音，肝臟二指大。異常檢驗結果：白血球3900，PT，PTT延長，SGOT571，SGP237 u/L，Ammonia 346 ug/dl，係嚴重性代謝性酸血症及高氨血症。就上述情形，最有可能的死因是先天性代謝異常疾病（嚴重性代謝性酸血症及高氨血症），預後不良。

(5)醫師甲、護理人員乙並無醫療疏失可言。

2.醫審會第二次鑑定意見

法院再次囑託該委員會就自訴人質疑之下列諸點，加以說明：

(1)護理人員在嬰兒室內應全日隨時注意嬰兒之狀況，尤其是在餵奶後，若發現嬰兒溢奶或嗆到而能「及時」加以排除呼吸道之阻塞，是否可以避免嬰兒之死亡？

(2)依G醫院病歷所示，病患U於G醫院急救時，在鼻腔、口及胃導流出大量牛奶，為何如此？J醫院護理紀錄是否不實？

(3)「先天性代謝異常疾病」並非立即致命之疾病，而本案病患U係因「窒息」死亡，若能及即排除呼吸道之阻塞，則縱有先天性代謝異常疾病，並不必然發生死亡之結果？該委員會函覆：

依病歷記載，四月一日零時零分餵奶85西西，嬰兒活動情形正常，於一時、二時、二時三十分、三時十五分巡視嬰兒時，並無異狀，所以並非餵食後不久即發生異狀，或窒息導致死亡。因病患本身嚴重先天性代謝異常，所以胃排空延長、意識不清、回吸、嘔吐甚至吸入牛奶。本身代謝性異常就可引起猝死，若餵奶後病嬰發生溢奶或嗆到情形，縱及時予以排除呼吸道阻塞，仍無法避免嬰兒之死亡。

　　病嬰在未插氣管急救過程中，因新生兒急較困難，行胸部人工按摩時，腹壓增加，餘奶（因病嬰胃排空延長）有可能會跑到口腔、鼻子或吸入氣管。J醫院護理紀錄過簡，是否不實，宜請法院逕行查明。

　　本案嚴重酸中毒及高氨血症狀況，會導致病患突然死亡。文獻上嬰兒猝死症，已知少數由於腦瘤、腦畸型、心跳血管異常或先天性的代謝疾病（見G醫院病歷及X光片），而重症、體弱或意識不清、嗆奶吸入亦可導致突然死亡。

（四）判決結果

　　臺灣高雄地方法院於民國91年06月11日作出被告甲、被告乙均無罪之判決。自訴人於法定上訴期間未上訴，本案判決即確定。

（五）判決理由

　　法院參酌上開鑑定意見表示，醫審會認定病患U係因嚴重性代謝性酸血症及高氨血症等先天性代謝異常疾病而死亡，並非被告乙之餵奶方式有何不當，故被告甲、被告乙所辯其等對病患U所為之急救措施及餵奶方式並無過失一節，即非無據。法院自難僅因病患U在J醫院發病，嗣依自訴人之請求轉送G醫院，而於八十八年四月一日二十三時二十分許死亡，即逕謂被告甲、被告乙應對病患U之死亡負過失致死之罪責。

　　被告甲、被告乙對於病患U所為之醫療及照護行為，難認有何應注意能注意而不注意之過失情形，查無被告甲、被告乙二人所為處置有何不當及其等施行之上開照護及醫療行為與病患U之死亡有何相當因果關係。

　　法院接著再表示，雖病患U終因嚴重性代謝性酸血症及高氨血症，導致心肺衰竭死亡，然究不能以病患不治死亡，即倒果為因，一概推定為醫師之過失所致。蓋任何醫師受限於學識、經驗，其診治病患之能力，均有一定之極限，冀求醫師萬能，對任何病患均能為正確無誤之診斷，藥到病除，顯然期望過高，故審視任何具體個案，醫師於診治病患時，只要綜合病患之病史、主訴、出現之症狀、病理檢查之資料等，做一合理之判斷，

然後依據所下判斷,給予符合教科書,醫學文獻記載之藥物或處置,應認已盡其注意義務,在此期間,縱令病患有任何醫師無法預見之突發狀況,導致死亡,亦難謂醫師有誤判病情,或懈怠、疏忽可言,自不得課以過失罪責,否則醫師動輒得咎,視疑難之病例為畏途,終非病患之福。

　　另,自訴人指訴被告乙於J醫院護理紀錄上為不實記載,然觀之病患U在J醫院之護理紀錄,係採「流水帳方式」記載,而綜觀該病歷內容,前後記載連貫一致,並無參差現象,且亦無何塗改情形,有該護理紀錄附卷可稽;被告乙亦堅決否認病歷有何記載不實情形,自訴人復未提出若何證據以供調查資為證明,是自訴人所主張「病患U之護理紀錄記載不實」乙情,尚不足採信。

　　綜上所述,本案法院作出以下結論:查無任何積極證據足資證明被告甲、被告乙二人涉有自訴人所指之上開犯行,既不能證明被告甲、被告乙二人犯罪,揆諸前揭說明,自應為被告甲、被告乙二人無罪之諭知。

二、延伸思考

　　問題一:本件判決理由稱:「審視任何具體個案,醫師於診治病患時,只要綜合病患之病史、主訴、出現之症狀、病理檢查之資料等,做一合理之判斷,然後依據所下判斷,給予符合教科書,醫學文獻記載之藥物或處置,應認已盡其注意義務。」其中「合理之判斷」應如何理解?此與醫師之「治療自由」關係為何?

　　問題二:本案自訴人另訴稱被告乙於J醫院護理紀錄上為不實記載,經法院判定不構成業務上登載不實罪。請問,醫療法、醫師法上關於病歷與護理紀錄之記載或製作有何規定?

三、判決來源

第六案　洗澡滑倒腸胃道破裂案
（臺灣臺中地方法院89年度訴字第2023號刑事判決）

一、案例基本資料

（一）公訴事實與起訴意旨

　　醫師丁、醫師甲、醫師乙三人分別為臺中市區C醫院（下稱C醫院）急診室醫師及住院部小兒科醫師。病童丙因洗澡時不慎滑倒，腹部猛撞浴室浴缸，先後於I醫院、C醫院就診，後病童丙死亡。

　　案經臺灣臺中地方法院檢察署檢察官提起公訴，會同法醫師解剖鑑定後，認病童丙係因胃部破裂引起泛腹膜炎而死亡，再經送請行政院醫事審議委員會鑑定之結果，並認有醫師丁（下稱被告丁）、醫師甲（下稱被告甲）、醫師乙（下稱被告乙）延誤診斷及處置之疏失。

　　起訴意旨指出，依據C醫院急診室所照之X光片，已顯示有腸胃道破裂之現象，但被告丁、被告甲、被告乙三人分別為急診室醫師及住院部之小兒科醫師，並未做出正確之診斷及給予適當之治療，致病童丙未及手術即死亡，顯有延誤診斷及處置之疏失，而被告三人若能早些診斷正確，給予大量輸液、強力抗生素，並早些開刀，也許可增加存活之機會。據此，被告丁、被告甲、被告乙涉有刑法第二百七十六條第二項之業務過失致死罪嫌，因而提起公訴。

（二）被告回應

　　訊據被告丁、被告甲、被告乙均堅決否認於診治病童丙之過程中有何過失，並辯稱：

　　急診時，病童丙之家屬並未告知有跌倒外傷之情形，而病童丙急診時之X光片沒有將病童丙之整個胸腹部照出，無法立即看出其腸胃道有破

裂，故再照第二張X光片，並會外科且將病童丙送加護病房待外科主治醫師作決定，診治處理過程均無疏失，且胃破裂於臨床上極少見，縱然發現亦未必能治癒。

（三）鑑定意見

法院將病童丙先後於I醫院、C醫院就診之病歷資料各乙份及所照之X光片共四張（其中I醫院一張、C醫院三張）送請行政院衛生署醫事審議委員會（下稱醫審會），就臨床診斷腸胃道破裂之方法、診斷腸胃道破裂所憑之X光片須具備如何之環境條件、本案前後四張X光片所具備之環境條件有無不同、是否足以診斷出病童丙有腸胃道破裂之病情，以及臨床上腸胃道破裂之治癒率、存活率等事項再進行鑑定，鑑定意見如下：

1.臨床上通常可由腹部X光片診斷出腸胃道破裂。X光片可見到「腹腔積氣」現象，觸診可發現腹膜炎反應（如腹肌用力繃緊、壓痛、放開更痛、肚臍周圍紅腫等現象）。I醫院之X光片為站立照，左上方有氣體，惟該氣體是否為游離氣體，須經驗極為豐富之醫師，始能發現，一般醫師似不易判斷。

2.以X光片診斷腸胃道破裂之條件，該X光片應含腹部全部、黑白對比足夠，所照X光片應包含胸腹腔，特別包括橫膈膜，且最好是站立或側臥照，若病患無法站立或側臥，X光拍攝又未含橫膈膜，在診斷上較不易，但若腹腔游離氣體很多，則仍可診斷。

3.本案病童丙於I醫院所拍攝之X光片，包括有橫膈膜，在C醫院所拍攝之三張X光片均係躺著照，其中第一、三張X光片未含橫膈膜，第二張X光片有含橫膈膜，三張均可見腸道漲氣現象（阻塞或不動），第二張則可見疑似「腹腔內有游離氣體」。

4.胃破裂極易在暫短時間內發生失血性休克、酸中毒及嚴重腹膜炎。胃破裂存活率依文獻所載，最好的醫學中心只有百分之四十五存活，許多醫院報告全部死亡。至於兒童發生胃破裂，文獻並不多見。本案除非第一張X光片能夠正確診斷而進行手術，其血壓、呼吸尚屬正常，才可能有機

會存活。第二張及第三張X光片的時間已晚，血壓下降，三時十五分血液酸性值6.940，此時即使立刻手術，也不可能救回病童。

　　5.本案病童丙因滑倒，腹部猛撞浴缸致骨部破裂，該情形在醫學文獻上及臨床上極為罕見，全世界更難得一見。病童被送到C醫院，醫師除給於各項醫療處置外，亦曾指示照會社會服務部查詢有無兒童受虐等情況發生。綜觀本案，一般而言三歲半小孩的平均身高為105至110公分與浴缸相較，發生胃破裂不易理解，因此，造成該病童胃破裂致死，是否尚由其他原因所造成，實值得質疑等情。

（四）判決結果

　　臺中地方法院於民國91年08月07日作成判決，被告丁、甲、乙均無罪。

　　檢察官於法定上訴期間未上訴，本案判決即確定。

（五）判決理由

　　法院綜合本案X光片所顯現之情狀及鑑定意見而表示，病童丙在被送到被告任職之C醫院急診時，所照之第一張X光片因係躺著照，非站立或側臥照，且該張X光片並未包含橫膈膜，則該張X光片就診斷胃破裂所需之環境條件已有欠缺，而該張X光片雖可見「腸道漲氣」現象，但並未見「腹腔積氣」現象，僅第二張X光片方可見疑似「腹腔內有游離氣體」之現象，誠難苛求被告僅憑病童丙在C醫院急診時，所照之第一張診斷環境條件欠缺、復未顯現胃破裂應有之腹腔積氣現象之X光片即為正確之診斷，按其情節，被告要無應注意、並能注意而不注意之情事，難認被告有何過失可言。

　　又，病童丙在C醫院所照第二張X光片中，雖可見疑似「腹腔內有游離氣體」現象，然該第二、三張X光片拍攝的時間已晚，且其血壓下降，三時十五分血液酸性值6.940，此時即使立刻手術，也不可能救回病童丙之生命，已如前述，是被告等縱然依第二張X光片正確診斷出病童丙有胃

破裂之病症，亦已無從救回病童丙之生命，則被告等未能依第二張X光片正確診斷出病童丙有胃破裂縱有疏失，亦與病童丙發生死亡結果間，無相當因果關係，亦難令被告負刑法業務過失致死罪之罪責，揆諸前揭判例意旨甚明。此外，復查無其他積極證據足資證明被告有公訴意旨所指之犯行，自應為被告無罪之諭知。

二、延伸思考

問題一：法院表示，在C醫院所照第二張X光片中，雖可見疑似「腹腔內有游離氣體」現象，然該第二、三張X光片拍攝的時間已晚，即使立刻手術，也不可能救回病童丙之生命，因此，即使第二張X光片沒有被及時正確解讀，此與病童丙發生死亡結果間，亦無相當因果關係。從判決上所載事實，無法確知第一張與第二張X光片拍攝的時間間隔。未能較快採取行動（拍攝第二張與第三張）是否也可認為是本案可以改善之疏失？

問題二：醫院急診檢傷流程中，針對兒科病患與成人病患之注意義務有何不同？

三、判決來源

第七案　後胸手術穿刺抽水案

（臺灣高雄地方法院89年度自字第370號刑事判決）

一、案例基本資料

（一）自訴事實與意旨

　　自訴人之父（下稱病患J）係因呼吸困難，於八十九年一月三十一日下午三時許，送往高雄市區G醫院（下稱G醫院）急救，經以胸部X光檢查，發現右胸有大量積水，於抽取胸水後情況好轉，病患J於當日下午五時許轉入病房，於八十九年二月一日下午三時許，醫師甲（下稱被告甲）巡視病房，經檢視病患J之病況後，建議為病患J施行肋膜生檢及放置Pigtail導管引流，經病患J家屬同意後，於八十九年二月一日下午四時許，施以肋膜生檢及放置Pigtail導管，引流液體300 cc後，將導管關閉，囑附家屬於當日下午七時許再予開啓。當日下午五時許，病患J返回病房，於當日下午六時三十分之晚餐後，病患J突然發生意識改變、呼吸困難，經值班醫師急救後，病況未見改善，病患J之家屬於當日晚間九時五分許辦理出院，延至八十九年二月二日凌晨三時許，病患J過世。

　　自訴意旨略以：病患J因咳嗽送往G醫院急診室檢查，經該院診斷及自後胸針刺抽出不少肺積水後，頓見好轉，當晚轉進該院病房觀察治療，次日已可自行起床行走，且有說有笑，還吵著要家人帶他回家，不願住院，但因父親年歲已高，子孫不放心，醫生也不答應，力勸父親住院治療到完全康復後，再返家靜養，獲其首肯，不料該院於次日下午，再次自後胸手術穿刺抽水，並摘取檢體檢驗，約五時返回病房，不久突感不適，要求躺著，待其躺下後即發現四肢平直抽筋，面無血色，緊急通知護士，醫護人員發覺不妙，急救至晚間約十時無效，家屬無奈，只好具結出院返家，約深夜十時三十分返回老家，延命至八十九年二月二日凌晨三時許去

世，中間相隔約五、六小時之久，家屬質疑，如非開刀傷及血管何來出血不止，又若判斷無誤，緊急止血與輸血極有可能挽回老命，結果沒有，令人不解。

再者，病患自開刀手術後，原本一百多的正常血壓，突然急降至八十，且繼續下降至有心跳而幾無法量測血壓，依醫學常識判斷，應是失血所致，該院不做此想，卻做胸喉部急救數小時，而不止血、輸血，以致延誤，身為子女者追查結果，獲知如前述之不當處置在先，復將病患出院返家時，擅自將檢體丟棄，不予檢驗詳查病因，家屬經赴院瞭解，面見主治醫師即被告甲，經其出示病歷僅數行，檢體報告全缺，追問則說是人已死，檢體已被護士乙（下稱被告乙）丟棄，請求面詢該護士未得，因認被告甲、被告乙涉有刑法第二百七十六條第二項之業務過失致死罪。

（二）被告回應

被告甲、被告乙均堅詞否認有何自訴人所指之犯行，被告甲稱：

病患J係因呼吸困難，於八十九年一月三十一日下午三時許送急診，當時收縮壓210 mmHg，舒張壓118 mmHg，心跳159下／分，胸部X光顯示右胸有大量積水，經在急診室抽水後，病患J之呼吸情況有改善，血壓也有降下來，所以轉入病房，當時病患的血壓已恢復為140/90 mmHg，伊直到二月一日早上門診才見到病患J，當時病患J呼吸仍有困難，當時沒有血壓紀錄，但做完檢查回病房時血壓正常，以此推知在伊巡房時病患J血壓應正常，因為二月四日是除夕，伊希望在過年前治療，所以建議放導管引流，讓右胸積水慢慢流出，另因急診室抽水送驗報告疑有異常細胞，以病患之高齡、右胸積水情形，多數研判為有肺癌，伊希望在過年前有一個明確的診斷以便治療，所以除了建議放導管引流外，另建議做肋膜生檢，家屬也同意，當天伊就請總醫師安排立即檢查，大約4點送檢查室，是由總醫師及主治醫師級擔任檢查，在做導管引流及肋膜生檢前，有先做超音波檢查，確定有大量胸水存在，引流300 cc後，暫時將導管關閉，並囑附家屬在七點再打開引流。

　　病患J約在五點返回病房，當時血壓130、70 mmHg，心跳86、呼吸20，相當正常，約六點半，家屬表示病患剛吃完飯，突然呼吸困難，意識不清，經通知護士到場處理後，發現病患意識不清，仍有疼痛反應，血壓130、70，心跳100、呼吸24，護士通知值班醫師診治，經檢查結果發現嚴重缺氧，就插上氣管內管，接上呼吸器，此時病患血壓降到80、60，有立即給予大量輸液及抽血檢查，並告知家屬病情，因病人不安，所以氣管內管滑脫，於七點十五分由總醫師再度插上氣管內管並備血，有放置心臟及血氧的監視器，到八點時，血壓沒有改善，所以輸液並升壓劑，八點半因為情況沒有進展，所以家屬第一次要求出院，值班醫師解釋答應盡量再救，所以急救到九點，依然沒有改善，家屬於九點五分表示要回家並辦理出院，過程中病患僅接受肋膜生檢及放置Pigtail導管引流，並未施作手術，此二種施作僅需要局部麻醉，以針刺方式行之，導管直徑約2釐米，危險性甚低，更絕少可能有大併發症，特別是當病患積水越多，針刺就越不可能傷及肺臟，病患J先前X光顯示右側有大量積水，臨檢查之前又先以超音波掃描證實過，而檢查醫師層級又屬經驗老到之總醫師及主治醫師，在在均顯示院方係非常細心慎重，而且檢查後並無出血不止之情事。

　　在導管放置後，伊亦有小心控制引流速度，根據病歷記載，總共僅引流350 cc紅色液體，旋即將導管關閉，且病患J傷口並無滲血情形，亦無全身出血傾向，而由急救時所照X光顯示病患之胸部積液不增反減之情形，亦可證病患內出血之情形並不存在，且病患J是在自動出院後六小時病逝，若有大量出血，血壓已量不到，經大量輸液仍無法提升血壓判斷，病患J不可能在返家後，在無儀器及藥物輔助下存活六小時之可能，而值班醫師及總醫師於急救過程之處理均屬正確合理，病患先表現意識變差，呼吸困難，有支氣管攣縮現象，但血壓仍正常，此時予以注射Solucortef藥物並密切觀察，因病患未見改善且有發紺、血壓下降現象，故予以快速輸液以拉升血壓，並放置氣管內管及呼吸器輔助呼吸，且予備血，惟因病患J已高齡九十，在急救約二小時未見起色，即堅持自動出院，且因病患J

始終無大出血之懷疑，且急救時驗血發現血紅素高達10.4 mg/dL，並未達非輸血不可之地步，且家屬匆促決定回家，亦係未輸血原因之一，以病患J為九十歲之人，右側大量積水，且水中疑有異常細胞，就學理及經驗上判斷，最合理懷疑應為肺癌無疑，而肺癌乃一高度惡生又容易擴散，肺部大量積水在肺癌分期中屬第三期末，即肺癌晚期，病患發生猝死亦不無可能，另就病患過去病歷記載，其曾在八十五年八月中至九月初至本院神經科求診三次，主訴走路不穩，當時即有二次收縮壓在180以上，此次急診第一次血壓紀錄更高達210、118 mmHg，顯見病患有高血壓傾向，輔以病患J高齡九十，如此情況實無法排除心臟、腦血管甚至其他內臟病變，造成病情惡化死亡，因之伊實無任何過失可言。

被告乙則以：

伊當時因為資淺不熟悉醫院作業程序，所以才會將檢體丟棄，但伊將檢體丟棄並不會導致病患死亡。

（三）鑑定意見

法院將病患J於G醫院就診之病歷資料送行政院衛生署鑑定是否有醫療過失，由該署醫事審議委員會提出鑑定意見稱：

1.對於一位有大量胸水的病人，若胸水病因未明，施行肋膜生檢乃必要之診斷步驟，為改善呼吸困難，放置引流管（Pigtail）也屬必要，故對此病人施行此二步驟，皆符合醫療常規。

2.病患八十八歲，又曾有高血壓，會有相當高的機率突發心臟、腦血管或其他內臟之病變導致死亡，從胸部X光判斷右胸全部充滿胸水，此一情形，肺癌機率相當大，若是肺癌，則屬晚期（3B期），高齡病人在此情況下，是有可能突然猝死。

3.第二張胸部X光片，顯示右側胸水稍有減少，肋膜腔內是否有內出血，無法完全排除其可能性，但可確定的是應無大量出血，況且病人吃完晚餐後病情突然惡化，血壓並未下降，也表示應無大量出血。

4.病患在吃飯後不久，突發氣喘及意識不清，可能之原因甚多，進食

時吸入異物是可能原因之一，飲食時吸入異物，在虛弱老人或意識欠佳者，實為常見之現象。

5.依病歷記載，全部急救過程之處置及用藥，確實符合醫療常規。綜觀上述，醫師甲在病情判斷、診治及急救過程，並無疏失之處。

自訴人請求將本案再送請鑑定，其理由略以：

1.病患係因咳嗽感冒而升高血壓，並非長期高血壓病患，且病患每日必飲用米酒一杯，數十年不斷，如有高血壓早已病發，況病患於經抽取850 cc黃色肺積水後，次日血壓已降至130 mmHg，手術完成返回病房昏迷不醒時，血壓才降至80/60 mmHg，甚至下降至測量不到，如何突發心臟、腦血管病變死亡？

2.若病患係感染肺癌晚期，需時多久，難道在此其間病患均無發病治療紀錄？且若有此懷疑，何以將檢體丟棄？況病患左胸還好，有可能突然猝死嗎？

3.病患於晚餐後昏迷不醒時，護理紀錄單記載血壓已下降至80/60 mmHg，鑑定意見竟謂血壓未下降。

4.病患若係肺癌晚期，以病患高齡88歲，何來如此大之掙扎力量，需要二位醫生及四位護士將其綑綁四肢急救，且其拒不輸血，難謂合乎醫藥常規？

5.病患於開刀前一切正常，開刀後出血不止，急救時仍未警覺內部出血，難謂無過失。

惟自訴人所質疑之點，多數僅為自訴人主觀之臆測，且自訴人一再指述病患J係因手術導致大量出血，亦經醫事審議委員會鑑定認病患應無大量出血之情形，另自訴人所提出之S醫院檢驗報告，其內容係謂：

本病患之胸液檢體共製成之三張抹片，其內均無任何可供作病理診斷之細胞，故無法於此抹片得到明確之病理診斷。

自訴人所稱由其保存胸液，因時間經過長達二年以上，且乏適當之保存而無可供作檢驗之細胞存在，自難以之為鑑定之資，是法院認無再送鑑定之必要。

（四）判決結果

　　臺灣高雄地方法院於民國91年11月15日判決被告甲、乙，均無罪。

　　自訴人於法定上訴期間未上訴，本案判決即確定。

（五）判決理由

　　法院參酌G醫院八十九年六月十三日函附之病患J病歷資料一份，顯見被告乙並未參與診治病患之工作，且被告乙丟棄病患檢體之行為，依經驗法則判斷，並不會發生病患死亡之結果，是被告乙丟棄病患檢體之行為與病患死亡之結果間，顯然欠缺相當之因果關係。

　　法院再從上卷參佐，認病患J於施作導管及肋膜生檢後，血壓、心跳、呼吸均屬正常，並無大量出血之徵兆，自訴人認被告甲施行手術傷及病患之血管致大量出血，係自訴人主觀上之臆測，並無任何實據以實其說；且病患J經家屬於八十九年二月一日晚間九時自動辦理出院返家後，迄翌日凌晨三時許過世，其間長達六小時，以病患J當時係因急救無效出院，若有大出血之現象，在無其他藥物及儀器之輔助下，應無可支撐六小時之可能；況自訴人所指述自八十九年二月一日下午六時三十分許起之急救過程，均係由當時之值班醫師負責，已經自訴人自承在卷，當時被告甲並未在場，更難認被告甲對於急救之過程有何誤判之可言；另經衛生署醫事審議委員會整理上開病歷資料內容，提出鑑定意見稱被告甲在病情判斷、診治及急救過程，並無疏失之處。

　　從而，被告乙丟棄檢體行為，雖具有行政上之疏失，然與病患J死亡之結果間，並無相當之因果關係；被告甲為病患之主治醫師，其因病患J有胸部大量積水之現象，為查明病因及舒緩呼吸困難之情形，為病患J施以肋膜生檢及放置引流管，均與醫療常規相符，且由病患J於進行肋膜生檢及放置引流管後血壓正常，至晚餐後七時許始發生血壓下降之現象，經急救無效後，家屬於當日九時許自動辦理出院返家，在無藥物及儀器之輔助下，仍存活六小時，足認病患J應無大量出血之情形，是自訴人指述被

告甲手術不當致病患大量出血，尚屬無據。法院復查無其他積極證據足認被告甲、被告乙有自訴人所指之犯行，不能證明被告犯罪，依法應為無罪之諭知。

二、延伸思考

　　問題一：本案中法院認為被告丟棄檢體行為，雖具有行政上之疏失，然與病患死亡之結果間，並無相當之因果關係。請問相關行政疏失之法源為何？
　　問題二：醫師對於高齡病患之醫療行為是否應提高注意義務？

三、判決來源

第八案　胎盤早期剝離死胎案

（臺灣彰化地方法院91年度自字第12號刑事判決）

一、案例基本資料

（一）自訴事實與意旨

　　產婦H生前因第一次懷孕，於民國九十年四月二十三日至彰化市區C醫院（下稱C醫院）接受初次產檢，其中自同年九月十一日起至十一月六日止共六次例行產檢，均由醫師甲（下稱被告甲）醫師實施，產檢結果母親及胎兒均屬正常。原預定生產日期為同年十一月十二日。約於同年十一月十日下午二時左右，產婦H突然腹瀉併腹絞痛，遂由其夫A（即自訴人，下稱案夫A）緊急陪同送至C醫院，送醫途中，產婦H曾經出血，同日下午二時四十分，經初步診斷，產婦H係胎盤早期剝離，且胎兒已無生命跡象，當時被告甲對產婦H實施剖腹生產，剖腹生產後，胎兒急救無效。

　　約於當日下午五時三十分，產婦H由手術恢復室轉至一般病房，此期間均由案夫A隨侍在側照料，約六時許，案夫A察覺產婦H有沉睡現象，呼吸頻率亦由深轉淺，由慢而急，案夫A立即將此情況向護士反應，惟護士表示係正常現象，下午七時至八時間，產婦H已手腳冰冷，呼吸狀況亦顯異常，案夫A再度向院方護士反應，仍不見院方有任何進一步處置。

　　迨至翌日（即十一日）凌晨零時四十分許，住院醫師乙（下稱被告乙）查房，發現產婦H導尿管並未裝置妥當，遂指示換班護士將導尿管重新裝置，未幾，產婦H又出現口吐白沫徵象，案夫A再度向被告乙急詢是否該送入加護病房，但被告乙仍表示會評估看看。將近凌晨一時，產婦H反應腰酸背痛、腹痛，此時壓一次止痛器，且頻換臥姿，由案夫A輕揉背部，在等護士前來換導尿管時，案夫A頻催二次，並向護士表示產婦H之呼吸狀況比前幾次更急更淺，此時護士交換班，下一班護士進入病房為產

婦H更換導尿管時，產婦H已不醒人事，案夫A遂於此際搖醒產婦H，稍有反應時，產婦H已眼球上吊，口吐白沫。約至凌晨一時許，護士始急呼急救手續，被告甲稍後亦趕至醫院，對產婦H實施急救手續；約凌晨二時五分，產婦H轉入加護病房，急救至四時許，宣告不治死亡。死亡證明書上載明「死亡之先行原因為散播性血管內凝血（即可能大量內出血），羊水栓塞等」。

案夫A提起本件自訴指出：

有胎盤早期剝離徵兆之孕婦，可能造成大量內出血，產婦H於九十年十一月十日下午二時五十三分之驗血報告紅素值（HGB）為12.5，下午六時二十四分則降為8.8，換算成失血量至少在1000公升以上，經詢相關專業醫師，均稱像產婦H這樣大量出血的情況，應予緊急輸血治療，惟被告甲、乙均未曾對產婦H實施輸血。且產婦H送入醫院準備生產前，既經診斷腹內胎兒為死產，被告甲對產婦H實施剖腹產，蓋剖腹產將增加胎盤早期剝離的孕婦內出血的危險。

綜上，被告二人對於產婦H死亡之發生，居於可防止之地位而不防止，其不防止之行為，即與結果間有相當因果關係。被告二人對於產婦H之死亡結果，應負業務過失之咎，核被告甲、乙所為，均該當刑法第二百七十六條第二項之業務過失致死罪。

（二）被告回應

被告甲、乙對於產婦H之死亡均否認有何過失，被告甲稱：

產婦H是妊娠高血壓患者，伊曾經三度建議病患將小孩提前生下來，產婦H不予採納提前生產之建議，當天手術後其之惡露不多，肚子也鬆軟，無出血現象，呼吸沒有變化，只有心跳比較快，伊當時判斷可能傷口疼病才造成心跳快，而血壓亦降到正常值，依一般情形，除非孕婦一直出血，才會考慮輸血，如果沒有出血情形，須孕婦血紅素降到8以下，才會考慮輸血，產婦H當時之血紅素為8.8，而且沒有出血，故不會考慮輸血，鑑定報告亦指出產婦廣泛性胎盤剝離、散播性血管內凝血，導致呼吸及循

環衰竭、羊水栓塞，本件醫療伊並無任何過失行為。

被告乙稱：

當天晚上十點多，伊去檢查時發現產婦H尿液比較少，先檢查導尿管功能，並根據病歷、失血量，排除大量失血，也檢查產後惡露量及醫學檢查，有觸摸產婦的肚子是鬆軟的，可以摸到她的子宮，排除大量出血，並補充生理食鹽水及施打利尿劑，當時伊有聽產婦H的呼吸聲，呼吸很清澈，呼吸出問題是在十二點以後，產婦的病情就急轉直下，變化很大，伊有盡到照護義務，本件醫療伊並無任何過失行為。

（三）鑑定意見

本案有行政院衛生署鑑定意見書共二件，摘要如下：

1.被告甲決定予以剖腹生產之處置並無錯誤

本件產婦於懷孕近三十四週至三十七週時，其產檢發現有血壓高及蛋白尿之子癇前症現象。產檢期間主治醫師即被告甲有告知產婦子癇前症之危險性，建議其提早引產，有履行其告知之義務。又產婦於懷孕三十七週又四天時，即九十年十一月十日，因腹瀉、腹絞痛及產前出血，至C醫院就診，診斷為胎死腹中，並懷疑有胎盤剝離，於是予以緊急剖腹生產。此時若子宮頸口已成熟（可以用子宮頸擴張程度分數來評估），可考慮經由陰道引產；但若是產婦大量出血，腹部劇烈疼痛，嚴重性胎盤剝離，無法短時間內經由陰道分娩，還是應予緊急剖腹生產以防止失血過多及併發症（如：散播性血管內凝血），是醫師甲決定予以剖腹生產之處置並無錯誤。

2.無法判斷未輸血是否有誤

前揭鑑定意見書所指，其中於翌日（即十一日）凌晨一時四十一分，有抽血檢驗全血、凝血時間，但未見到檢驗結果，雖超音波顯示沒有產後內出血的現象，然缺少該時間之血紅素數據，無法判斷未輸血是否有疏失。再被告等急救過程之二時五十分，確有放置中央靜脈導管（CVP），有該病歷資料之護理紀錄可佐。病患尿量始終很少，脈搏一直較快，直至施打利尿劑仍然沒有尿液排出，未見被告等進行積極處理（例如：中央靜

脈導管、測電解質、血中氣體分析等措施），惟此部分是否導致病患之死亡，仍屬不明。

（四）判決結果

　　臺灣彰化地方法院於民國92年12月16日作成判決。被告甲、乙均無罪。

　　自訴人於法定上訴期間未上訴，本案判決即確定。

（五）判決理由

1.被告甲已善盡其應注意之義務

　　本件產婦初次懷孕，預產期為九十年十一月二十九日，懷孕期間在C醫院做過十次例行性產檢。九十年十月十六日（懷孕近三十四週），產婦有血壓高及蛋白尿之子癇前症現象。同年十一月六日（懷孕近三十七週）為最後一次產檢。這期間被告甲有告知產婦子癇前症之危險性，建議其提早引產。同年十一月十日（懷孕近三十七週又四天）十四時，產婦因腹瀉、腹絞痛及產前出血，緊急至C醫院就診。同日十四時五十分住院，此時已診斷出胎死腹中，並懷疑有胎盤剝離，於是備血並準備剖腹生產。

　　同日十五時十分，實施剖腹產。同日十五時十二分，胎兒娩出，為一體重2200 mg之女嬰，新生兒生命指數為0，立即給予急救。同日15時42分，急救無效，宣布胎兒死亡。同日十六時五分，手術順利完成，術中發現有廣泛性胎盤剝離（面積占70～80%），子宮僵硬發紫，估計失血量約500 cc，手術中補充輸液約2500 cc。

　　產婦於懷孕近三十四週至三十七週時，主治醫師即被告甲已告知產婦子癇前症之危險性，建議其提早引產，有履行其告知之義務。又產婦於懷孕三十七週又四天時，即九十年十一月十日，因腹瀉、腹絞痛及產前出血，至C醫院就診，診斷為胎死腹中，並懷疑有胎盤剝離，於是予以緊急剖腹生產。此時若子宮頸口已成熟，可考慮經由陰道引產；但若是產婦大量出血，腹部劇烈疼痛，嚴重性胎盤剝離，無法短時間內經由陰道分娩，

還是應予緊急剖腹生產以防止失血過多及併發症（如：散播性血管內凝血），故被告甲因鑒於產婦已胎死腹中，並懷疑有胎盤剝離，於是決定予以緊急剖腹生產，應認被告甲已善盡其應注意之義務。

2.被告等於術後救護及急救過程無疏失

產婦於九十年十一月十日進行手術，其在術前Fibrinogen為183.8 mg/dl（正常值為300～600 mg/dl），D-dimer > 2000 ng/ml（正常值 < 250 ng/ml），於同日十六時五分手術完成後，約十八時二十四分，發現血紅素由12.5降至8.8 g/dl；血壓均還好，惟脈搏一直比較快。翌日（即十一日）凌晨零時四十分至三時三十分，病患情形迅速惡化死亡。依前揭鑑定意見書所指，其中於翌日（即十一日）凌晨一時四十一分，有抽血檢驗全血、凝血時間，但未見到檢驗結果，雖超音波顯示沒有產後內出血的現象，然缺少該時間之血紅素數據，無法判斷未輸血是否有誤。

自訴代理人質疑何以在第一次醫事鑑定報告指出被告僅在生產方式之選擇無錯誤，卻在術後照顧之注意義務上則多所責難，更在第二次鑑定報告重申該疏失。雖然超因波顯示沒有產後內出血的現象（此並不能作為病人無內出血之唯一證據），但應有此時血紅素的數據，才知道為何有備血而不用。吾人根據護理紀錄，確知一時四十一分確有抽血檢驗全血、凝血時間，但事後卻未見檢驗結果；手術成功之後，至發現血紅素下降到8.8、心跳過速及尿量減少，再至病患情況迅速惡化而死亡，惟缺少一時四十一分之血紅素數據，無法判斷輸血是否有誤。此時被告應主動追蹤檢驗結果以便審酌醫療步驟；病患尿量始終很少，脈搏一直較快，直至打利尿劑，仍然沒有尿液排出，此時應加上積極處理（例如放置中央靜脈導管，測電解質、血中氣體分析等），何以未見有這些措施。茲醫療契約乃屬委任契約，依民法第五百三十五條後段之規定，被告等應負善良管理人之注意義務，而完整之醫療過程，包括手術前完整且正確之評估（術前）、細心且符合當時醫療水準之手術技術（術中）、細心且完善之術後照顧（術後）。

然查本件產婦於九十年十一月十日十八時二十四分，其血紅素數值為

8.8 g/dl，且超音波顯示沒有產後內出血的現象，被告等辯稱此時並無輸血之必要，尚非無據，又產婦於九十年十一月十一日凌晨零時四十分至三時三十分，病情迅速惡化，業如前述，而被告甲於凌晨一時四十一分有作抽血檢驗，雖嗣後並無此部分數據，惟被告等進行急救過程，於抽血檢驗之一時四十一分至病患死亡之三時三十分，此期間不到二小時，而抽血後經送檢驗部門進行檢驗，須相當時間，本件病患於急救過程中其病情惡化迅速，被告等在無該血紅素檢驗數值時，仍須持續進行急救措施，又本件因欠缺凌晨一時四十一分之血紅素數據，是無法判斷被告等未予輸血是否有所疏失，有前揭鑑定意見書可憑，再被告等於急救過程之二時五十分，確有放置中央靜脈導管（CVP），有該病歷資料之護理紀錄可佐，而鑑定意見書雖指病患尿量始終很少，脈搏一直較快，直至施打利尿劑仍然沒有尿液排出，未見被告等進行積極處理（例如：中央靜脈導管、測電解質、血中氣體分析等措施），惟此部分是否導致病患之死亡，仍屬不明。又因病患之屍體未經解剖鑑定，無法判斷最後死亡原因，而鑑定結果仍無法排除病患係因子癇前症加上廣泛性胎盤剝離之併發症（散播性血管內凝血、羊水栓塞），導致其呼吸及循環衰竭死亡。

　　自訴代理人復主張不作為犯的因果關係是「假設的因果關係」或「準因果關係」，又依傳統過失理論，過失之本質違反預見義務，而新過失理論置過失之重點於結果迴避義務，及行為人如未盡力採取防範結果發生之措施，縱然行為人無預見可能，就其結果，仍難辭去過失責任（參照曾淑瑜「醫療過失與因果關係」，翰蘆圖書出版有限公司，頁650）。

　　然法院認為所謂相當因果關係，係指依經驗法則，綜合行為當時所存在之一切事實，為客觀之事後審查，認為在一般情形下，有此環境、有此行為之同一條件，均可發生之結果者，則該條件即為發生結果之相當條件，行為與結果即有相當之因果關係。茲羊水栓塞症臨床症狀為在待產、生產中或生產後突發的心肺衰竭、抽筋、瀰漫性血管內凝向病變與死亡，本件病患之死亡，既無法排除因子癇前症加上廣泛性胎盤剝離之併發症（散播性血管內凝血、羊水栓塞），導致其呼吸及循環衰竭死亡，則未予

輸血或提前進行中央靜脈導管、測電解質、血中氣體分析等措施，與病患之死亡是否有相關性，即有疑義，本件病患因未進行解剖，無法確定其死亡原因，自乏證據據以認定被告等術後救護及急救過程有何疏失而導致病患死亡之結果。

綜上所述，被告甲對於產婦已胎死腹中，並懷疑有胎盤剝離，於是決定予以緊急剖腹生產，已善盡其應注意之義務，至被告等未對病患予以輸血，因缺乏血紅素數值，無法判斷是否有過失之處，且未提前進行中央靜脈導管、測電解質、血中氣體分析等措施，亦乏證據可證與病患之死亡結果有所牽涉，未足憑認有相當因果關係存在，是本件自訴人所舉之證據，尚未達於通常一般人均不致有所懷疑，而得確信其為事實之程度者，此外，本院復查無其他積極證據足認被告等二人所為有自訴人所指之業務過失犯行，本件被告甲、乙二人之犯罪均屬不能證明，依法應為被告二人無罪之諭知。

二、延伸思考

問題一：依據本案護理紀錄，凌晨1時41分曾有抽血檢驗全血與凝血時間等，卻無數據紀錄。1. 法院為何認為護理紀錄之本質為可信？2. 因被告未保留當下紀錄而導致無法判斷因果關係，既非出於自訴人訴訟或蒐證上的疏失，訴訟制度的設計上可否補救？3. 假設本案係由被告或護理人員聲稱有抽血檢驗全血與凝血時間等，但護理紀錄空白，你認為法官應如何處理？

問題二：本案1. 未記錄全血檢驗與凝血時間等數據；2. 未做死因解剖鑑定，均導致無法判斷因果關係之結果。但請問何者對於自訴人之訴訟結果影響更為不利？

三、判決來源

第九案　心導管後全髖關節置換案
（臺灣臺中地方法院91年度自字第796號刑事判決）

一、案例基本資料

（一）自訴事實與意旨

　　自訴人之母（下稱病患C）因髖部酸痛，而於民國九十一年四月十五日至G醫院就診，由醫師甲（下稱被告甲）主治，經被告甲診斷後決定對病患C施行全髖關節置換術，並安排於九十一年四月二十五日住院接受理學檢查及問診，發現病患C有冠狀動脈疾病，故取消手術並會診心臟內科，決定對病患C施行「經皮冠狀動脈血管成形術」即「心導管手術」，於同年月二十七日上午施行手術。術後病患C進入恢復室觀察，同年月二十八日轉入普通病房。

　　翌（二十九）日上午八時三十分，被告甲再度安排病患C施行全髖關節置換術，手術約於同日下午二時三十分許結束，嗣後病患C甦醒，約於同日下午三時十分，醫護人員為病患C拔除氣管內管，同日下午四時，病患C病情出現變化，呈現昏迷，醫護人員進行急救，再次插氣管內管，然急救無效，病患C自此陷入昏迷未再甦醒，至三日後即九十一年五月二日下午一時十三分死亡。

　　故認被告甲涉犯刑法第二百七十六條第二項之業務過失致人於死罪而提起自訴。

（二）被告回應

　　被告甲堅決否認有何業務過失致人於死犯行，辯稱：

　　病患的死亡，與伊所施行的手術並沒有關係。當初是病患住院要做全髖關節再置換術，於檢查其心臟後發現她有陳舊性心肌梗塞現象，我們就

停止手術沒有開刀，轉給心臟科做評估，後來心臟科醫師於九十一年四月二十七日對病患C做心導管手術，這件事情伊也知道。伊認為病患C之死亡是因陳舊性心肌梗塞，於全髖關節置換術手術後二個小時突發性心肌梗塞。如果沒有做本案全髖關節置換術的話也是有可能發生這樣的情形，此可從答辯狀證七照片（即病患C手術前照片）看出病患C當時之髖關節已進入到骨盆，病人遽痛是有可能引發心肌梗塞。

本案伊所施行之全髖關節置換術是非常成功的，病患是清醒後到恢復室後才突發上開情形。且自訴狀提到伊使用抗擬血劑不當，但是心導管手術後抗擬血劑的使用不超過一天，甚至有些醫學中心不用，所以自訴狀所載伊使用不當是不對的，另自訴人所提的第一篇論文是指有做支架之手術，與本案並不符合，本案病患C所做的心臟手術並沒有做支架，若有支架要延遲四週後才可以開刀，如果沒有做支架，二天即可開刀，而自訴人所提出的第二篇論文是一九九五年（即八十四年）的，而伊所提出的論文是一九九六年的，可以推翻八十四年的論文，認為如果四週之後做，心導管會慢慢塞住，目前臨床上並沒有定論何時可接受非心臟手術的開刀，伊並提出三篇論文可以證明手術後第二天即可以開始做非心臟手術，且伊所提出的三篇論文都是在美國、加拿大、日本提出的，且是由心臟專科醫師提出的。而有關本件手術會引起的併發症，伊在事前有告知家屬，包括後來引起的突發性心肌梗塞，而心肌梗塞大部分是發生在心臟不好的病患身上，一般病患不會有這樣的併發症。而我們於手術前所做的心導管手術就是預防措施。

另外我們也做了心臟超音波等，就是在預防及降低併發症的發生機率。而就心臟不好的病患，其併發症發生的機率是百分之五左右，若是心臟好的病患，可能低於百分之一。而我們在全髖關節置換手術完當天下午發現病患C有這種狀況時，有緊急再插管幫助病患C呼吸，並有加抗凝血劑將血液打通。伊認為就本件手術，包括事後引起的併發症，伊並沒有過失，因為當時病患C之關節已經掉到骨盆內，病患是相當疼痛，而病患的遽痛也有可能發生心肌梗塞，故伊認為這項手術是有急迫性的等語。並提

出醫學論文六篇為證。

（三）鑑定意見

　　本案送請行政院衛生署醫事審議委員會（下稱醫審會）鑑定，其意見如下：

　　心導管手術可分為「經皮冠狀動脈血管成形術」（PTCA）（即本案例所施行之手術）及「支架植入術」（Stent implantation）；「經皮冠狀動脈血管成形術」術後通常可給予十二至二十四小時之抗凝血劑治療，以預防血栓之形成，但若手術過程順利無併發症，亦可不給予抗凝血劑治療。

　　目前醫學界對「支架植入術」術後之非心臟手術，通常要求在四週後才可進行，但對於「經皮冠狀動脈血管成形術」術後之非心臟手術時間，並無定論。本案醫師為病患所施行之手術為「經皮冠狀動脈血管成形術」，並非「支架植入術」。

　　本件醫師為病患施行「經皮冠狀動脈血管成形術」術後二日接著施行全髖關節再置換術。依當日所檢驗之心臟酵素CPK、CK—MB、及TROPONIN—I等指數皆明顯上升來看，可能因為手術後急性心肌梗塞發作或術後脂肪栓塞（fat embolism）引發急性肺栓塞而造成急性呼吸窘迫症（ARDS）病患死亡。本件醫師為病患行「經皮冠狀動脈血管成形術」，術後曾追蹤心臟酵素及心電圖，結果皆無異常變化，於是二日後為病患施行全髖關節再置換術，依手術後所檢驗之心臟酵素CPK，CK—MB，及TROPONIN—I等指數皆明顯上升來看，可能因為全髖關節置換術後造成急性心肌梗塞發作或術後脂肪栓塞引發急性肺栓塞而導致病患死亡，與全髖關節置換術本身應無關聯，應與手術引發之併發症有關。

　　本病患之死亡與施行「經皮冠狀動脈血管成形術」術後二日接著再施行全髖關節置換術，應無關聯。

　　法院就上開鑑定意見，再次函請衛生署醫事審議委員會鑑定，其意見如下：

　　本案本署前次鑑定意見所稱「急性心肌梗塞」及「術後脂肪栓塞」等

二項併發症，是一做手術時病患均有可能發生，尤以前述之本案病患生理概況、加以此次接受之手術特性，更為此等併發症發生之高危險因素。即使於臨床上善加防範（例如施行前列之心導管手術），其發生仍甚為難以逆料。而「心導管經皮冠狀動脈血管成形術」即為防範其中「急性心肌梗塞」之預防措施，此二併發症候應與該項成形術無直接之關聯。

　　本案手術醫師於術前已注意此等併發症之潛在危險、並採行適當防範措施（即先施行血管成形術）。嗣病患發生併發症後所行救治，為包括數個醫療專科之團隊醫療，其過程皆符合現今加護醫療之處置規範，並無疏失。

　　本件「全髖關節重置換術」之實施，對病患而言，確無急迫性。但該項手術屬較複雜之骨科手術，無論於何時間施行，均有可能發生術後之併發症候。

　　本案病患因年邁並有高血壓、糖尿病及冠狀動脈心臟病等病史，接受如人工全髖關節再置換等較複雜、預期失血較多的手術，危險性相對較高、對心臟負荷能力之挑戰也大。因此於術前嘗試以諸如心導管冠狀動脈整形術等方式，先行改善心臟的供血狀況、以圖提高其對手術之容荷能力，應是合理的預防保護性舉措。至於此項防護性處置實施後之第四日（應是第二日）即逕行後項骨科手術，與嗣後病患仍因其他併發症候死亡，二者間是否可預見、有無因果關係，實難判定。

（四）判決結果

　　臺灣臺中地方法院於民國93年05月21日作成判決。被告甲無罪。

　　自訴人於法定上訴期間未上訴，本案判決即確定。

（五）判決理由

1.就手術前之措施

　　經查，被告甲為病患施行全髖關節再置換術之前，於九十一年四月二十五日安排住院接受理學檢查及問診，發現病患有冠狀動脈疾病，故取消手術並會診心臟內科，決定對病患施行「經皮冠狀動脈血管成形術」即

「心導管手術」，此項手術之施行，應係被告於術前已注意有可能發生「急性心肌梗塞」此項併發症之危險，而採行之適當防範措施（參第二次鑑定意見）。且本件病患C因年邁並有高血壓、糖尿病及冠狀動脈心臟病等病史，接受如人工全髖關節再置換等較複雜、預期失血較多的手術，危險性相對較高、對心臟負荷能力之挑戰也大。因此於術前嘗試以諸如心導管冠狀動脈整形術等方式，先行改善心臟的供血狀況、以圖提高其對手術之容荷能力，應是合理的預防保護性舉措（參第二次鑑定意見）。

自訴代理人稱鑑定報告提到本件病患死亡與手術無關聯，但術後冠狀動脈已被破壞，所以心導管手術後立即施行其他非心臟手術不妥，應在心導管手術後一個月後再行手術，且應先給予治療避免栓塞危險，全髖關節置換並非急迫性手術，而病患當時狀況已不佳，所以導致心肌梗塞致死，因而認為被告甲有疏失，並稱文獻亦有施行心導管手術後不應立即施行非心臟方面手術等語。

經查自訴人引用之論文為「支架植入術」，與「心導管手術」不同，而「心導管手術」之術後多久可進行非心臟手術，目前醫學上並無定論（參第一次鑑定意見），惟依被告甲庭呈之多篇論文，亦有表示在術後第二天即可開始做非心臟手術，與「支架植入術」通常要求在四週後才可進行非心臟手術不同。且有關抗凝血劑之使用時間，通常可給予十二至二十四小時之抗凝血劑治療，以預防血栓之形成，但若手術過程順利無併發症，亦可不給予抗凝血劑治療（參第一次鑑定意見），而本件病患C於「心導管手術」術後係被給予一日之抗凝血劑（參第二次鑑定意見），亦無何異常之情形，故自訴人就此部分應係誤會病患C於術前所施行之心臟手術係「支架植入術」，才導致誤解。

另自訴代理人質疑，全髖關節置換術並非緊急手術，亦非必要性手術，被告甲應經一段時間，待病患情況穩定後，始得進行全髖關節置換術，詎被告竟於二日內隨即為病患施行全髖關節置換術，導致病患於術後發生不必要之併發症而死亡。查本件「全髖關節重置換術」之實施，對病患C確無急迫性，但該項手術屬較複雜之骨科手術，無論於何時間施

行，均有可能發生術後之併發症候（參第二次鑑定意見），且本件「經皮冠狀動脈血管成形術」術後曾追蹤病患C之心臟酵素及心電圖，結果皆無異常變化（參第一次鑑定意見），故於二日後為病患施行全髖關節再置換術，應無何可議之處，且被害人之死亡，亦與施行「經皮冠狀動脈血管成形術」術後二日接著再施行全髖關節置換術，應無關聯（參第一次鑑定意見），且被告亦稱就有關手術後之併發症，於事前亦有告知家屬，而自訴人經法院多次傳喚均未出庭，無從瞭解其意見，雖自訴代理人對此表示被告應該沒有講，且自訴人也不會理解等語，惟查本件手術及麻醉同意書上之麻醉說明書確有載明麻醉可能發生之副作用及併發症，對於已有或潛在性心臟血管系統疾病之病人而言，於手術中或麻醉後較易引起突發性急性心肌梗塞，且自訴人確有於本件手術及麻醉同意書上簽名，故應認被告就手術前之預防措施已盡其注意義務。

2.就手術本身之實施

被告辯稱伊為病患C所施行之全髖關節再置換手術是非常成功的等語，而自訴代理人對此亦未質疑，且依手術當時之情形觀之，手術是採氣管插管全身麻醉方式進行，過程順利，術中病患C之心跳血壓狀況穩定，於十四時許結束，直接進入恢復室觀察，並在十五時許病患C醒轉恢復意識後拔除插管結束麻醉（參第二次鑑定意見），亦均屬正常，故病患C之死亡應與全髖關節置換術本身無關聯（參第一次鑑定意見），故此部分被告甲應無何過失可言。

3.就手術後之措施

被告甲為病患C所施行之全髖關節置換術係於九十一年四月二十九日十四時許結束，直接進入恢復室觀察，並在十五時許病患C醒轉恢復意識後拔除插管結束麻醉，於十六時許預備將病患C轉回病房前，護理人員發現病患C忽然呼吸急促，未幾即又失去意識陷入昏迷，當值之麻醉科醫師馬上重新插上氣管內管協助呼吸，並施予急救，被告甲亦隨後趕到，此段時間病患C心跳血壓並無明顯變壞（血壓約140/75 mmHG、心跳約每分鐘115次），但右側瞳孔散大並失去光反應。被告甲安排了腦部電腦斷層掃

描檢查，並請來神經科醫師診視，發現左腦後側（枕葉部分）有一狀似梗塞缺血的區域。由於病患C其他生命徵兆穩定，逐將她送至加護病房、提供支持生命之治療。

被告甲判斷病況可能是血塊栓塞了腦部血管或原先狹窄的左心室冠狀動脈，所以又重新施予抗凝血劑注射。但是其後數日，病患C始終陷於昏迷，四月三十日起病情並漸次轉壞，肺部發生水腫浸潤、範圍且漸次擴大，心律不整、血壓開始下降而不穩定，開始有腎功能衰竭現象。五月二日中午病患C病況告危，家屬聽取醫院說明後決定放棄救治、自動出院，病患C於當日十三時許死亡。而其死亡之原因為陳舊性之心肌梗塞、急性呼吸窘迫症合併心肺衰竭，亦有死亡證明書一件可稽，而自訴代理人對於病患C之死因亦無意見。

而依衛生署第一次鑑定意見稱「急性心肌梗塞」及「術後脂肪栓塞」等二項併發症，是一做手術時病患均有可能發生，尤以本案病患生理概況、加以此次接受之手術特性，更為此等併發症發生之高危險因素。即使於臨床上善加防範（例如施行前列之心導管手術），其發生仍甚為難以逆料。而「心導管經皮冠狀動脈血管成形術」即為防範其中「急性心肌梗塞」之預防措施，此二併發症候應與該項成形術無直接之關聯。且被告甲於術前已注意此等併發症之潛在危險、並採行適當防範措施（即先施行血管成形術），嗣病患發生併發症後所行救治，為包括數個醫療專科之團隊醫療，其過程皆符合現今加護醫療之處置規範，並無疏失（參第二次鑑定意見），顯然被告甲對於手術後之措施（含被害人發生狀況後之處置）亦無何過失可言。

綜上所述，本案無論就手術前之措施、手術本身之實施、手術後之措施，均難認被告甲有何過失可言，殊不得以病患C於被告甲所施行之全髖關節置換術後死亡，即認被告甲確有過失。從而，本件依前開證據尚不得遽認被告甲有何業務過失致人於死犯行。此外，復查無其他積極證據足資認定被告甲有何自訴人所指犯行，本件不能證明被告甲犯罪，揆諸前開規定，自應諭知被告甲無罪之判決。

二、延伸思考

問題一：判決理由指出「心導管經皮冠狀動脈血管成形術」即為防範其中「急性心肌梗塞」之預防措施，而被害人死亡之原因為陳舊性之心肌梗塞、急性呼吸窘迫症合併心肺衰竭，就此，該預防措施之有效性應如何判斷？換言之，醫療過程的哪個（些）行為或結果，可視為中斷因果關係的指標？

問題二：同為涉及被指控手術間隔太短，本案被告無過失，與診所抽脂等多手術無呼吸案（有罪判決第二十九案，臺灣臺北地方法院105年度醫簡字第2號刑事判決）的結果殊異，試比較兩案關鍵事實之差異。

三、判決來源

第十案　車禍拔管後抽痙案
（臺灣屏東地方法院92年度訴字第96號刑事判決）

一、案例基本資料

（一）公訴事實與起訴意旨

醫師甲係屏東市區C醫院（下稱C醫院）腦神經外科醫師。病患L於八十九年六月十八日七時三十分許，因故發生車禍受傷，於同日八時十五分許，經警通知救護車將其送至C醫院。病患L經初步診斷有左側腦膜下及腦內血腫，至同日十五時四十分許，進行腦部開顱手術，手術成功，完全清除其腦部之血塊，醫師甲為病患L之主治醫師，於翌日九時三十分許，查房後囑咐拔除病患L之氣管內管，其後病患L出現抽痙及呼吸急促之現象，給予抗癲癇藥物治療，病患L因腦傷關係無法完全控制癲癇發作，導致腎功能及呼吸功能衰竭。

案經檢察官起訴指出：

醫師甲（下稱被告甲）本應注意適時再給予病患L進行氣管插管手術，竟疏未注意，直至八十九年六月二十一日零時四十分許，病患L因呼吸暫停，病患L始再施行氣管插管手術，惟病患L仍於同日二十三時七分許不治死亡。因認被告涉有犯刑法第二百七十六條第二項業務過失致人於死罪。

（二）被告回應

被告甲否認有業務過失犯行，稱：

伊不是開刀的醫師，六月二十日下午五時許，病患L呼吸次數是每分鐘23下，並不需要插管，病患L本身有高血壓、糖尿病，腎臟也不好，以致病情急速惡化，伊無過失。

（三）鑑定意見

行政院衛生署醫事審議委員會鑑定結果，認為：

病患L入院時已知腎臟不良，因此頭部外傷、開顱術前、術後，醫療人員一直使用Dopamine維持腎臟排尿，開顱手術亦很成功，術後無殘留血塊，術後出現抽痙現象時，即使用抗癲癇藥物，但因腦部傷害關係，無法控制癲癇發作，同時又併發腎功能及呼吸衰竭，最後導致病患死亡，病患死亡乃因頭部外傷產生之併發症所致。

於八十九年六月十九日拔除氣管插管後，病患L出現抽痙現象及呼吸急促，雖給予抗癲癇藥物治療治療，但氣管插管等待至同年六月二十一日呼吸停止後才執行，顯有術後照顧不周之處。

依照病患病情，應可考慮再插管時間為六月二十日六時二十分，也就是病患有重複性抽痙，並合併呼吸速率增加及昏迷指數下降至九分。醫師為病患施行開顱手術移除血腫，手術後電腦斷層顯示無殘留血塊，表示手術成功。病患後因產生呼吸及腎功能衰竭等併發症，產生病情變化，這是頭部外傷患者病程上常見的併發症。重新氣管插管治療雖然有延遲，但提早插管並不能讓這些併發症不會發生。病患死亡主因還是頭部外傷及續發之併發症，並非延遲插管所造成。

（四）判決結果

臺灣屏東地方法院於民國94年02月21日作成判決，被告甲無罪。

檢察官於法定上訴期間未上訴，本案判決即確定。

（五）判決理由

公訴人認被告涉有前揭業務過失致死罪嫌，係以病患L家屬於偵查中之指述，另本案經送衛生署醫事審議委員會鑑定結果，亦認被告於八十九年六月十九日拔除氣管插管後，病患L出現抽痙現象及呼吸急促，雖給予抗癲癇藥物治療治療，但氣管插管等待至同年六月二十一日呼吸停止後才

執行，而認為顯有術後照顧不周之處。

　　法院審酌以上意見，判斷手術後，病患L出現抽痙及呼吸急促之現象，仍持續給予抗癲癇藥物治療（靜脈注射Dilantin治療），並無棄之不顧或疏於醫治之情形，亦有醫院病歷資料一份附卷可查。綜上所述，病患L死亡主因為頭部外傷及續發之併發症，並非延遲插管所造成，縱被告提早進行插管，亦不能避免被告死亡，是尚難認被告有何過失。

　　病患L於八十九年六月十八日送醫院後，係由神經外科C醫師施行開顱手術，被告甲至同年月十九日始銷假上班，故衛生署醫事審議委員會鑑定書所認「病患於六月十八日八時十五分被送至C醫院急診室，等待時間長達七小時以上，至當日十五時四十五分才施行手術，其間都花在聯絡醫師，顯有手術不夠迅速之疏失」，上述情狀與被告無關。病患L家屬於偵查中僅稱C醫師在開完刀後沒有對伊家屬解說病情，伊沒有要告任何人等語；又病患L家屬於警詢中陳述關於病患L車禍之情事，均不能為被告不利之認定。此外，復查無其他積極證據足認被告有何業務過失犯行，揆諸前開規定及判例意旨，自應為無罪之諭知。

二、延伸思考

　　問題一：本案鑑定意見推論「依照病患病情，應可考慮再插管時間為6月20日6時20分」，請問被告在當下應如何確定何時為適當插管時機？

　　問題二：本案判決未提及醫師對病患插管、拔管時是否已盡說明義務？試就醫師之說明義務範圍討論。

三、判決來源

第十一案　肺部轉移腫瘤案
（臺灣臺北地方法院94年度自字第4號刑事判決）

一、案例基本資料

（一）自訴事實與意旨

醫師甲（下稱被告甲）為臺北市區I醫院（下稱I醫院）口腔外科醫師。自訴人之父即病患B於民國九十二年一月二十四日因左側臉頰口腔癌，前往I醫院接受口腔癌根治暨重建缺損手術、與手術後每月定期追蹤檢查。病患B接受口腔癌根治暨重建缺損手術後，術後病理報告顯示係口腔頰黏膜鱗狀細胞癌，被告甲對病患各種疑似癌狀轉移之現象原應提高警覺並盡追蹤檢查之義務，竟於九十三年三月二十七日病患B至其胸腔內科門診看診時，對病患於九十三年三月十六日之胸部X光檢查報告顯示左下肺有2.7公分之白色陰影，而鑑別診斷應包括良性、惡性腫瘤及肺炎，並應在檢查報告建議對病患B做胸部電腦斷層檢查異常情形等予以忽略，以致未能提早發現病患B有肺部轉移腫瘤之情形。

醫師乙（下稱被告乙）係九十三年三月三十日病患B至胸腔內科門診診察之診治醫師，其對於病患B接受口腔癌根治暨重建缺損手術之術後病理報告顯示係鱗狀細胞癌、以及對病患B各種疑似癌狀轉移之現象原應提高警覺並盡追蹤檢查之義務，然其對病患於九十三年三月十六日X光檢查報告顯示左下肺有2.7公分白色陰影之異常現象竟予以忽略，以致未能提早發現病患有肺部轉移腫瘤之情形。九十三年三月三十日，病患B之胸部X光檢查報告表示，不能排除病患B當時有肺癌之肺門陰影、肺門血管扭曲腫大、肺下側有浸潤增加等異常現象，被告乙卻置此不顧，對檢查報告中「病患應作胸部電腦斷層檢查」之建議置若罔聞，僅開立處方支氣管擴張劑兩週份，並在病患B家屬向其詢問時，答稱不必再來複診。九十三

年四月二十三日病患B家屬主動帶病患B至其門診檢查時，亦未予任何檢查，仍僅開立先前重複處方一個月份，以致未能提早發現病患有肺部轉移腫瘤之情形。

　　病患B於九十三年三月十六日尚無癌細胞轉移至頭骨，由於被告二人忽略病患B93年3月16日X光檢查報告顯示左下肺有2.7公分白色陰影之異常現象，疏未進一步檢查，以致未能提早發現病患B有肺部轉移腫瘤之情形，導致病患B於九十三年五月二十九日作全身骨骼掃描檢查時，已有癌細胞轉移至頭骨之現象，而在九十三年五月二十九日病患B至被告甲門診追蹤時，被告甲仍不予重視病患出現異常等病情，經自訴人之配偶要求拜託，被告甲始替病患B施作胸部電腦斷層檢查，發現證實已有肺部轉移腫瘤之情形，且此時病患B經全身骨骼掃描檢查發現已有癌細胞轉移至頭骨之現象，病患B再至M醫院求診時，已藥石罔效，不幸於九十三年八月二十七日死亡，因認被告二人均涉犯刑法第二百七十六條第二項業務過失致死罪。

（二）被告回應

　　被告二人均否認有自訴意旨所載犯行，分別辯明如下：

1.被告乙稱：

　　其於九十三年三月三十日依一般問診程序為病患B看診時，無法看出病患B有其他疾病，因而向口腔外科調閱病患B接受被告甲診斷時之資料。其中，三月十六日X光檢查報告雖指出病患B左下肺部有直徑2.7公分之陰影，惟三月三十日X光檢查報告卻顯示病患B二側肺門無明顯的陰影，不能看出是肺癌，未見原直徑2.7公分陰影，三月十六日全身骨骼電腦斷層掃描報告，亦無證據顯示有癌症移轉之現象，五月二十九日胸部X光檢查報告更確認原直徑2.7公分陰影已消失，參酌自九十二年十二月二十九日至九十三年三月十六日期間之檢查均無任何變化之情事，其依前述三份報告內容及其專業知識，判斷病患B罹患支氣管炎、肺氣腫及氣喘並無錯誤。另病患B認其開立之支氣管擴張劑明顯舒緩改善病症，而在同

年四月二十三日主動回診，要求其開立較長時間的同處方，而非如自訴人所言，是在病患B家屬強烈要求下始開立，其已盡注意義務，對病患B死亡之結果並無過失。

2.被告甲稱：

其已依照每三個月例行之檢查程序，為病患B定期為頭頸部電腦斷層、全身骨骼掃描、腹部超音波、胸部X光檢查四項，其於九十三年三月二十七日病患B回診時已告知病患B左下肺部有直徑2.7公分之陰影，其係口腔外科醫師，無法判斷病患B肺部病徵及治療方式，故囑病患B前往胸腔內科看診，已盡注意義務。由於病患B未遵照預約門診時間回診及瞭解檢查報告，故其至九十三年七月六日門診時始發現病患B左肺下葉有肺腫瘤，惟此經S醫院檢查結果，亦認屬原發性肺癌，並非由口腔癌移轉而來，其對病患B死亡之結果自無過失。

（三）鑑定意見

依M醫院死亡證明書之記載，病患B死亡之原因為敗血症合併心肺衰竭，導致上述死因之潛在性原因，依衛生署醫事審議委員會參考相關病歷記載及檢查結果判定，最有可能則為來自肺部惡性腫瘤及肺癌轉移所產生之全身性惡病體質，導致肺炎或其他繼發性感染所致。

（四）判決結果

臺灣臺北地方法院於民國95年12月06日作成判決。被告甲、乙均無罪。

自訴人於法定上訴期間未上訴，本案判決即確定。

（五）判決理由

病患B因左臉頰口腔內黏膜腫塊，於九十二年一月三日至S醫院牙科部就診，經切片後，一月二十一日回診時病理報告證實為口腔鱗狀細胞癌。一月十八日，病患B至被告甲任職之I醫院牙醫部口腔顎面外科就診，接受進一步評估治療，並施行口腔癌全身篩檢檢查，包括一月十八日

胸部X光攝影、一月二十日腹部超音波及一月二十一日全身骨骼掃描等，檢查結果發現無腹部器官、全身骨骼及肺部轉移。病患B隨後在T2N1MO第三期口腔癌的臨床診斷下，於一月二十三日住院，並於一月二十四日接受被告甲手術，包括左臉頰復合切除、左頸部改良式局部頸淋巴廓清術及氣管切開術，並配合整形外科醫生施行前臂顯皮瓣重建，二月五日出院，出院後，自二月八日起持續於被告甲之門診定期追蹤。

四月八日，被告甲安排於當日進行胸部X光攝影及全身骨骼掃描檢查，四月十日進行頭頸部電腦斷層及腹部超音波，檢查結果無全身轉移及局部復發跡象，六月十日胸部X光追蹤檢查結果無異常，七月八日頭頸部電腦斷層檢查無明顯局部復發證據，腹部超音波無癌症轉移現象。十月七日胸部X光檢查無明顯之肺腫瘤病變，頭頸部電腦斷層無局部復發跡象，腹部超音波亦無癌症轉移跡象。十二月二十三日胸部X光檢查無明顯異常，十二月二十九日頭頸部電腦斷層檢查無局部復發跡象，腹部超音波無癌症轉移跡象。九十三年二月十日，病患B住院，由被告甲施行左臉頰疤痕修整及嘴唇成形手術，當時胸部X光片報告仍無明顯肺部腫塊，二月十二日出院，出院後仍繼續在被告甲門診追蹤檢查。三月十六日腹部超音波及全身骨骼掃描無癌症遠處轉移跡象，頭頸部電腦斷層檢查無明顯局部復發跡象，但胸部X光檢查報告發現左下肺野區有一直徑約2.7公分之放射線不穿透性小結，放射診斷科醫生診斷可能為良性、惡性肺腫瘤或肺炎之表現，建議視臨床上判斷之需要，可做胸部電腦斷層進一步檢查。

因此，被告甲於三月二十七日之門診，建議病患B轉診至胸腔內科作進一步的檢查，病患B遂於三月三十日轉往同院被告乙看診之胸腔內科就診，當時主訴為呼吸困難及急促，被告乙當日安排胸部X光攝影，放射科診斷科醫生報告二側肺門陰影較凸出，懷疑肺門血管充血或其他病因，此外二側下肺野支氣管周圍浸潤輕微，懷疑支氣管炎、間質液增加或其他病因，建議定期追蹤。由於前九十三年三月十六日胸部X光檢查報告之2.7公分直徑小結已不見，配合臨床檢查結果，加以口腔癌病人術後較容易產生食物嗆入及吸入性肺炎之現象，被告乙因而判斷為支氣管炎、肺氣腫及氣

喘，並不認為有肺部腫瘤的存在。四月二十三日，病患B再至被告乙門診回診，主訴相同，希望再予確認肺部病情，被告乙之診斷及處方仍相同。病患B則再回被告甲門診繼續追蹤。

五月二十九日胸部X光檢查，放射科醫師報告左下肺也有浸潤現象，疑似左肺門增大，建議追蹤檢查，六月二十一日腹部超音波檢查，無癌症移轉跡象，但全身骨骼掃描報告發現左側額骨區，有一點黑點呈現，懷疑是外傷或癌症轉移造成；頭頸部電腦斷層檢查（涵蓋肺部）則報告頭頸局部無明顯癌症復發跡象，但左下肺野區有7.5×6.7公分腫塊合併肺擴張不全，疑似口腔癌肺轉移或急性感染，病患B於七月六日至被告甲門診回診時，被告甲告知上述檢查結果，病歷上記載肺部已有口腔癌轉移，但建議倘症狀穩定，定期追蹤即可，病患B隨後未再回診，僅於九月十四日及九月二十日申請X光病理及其他報告。病患B於九十二年二月八日起至九十三年七月六日止，除於甲門診就診外，亦曾前往S醫院就診，該院九十三年四月三十日腹部超音波無明顯發現，五月十五日腦部核磁共振檢查無顱內腫瘤發現，五月二十一日因嘔吐、食慾不振、身體虛弱、行為及記憶改變、低血鈉及氯，而急診住進S醫院腎臟科，當時胸部X光檢查報告二側肺野浸潤增加、右側橫隔膜輕度上升及無肺炎斑。病患B於五月二十四日出院，出院診斷疑似利尿激素不適當分泌症候群及額葉症候群，六月二十三日，病患B再度因為一星期無大便排出及低鈉血症住進S醫院肝膽腸胃科，經治療後於六月二十八日出院，出院診斷為疑似麻痺性腸阻塞，七月二十一日則接受S醫院胸腔內科醫師施行肺部支氣管鏡檢查並做組織採檢，八月二日結果報告為肺部小細胞癌，證實肺部存在另一原發癌症，且此癌症非口腔癌轉移至肺部所致。另病患B因全身倦怠、疼痛、便秘、咳嗽及呼吸困難等症狀，於九十三年七月二十七日住進M醫院腫瘤科做安寧療護，住院期間之八月二十四日胸部X光片報告疑似肺水腫及肋膜積水，八月二十七日死亡等各情，除為自訴人、被告二人所不爭執外，並有M醫院九十三年八月二十七日出具之死亡證明書、該院病歷影本、M醫院之病歷影本、S醫院之病歷影本等資料可證。

　　依M醫院死亡證明書之記載，病患B死亡之原因為敗血症合併心肺衰竭，導致上述死因之潛在性原因，依衛生署醫事審議委員會參考相關病歷記載及檢查結果判定，最有可能則為來自肺部惡性腫瘤及肺癌轉移所產生之全身性惡病體質，導致肺炎或其他繼發性感染所致；而S醫院胸腔內科醫師施行肺部支氣管鏡檢查並做組織採驗之結果，既證實病患B所罹為肺部小細胞癌，乃發生於肺部之腫瘤，為另一原發癌症，並非原先口腔癌（鱗狀細胞癌）轉移至肺部所致，足認病患B乃因其原發性肺癌而死亡，與口腔癌無直接關聯。

　　據此，本件所應探究者，乃被告二人於實施醫療行為之過程中，是否有及時發現病患B罹有前述肺小細胞癌之可能，卻未盡其注意義務之情形，茲分述於下。

1.被告甲之過失部分：

　　病患B接受被告甲施行左臉頰疤痕修整及嘴唇成形手術時，胸部X光報告尚無明顯肺部腫塊，其之後在被告甲門診追蹤檢查期間，被告甲每三個月均定期為病患B施予胸部X光、頭頸部電腦斷層、腹部超音波及全身骨骼掃描等檢查，其於三月二十七日發現病患B之三月十六日之胸部X光攝影檢查報告顯示左下肺野區有一約直徑2.7公分放射線不穿透性小結之異常現象後，已給予轉診胸腔內科做進一步診斷之建議，至此，未見被告甲有何疏失之處。

　　另依S醫院胸腔內科醫師於七月二十一日施行肺部支氣管鏡檢查並做組織採檢，於八月二日確認為肺部小細胞癌之結果，溯及檢視被告甲於七月六日向病患B所為倘症狀穩定，定期追蹤即可之建議雖有不當，惟其乃牙科醫師，並非胸腔內科醫師，且此病例在臨床及初期胸部X光片上之表現既不明顯，亦非典型，其既已於七月六日將前述檢查結果告知病患B，已盡其告知義務，病患B亦隨即另尋S醫院胸腔內科及M醫院腫瘤科診治，之後均未再前往被告甲門診回診，自難認為被告甲就其負責範圍內之業務有何疏失。

2.被告乙之過失部分：

病患B於三月三十日轉往胸腔內科接受被告乙看診，被告乙當日安排胸部X光攝影，檢查報告雖認病患B二側肺門陰影較凸出，懷疑肺門血管充血或其他病因，此外二側下肺野支氣管周圍浸潤輕微，懷疑支氣管炎、間質液增加或其他病因，建議定期追蹤，但前九十三年三月十六日胸部X光檢查報告之直徑2.7公分小結已不見，被告乙配合臨床檢查結果，及口腔癌病人術後較容易產生食物嗆入及吸入性肺炎之現象，因而於三月三十日及四月二十三日二次門診均判定為支氣管炎、肺氣腫及氣喘，不認為有肺部腫瘤之存在。

病患B繼而先後於九十三年五月六日及五月十八日前往S醫院腎臟科就診，並於五月六日接受胸部X光攝影，五月二十一日並因嘔吐、食慾不振、身體虛弱、行為及記憶改變、低血鈉及氯再度住進S醫院，亦接受胸部X光攝影，檢查報告認二側肺野浸潤增加、右側橫隔膜輕度上升及無肺炎斑，均未認定有肺部腫瘤存在，或安排胸部電腦斷層檢查，則被告乙於九十三年三月三十日及四月二十三日二次門診未安排胸部電腦斷層檢查，判定為支氣管炎、肺氣腫及氣喘，應屬可接受之判斷，前述鑑定書亦同此認定。

法院綜上所述，參以前述鑑定書所認，據病患B所罹肺小細胞癌病情惡化快速之情形判斷，縱使被告二人為病患B診療當時即已發現，依現有之醫療技術，仍無法避免病患B死亡之結果等意見，足證被告二人之醫療行為或不作為與病患B死亡之結果間無因果關係。本件事實已臻明確，證人即病患B之媳婦所證關於前往被告甲與乙門診之就診過程，已與被告二人有無過失之認定無涉，自訴人聲請將本件相關X光片再送中華放射線醫學會作鑑定，亦無必要。自訴人既未提出其他證據可證被告二人有自訴意旨所載業務過失致死犯行，參照前述說明，自應為被告二人無罪之諭知。

二、延伸思考

問題一：本案法官因受害人在相關期間亦同時在其他醫院就診，因而得以其他院所之診察發現與病情判斷，佐證被告在當下無過失之判斷。請問此交叉分析較適用於證明無過失之情況、或是有無過失之情況均適用？

問題二：請將本案與肺部軟組織延誤治療案（有罪判決第十二案，臺灣臺北地方法院99年度醫簡字第1號刑事判決）加以比較，為何同為涉及X光片陰影之判讀，前者被告無罪而後者被告有罪？關鍵事實差異為何？

三、判決來源

第十二案　診所胎心音減速引產案

（臺灣基隆地方法院94年度醫訴字第1號刑事判決）

一、案例基本資料

（一）公訴事實與起訴意旨

醫師甲係基隆市區J婦產科診所（下稱J診所）之負責人兼主治醫師。產婦Z係越南籍婦女，因懷孕而自民國90年6月4日起，至醫師甲開設之J診所進行產檢。並於91年1月15日凌晨2時15分許，因開始規則陣痛，至J診所待產，並由醫師甲負責接生。於同日凌晨4時0分許，醫師甲研判鑑於產婦Z之子宮頸口已張開約5公分，遂指示將產婦Z推入產房待產。於同日4時30分許，產婦Z因疼痛難耐，要求醫師甲為其剖腹生產，醫師甲認產婦Z以自然生產為宜，遂予拒絕。

直至同日凌晨5時30分許，產婦Z胎心音減速更為明顯，胎心音約每分鐘80至140跳之間，醫師甲至此始臨時決定緊急開刀，改為剖腹生產。於同日5時53分許，醫師甲將嬰兒順利引出母體。

嬰兒出生後，外觀呈現四肢發紫及頭頂尖長，呼吸慢而不規則，由其診所護士送往嬰兒室保溫箱觀察。同日7時25分許，嬰兒呼吸變喘、四肢發紺、心跳降至每分鐘110跳以下，醫師甲緊急對嬰兒施以插管、氧氣及心臟按摩等急救，於同日7時30分將嬰兒送基隆G醫院。嬰兒抵達G醫院後，經急救後而恢復心跳，於當日14時10分許死亡。

案經檢察官起訴指出：

醫師甲（下稱被告甲）係領有醫師執照之婦產科專業醫師，本應注意嬰兒因故難以自然生產方式出生，且對其因胎心音明顯變慢，而臨時緊急開刀改以剖腹產出等波折知之甚詳，再者，嬰兒出生後，不但外觀呈現

四肢發紫及頭頂尖長等異常現象，呼吸亦慢而不規則；被告甲亦應注意迅速檢查嬰兒是否因此番波折而受有傷害，尤其係頭部有無骨折或出血之情形，而依據J診所之設備又無不能注意之情形，竟疏未注意，逕自將嬰兒視為正常分娩，任護士送往嬰兒室保溫箱觀察。至同日6時35分許，嬰兒之四肢仍呈紫色，於同日7時20分許，嬰兒哭聲變弱、活動力變差、呼吸變喘，於同日7時25分許，嬰兒呼吸變喘、四肢發紺、心跳降至每分鐘110跳以下，被告甲始發覺情況有異，而緊急對嬰兒施以插管、氧氣及心臟按摩等急救，仍無改善後，於同日7時30分將嬰兒送基隆G醫院急救。惟嬰兒抵達G醫院後，雖經急救後而恢復心跳，仍於當日14時10分許，因受有頭部血腫、頭皮腱膜下出血、右頂骨線狀骨折及硬膜下出血等傷害，終因出血性休克而死亡，因認被告甲涉犯刑法第276條第2項業務過失致人於死罪。

（二）被告回應

　　被告甲不否認其係領有執照之合格醫師，服務於J診所，辯稱：

　　產婦Z要求開刀時，當時產婦的狀況並不符合剖腹產的要件，後來送到產檯準備生產時，因病患雙腳夾很緊，且全身扭動，且胎兒心跳減緩，這時才緊急考慮剖腹，於91年1月15日5時53分為患者進行剖腹生產手術，當時手術時，小孩出生後才發現胎盤有剝離的現象，當時小孩的頭已經進入產道，剖腹時小孩的頭很低（大約是在正3，意指大約在骨盆正中央往下約2、3公分），所以我使用真空吸引器將小孩的胎頭帶出來；小孩出生一般都有發紫現象，經過拍打後，小孩的分數為7分，正常滿分為10分，第1分鐘在6、7分以上都算正常，第5分鐘要8分以上才算正常，本件小孩第1分鐘時為7分，且第5分鐘，他的分數在8分，所以我認為他正常。胎頭經由產道擠壓多少都有一點水腫，在做新生兒護理時都會交由護士處理，我就做手術的後續動作，一直到6時10分整的手術才完成。小孩在6時15分就送到保溫箱，這時他的哭聲及活動力都還可以，直到6時35分時他的膚色不是很好，四肢還是呈微紫色，就給予氧氣，有些改善

我們就繼續觀察，6時55分解胎便，到了7時20分時他的哭聲變弱，呼吸變喘，護士就通知我，7時25分時就可予插管急救，我整個醫療過程中我都有按照醫療標準在注意，發生事情感到遺憾，按照目前的醫療水準，這件事情應該無法避免，我能注意的都注意了。

（三）鑑定意見

1.本案送行政院衛生署醫事審議委員會之歷次鑑定意見如下：

產婦4時40分子宮頸擴張寬度為6公分，隨後產生自然破水、羊水胎便染色（+++），胎心音呈不規則減慢，胎心音約每分鐘90-160次之間，依上述情形，研判產婦當時生產時有胎兒窘迫之情形。胎兒窘迫，醫師應給予產婦氧氣、左側躺及點滴輸液處置，若無改善，可進行剖腹手術。本案於5時給予產婦氧氣，點滴輸液處置後，胎心音呈變異性減速，減速後可回復至140次，並無延遲性持續減速，但於5時30分胎心音減慢更為明顯，胎心音約每分鐘80～140次之間，同時子宮呈現過度收縮，每分鐘收縮一次，當時疑有胎盤早期剝離而決定行剖腹手術，醫師於5時48分進行剖腹手術，5時53分產出一男嬰，醫師於5時30分決定行剖腹手術，18分鐘後上完麻醉進行剖腹手術，5分鐘後產出嬰兒，過程迅速，其剖腹手術之時間無遲延。

頭皮下腱膜出血、硬膜下出血及顱骨骨折，按婦產科教科書（Williams Obstetrics）記載，可發生在產鉗生產、自然產或剖腹產，是外在或母親陰道骨盆壓迫所致。至於6時35分（產後1小時後）發現胎兒膚色微紫，此時醫師是否有發現新生兒頭皮腫脹合併症，及能否早期發現並給予適當治療，由於病歷並無記載，故無法判斷。

(1)本案產婦為第一胎，於4時40分子宮頸擴張寬度6公分後，約1小時行剖腹手術，倘若醫師所述當時胎頭很低（約在骨盆腔正中央往下約2、3公分）。則有可能因骨盆腔壓迫胎兒頭部造成胎兒頭部骨折。(2)本案胎兒頭部骨折，有可能因上述情形而於產婦「生產時」因母體壓迫導致胎兒頭部骨折，亦有可能為剖腹手術胎頭娩出時造成。胎兒頭部右側有10×5

公分血腫塊，於出生時應可從其外觀上發覺。

　　依據出生時病歷未見有此血腫塊之記載。依G醫院病歷記載，胎兒於產婦生產當日8時5分送至G醫院，並未顯示胎兒頭部有上述血腫塊，當日9時5分該院病歷始記載10×5公分血腫塊，所以該血塊有可能於胎兒送至G醫院診治期間始慢慢浮現於胎兒頭部。

　　剖腹產時，若胎頭娩出困難或醫師為使窘迫之胎兒儘早產出，醫師依據緊急情況下，可以用真空吸引器協助將胎頭從剖腹傷口娩出，其過程符合醫療常規。

　　按醫學期刊（Pediatric Clinics of North America第37卷(1)之第1頁至23頁）中提到胎兒出生後膚色微紫現象之可能成因有以下四大類：心臟病、肺臟疾病、代謝性疾病及血液疾病。而另一篇期刊（Progress in Cardioascular Disease第13(6)之第595頁至605頁）中，將膚色發紫現象區分成中樞型及周邊型兩類。中樞型常見的原因有源自心臟疾病之胎兒先天性心臟病及胸腔大血管先天性異常；肺部原因有呼吸抑制、肺炎、胎便吸入、先天肺發育不全、氣胸、乳糜胸、先天橫隔疝氣、血胸、呼吸道阻塞、肋膜積水及先天肺部腫瘤等；另外如中樞系統疾病、感染及變性血紅素或母親接受之藥物所致亦會產生胎兒膚色發紫。而周邊型主要地是指肢端血流阻塞，如血管異常收縮、血管栓塞或外在壓迫血管等，少數亦可能是動脈導管未關閉或先天大血管轉位及血液異常。由於膚色發紫的原因過多，因此應按原因處置。初步以維持呼吸道暢通、觀察胎兒生命跡象及給予氧氣為原則。因此被告甲之處置情形，並無不妥。

　　產婦待產到5時30分，因胎心音減慢明顯，處置後仍無法改善而行剖腹生產。於5時53分生出一體重為3500公克男嬰，新生兒評估分數於1分鐘時是7分，5分鐘時是8分。胎兒出生時情況屬穩定，醫師並無延遲剖腹。依病歷記載，胎兒於5時53分出生，經胎兒處理後於6時15分入保溫箱，於6時35分發現新生兒膚色微紫而使用氧氣治療及觀察，7時20分哭聲弱、活動力變差且呼吸急促。由於情況惡化，迅速插管急救處理後轉診。其病情發展迅速，醫師轉診應無延遲送醫之情形。

(1)依法務部法醫研究所解剖情形，肉眼觀察結果：｛死者十指嘴唇明顯發紺，頭頂摸起來似有水袋在內，他處無傷，切開後發現兩側頭皮下嚴重瀰漫性血腫｝，故該頭部瀰漫性出血情形，係切開後發現，此種出血情形有時不易於外觀上察覺。(2)該頭部瀰漫性出血情形，若未加處置，其瀰漫情形在送至G醫院急診就診期間，胎兒頭部瀰漫出血情形仍會持續發生。

2.本案送法務部法醫研究所之歷次鑑定之鑑定意見如下：

解剖結果發現兩側頭皮瀰漫性的腱膜下出血（Subgaleal hemorrhage）、右頂骨線狀骨折及硬膜下出血、研判係生產傷害，即胎兒頭部經過產道時產生的傷。綜合以上死亡經過及解剖所見，認為嬰兒係因生產傷害造成頭皮腱膜下出血、顱骨線狀骨折及硬膜下出血，導致出血性休克而死亡。

死者死因是兩側瀰漫性頭皮下出血及硬膜下出血所造成的休克。死者沒有掉到地上受傷，剖腹手術一般不會傷及頭部，所以男嬰的頭部傷害是在分娩期間胎兒頭部擠壓產道時所造成。本例所見的發紺應該只是最後心肺循環衰竭的表現，並非呼吸道受阻所造成。目前醫療單位皆不鼓勵剖腹生產，除非必要，本件無法認為其心肺循環是遲延剖腹所造成。

3.國立臺灣大學醫學院法醫學科歷次鑑定之鑑定意見，依序如下：

於91年1月15日上午5時，胎心音不規則減慢，尚無法判定為胎兒窘迫，醫護人員給予氧氣後觀察至5時30分，因胎心音減慢，懷疑胎盤早期剝離，準備剖腹產，於5時45分開始手術，剖腹產手術並未遲延。胎兒窘迫之臨床表現以胎兒心跳頻率型態為主，羊水胎糞污染與胎兒窘迫相關性不強，12～22%的新生兒自然產產程中有羊水胎糞污染，但其中只有千分之一為週產期胎兒或新生兒死亡，重度胎便染色為主觀之判定，除非併有胎兒心跳減速及心跳變頻缺乏，否則難以判斷為胎兒窘迫，本案於上午5時有胎心音不規則減慢，給予氧氣，於5時30分因胎心音減慢準備行剖腹產，於上午5時45分始行剖腹手術，並無遲延。

本案解剖後發現有「兩側頭皮瀰漫性的腱膜下出血、右頂股線狀骨

折及硬腦膜下出血」，顯示其生前有嚴重頭部外傷。這種頭部嚴重傷害狀況應該出現於上午4時40分產婦自然破水、胎兒情況變壞之後。剖腹手術是現今產科認為安全、併發症極低的手術，但依據婦產科文獻的相關統計分析，所有剖腹產案例中，在生產期間施行剖腹產發生硬腦膜下腔出血或腦出血的發生率為7.4%（N=84,417），仍有發生的可能性，惟發生頭骨骨折之機會極為罕見。死者的死因確為外傷性顱腦部損傷（traumatic craniocerebral injury），因未進入第二產程，可以排除生產時陰道擠壓的可能性。

　　91年1月15日上午8時5分，於G醫院急診室發現頭部右側有血腫塊10×5公分，但在婦產科診所時並未發現血腫塊，顯示其頭部外傷的時間，應在剖腹產至送到基隆長庚急診室之間，即當天上午5時48分至8時5分之間。綜合病歷記載及婦產科文獻的相關統計分析，死者頭部的骨折及出血，仍與生產期間施行剖腹產有時間上的相關性和醫學文獻上的可能性。

　　法院就下列問題再次函詢及回覆：

　　（又在此情況下，若以自然生產，是否會因骨盆壓迫而造成胎兒頭部骨折、顱內出血等情形？）依文獻報告，胎兒頭部骨折可能在不用任何器械助產之自然陰道生產或剖腹產發生，可能造成顱內出血，但機率極低。

　　（何謂第一產程及第二產程？骨盆腔壓迫胎頭，係在何產程會發生？）第一產程係指子宮規則收縮到子宮頸開10公分（全開），第二產程係指子宮頸全開到胎兒娩出，骨盆腔壓迫胎頭，應發生於胎頭進入骨盆腔時或進入骨盆腔後，在第二產程可能發生，在第一產程中，當胎兒頭已下降到較低位置時也可能發生。在準備剖腹產的15分鐘期間，產婦子宮頸有可能全開，但機率很低，子宮頸全開後，胎頭才能進入陰道，胎兒既然未進入陰道，故鑑定書上認定男嬰之死因顯非胎兒分娩經過陰道時所造成之傷害。

　　（依本件產婦病歷資料記載，產婦於子宮頸擴張至6公分時躁動不安，且在產台上不斷扭動身軀，請問在此情況下，胎兒頭部是否會因母親

之扭動擠壓造成傷害？若會，其原因為何？）在子宮頸擴張至6公分時，母親之扭動擠壓極少有可能造成胎兒頭部之傷害。

（本案被告稱其進行剖腹產時，胎頭很低「約在骨盆正中央往下約2、3公分」，所以其使用真空吸引器將胎頭帶出，倘被告所稱為真，請問其處理程序是否符合醫療常規？又其如此處理方式，是否會造成胎兒頭部受傷？）剖腹產時，若胎頭娩出困難，可以用真空吸引器協助將胎頭娩出，此程序符合醫療常規，但真空吸引器可能提高胎兒頭部受傷之機率，包括胎兒頭骨骨折及顱內出血。

（依貴科鑑定結果，本案男嬰之死因顯非經過產道時所造成之傷害，且頭部外傷形成時間，應在剖腹產至送至基隆長庚急診室之間，倘再排除男嬰之頭部傷害係於男嬰娩出後因外力撞擊所致，請再綜合本案全卷所有資料判定本案男嬰頭部之外傷造成之可能原因為何？其造成之原因是否為醫師之疏失，抑或醫學上無法控制或無法避免之風險？）本案男嬰頭部之外傷可能原因為真空吸引器或其他原因造成；但本案真空吸引器之使用是否符合醫療常規，依目前資料則無法得知。

依文獻報告，自然生產亦可能發生胎兒頭部骨折，但屬罕見，有文獻推測為骨盆腔或母體子宮之壓迫，但難以證明，胎頭位置越低，可能遭受之壓力越大。本案胎兒頭部骨折之原因難以判斷。

卷內資料在筆錄及答辯狀中，該醫師說明有使用真空吸引器，稱係為使嬰兒儘快娩出。但其病歷並未記載真空吸引器之使用，亦未記錄使用時機及方法，故無法判斷是否符合醫療常規。

死者頭部的骨折及出血與生產期間施行剖腹產，時間上關聯性難以判斷，無法認定為真空吸引器造成，使用真空吸引器之醫療常規，若真空吸引器壓力過大、使用過久、或使用次數過多可能增加胎兒頭部受傷機率，真空吸引器使用時間一般約數秒鐘。剖腹產手術可於30分鐘內完成，本案並未短促甚多。其過程如何無法得知，故真空吸引器之使用是否不當無法判斷。

凡曾試陰道生產之新生兒，頭部皆可能有部分腫大情況，且新生兒

頭部血腫塊，有可能剛出生時並不明顯，待血流出達較多量時才能明顯看出。新生兒頭部瀰漫性出血，剛開始可能不易察覺，若未察覺未加以處置，頭部瀰漫性出血可能持續，但若察覺後加以處置，亦未必能有效阻止其持續出血。因本案出血速度難以估計，故血腫塊在外觀上多久可以觀察出來亦難以判斷。新生兒於6時35分膚色微紫色，此時尚不易判斷新生兒有無疾患或何種疾患，給予氧氣後，在7時20分發現哭聲弱，活動力差，呼吸變喘，此時亦難診斷有何種疾病。7時25分心跳降至110次／分以下，先予以氣管插管及給予促進心跳血壓藥劑急救，再轉送基隆長庚醫院，符合醫療常規，其轉診時間並未遲延。

　　4.臺灣婦產科醫學會歷次鑑定之鑑定意見，依序如下：

　　研判上午5時產婦生產時應有胎兒窘迫之情形，且醫生應已及時處置，理由是：根據胎兒監視器心率圖變化情形及婦產科診所護理記錄單記載上午5時胎心音呈現不規則減慢，且羊水中有胎便（＋＋＋），應有胎兒窘迫之情形。醫生應即給予產婦氧氣，同時準備剖腹生產，本案是有實施「緊急剖腹」之必要，醫師於上午5時48分始進行剖腹手術之時間應無遲延，理由是：因有上述胎兒窘迫之情形，給予產婦氧氣無法完全改善，「緊急剖腹」絕對有其必要性。醫生由決定開刀5時30分至嬰兒出生5時53分共花23分鐘，退而求其次，5時時胎心音不規則減慢，包括術前準備工作及下半身麻醉、下刀，其手術剖腹之時間共花53分鐘，應無遲延。

　　該名新生兒死亡原因應為頭骨腱腹下出血及硬膜下出血，導致出血性休克而死亡。根據文獻記載（Thacker et al：1987）頭骨腱膜下出血或硬膜下出血，有少數可能因產程進展劇烈，或胎兒頭骨因通過產道嚴重鑄模（molding）或致顱骨互相部分重疊，導致顱骨下靜脈竇破裂出血，甚至顱骨骨折亦可能發生於此種狀況。雖較易見於使用產鉗或器械輔助性生產，但在自然生產或剖腹生產病人亦可能發生（Skajaa et al：1987），但因病例較少不易診斷。產婦待產過程順利，直到上午5時30分因胎心音減慢予以氧氣無法改善，懷疑胎盤早期剝離才通知家屬準備剖腹，其第一產程期間並無難產現象，子宮頸口未全開，也根本尚未進入分娩胎兒的第二

產程，更未使用過產鉗或器械輔助性生產，故該男嬰之死因顯非胎兒分娩經過產道時所造成的傷害。

生產時，必須盡量張腿以利骨盆腔擴張祈能順利生產。待產時，孕婦躁動不安甚至於雙腿夾緊時，易使骨盆腔之骨骼或肌肉及本應鬆弛的產道因擠壓而變形、扭曲造成產道狹窄，且易直接壓迫胎兒之頭部，此種直接或間接的外來壓力皆可能引發無法預測之胎兒產傷。

緊急剖腹生產時，醫師為使胎兒窘迫之胎兒儘早脫離母體，醫師依據緊急狀況下以真空吸引方式輔助娩出胎兒之決定乃醫療常規，並非絕對禁止之醫療行為。其併用真空吸引方式娩出胎兒過程，因手術傷口較產道寬大，娩出時間較自然生產快，更不易造成嬰兒之傷害。

本案是有可能因骨盆腔壓迫胎兒頭部造成胎兒頭部骨折，理由是：依臺灣大學醫學院鑑定書記載：「骨盆腔壓迫胎頭，應發生於胎頭進入骨盆腔時或進入骨盆腔後，在第二產程仍發生，在第一產程中，當胎兒頭已下降到較低位置時也可能發生。」本案於5時30分決定開刀至5時53分嬰兒出生時，因產痛甚劇亦有可能進入第二產程，有可能因骨盆腔壓迫胎兒頭部造成胎兒頭部骨折。在生產期間施行剖腹產發生硬腦膜腔出血或腦出血的發生率為7.4%足見發生此率不高，唯發生頭部骨折的機率極為罕見，但有可能發生。

本案胎兒頭部骨折是有可能因上述情形，而於產婦「生產時」因母體壓迫導致胎兒頭部骨折，理由是：該名新生兒死亡原因應為頭骨腱膜下出血及硬膜下出血，導致出血性休克而死亡。根據文獻記載，頭骨腱膜下出血或硬膜下出血，有少數可能因產程進展劇烈，或胎兒頭骨因通過產道嚴重鑄模（molding）或致顱骨互相部分重疊，導致顱骨下靜脈竇破裂出血，甚至顱骨骨折亦可能發生於此種狀況。雖較易見於使用產鉗或器械輔助性生產，但在自然生產或剖腹生產病人亦可能發生，但因病例較少，不易診斷。

依卷內資料醫師於剖腹產時，有使用真空吸引器3～5秒，依臨床經驗，剖腹產時若胎頭娩出困難，可以用真空器協助將胎頭娩出，以早期脫

離胎兒窘迫之環境。被告使用真空吸引器之程序符合醫療常規，至於是否因而傷及頭部，由病歷記載無法判斷。

一般新生兒皮膚呈紫色，初步治療給予氧氣並無不妥。但應考量其他病因，尤其是給予又未改善，且又像本病例伴隨活動力變差，呼吸變喘或有心跳降低情況，則要考慮其他潛在病因。像本病例可能是因大量出血、導致貧血造成或因已形成瀰漫性血管內凝血不全產生之紫瘢。頭皮下出血形成血腫其形成速度可能需在出生後數小時才易察覺，若又合併硬膜下出血，則可能病況惡化更為迅速。本案依病歷記載當日上午5時53分胎兒娩出，新生兒護理後至6時15分送入保溫箱，至6時35分該嬰兒活動力變差予以氧氣治療密切觀察，至7時35分突然心跳變慢、病況惡化，迅及插管急救後轉診。其病情發展迅速，醫師轉診過程應無延誤。

死者頭部右側10×5公分血腫塊，血腫塊於出生時有時與胎頭水腫不易分辨，從外觀上不能發覺血腫塊。該血塊有可能於胎兒送至G醫院診治期間，始慢慢浮現於胎兒頭部，理由是：死者於上午8時5分送至長庚醫院時，並無顯示胎頭有上述血腫塊，待當日9時5分該院病歷始記載10×5公分血腫塊，由此可知該血塊有可能於胎兒送至G醫院診治期間慢慢浮現於胎兒頭部。

偵查卷內法醫鑑定資料肉眼觀察結果一欄「頭頂部摸起來似有水袋在內，他處無傷，切開後發現兩側頭皮下嚴重瀰漫性血腫」，再依上述G醫院病歷記載，足見該新生兒由外觀上不易察覺，摸起來似內有水袋，切開後方能發現。因此胎兒頭部瀰漫出血情形，仍會在送至G醫院急診就診期間持續發生。

（四）判決結果

臺灣基隆地方法院於民國97年12月31日作成判決。被告甲無罪。

檢察官於法定上訴期間未上訴，本案判決即確定。

（五）判決理由

國立臺灣大學醫學院法醫學科最後鑑定之意見，並無法判斷被害人上述傷害是如何造成，臺灣婦產科醫學會最後之鑑定意見則認，有可能因骨盆腔壓迫胎兒頭部造成胎兒頭部骨折，法務部法醫研究所歷次鑑定之鑑定意見則均認，病患所受之傷害，係生產傷害，經過產道時產生的傷，行政院衛生署醫事審議委員則認，病患胎頭很低則有可能因骨盆腔壓迫胎兒頭部造成胎兒頭部骨折，亦有可能為剖腹手術胎頭娩出時造成。

綜合上開國立臺灣大學醫學院法醫學科、臺灣婦產科醫學會、法務部法醫研究、行政院衛生署醫事審議委員會之歷次鑑定意見，病患所受頭部傷害，上開單位均認，骨盆腔壓迫胎兒頭部造成胎兒頭部骨折之，其他原因如剖腹生產手術亦有可能。

法院就本案被告於上述時間進行剖腹手術，1.剖腹手術之時間有無遲延？2.被告為患者實施剖腹生產手術，使用真空吸引器是否符合醫學常規？3.胎兒頭部瀰漫性出血情形於外觀上是否易於察覺，又該頭部瀰漫性出血情形，若未加處置，其瀰漫情形在送至G醫院急診就診期間，胎兒頭部瀰漫出血情形是否仍會持續？4.嬰兒出生後，被告之處置有無過失？

1.剖腹手術之時間有無遲延？

國立臺灣大學醫學院法醫學科、臺灣婦產科醫學會鑑定、行政院衛生署醫事審議委員會之鑑定意見，均認被告於上述時間進行剖腹手術，其剖腹手術之時間並無遲延。足認被告當發現到胎兒心音不規則減慢時，即緊急施行剖腹生產，已盡到醫學上應注意之義務。

2.被告為患者實施剖腹生產手術，使用真空吸引器是否符合醫學常規？

依據臺灣婦產科醫學會、行政院衛生署醫事審議委員會之鑑定意見，被告為阮氏浪剖腹生產手術時，使用真空吸引器，符合醫學常規。

3.胎兒頭部瀰漫性出血情形於外觀上是否易於察覺，又該頭部瀰漫性出血情形，若未加處置，其瀰漫情形在送至G醫院急診就診期間，胎兒頭部瀰漫出血情形是否仍會持續？

　　病患經解剖切開後發現兩側頭皮下嚴重瀰漫性血腫，依據國立臺灣大學醫學院法醫學科、臺灣婦產科醫學會、行政院衛生署醫事審議之鑑定意見，參酌G醫院病歷記載，足見病患產後由外觀上不易察覺有上述兩側頭皮下嚴重瀰漫性血腫之情形。且依G醫院病歷記載，胎兒於產婦生產當日8時5分送至G醫院，並未顯示胎兒頭部有上述血腫塊，當日9時5分該院病歷始記載10×5公分血腫塊，亦可以排除病患產後有碰撞地面或其他物品之傷害。

　　4.嬰兒出生後，被告之處置有無過失？

　　嬰兒出生後，被告之處置及轉送至G醫院間之處置，依據國立臺灣大學醫學院法醫學科、臺灣婦產科醫學會、行政院衛生署醫事審議之鑑定意見，被告發現病患哭聲弱，活動力差，呼吸變喘，先予病患以氣管插管及給予促進心跳血壓藥劑急救，再轉送G醫院，符合醫療常規，其轉診時間並未遲延，均詳如前述，可以證明被告就病患出生後之處置，並未有何違反注意義務，應堪認定。

　　綜上所述，被告甲於上述時間進行剖腹手術，其剖腹手術之時間並無遲延。足認被告甲當發現到胎兒心音不規則減慢時，即緊急施行剖腹生產，已盡到醫學上應注意之義務；且均認可能係因孕婦盆腔壓迫胎兒頭部造成胎兒頭部骨折，其他原因如剖腹生產手術亦有可能；被告甲為孕婦行剖腹生產手術時，使用真空吸引器，符合醫學常規；病患產後由外觀上不易察覺有上述兩側頭皮下嚴重瀰漫性血腫之情形；被告發現病患哭聲弱，活動力差，呼吸變喘，先予病患以氣管插管及給予促進心跳血壓藥劑急救，再轉送G醫院，符合醫療常規，其轉診時間並未遲延，均詳如前述，是法院認尚查無任何積極證據足資證明被告甲有何應注意、能注意，而未及注意之醫療行為。從而本案情形與刑法過失之構成要件尚不符合，揆諸上揭判例意旨，自不能以推測或擬制之方法，遽令被告甲負業務過失致死之罪責。此外，復查無任何其他積極證據足資證明被告有何如公訴人所指訴之業務過失致人於死犯行，不能證明被告甲犯罪，揆諸上揭說明，自應為被告甲無罪之諭知。

二、延伸思考

問題一：本案產婦要求剖腹生產而被告加以拒絕，請問醫療行為之醫療裁量自由是否有範圍上的限制，以及適用或不適用之時機？

問題二：本案產婦要求剖腹生產而被告加以拒絕，而診所剖腹產大失血案（有罪判決第十九案，臺灣臺中地方法院91年度訴字第1147號刑事判決）被告順從孕婦家屬而延後剖腹產，請就其導致判決結果殊異之關鍵事實加以比較。

三、判決來源

第十三案　紅寶石雷射治療雙眼傷害案
（臺灣臺北地方法院95年度醫易字第3號刑事判決）

一、案例基本資料

（一）公訴事實與起訴意旨

醫師甲在設於臺北市區之K醫院（下稱K醫院）擔任整型外科醫師。民國94年4月7日，在G醫院診治顴骨斑點之病患L，醫師甲建議病患L以自費之方式接受紅寶石雷射治療，以去除顴骨斑點，並即於當日對病患L實施紅寶石雷射治療。病患L術後因自覺眼睛不適，曾多次前往M醫院就診。

案經告訴人（即病患L）提出後檢察官起訴指出：

醫師甲（下稱被告甲）應注意在接近病患眼睛部位實施紅寶石雷射手術時，除要求病患緊閉雙眼外，並使病患戴上護目鏡增強保護，以免電射光直接射入眼睛，依當時之情形，亦無不能注意之情事，竟疏未注意，未使病患L配戴護目鏡，貿然對其實施紅寶石雷射去除顴骨斑點，致其術後眼睛有光影顫動、光點及視覺殘影等不正常現象，而受有雙眼玻璃體混濁之傷害，因認被告甲涉有刑法第284條第2項之業務過失傷害罪。

（二）被告回應

被告不諱言有於94年4月7日G醫院以紅寶石雷射方式治療告訴人之顴骨斑點，且於進行紅寶石雷射時並未為告訴人配戴護目鏡，惟堅詞否認有何業務過失傷害犯行，辯稱：

實施紅寶石雷射時，並無患者一定需配戴護目鏡之醫療常規，況且護目鏡之閉合度不足，故伊採取要求告訴人緊閉雙眼且由伊及助手以注意告訴人眼睛閉合、以手指遮住告訴人眼部之方式防護，又告訴人罹患之飛蚊

症亦非紅寶石雷射光射入眼睛所造成，告訴人所罹患之飛蚊症等傷害與伊醫療行為間並無相當因果關係。

（三）鑑定意見

1.醫審會鑑定意見

行政院衛生署醫事審議委員會鑑定書稱：

在接近眼睛部位施行雷射治療時，除要求病患緊閉雙眼外，戴上護目鏡可增強保護，以免雷射光不慎直接射入眼睛，因此在接近眼睛部位施行雷射治療時，通常均會讓病患戴上護目鏡，如未讓其戴上護目鏡，似難脫疏失之嫌。

經法院再度針對本件雷射治療之眼睛防護方式，囑託行政院衛生署醫事審議委員會再度鑑定，該會鑑定書則認為：

最安全之方法是請病患戴上護目鏡，但是當色素斑在眼皮上或接近眼球之位置時，無法戴上護目鏡，請病人緊閉雙眼或由醫師以手指遮住病人之眼睛也是可以接受之方式。由助理在施打雷射時用手壓住病人眼睛之方法加上請病人緊閉雙眼應能達到（與護目鏡）相當之遮蔽效果，避免雷射直接射入眼球。

病患在接受治療過程中，雖緊閉雙眼，但無法保證雷射光不會直接射入眼球，其導致眼球玻璃體灼傷之機率，似無法排除。

經法院函詢「是否曾有『施行雷射治療時，因雷射光射入眼球，導致眼球玻璃體灼傷而產生雙眼飛蚊症』之個案報導？」以及「依本案之病歷記載，是否可證實病患之飛蚊症確係因雷射光射入眼球而導致眼球玻璃體灼傷所引發者？」等問題，衛生署醫事審議委員會覆稱：

國內整形外科及美容外科所舉辦之學術研討及發表於醫學雜誌之論文，並無此併發症之個案報告，搜尋國外醫學網站亦無類似之個案報告。

依本案之病歷記載，並無法證實病患之飛蚊症係因雷射光射入眼球而導致眼球玻璃體灼傷所引發。

2.其他醫療機構意見

　　法院函詢告訴人其後求診之W眼科診所、G醫院、M醫院、T醫院，各該醫療院所均明確表示告訴人之眼睛玻璃體混濁應非紅寶石雷射光射入眼睛所致，其中W眼科診所覆稱：

　　紅寶石雷射除斑之原理為利用波長為694毫微米之雷射光束照射皮膚，由於皮膚真皮層內之黑色素對此波長之光能吸收良好，此時雷射即易於鎖定目標，可選擇性的將黑色素打碎成色素顆粒，再由人體之吞噬細胞吸收後，自然代謝排除體外，達到除斑之功能，而飛蚊症之病灶發生於玻璃體腔內，因玻璃體為充滿眼球後4/5空腔的無色透明凝膠體，不含任何色素，理論上應不吸收紅寶石雷射波長之光能；另波長694毫微米之紅寶石雷射光束，其穿透深度理論上最深係達皮膚之真皮層，而玻璃體位於眼球內水晶體後方、視網膜前方，屬眼球內部之深層組織，其外部有水晶體、虹膜、前房、角膜及眼皮等組織，理論上其深度應超出紅寶石雷射之正常穿透深度，基於以上兩項原理，正常情形下，紅寶石雷射誘發或導致玻璃體病變之機率應該不高。

　　G醫院覆稱：

　　就醫學而言，病患所罹飛蚊症可能係偏頭痛或眼部退化所造成，而應非雷射去斑手術所使用之雷射光不慎射入病患之眼球內，或於雷射去斑手術時、眼睛直視雷射光所導致。

　　M醫院覆稱：

　　無醫學報告證明雷射光會導致玻璃體混濁。

　　T醫院則覆稱：

　　根據獻上文獻記載（如「PubMed」、「Medline」等），並無由皮膚科雷射手術而造成玻璃體混濁之報告。許多因素會造成玻璃體中產生沈澱物，或促進玻璃體退化，進而使得玻璃體漂浮不透明物質，不透明物質漂進視線內則感到視覺上有漂浮物，即為飛蚊症。

（四）判決結果

臺灣臺北地方法院於民國97年12月31日作成判決。被告甲無罪。
檢察官於法定上訴期間未上訴，本案判決即確定。

（五）判決理由

本件起訴主張事實為告訴人雙眼因被告使用之紅寶石雷射光產生玻璃
體混濁而罹患飛蚊症，是眼科醫師或醫院眼科部本即得基於專業知識判斷
紅寶石雷射光有無引發飛蚊症之可能性，上開證明力之爭執顯非可採。綜
上，是本件亦無積極證據足認被告實施紅寶石雷射時未為告訴人配戴護目
鏡之行為與告訴人主訴玻璃體混濁、飛蚊症等傷害間有何相當因果關係存
在。

衛生署醫事審議委員會鑑定書雖認「病患在接受治療過程中，雖緊閉
雙眼，但無法保證雷射光不會直接射入眼球，其導致眼球玻璃體灼傷之機
率，似無法排除」，而似謂被告於實施紅寶石雷射時未替告訴人配戴護目
鏡之過失，與告訴人事後罹患雙眼玻璃體混濁有相當因果關係存在。惟告
訴人是否確罹有雙眼玻璃體混濁，允非無疑，已如前述，況其後衛生署醫
事審議委員會就法院函詢是否曾有施行雷射治療時，因雷射光射入眼球，
導致眼球玻璃體灼傷而產生雙眼飛蚊症之個案報導；以及依本案之病歷記
載，是否可證實病患之飛蚊症確係因雷射光射入眼球而導致眼球玻璃體灼
傷所引發等問題，該會覆稱皆為否定。

告訴人於偵查中固另提出S醫師於網路上刊載關於雷射美容之文章為
證，然此證據未據檢察官引用作為證明本件起訴事實之證據，且核此為一
般醫學見解之介紹，並非針對本案情形立論，又非檢察官或本院囑託鑑
定，自非可作為證明本件犯罪事實之論據，亦無證據能力，末此敘明。

綜上所述，本件告訴人是否確受有雙眼玻璃體混濁之傷害尚有不明，
且亦難認被告為告訴人實施紅寶石雷射之際有何違反醫療常規之過失行
為，且更無積極證據足認被告使用紅寶石雷射為告訴人施行之治療行為與

告訴人主訴之傷害間有相當因果關係存在，自難徒以告訴人之指述，認被告甲就本件醫療行為，有何業務過失傷害之犯行；此外，復查無其他積極證據足認被告甲有公訴意旨所指業務上過失傷害犯行，不能證明被告甲犯罪，依前開說明，自應為被告甲無罪之諭知。

二、延伸思考

問題一：請問衛生署醫事審議委員會鑑定意見與其他醫療機構意見之間，是否為相互矛盾之對與錯關係？如果你的答案為是，何者對或何者錯？如果你的答案為否，則醫事審議委員會鑑定意見與其他醫療機構意見之間的關係應為何，是否有將兩者協調整合的可能性？

問題二：同是出自雷射美容專家的意見，為何法院不採信公開在網路上的文章，卻採信其他診所醫院相關專家？針對個案之意見與一般性的意見如何影響過失之分析？

三、判決來源

第十四案　診所剖腹產羊水栓塞案
（臺灣新北地方法院97年度醫訴字第1號刑事判決）

（一）公訴事實與起訴意旨

醫師甲為臺北縣板橋市Q婦產科診所（下稱Q診所）之婦產科主治醫師。民國95年12月18日上午11時許，產婦T在Q診所由醫師甲進行剖腹產，在產後突然呼吸困難、嚴重缺氧，到95年12月20日凌晨3時50分許，產婦T呼吸困難越來越明顯，且指甲有點發紺，醫師甲攔計程車送產婦T到D醫院，其至D醫院急診時已心跳停止。

案經檢察官起訴指出：

醫師甲（下稱被告甲）本應注意羊水栓塞係產科急症，其臨床常見症狀為突發之呼吸困難、心跳變慢，然後急速惡化至心肺功能衰竭，也可能出現中樞神經缺氧、神智不清，最後導致昏迷，當產婦有上開症狀時，應先以供氧設備給予氧氣，以抒解呼吸不順情形，並進行詳細檢查確認是否罹患羊水栓塞，且轉院過程中，亦應給予產婦氧氣供氧，而依當時情形均無不能注意之情事，於隔日（19日）晚上9時許，在產婦T出現嚴重嘔吐現象，並有鼻塞、胸悶、喘及血壓上升達170/90 mmHg等症狀時，僅給予降血壓藥物（Apresoline）以緩解，於同月20日凌晨2時許，產婦T復出現上開症狀時，又僅給予降血壓藥物（Apresoline、Lasix）及抗鼻塞藥物（CTM）治療，於同日（20日）凌晨3時25分許，產婦T再出現上開症狀且變得焦躁不安，於同日凌晨3時50分許，產婦T血壓上升高達182/112 mmHg，並出現指甲發紺、呼吸困難等症狀時，又給予降血壓藥物（Apresoline）治療，診療過程中均疏未注意產婦T產後出現上開症

狀，應先以供氧設備給予氧氣，並進行詳細檢查確認是否羊水栓塞，於同日凌晨4時許，被告甲陪同產婦T之配偶搭乘計程車，將產婦T轉送D醫院急救，竟疏未注意轉院過程亦應給予產婦T氧氣供氧，致其至D醫院急診時已心跳停止，腦部電腦斷層檢查顯示hypoxic-ischemic encephalopathy（簡稱HIE，缺氧性腦病變），於96年1月25日下午6時55分，仍因敗血性休克及缺氧性腦病變不治死亡。因認被告甲涉有刑法第276條第2項之業務過失致死罪。

（二）被告回應

被告甲否認有何公訴人所指之業務過失致死犯行，稱：

病患是罹患羊水栓塞，因為她是在產後突然呼吸困難、嚴重缺氧，到95年12月20日凌晨3時50分許，我排除其他產科急症，才判斷如此。在此之前，因她只是鼻塞、呼吸不順暢而已，非屬特異症狀，且她本身也有慢性鼻炎的問題，所以我並沒有想到是羊水栓塞。到了95年12月20日凌晨3時50分許，因為她呼吸困難越來越明顯，且指甲有點發紺，所以我這時才判斷她疑似羊水栓塞。我們診所內是有供氧設備，但是放在地下室，而病患當時是在一樓的病床，將供氧設備搬上來還要10分鐘，且我認為羊水栓塞不是單純給氧就好，需要大的醫療團隊來支援，當時我們已經聯絡119，119在民生橋下，離我們診所大約100公尺，救護車上就有氧氣設備可以使用，且我認為爭取時間最重要，所以我才沒有提供氧氣給病患。後來我們等了1分鐘救護車還沒有來，我覺得不宜再等，就直接攔計程車到D醫院，在車上我看她的情況似乎不好，有對她做口對口人工呼吸及心臟按摩。我認為我當時已經選擇對病人最有利的處理方式，這是我開業18年來第一個處理的疑似羊水栓塞的案例，我也是很著急。當初轉診時是我決定要轉到D醫院的，因為我覺得D醫院的醫療是比較頂尖的。衛生署鑑定意見認為我沒有供氧有疏失，此部分我有意見。

（三）鑑定意見

1.醫審會意見

行政院衛生署醫事審議委員鑑定意見認為：

病患於剖腹生產後，突然呼吸困難，不久後意識不清，此為非特異性之症狀，但可能為羊水栓塞之臨床表現，而其他疾病如妊娠毒血症、急性肺水腫等，亦可能有類似之症狀表現。

被告如未做進一步檢查，難脫醫療疏失之嫌；且被告在處理過程中，並未供給產婦T氧氣，亦難脫疏失之嫌。

羊水栓塞係一種無法預防之產科急症，其臨床表現非常多樣化；而依上開說明，亦可知羊水栓塞之死亡率極高，目前亦無資料顯示有改善罹患羊水栓塞預後之有效治療方式。

2.法醫意見

法醫研究所鑑定後略認：

病患最後因敗血性休克死亡，這是結果，無法反應原來造成的起始原因。病患最原始的表現有呼吸急促和血液內疑有瀰漫性血管內溶血症的表現，並無法完全否定羊水栓塞症所造成，只是未經解剖，無法判定其存在與否。

（四）判決結果

臺灣新北地方法院於民國98年06月05日作成判決。被告甲無罪。

檢察官於法定上訴期間未上訴，本案判決即確定。

（五）判決理由

法院參諸前揭卷附相關資料，可知產婦T在產後即已出現鼻塞、胸悶、喘、嘔吐及血壓上升之情形，被告甲雖有給予藥物緩解治療，但並無進一步檢查之相關資料或記載，且產婦T既有呼吸不順之情形，則被告甲在處理過程中（包含嗣後之轉院過程中），亦應以供氧設備給予病患氧

氣，以緩解其呼吸不順之狀況。

　　至被告甲雖以其之供氧設備係置放在診所地下室，為爭取時間，且認救護車旋將來至，故始未對產婦T供氧等前揭情詞置辯。然Q診所之供氧設備本應放置在隨時可緊急對產婦T供氧之處，該診所竟將之放置在不便於對病患供氧之處，此項疏失之責自應由該診所承擔，被告既身為Q診所之負責人兼院長，自難推諉其無此方面之疏失，其理實毋庸贅言。

　　另公訴檢察官雖認被告未將產婦T轉診至其診所附近之A醫院，而轉診至較遠之D醫院，且係搭乘計程車轉診，亦有疏失。惟D醫院與Q診所之距離，雖較遠於A醫院，但亦非至遠，且衡以轉診當時係凌晨4時許，路上往來車輛稀少，交通時間應可明顯縮短，而D醫院之醫療技術本較受國人推崇，被告甲如本此判斷決定將產婦T轉診至D醫院，尚難認有何疏失之言。再者，被告甲以計程車將產婦T轉診至D醫院，而未以救護車載送乙節，姑不論是否即如被告甲所辯，乃係因其曾有電話聯絡救護車，惟救護車遲遲不至之緣故。但此部分主要之問題，仍在於轉診過程中，被告甲未供給產婦T氧氣，而非以何車輛載送之問題，此亦經前揭醫事審議委員會認定在卷，自僅需認定被告甲有疏未供給病患氧氣之疏失即可。

　　被告甲雖有前揭醫療上之疏失，但其疏失與產婦T之死亡結果間究竟有無因果關係。倘被告甲前揭疏失難以認定與產婦T死亡具有因果關係，即難繩以被告業務過失致死之責，當不待言。

　　觀諸前揭醫事審議委員會鑑定書所載，產婦T於剖腹生產後，突然呼吸困難，不久後意識不清，此為非特異性之症狀，但可能為羊水栓塞之臨床表現，而其他疾病如妊娠毒血症、急性肺水腫等，亦可能有類似之症狀表現。故依此鑑定結果，產婦T之死亡之起始原因究係為何病症，該鑑定並未予以明確認定，實難遽認產婦T確係因羊水栓塞或其他何種病症，始導致上開產後不適之症狀。為查明產婦T於產後所發生不適之症狀究係羊水栓塞，抑或係其他病症所造成，爰函請法務部法醫研究所予以鑑定，該法醫研究所鑑定後略認產婦T最後因敗血性休克死亡，這是結果，無法反應原來造成的起始原因；產婦T最原始的表現有呼吸急促和血液內疑有瀰

漫性血管內溶血症的表現，並無法完全否定羊水栓塞症所造成，只是未經解剖，無法判定其存在與否。是依上述鑑定結果，雖認「無法完全否定羊水栓塞」，但亦認未經解剖，而「無法判定」。故產婦T於產後究係因何病症，始引發其呼吸急促等身體不適之症狀，猶尚難遽加認定。

　　從而被告甲固有前揭未對產婦T做進一步檢查，且在處理過程中，亦有未供給氧氣之若干疏失，但產婦T究係因何種病症始引發前揭身體上不適，既仍無法明確認定，則被告甲之上述疏失，在對於該病症之處理上，是否會導致本件敗血性休克之死亡結果，進而認被告甲之疏失與該死亡結果間具有因果關係，顯然亦無法逕以採認，其理甚屬灼然。

　　「根據教科書羊水栓塞死亡率達百分之九十，無資料顯示任何一種治療介入可以改善罹患羊水栓塞的預後」（參見最高法院97年度台上字第5632號判決意旨）；又按「再依上開行政院國軍退除役官兵輔導委員會臺北榮民總醫院及國立臺灣大學醫學院附設醫院函記載，羊水栓塞並無絕對或特殊有效之治療方法。則被告等縱有延誤對被害人輸血情形，亦與被害人之死亡無必然關係」（參見最高法院89年度台上字第4821號判決意旨）。是以本件縱認產婦T產後所發生前揭身體不適，確係因罹患羊水栓塞所引起。然參諸前揭卷附行政院衛生署醫事審議委員會鑑定書所載，羊水栓塞係一種無法預防之產科急症，其臨床表現非常多樣化；而依上開說明，亦可知羊水栓塞之死亡率極高，目前亦無資料顯示有改善罹患羊水栓塞預後之有效治療方式。則被告甲雖有上述疏未做進一步檢查、疏未供給產婦T氧氣之疏失，但是否係因其疏失始導致產婦T之死亡結果，抑或係無論被告有無此等疏失存在，然產婦T既已罹患此種不可預防之羊水栓塞急症，在其高致死率及無有效治療方法之情況下，均同樣會導致病患死亡之結果，因無更為積極之證據足資在明，實無法率爾認定。既無從認定被告甲之上述疏失通常會導致產婦T之死亡結果，即無從認其間具有相當因果關係。故前揭卷附之行政院衛生署醫事審議委員會鑑定結果亦始同認：被告甲雖難脫上述疏失之嫌，但與產婦T之死亡難認有因果關係等語，更徵其明。

　　綜上所述，被告甲究否確有業務過失致死之犯行，尚無足夠之證據予以證明，法院認為仍存有合理之懷疑，猶未到達確信其為真實之程度，自不能遽認被告甲確有被訴之犯行。此外，檢察官復未提出其他積極證據，資以證明被告甲確有其所指之犯行，揆諸首揭法律規定與說明，既無足夠證據確信公訴意旨之指述為真實，不能證明被告甲犯罪，自應為被告甲無罪判決之諭知。

二、延伸思考

　　問題一：判決書中指出「一樓的病床，將供氧設備搬上來還要10分鐘」，按當時醫療機構設置相關指引，容否有行政法之討論空間？

　　問題二：本案似因羊水栓塞死亡率達90%、無法預防、且無有效治療方法，因而認為被告即便沒有未供氧的疏失，亦難以避免病患死亡之不幸結果。請問此見解是否即所謂「主力近因原則」？如假設死亡率為70%，是否維持同一結論？

三、判決來源

第十五案　急性心肌梗塞術後在家猝死案
（臺灣臺北地方法院97年度醫自字第5號刑事判決）

一、案例基本資料

（一）自訴事實與意旨

　　病患L於九十五年八月二十一日上午十時五十五分因胸痛、心悸至臺北市區M醫院內科門診就診，因心電圖檢查顯示急性心肌梗塞，於十一時一分許被轉至 急診室，病患L主訴胸口悶痛，當時體溫37度C，脈搏125次／分，血壓150/85 mmHg，呼吸20次／分，意識狀態清醒。經心臟內科醫師甲（下稱被告甲）診視後，心肌梗塞之嚴重度為Killip第I期，於當日十四時許接受緊急心導管氣球擴張術及血管支架置放治療，於接受心導管手術後，進展為Killip第II期，術後病患L仍偶有心博過速現象，且經檢驗後發現有甲狀腺機能亢進。病患L住院期間，被告甲開立Isosorbide mono-nitrate等藥物治療心肌梗塞及甲狀腺亢進。八月二十六日十三時許病患L體溫36.7度C，脈搏90次／分，血壓134/72 mmHg，呼吸20次／分，病患L因狀況穩定，經醫師診視後出院，並攜帶Isosorbide mononitrate等藥物回家服用，病患L於八月三十日早上在家中遭自訴人發現已死亡。

　　案經自訴人（即病患L之父）提起自訴，意旨略以：

　　被告甲為M醫院之醫師，病患L為自訴人之子。病患L於民國九十五年八月二十一日因胸悶至M醫院診病，經告知係急性心肌梗塞，因此聽從被告甲醫囑立即住院並施行心導管支架手術。於手術後，除了未給予應有檢查及詢問外，在出院時，亦未告以接受手術者應有之注意事項；尤有進者，對實施此種手術者在術後應開給「耐絞寧」，以備在若有胸悶痛等緊急情況時可服用，被告甲竟疏忽未給藥，導致病患L於九十五年八月三十

日早上被發現因心肌梗塞導致心肺衰竭而死於家中，死時電視未關閉，並戴著眼鏡，送院前即死亡。

病患L之心肌梗塞既已診斷出，且已治療，被告甲若在術後開藥給予病人隨身攜帶俗稱「舌下片」之「絞痛寧」藥片，則病患L猝死之慘劇絕對不會發生，被告甲顯有業務過失甚明。事件發生後，自訴人多次與醫院連絡希望給予未開藥物之原因，醫院皆推拖敷衍，因認被告甲涉犯刑法第二百七十六條第二項之業務過失致人於死罪。

（二）被告回應

其對於擔任被害人自九十五年八月二十一日起至八月二十六日止在M醫院住院時之主治醫師，且於九十五年八月二十六日經其判斷病患L之病情狀況已達可出院程度，遂讓病患L出院之事實坦承不諱，然堅決否認有何業務過失致人於死之犯行，並稱：

病患L已沒有持續胸悶、胸痛之症狀，經以心肌梗塞酵素檢查後認已回復正常，心電圖亦無特別變化，故其判斷可以讓病人出院。由於病患L在住院期間就有抽菸之情形，故有告知其絕對不可以再抽菸，如果有胸悶情形要立即回診，同時也依照病患的情形給藥。舌下含片只是減輕改善症狀，對於心肌梗塞後的死亡率並沒有改善，所以醫療常規並沒有說出院時一定要給予舌下含片，而且其在病患出院時已經開立醫囑給予與硝化甘油同類藥物之口服型長效型血管擴張劑，其並無醫療疏失。

（三）鑑定意見

法院將下列問題送行政院衛生署醫事審議委員會鑑定：

①本件造成病患心肺衰竭死亡之原因為何？與其甲狀腺功能亢進之症狀有無直接關聯？②甲狀腺功能亢進在臨床上有何症狀？甲狀腺功能亢進對於罹患急性心肌梗塞之病人有何影響？應如何處理？③病患在住院期間有無持續呈現心悸、心博過速，並有DOE之情形？如有，醫師應做如何適當之處理？④對於罹患急性心肌梗塞，當做完動脈氣球擴張術以及

放置支架手術，合併有甲狀腺功能亢進之病人，對於其病情與自我照護，應如何告知？⑤對於因罹患心肌梗塞而接受治療性心導管術治療之病患，NTG（硝酸甘油舌下含片）功能為何？在病患發生緊急狀態時所扮演之角色為何？病患出院時是否有應給予NTG攜帶回家服用之醫療常規？本件被告於病患出院時，是否已開給Isosorbide mononitra口服硝化劑供病患攜帶回家服用？若是，是否還有另再給予NTG之必要？NTG與Isosorbide mononitra之藥效、功能是否相同？⑥對於罹患有急性心肌梗塞之病人，是否建議在離院前再加作心電圖或心肌酵素之檢驗以確定病情是否穩定？病患離院前有無做上開檢驗。若未做上開檢驗，與病患嗣後發生死亡之結果有無直接關聯？⑦病患係Killip第I期或第II期之病人？依據醫學文獻統計，Killip第I期與第II期之病人死亡率為多少？

　　審議委員會針對上開問題之鑑定意見為：

　　①病患係於家中突然死亡，死亡當時無人目擊發作情形，屍體相驗結果顯示無他殺嫌疑，故嚴格說來，病患之死亡原因不明。按醫學上對於此種原因不明死亡，若病人於近日內曾發生嚴重心臟疾病（包括心肌梗塞、心臟衰竭或心室顫動），傾向認定為「心因性死亡」，即因為突發心臟疾病而死亡。病患先前曾發生心肌梗塞，故其死亡原因，根據目前醫學見解，可認定為由於心臟病發所致。至於甲狀腺功能亢進會造成心跳加速、心臟收縮增強，並不會直接造成心臟停止跳動，故與病患之突然死亡無關聯。

　　②按甲狀腺功能亢進之循環症狀會造成心跳加速、心臟收縮增強及血壓上升，因此會增加心臟之負擔，故對於罹患急性心肌梗塞之病患會加重其症狀。因此，若心肌梗塞病人合併有甲狀腺功能亢進，首要應使用乙型阻斷劑降低心跳，減輕心臟負擔，同時輔以抗甲狀腺藥物。被告於病患住院期間有開立乙型阻斷劑Dilatrend（carvedilol）及抗甲狀腺藥物Methimazole治療，其處置符合醫療常規。

　　③依所附卷證資料，病患並無持續心博過速狀況。按醫學上定義，心博過速，必須每分鐘心跳超過100次以上，方可認定。如病患確有心博過

速，醫師應追究可能造成心博過速之背後原因，並加以處理。

④對於罹患急性心肌梗塞，做完心導管手術合併有甲狀腺亢進之病患一般會告知其應注意心導管傷口有無出血或血腫，出院兩週內不宜做激烈運動，若有不適立即就醫，如服用抗甲狀腺藥物之後是否仍有心跳持續過快、高燒等事項。依所附卷證資料，醫院護理人員有提供病人攜回藥物內容、服用方式、注意事項等告知事項，符合醫療常規，並未發現有疏失之處。

⑤按NTG（硝酸甘油舌下含片）為一種血管擴張藥物，其功能為擴張血管。當心臟冠狀動脈狹窄阻塞時，使用NTG能夠使其暫時擴張，改善冠狀動脈血流。故在病患發生緊急狀態（心肌梗塞）時，使用NTG能夠減輕病患胸悶症狀，但病患仍須迅速就醫，將狹窄阻塞之血管打通，才是正規治療。NTG與Isosorbide mononitrate均為硝化劑，功能相同，NTG之藥效短（約數分鐘），Isosorbide mononitrate之藥效長（約十二小時）。按美國心臟學會二〇〇四年公布之心肌梗塞治療指引，與NTG同類口服硝化劑，可使用於住院中仍持續胸痛、且血壓不致偏低之心肌梗塞病患。治療成功（接受心導管治療血管已打通）得以出院之病患，則並無非使用口服硝化劑或NTG不可之醫療常規。查被告於病患出院時，已開立口服硝化劑Isosorbide mononitrate供其攜帶回家服用，故無再給予NTG之必要。

⑥按美國心臟學會二〇〇四年公布之心肌梗塞治療指引，若病患狀況穩定，無胸悶不適症狀，並無建議在離院前加做心電圖或心肌酵素檢驗之必要。被告於病患出院當日有做心電圖顯示心肌梗塞後之變化，尚無異常發現，故無疏失之處，從而與病患嗣後發生死亡之結果並無關聯。

⑦查所附卷證資料，病患係Killip第II期之病人。按美國心臟學會二〇〇四年公布之心肌梗塞治療指引，Killip第I期病患心肌梗塞發生後三十日內之死亡率平均為6%，Killip第II期病患心肌梗塞發生後三十日內之死亡率平均為16%。

（四）判決結果

　　臺灣臺北地方法院於民國98年11月30日作成判決。被告甲無罪。

　　自訴人於法定上訴期間未上訴，本案判決即確定。

（五）判決理由

　　法院認同醫療鑑定結果，認為被告對病患所為之醫療行為符合醫療常規，且病患死亡結果之發生與被告之診療行為並無何因果關聯性，實灼然甚明。本案事證已臻明確，自訴人代理人爭執前開鑑定書之內容，稱被告之醫療行為並未符合醫療常規，請求本院再送補充鑑定，實無必要。

　　綜上所述，被告對病患所為之醫療行為並無何違反醫療常規之處，病患死亡之發生與被告之診療行為並無相當因果關係，自難以刑法上之業務過失致人於死罪相繩。

二、延伸思考

　　問題一：本案發生期間（2006年前後），國內或國外心導管氣球擴張術及血管支架置放治療的平均住院天數為何？個案住院天數是否為醫師注意義務判斷之適當參考指標？

　　問題二：同為醫師同意病患出院後，病患疑因心肌梗塞發病死亡，試比較本案與疝氣手術併胸痛未轉診案（有罪判決第六案，臺灣臺北地方法院92年度簡字第536號刑事判決）導致結果殊異的關鍵事實。

三、判決來源

第十六案　診所藥物過敏休克案
（臺灣屏東地方法院99年度易字第919號刑事判決）

一、案例基本資料

（一）公訴事實與起訴意旨

　　醫師甲係屏東縣A診所（下稱A診所）醫師，護理人員乙則擔任該診所之護士。病患G（即告訴人）於民國98年3月17日上午9時許，因感冒至A診所就診，並由醫師甲診斷為急性支氣管炎，開立處方箋囑，由護理人員乙為病患G施打非類固醇消炎止痛劑Ketoprofen 50毫克、Dyphyllin 1安瓶之靜脈注射，病患G於接受上開針劑注射後，有過敏性休克，經送恆春T醫院（下稱T醫院）救治，始於同年月20日康復出院。

　　案經檢察官起訴指出：

　　醫師甲（下稱被告甲）明知護理人員乙（下稱被告乙）未具護理人員資格，復明知病患G有對非類固醇消炎止痛劑Voren過敏之病史，不宜使用他種非類固醇消炎止痛劑，以避免發生藥物過敏，竟應注意且能注意而未注意，仍開立處方箋囑由被告乙為病患G施打非類固醇消炎止痛劑Ketoprofen 50毫克、Dyphyllin 1安瓶之靜脈注射，致病患G接受上開針劑注射後，受有過敏性休克之傷害，經送T醫院救治，始於同年月20日康復出院，因認被告甲、被告乙均涉犯刑法第284條第2項前段之業務過失傷害罪嫌。

（二）被告回應

　　被告甲固坦承有於前揭時、地，為病患G診療後開立Ketoprofen，且明知被告乙未具護理人員資格，仍囑由被告乙為病患G施打Ketoprofen之事實，惟堅詞否認有何業務過失傷害犯行，辯稱：

病患G就診當日未攜帶健保卡，故無從自健保卡片上之註記得知其究係何種藥物過敏，且其前於95年9月18日在伊診所就診時，就已經使用過Ketoprofen而無過敏現象，因此伊再次以Ketoprofen為病患G治療並無過失。

被告乙固坦承其無護理人員資格，並有於前開時、地為病患G注射醫師所開立之Ketoprofen之事實，惟堅詞否認有何業務過失傷害犯行，辯稱：

伊係依照醫師所開立之處方箋正確施打藥劑。

（三）鑑定意見

1.醫審會鑑定意見

(1)非類固醇消炎止痛劑過敏個案用藥

對某一種非類固醇消炎止痛劑過敏，一般而言，對另一種非類固醇消炎止痛劑也會過敏之機會，在70%以上，故原則上對Voren過敏之病患，不應使用Ketoprofen。

(2)Ketoprofen使用

Ketoprofen注射用法之適應症為【不能口服病患之癌症疼痛及手術後疼痛】，且依仿單中並須加刊警語【本品有引起氣喘或循環性崩潰之虞】，本案病患經醫師診斷為急性支氣管炎，而醫師處方注射50毫克之Ketoprofen，與醫療常規不盡相符。

2.屏東縣醫師公會

醫師若依「合法藥物」所表示之使用方法開立處方，應已符合「正當使用」該藥物。

（四）判決結果

臺灣屏東地方法院於民國100年09月27日作成判決。被告甲、乙均無罪。

檢察官於法定上訴期間未上訴，本案判決即確定。

（五）判決理由

1.本件經送醫審會鑑定後認「對某一種非類固醇消炎止痛劑過敏，一般而言，對另一種非類固醇消炎止痛劑也會過敏之機會，在70%以上，故原則上對Voren過敏之病患，不應使用Ketoprofen」，是依醫審會之鑑定意見可知對於Voren過敏之病患，對於Ketoprofen因有高風險之過敏可能，故不建議使用。而告訴人既已於95年9月18日經被告甲診治後注射Ketoprofen已如前述，且告訴人斯時並無因注射Ketoprofen而引起過敏致轉診至其他醫院治療之情，亦經告訴人以證人身分於本院審理中證述屬實，是告訴人前既曾於安康診所經被告診斷後注射Ketoprofen且無不良反應，故被告甲於98年3月17日為告訴人診治時，因認告訴人非為對Keto-profen過敏之高風險群，而得使用Ketoprofen，實屬合理，尚難僅以醫審會前開鑑定意見，即遽以之為認定被告甲業務過失傷害犯行之依據。

2.被告甲雖陳稱，伊係以Dyphylline治療告訴人之支氣管炎，Keto-profen則係為治療告訴人頭痛、腰痠背痛等疼痛症狀而處分，醫審會認伊以Ketoprofen治療告訴人支氣管炎，與醫療常規不盡相符部分，容有誤會，然醫審會所謂不符醫療常規部分，係指告訴人係患急性支氣管炎，此並非業經行政院衛生署以85年函示所公告之Ketoprofen之適應症「癌症或手術後疼痛」情形，因認被告甲就非癌症或手術後疼痛之告訴人，投以有引起氣喘或循環性崩潰之虞之Ketoprofen治療之舉與醫療常規不符，並非認定被告甲以Ketoprofen治療告訴人之支氣管炎乙情與醫療常規不符。

3.查A診所於本件案發當時所使用含Ketoprofen成分之注射液，係採用安星製藥股份有限公司所製造之行政院衛生署衛署藥製字第030442號藥品（中文品名克得注射液25公絲／公撮〈可多普洛菲〉，英文品名〈Ketoprofen Injection 25 mg/ml "ASTAR"，下稱克得注射液），而克得注射液在行政院衛生署所核發之許可證上，關於適應症部分則記載「鎮痛、消炎（風濕性關節炎、痛風、腰酸背痛及手術外傷後之疼痛）」乙情，是斯診所使用含Ketoprofen成分之克得注射液，其標籤、仿單或包

裝就適應症部分應與其許可證有相同記載，則被告甲為告訴人所開立含
Ketoprofen成分之克得注射液，既係經行政院衛生署所核准之合法藥物，
且告訴人斯時病狀亦符合克得注射液所附之標籤、仿單或包裝上所載適應
症，應可認被告甲前開為告訴人開立Ketoprofen之醫療處置應無不當。

4.至前開85年函示中雖載明Ketoprofen有引起氣喘或循環性崩潰之
虞，然上開85年函示所發布之對象係相關公、協會，再由相關公、協會
就該函之內容轉知其會員乙情，然觀其通知方式係轉知各公會及刊登於雜
誌，並無就各會員為個別通知，各會員是否能因此得知刊登內容尚屬不確
定。反觀藥事法第48條之1之規定，製造、輸入藥品，應標示中文標籤、
仿單或包裝，始得買賣、批發、零售；且就標籤、仿單或包裝上所記載，
依同法第75條之規定，藥品之主要成分含量、用量及用法、主治效能、
性能或適應症、副作用、禁忌及其他注意事項，均經行政院衛生署核准後
始得刊載。故藥品所附之標籤、仿單或包裝上所記載，既經行政院衛生署
核准，其記載當屬可信，而標籤、仿單或包裝既依法須附隨於藥品，當可
期標籤、仿單或包裝上所為記載應屬醫療從業人員得周知之事項，是醫療
從業人員只要遵循標籤、仿單或包裝所為記載用藥，已足認其在用藥方面
並無疏失。是被告甲依該記載而為告訴人開立Ketoprofen之醫療處置，實
難認有何不當，因難認被告甲開立Ketoprofen之舉該當於業務過失行為。

5.又告訴人確實於經注射被告所開立之藥品後產生過敏性休克傷害乙
情，惟藥物過敏為後天所發展出來之病態，病患可能不知不覺中發展出藥
物過敏，因此可以第一次使用就發生過敏，也可能是在慢性長期接觸下逐
漸過敏，因此有可能以前使用時沒有過敏，再次使用時才出現過敏。因此
無論病患是否有藥物過敏之病史，所有非類固醇消炎止痛劑，在使用時或
使用後，都須注意病患是否有過敏之相關症狀表現。臨床上是靠詢問過去
病歷及觀察病患使用之狀況得知，並無可用之常規檢查，以預測病患是否
會過敏。即使過去不會對Ketoprofen過敏之人，在使用之後仍可能發生過
敏性休克，故注射Ketoprofen後，應注意病患是否發生過敏現象，立即採
取適當步驟即時處理等情。被告甲為告訴人注射Ketoprofen後，細察告訴

人之身體變化，並即時為告訴人採取適當急救措施並轉診，就此部分被告甲更無疏失可言，因認被告甲就告訴人於98年3月17日於診所之診療，並無何業務過失行為。

6.檢察官未以被告甲明知被告乙未具護理人員資格，竟仍指示被告乙為告訴人施打Ketoprofen為由，因認被告甲有過失，惟查護理人員法第37條，對於未具護理人員資格而執行護理人員業務者，其本人及雇主，均設有科處罰鍰之規定，然此僅係行政上之管理，非謂未具護理資格之人所為之醫療行為，一概均有過失可言。本件告訴人所受傷害，實肇因於告訴人體質上無法預測之過敏乙情，倘斯時係由具護理資格之人員為告訴人注射，亦無法避免告訴人過敏結果之發生，實難據之認告訴人所受傷害，與被告甲明知被告乙未具護理人員資格仍指示其為告訴人注射乙事有何因果關係。

綜上所述，除難認被告甲有何不當醫療措施，而致告訴人受有前開傷害外，亦難認被告甲明知被告乙無護理人員資格，與告訴人所受傷害間有何因果關係，又檢察官所提出之各項直接、間接證據及所闡明之證明方法，均尚未達到使通常一般人均不致有所懷疑，而得確信其為真實之程度，無從說服法院以形成被告甲有罪之心證，是依罪證有疑、利於被告之證據法則，即不得遽為不利於被告甲之認定。此外，法院復查無其他積極證據足資證明被告甲有何公訴意旨所指之業務過失傷害犯行，揆諸前開規定及判例意旨所示，既不能證明被告甲犯罪，自應為被告甲無罪之諭知。

至A診所容留未具護理人員資格者擅自執行護理業務，而違反護理人員法第29條；及被告甲僱用未取得護理人員資格之被告乙執行護理人員業務，被告甲、乙各均違反護理人員法第37條前段之規定等部分，因僅違反上開行政罰，而未涉刑事責任，自應由公訴人將彼等移送衛生主管機關裁處，併此敘明。

二、延伸思考

問題一：醫事鑑定意見的正確性建立在檢方或法院提供之事實完整性上，本案竟忽略病患先前曾在被告診所施打相同藥劑未過敏之事實，而選擇性僅提供病患曾對屬於同一類但不相同藥物過敏之病史作醫事鑑定，此雖可能為資訊提供者不解資訊之醫學關鍵性所致，但卻足以嚴重影響被告之合法權益。請試從制約與平衡（check and balance）角度探討避免與防範此類情況發生之可能性。

問題二：若病患對非類固醇消炎止痛劑類用藥Ketoprofen不會過敏，另使用同類藥品Voren時，醫師於使用前是否應進行皮膚測試？

三、判決來源

第十七案　心肌梗塞急救時機案
（臺灣臺中地方法院100年度醫訴字第7號刑事判決）

一、案例基本資料

（一）公訴事實與起訴意旨

　　醫師甲為臺中市潭子區T醫院（下稱T醫院）之急診醫學科醫師，並於民國97年7月6日擔任該院急診室醫師之值班工作。病患L於同日下午因有頭暈、胸悶、血壓低等不適症狀，而於15時51分許至T醫院急診室就診。病患L主訴「覺昨天中暑全身不適、血壓低、頭暈」等症狀，醫師甲檢查後發現病患L血壓為89/66 mmHg，於翌日即7月7日上午8時許病患L因覺得胃部不舒服，到H診所就診；於同日14時許病患L因心口疼痛，再由其配偶載至T醫院掛急診。該院該日急診科值班R醫師診治後，依據病患L所稱其頭暈及胸悶已持續3、4天等情，診斷為心肌梗塞，並通知同為T醫院心臟科L醫師（本案證人）會診，並確定為急性心肌梗塞；迨至同年7月8日上午6時50分許病患L即因病情惡化急救無效，於7時57分死亡。

　　公訴人認為醫師甲（下稱被告甲）涉犯業務過失致死罪嫌，原應注意病患L有血壓偏低情形，應積極為病患L進一步作X光、超音波及心電圖等檢查，以尋找病患L血壓偏低原因，且依當時情形，並無不能注意之情事，竟疏未注意及此，反診斷為熱中暑及眩暈，僅囑咐為病患L進行點滴注射治療，而未查明血壓偏低原因，即於同日21時許同意病患L出院，而未能及時發現病患L已有心肌梗塞情形，致病患L之急救時機遭延誤。

（二）被告回應

　　被告甲固不否認其係T醫院急診醫學科醫師，並於97年7月6日為告訴人之夫即病患L看診醫治等事實，惟堅詞否認有何業務過失致死之犯行：

7月6日就診當時，病患L告知最近有運動的習慣，有頭暈狀況，好像中暑了，但是沒有胸悶。當時氣候炎熱，我認為他可能是熱衰竭，一般民眾沒辦法區分中暑及熱衰竭，熱衰竭比中暑輕。我問病患L有無糖尿病或高血壓，患者說他沒有，我當時有對他抽血檢查、吊點滴，當時有注意到他血壓稍低，我研判他沒有休克、冒冷汗的情況，所以補充生理食鹽水，當天晚上8點30分離院，這段期間患者都沒告訴過我他有頭昏、胸悶或其他新的情況產生。打點滴的時間約有4個小時。當時有檢驗CK肌酸激酶，是為了檢驗橫紋肌溶解症，當時他的肌酸激酶值為220，比正常值38至174為高，但單從這一部分無法判斷心臟有問題，而且他的CK值離正常值不遠，所以情形尚好。

被告甲另於法院審理時辯稱：

病患48歲，在7月6日來到急診室，當時患者的主訴是頭暈、血壓低及他覺得自己中暑了，我是先為他問診，完成理學檢查和神經學檢查，初步診斷他當時的狀況很像是中暑，我有先為他安排血液檢查及吊點滴，依據他的年紀，我也有考慮到有無心臟病，但是因為他告訴我他沒有糖尿病、高血壓，且他沒有胸悶，所以我暫時把心臟病的可能性排在比較後面，檢查結果出來以後，我看檢查結果是符合我當初的想法就是中暑，病患臨床上症狀有改善，血壓有上升，就加強我對這個診斷的信心，我沒有讓病患馬上離院，而是讓病患留院觀察，在晚上8時30分左右，病患覺得症狀改善，沒有不適，他和他的家屬要求要返家休息。當天病患是與他的太太一同來院掛急診。我評估治療已經收到效果，所以同意病患出院，也有請病患要再到門診追蹤。

（三）鑑定意見

行政院衛生署醫事審議委員會之鑑定意見，稱：

按心肌梗塞之治療方式，以2005年ACLS「急性」心肌梗塞建議，強調要用先MONA，即Morphine（嗎啡）、Oxygen（氧氣）、NTG（硝化甘油）及Aspirin（阿斯匹靈），而ST上升「急性」心肌梗塞要在12小時

內安排心導管檢查或用血栓溶解劑治療，可再加上其他藥物，沒有「最近」心肌梗塞唯一必要之治療規範，超過12小時後之心肌梗塞治療，端看病人狀況給予治療。「最近」心肌梗塞仍可能再「急性」發作，臨床醫師應以臨床症狀、心電圖、肌鈣蛋白或肌酸酐激酶MB異構物等變化作判斷。

然血壓偏低之原因未查明，同意病患要求出院，造成病患再來急診，難謂無未盡周詳之嫌。

依病歷記載，本案病患97年7月6日15時51分至T醫院急診室就診時，無胸悶或胸痛之症狀，故醫師難以懷疑急性心肌梗塞所致，病患出院時之血壓偏低為92/65 mmHg，7月7日14時30分至急診室就診時，病患血壓仍偏低80/62 mm/Hg，雖最後病患死亡原因為心肌梗塞，有心室纖維顫動及心因性休克死亡現象。因病患血壓仍有恢復時段，因此於急診室時之血壓偏低，尚難認為與住院後之死亡有關。

另依法院99年度醫字第17號損害賠償民事事件承辦法官送請臺北榮民總醫院鑑定，其鑑定意見說明：

病患於7月6日前去急診，主訴自覺中暑徵狀，頭暈。1.依所附之資料，無法斷定病患有心肌梗塞之徵兆。2.依所呈之資料，當日之處置符合醫療常規。3.依所附之資料，無法判斷被告甲之處置與病患死因之關係。

（四）判決結果

臺灣臺中地方法院於民國101年04月19日作成判決。被告甲無罪。

檢察官於法定上訴期間未上訴，本案判決即確定。

（五）判決理由

案依法院審理時證人L醫師到庭結證，「（問：一般CK值在臨床階段，要到什麼數值會建議病患做X光及心電圖的檢查？）如果根據世界衛生組織的定義，大約是正常值的兩倍以上即400以上就要懷疑是心肌梗塞，如果根據美國心臟醫學會的標準，如果正常值達三倍以上就要高度懷

疑。心肌梗塞目前沒有辦法用X光診斷，只能用心電圖診斷。」依患者於97年7月6日16時30分所作之血液緊急生化報告中CK值220 IU/L之數據尚不足以斷定病患L當時即患有急性心肌梗塞。

　　另據L醫師到庭證稱，「（問：胸悶是什麼感覺？）像有一塊石頭壓住胸部，或是有些患者會覺得像拳頭壓住胸口，或是胸部受到很劇烈的壓迫的症狀，並不是一般針刺或是局部疼痛。（問：如果病患看診時不跟醫師主訴他有胸悶的情形，是否就無法從外觀或是其他的檢查數據去判斷病患有胸悶的情形？）胸悶是屬於主訴的症狀，所以如果病患沒有告訴醫師，醫師是沒有辦法去做這個判斷。（問：在心臟科門診來看，是在何情形下，會主動詢問病患有胸悶的情形？）以心臟科門診來講，一般都是有心臟疾病的病患來求診，有不少病患會說他有胸悶的情形，我們會看病患服藥後是否有改善，在這情況下我們會再問病患是否還有胸悶。通常是根據病患的主訴才會決定是否有胸悶的情況，如高血壓的病患，我們就不會問這些問題，因為服藥後都很穩定，症狀不明顯，我們就不會問。（問：假如低血壓是89/66的數值時，這個會否想到跟胸悶有關？）血壓低的原因很多，包括病患本身可能有姿態性低血壓，即有些女病患平常血壓就很低，常常會抱怨頭暈，這種也是有碰過有低到89/60，主要看病患血壓低的時候當時伴隨的症狀為何才知道是否與胸悶有關。」是依被告係急診醫學專科醫師，並非心臟專科醫師，在病患無主訴有胸悶、胸痛之情形下，難以從病患之外觀及其他檢查數據察覺患者有胸悶、胸痛的病情，且依醫審會之鑑定意見認為「由被告甲診視，病歷記載無胸悶或胸痛，較難聯想急性心肌梗塞」，該鑑定書亦表示依當時病患提供之病情資料較難聯想到係急性心肌梗塞。

　　至於醫審會鑑定意見認為被告甲「然血壓偏低之原因未查明，同意病患要求出院，造成病患再來急診，難謂無未盡周詳之嫌。」縱然被告於97年7月6日16時許為病患看診處置時，因未懷疑其可能罹患心臟疾病而未安排心電圖檢查，惟此非造成病患後來於97年7月7日17時許住進加護病房後病情急轉直下死亡之原因，即被告對病患之處置縱有未盡周詳之

處，亦與其死亡原因未有相當之因果關係。另依法院99年度醫字第17號損害賠償民事事件承辦法官送請臺北榮民總醫院鑑定，其鑑定意見亦同此認定。

　　綜上所述，所謂醫療過失，係指醫療人員違反客觀上必要之注意義務而言，被告97年7月6日在病患急診階段內，病患僅主訴有頭暈之症狀，就理學檢查部分，雖然病患有血壓偏低及血液中之CK值高於正常值一些，仍較難聯想到病患係罹患心肌梗塞之心臟疾病；而病患翌日即97年7月7日14時許能自行到醫院求診，足推被告於97年7月6日之處置方式尚無造成病患直接死亡之原因；且病患確實被診斷出罹患急性心肌梗塞後之處置方式及病程發展致死亡結果，並非被告所能預見，被告既無違反客觀上必要之注意義務，且病患之死亡結果，與被告之上揭醫療處置行為間，亦無相當因果關係存在，與刑法第276條第2項之業務過失致死罪之構成要件不符。茲因公訴人對於起訴之犯罪事實，應負提出證據及說服之實質舉證責任，本件公訴人認為被告所涉上揭業務過失致死犯嫌所憑之證據，尚無從說服法院達於通常一般之人均不致有所懷疑，而得確信其為真實之程度，且經法院綜觀全部病歷資料及卷附醫學資料後，法院認尚查無任何積極證據足資證明被告上揭罪嫌，即難據以為被告不利之認定，自屬不能證明被告犯罪，依上開說明，自應為被告無罪之諭知，以免冤抑。

二、延伸思考

　　問題一：本案病患因首次急診之主訴欠缺一症狀，法官因而認為被告無從預期病患之後的病情發展，請問你是否同意「當下情況足以使被告能預期後果之發生」為過失的要件之一？請說明理由。

　　問題二：從本案法官判決理由觀之，法官之理由似相當倚重與本案被告服務於同一家醫院心臟科且為後續處理本案病患治療之醫師證詞，請試分析該醫師證詞受倚重的可能理由。

　　問題三：同為醫師同意病患離院後，病患疑因心肌梗塞發病死亡，試比較本案與疝氣手術併胸痛未轉診案（有罪判決第六案，臺灣臺北地方法院92年度簡字第536號刑事判決）導致結果殊異的關鍵事實。

三、判決來源

第十八案　骨折用藥過敏性休克案
（臺灣新北地方法院101年度醫訴字第1號刑事判決）

一、案例基本資料

（一）公訴事實與起訴意旨

　　醫師甲係新北市板橋區A醫院（下稱A醫院）之骨科主治醫師。病患W於97年7月16日晚間某時許，遭他人騎乘機車撞傷，致左腕骨折、左肩脫臼及骨折、骨盆線性骨折及頭部外傷，經送往A醫院急診，病患W骨折而有手術必要，逐由被醫師甲安排病患於翌日（即17日）進行復位固定手術。

　　醫師甲並於16日晚間向病患W作術前探訪。於97年7月17日下午2時許為病患W施行手術結束時，指示住院醫師C於術後為病患W施打第一代頭孢子菌抗生素，住院醫師C逐依指示開立施打第一代頭孢子菌抗生素之醫囑，於同日下午5時10分許，經不知情之護士依據住院醫師開立之醫囑，為病患W施打上開第一代頭孢子菌抗生素，病患W隨即出現心律不整、意識喪失之過敏性休克反應，經急救後陷入昏迷，無法自主呼吸，為極重度植物人，於同年8月11日出院，轉至G醫院，直至98年3月7日上午9時45分，病患W因發生疑似肺炎及尿路感染併發之敗血性休克而死亡。

　　案經檢察官提起公訴指出：

　　醫師甲（下稱被告甲）明知當時病患W與其胞弟即告訴人均已告知，病患W對於屬第一代頭孢子菌抗生素之「U-save A」過敏一事，告訴人並提示其背面註明有「哥哥過敏Stin. U-save A」字樣之健保卡予被告觀看，被告甲本應將此重要事項記載在病歷中，亦應避免施打，如須施打亦應先進行測試，且當時並無不能注意之情事，惟被告甲竟疏未在病歷中記載病

患對上開藥物過敏，因認被告甲所為，係犯刑法第276條第2項之業務過失致死罪。

（二）被告回應

被告甲否認有何業務過失致死犯嫌，稱：

伊有問過患者有無對何食物、藥物過敏，他回答海鮮過敏，沒有提到藥物過敏，伊就只有記錄海鮮過敏，而在進行病患手術之前，伊有看過麻醉術前評估紀錄，知道病患對不明藥物過敏，伊於手術前有當面問過病患，他沒有辦法講出來何種藥物，等於是沒有提供資訊，會選用常規性低過敏的抗生素來施打，而病患之弟所提出健保卡上的字，不可能是在病患打針之前寫的。

（三）鑑定意見

本案經檢察官送衛生署醫事審議委員會鑑定，鑑定意見稱：

如病患是首次在特定醫療單位就醫，醫師應先詢問其藥物過敏種類，即使知悉有不明藥物過敏之情形，臨床上需用抗生素治療時，一般常規仍會使用第一代頭孢子菌藥物，而不需進行過敏測試，依照醫院病歷記載，在過敏性休克事件發生前，至少有5位醫療人員詢問過病患藥物過敏史，病患都無法明確指出有相關抗生素過敏史。臨床上如果藥物過敏史不確定，且有使用抗生素之必要性時，仍可使用第一代頭孢子菌抗生素，理由係因此類藥物屬於「低過敏率藥物」，除非病患有陳述明確之過敏史情形，才會避免使用。

檢察官另送臺北V醫院鑑定，鑑定意見認為：

臨床上醫師有詢問病史之責任，而病患亦有提供資訊之義務，若病患提供有效線索，而醫師不據以追查，則有疏失；若病患無法提供相關資訊，醫師自無從追查，再者，藥品種類繁多，若要求全面篩檢，不符比例原則。病患僅提供「對不明藥物過敏」，對於臨床醫療實務上無法提供有用資訊，亦無法影響是否開立第一代頭孢子菌抗生素之決定或提供醫師改

變用藥方式之依據。

（四）判決結果

臺灣新北地方法院於民國101年11月27日作成判決。被告甲無罪。

檢察官於法定上訴期間未上訴，本案判決即確定。

（五）判決理由

本案應審究者，為病患W或病患W之弟於本案手術前後，有無向被告甲以口頭或是提示健保卡之方式，告知病患W對於屬第一代頭孢子菌抗生素之「U-save A」過敏乙事；又被告倘已知悉病患W對不明藥物過敏，猶於本案手術結束後指示住院醫師C將術前預防性抗生素帶回病房施打，是否可認為存有執行業務過失。

1.病患W或病患W之弟於本案手術前後，有無向被告甲以口頭或是提示健保卡之方式，告知病患W對於屬第一代頭孢子菌抗生素之「U-save A」過敏乙事？

觀諸告訴人（病患之弟）各陳述內容，可知其就病患W究係何時向被告甲表示藥物過敏，及自身有無向被告甲表示家族有藥物過敏等節，前後所述互有不一而難以盡信外，告訴人原先亦均未證稱其與病患W曾向被告甲表明病患W係對何種特定藥物過敏之情。

告訴人雖於刑事告訴狀內表示病患W於健保卡上親自手寫「阿斯匹靈過敏（Stin）」及在告訴人健保卡上註明「哥哥過敏Stin, U-save A」，用以提醒告訴人暨醫事單位注意藥物過敏之情，告訴人亦告知被告甲此情云云，並提出健保卡影本二紙為憑。因為告訴人之子先前跌倒外傷，到C醫院打一針，結果發生無法呼吸等過敏症狀，那一次是病患W送告訴人之子去中興醫院的，那次後病患W才在告訴人與自己的健保卡背面註明，然告訴人前揭補充證詞內容除顯與先前陳述迥然有異外，倘病患W、告訴人健保卡上早已註記特定藥物過敏，並曾提示予被告甲觀覽確認，何以告訴人於前揭檢察官偵查開庭期間，均未曾提及此事？又告訴人既稱其子

接受治療時發生過敏症狀，並非病患W本人經就診用藥得知個人體質過敏情形，則病患W焉有必要在本身及告訴人健保卡上書寫他人過敏情事？再病患W為何僅在自身健保卡上書寫Stin，卻在告訴人健保卡上無故加記U-save A？在在可徵告訴人所證存有重大瑕疵。況告訴人之子至C醫院就醫時，該院僅給予Stin注射及口服藥，並無U-save A藥物，其後告訴人之子於同日因氣喘前往W醫院就診，該院醫師亦無告知係因何原因導致氣喘，是告訴人之子既不知當次氣喘是否係因Stin注射所導致，甚且當日就診過程中完全未使用U-save A，病患W自無可能因此憑空在健保卡上書寫Stin或U-save A甚明，益徵告訴人係事後故為不實證述而無可採。

陪病者先後證詞亦相互矛盾，難以其在偵查中之所述，佐證告訴人之指訴內容可採。而證人骨科專科護理師Z於審理時證稱她平常負責跟主治醫生查房，打文書病歷等，她與被告甲是於97年7月17日上午9時去探視病患W，被告甲有問病人疾病史或是有無對打針、吃藥及食物過敏，她記得病患W沒說對藥物、但有說對海鮮過敏，她有寫在病患名單上，回護理站就將資料輸入文書檔案，A醫院住院病歷紀錄是她打的。她第一次看到告訴人是在加護病房時，先前她跟被告去訪視病患W時，確定沒看到告訴人，被告甲不會在急診處理事情，病患W自急診轉到普通病房住院後，直至97年7月17日巡房前，如果有緊急狀況的話，是由值班住院醫師處理等語；另證人病房護理人員L於審理時，亦證稱她是專職在病房照顧病人，97年7月16日值大夜班，期間沒有看到被告甲到病房對病患W做訪視或處理病情，但她有通知值班醫師前往探視病患W等語，並有A醫院住院病歷紀錄、護理紀錄單等可憑，可知被告甲應係於97年7月17日上午9時始至病房對病患W進行開刀前迴診，於病患W車禍當晚自無可能出現在病房進行詢問，足認被告甲與告訴人就此所證亦有與事實不符，均無法證明病患W或告訴人於本案手術前後，曾以口頭或提示健保卡之方式，向被告甲告知病患對U-save A過敏之情。

至於病患W在J醫院就診病歷中具體記載Ulex、Voren等藥物過敏（就診日期88年6月13日至94年9月3日）；B醫院病歷記載Ulex、Voren、

Scanol等藥物過敏（就診日期94年4月29日至97年5月16日）；另依H耳鼻喉科診所函文說明，病患W於96年1月9日首次就醫時，即已告知有多種藥物過敏病史，包括Kflex、Voren、Ponstan、Neocold、Ketoprofen等藥物，惟經核前揭藥品除Voren外，其餘種類尚非完全相同；且依M醫院函文內容，病患W於96年3月29日至該院就診時，亦僅自訴對許多止痛消炎藥（NSAID）及普拿疼有過敏史等語，可見病患W前往各醫療院所就醫時，並非每次都會將所知導致過敏之特定藥物名稱全部詳細告知，自難憑前揭情事遽認病患就醫時，確會告知醫師對U-save A或何特定藥物過敏。

又本案救護人員於97年7月16日晚間7時18分出勤護送病患W至醫院就醫時，曾詢問病患W而未獲告知其對何種物品過敏，有臺北縣政府消防局救護紀錄表及該局函文在卷可稽；另證人護士T於檢察官訊問時證稱，她在醫院急診部擔任護士，在檢傷科輪值時，會詢問病患過去病史及有無過敏，本案急診病歷首頁，她在藥物過敏上面勾「無」，表示她親自問過病患有無過敏等語，並有醫院急診病歷在卷可憑，足見病患W於本案對他人詢問有無藥物過敏部分，確曾有未做任何表示之情形。再依前揭護理師Z證詞及A醫院住院病歷紀錄內容顯示，護理師Z與被告甲一起進行迴診訪視病患W時，既已特別問明病患對海鮮過敏，並予以記載在「先前病史」欄位中之其他事項內，若病患W確有當場告知藥物過敏情事，依常理護理師Z應無可能就此列為獨立欄位（即「藥物過敏」欄位）之重要事項仍記入「病人自述無過敏」，故被告甲辯稱有問過病患有無對何食物、藥物過敏，然病患W僅回答海鮮過敏，沒有提到藥物過敏等語，要非不能採信。

再依據A醫院急診病歷、入院護理評估、麻醉術前評估紀錄、麻醉紀錄所載內容，雖分別有勾選或記載病患藥物過敏之情，惟除皆未敘明係對U-save A或何特定藥物過敏外，甚且特別記載藥物種類「不清楚」或「不明」之情，就此證人醫師T於99年2月24日檢察官訊問時，證稱病患W因車禍送到醫院是他負責急診，他在藥物過敏畫斜線是表示病患有告訴他藥物過敏，但不知是何藥物，他當時問過病患到底是哪裡過敏，但是病患說不清楚等語。證人護士於本案審理時證稱病患說有藥物過敏，但不知道是

什麼藥物，她就會在入院護理評估過敏史藥物部分勾有，然後記載不清楚，如果病患能夠具體說出藥物名稱，她就會具體填載等語。證人醫師R於檢察官訊問時證稱他是A醫院麻醉科醫生，負責病患骨科手術麻醉術前評估，因為病患約7月17日凌晨才住院，所以他在7月17日早上才做術前評估紀錄，他是直接跟病患W詢問有無對藥物過敏，至於有無接觸到家屬則沒有印象，若病患說有過敏，他會問是哪一種藥物過敏，並記錄下來等語。證人C於檢察官訊問時，證稱她是病患W手術實際負責麻醉的醫師，手術時會先看術前評估單，如果有寫到過敏，她會問病患是對何種藥物過敏，如果病患說不清楚藥物，她會寫不明，麻醉紀錄上「不明藥物過敏」是她在手術麻醉前詢問後註明等語。是縱病患W至A醫院急診後，曾於該院其他醫師、護士徵詢時表示有藥物過敏，然仍未告知對U-save A或何特定藥物過敏，可徵病患W或告訴人於本案手術前後，確未曾向被告甲告知病患W對於U-save A過敏乙事無疑。

2.被告甲倘已知悉病患W對不明藥物過敏，猶於本案手術結束後指示住院醫師C將術前預防性抗生素帶回病房施打，是否可認為存有執行業務過失？

證人醫師R於檢察官訊問時證稱，如果病患告知有藥物過敏，但沒說是哪一種藥物過敏，在施打U-save A時不需要做測試或分階段施打，因過敏是不可預期的，且U-save A是低過敏藥物等語。住院醫師C於本案審理時同證稱，手術前有看過麻醉術前評估紀錄，他知道病患W對不明藥物過敏，術後醫囑是他下的，一般醫療常規對不明藥物過敏，完全無從查證，若病患需要打抗生素，是打第一代頭孢子菌抗生素，U-save A也是其中一種等語（醫師C於檢察官訊問時，雖曾稱他開醫囑之前，有看到被告甲對病患W做訪視，上面紀錄寫對不明藥物過敏，惟依卷附A醫院住院病歷紀錄及主治醫師住院計畫相關內容，均未記載病患W對不明藥物過敏，足見醫師C就此記憶顯有錯誤，尚難憑此認病患W或告訴人曾告知被告對不明藥物過敏之情，附此敘明），是被告甲縱依前揭A醫院急診病歷、入院護理評估、麻醉術前評估紀錄、麻醉紀錄等件所載內容，已得悉病患W對不

明藥物過敏，仍指示醫師C將術前預防性抗生素帶回病房施打，當亦無違反一般醫療常規之處。而本案經檢察官送臺北V醫院與衛生署醫事審議委員會鑑定，結果同認。從而，本案既無從證明病患W或告訴人於手術前後，曾告知被告甲病患W對於U-save A或相關特定抗生素過敏之情，自難認定手術後為病患W施打第一代頭孢子菌抗生素之醫療行為有何業務過失之處。

　　末查，病患W係於79年12月18日即已至A醫院初診，有A醫院函文及A醫院病歷冊封面可憑，是其於97年7月16日至A醫院進行急診，顯已非首次在該醫療單位就醫。再被告本次至A醫院進行手術前，如前述業經證人等徵詢病患過敏史，病患W均未表明係對U-save A或特定抗生素過敏，可見病患W確無法明確表示個人抗生素過敏情事，是依據前揭鑑定結果內容，縱被告甲依病歷資料獲悉病患W存有對不明藥物過敏之情後，未再自病患W或家屬得知有關過敏藥物之詳細名稱，亦難認有何過失可言，併此敘明。

　　綜上所述，法院認被告甲前揭所辯，尚非無稽，就告訴人等於偵查中指證情節之真實性，實仍存有合理之懷疑，而依卷內其他積極證據資料，復不足以達到被告甲所為已構成業務過失致死犯行之確信。此外，另查無其他積極證據，可資證明被告甲涉有上開罪行之情，爰依首揭法條規定及判例意旨說明，諭知被告無罪之判決。

二、延伸思考

問題一：本案中病患基於醫療契約之資訊提供義務為何？試說明之。

問題二：試將本案與診所藥物過敏休克案（無罪判決第十六案，臺灣屏東地方法院99年度易字第919號刑事判決）比較之。

三、判決來源

第十九案　員工健檢後肺癌腦轉移案
（臺灣臺南地方法院101年度醫訴字第1號刑事判決）

一、案例基本資料

（一）公訴事實與起訴意旨

　　醫師甲係臺南縣佳里鎮X醫院（下稱X醫院）醫師兼副院長。告訴人L曾為S公司員工。X醫院於民國95、96年間，為行政院勞工委員會指定辦理勞工體格及健康檢查之醫療機構，檢查項目包括拍攝胸部X光片，依照醫院體檢業務作業流程及規則，應由隨隊醫師負責現場內診業務，另由隨隊醫檢師拍攝胸部X光片並帶回交由放射科醫師判讀，而現場採集之檢體則由專門單位負責檢驗，嗣所有判讀項目或檢驗結果均揭曉或完成後，再由擔任健康檢查報告之總評醫師綜合各項檢查項目及診療結果製作健康檢查報告。而告訴人原任職之S公司於95、96年間亦為X醫院辦理勞工體格及健康檢查受檢單位之一，且X醫院分別於95年9月7日、96年9月12日派遣醫事人員前往S公司為該公司員工實施檢查業務，其中95年隨隊醫師為醫師U，96年隨隊醫師為醫師C；95年與96年胸部X光片判讀醫師均為醫師S，健康檢查報告總評醫師則均為醫師甲。又告訴人L於95年9月7日拍攝之胸部X光片即可看出左上肺約有1公分之陰影，於96年9月12日拍攝之胸部X光片則可明顯看出左上肺有約8公分之大片陰影，而醫師S在96年9月12日胸部X光片檢查表上打星號註記「左上肺肺炎或腫瘤（建議就醫）」等字樣，並轉知放射師就本件胸部X光片檢查結果異常應儘速處理。

　　詎醫師甲（下稱被告甲）明知醫師及其他醫事人員，依各該醫事專門職業法規規定執行業務，應親自記載病歷或製作紀錄，並簽名或蓋章及

加註執行年、月、日，而健康檢查體檢報告是由醫師彙整病歷上勞工作業經歷、各項檢查紀錄及醫師診療結果作成判讀並具名，如由醫師指定專人繕寫或打字，應無不可，但其所載內容，應由醫師確認負責，且總評應由醫師診斷，並無規定限制總評醫師須為到場檢查醫師，而依情形又無不能注意之情事，竟因X醫院將勞工體格及健康檢查業務外包予廠商而疏於注意，於製作告訴人之96年9月12日健康檢查體檢報告時，未就醫師S所製作、並註記有「左上肺肺炎或腫瘤（建議就醫）」等字樣之上開胸部X光片檢查表予以檢閱、彙整，即貿然製作出告訴人「胸部正面X光攝影無異狀」之健康檢查體檢報告，致告訴人接獲健康檢查體檢報告後，誤以為其身體健康狀況良好而未及防備，卻於96年11月間因身體不適前往永康C醫院檢查後遭診斷為肺部非小細胞肺癌末期，並已轉移至腦部，而無法治癒，且於98年7月14日因肺癌死亡，因認被告甲涉有刑法第276條第2項業務過失致死罪。

（二）被告回應

　　訊據被告甲對於其係X醫院之醫師兼副院長，告訴人則曾為S公司員工；被告甲堅詞否認有何業務過失致死之犯行，辯稱：

　　體檢報告上應該是要記載當天實際檢查的醫師，本件告訴人之96年健康檢查及判讀均非我所為，X光片不是我看的，我沒有繕打體檢報告，也未簽字或蓋章，體檢報告內容是他們打錯的，我認為我沒有過失等語。

　　辯護人並為被告甲辯稱：

　　X醫院95、96年度之體檢業務委外部分係交由H姓同仁負責辦理，依據X醫院與H姓同仁所簽訂之體檢委外合約書第13條之約定，有關健檢業務之醫師（含總評醫師）應由H姓同仁自行聘任，且依據H姓同仁、T姓同仁之證述，上開告訴人95、96年度之體檢報告醫師欄應以實際到場之醫師列名，本件告訴人之96年體檢報告之所以記載為被告姓名，是T姓同仁在轉檔時忘了更改過來，而95、96年前往S公司進行健康檢查者分別為醫師U、醫師C，並非被告，故被告甲並非該2次健檢被告之總評醫師，自

不能徒以健檢報告醫師欄在行政作業上誤繕打被告之姓名，即遽認被告甲係負責該次健檢之總評醫師，而令被告負本件業務過失致死之刑責。

（三）鑑定意見

本案有99年2月4日衛署函送之行政院衛生署醫事審議委員會鑑定書、衛生福利部102年11月7日書函所附之衛生福利部醫事審議委員會鑑定書、以及國立X大學醫學院附設醫院（下稱X醫院）101年8月13日函附之鑑定結果各一份，摘要如下：

1.行政院衛生署醫事審議委員會99年2月4日鑑定書以：

病患L於95年9月健康檢查之胸部X光片檢查，其報告的確寫無異狀，但因隨附資料為小張之胸部X光片，只能隱約看見似乎在左上肺葉有陰影；96年9月之健檢之X光片是燒錄在光碟片內，的確可以明顯看到有大塊，懷疑是惡性腫瘤之陰影。但經詳閱資料後發現，醫師於手寫紀錄上有註明，本案病患於左上肺有肺癌或腫瘤，建議就醫，並於旁邊加註星號，但X醫院96年9月12日發給病患之電腦打字報告，卻記載為無異狀，而後病患至C醫院檢查之資料，確定為肺癌併腦部轉移，係第四期（末期）；故就算95年不易判斷出有肺癌，於96年也應該可明顯看出有問題。所以這兩年健檢報告在胸部X光項目，難謂無疏失之處。

2.法院將告訴人於96年9月12日胸部X光之光碟片、胸部X光檢查表、告訴人於C醫院就診之病歷、醫療影像光碟及與本案相關之書狀、筆錄影本等資料檢送行政院衛生署醫事審議委員會，請該委員會鑑定下列事項：(1)若擔任負責撰寫告訴人96年之體檢報告之醫師，發現告訴人上開胸部X光片及判讀醫師於「胸部X光檢查表」上之註明，應為如何之處置？；(2)依據告訴人96年9月12日所拍攝之胸部X光片，需多久時間可確診為已罹患「非小細胞肺癌」？；(3)若告訴人於該次健康檢查中，經醫師告知所拍攝之胸部X光片，懷疑是惡性腫瘤之陰影，則其所需接受之治療方式為何？其治癒率、存活率為何？；(4)又若告訴人於該次健康檢查中，未經醫師告知所拍攝之胸部X光片疑是惡性腫瘤之陰影，故而未經進一步確

診，直至同（96）年12月初自行就醫住院，確診為「非小細胞肺癌」並已移轉至腦部，則依據告訴人於96年12月初之相關病歷，其當時所應接受之治療方式為何？其治癒率、存活率又為何？是否與若早於3個月前已懷疑是惡性腫瘤之陰影，而及時進行確診並就醫之情況有所不同？

102年11月7日衛生福利部醫事審議委員會函覆之鑑定意見為：

(1)應請病患至胸腔科門診就診，確認是否有問題；(2)無法由觀察時間長短以確診，須進行切片檢查始能確診；(3)若醫師懷疑為惡性腫瘤，第一步須先進行切片檢查或施行切除手術，再將檢體交由病理科醫師確診，確診後須再進行其他檢查，包括電腦斷層掃描、骨骼掃描及支氣管鏡或腹部超音波等（惟以上檢查項目須由專業醫師評估，未必需每項皆執行之），以決定期別，而治療方式亦依不同期別而不同，一般而言，越早期越有治癒之機會，然亦非每名第一期之病患都可治癒，另若一開始即診斷為第四期，則其中位數之存活期於96年當時大約為1年；(4)罹患「非小細胞肺癌」，並已轉移至腦部，即為末期（第四期），其治療方式應為全身性化學治療，並加全腦放射線治療，而治癒率仍幾乎等於零，其中位數存活期大約為1年；另無法得知是否與「早於3個月前已懷疑是惡性腫瘤之陰影而及時進行確診並就醫之情況」有所不同，亦即其治療結果有可能相同（若3個月前已是末期），亦可能不同。

3.X醫院101年8月13日函附鑑定結果以：

由96年9月的胸部X光片（仍然為傳統的底片材質）可明顯發現左上周邊肺葉有直徑約4～6公分的陰影，這與病患於96年12月發現末期惡性腫瘤合併腦部移轉，難謂無相關之處。依據醫學期刊（引用：Chest 2009；136：260-271）記載肺癌病患的存活率，就原發腫瘤大小為小於2公分時，臨床治療的選擇可以評估手術的可行性，平均手術後追蹤5年存活率可達7至8成（也就是10個人裡頭有7到8個人可以活超過5年）。若是原發性腫瘤大小為大於7公分，這時需考慮有無淋巴結侵犯來決定治療方式（可能為手術或是化學治療），平均追蹤5年大約3成上下（也就是10個人裡頭有3個人可以活超過5年）。由上述2點推斷，根據96年9月和

12月肺部X光腫瘤的大小變化，可以知道腫瘤越大，平均5年存活率會越短，因此被告的過失行為與病患死亡難謂無因果關係。

確切診斷必須經由進一步切片檢查始能認為「非小細胞肺癌」。

一般肺癌分期不能單靠胸部X光片斷定，需要藉由進一步影像學（如電腦斷層或正子攝影）來分期。針對病患的X光片腫瘤大小估計分期最佳的狀況可能介II（又分為IIA和IIB）或III（又分為IIIA和IIIB），但因當時並沒有做進一步影像學檢查，所以無法得知病患有無遠端轉移；倘若有遠端（肺臟以外器官）轉移，臨床分期則是最差的末期（分期IV）。然而目前公認在分IIA、IIB和IIIA階段的病患以手術治療為優先選擇，如果是分期IIIB則建議先化學治療後再進行手術切除的可能性。如果此時接受治療；根據醫學期刊（引用：Chest 2009；136：260-271）這一類（分為II和III）病患有一半存活間可以最好超過34個月、最差10個月；並且5年存活率最好為36%、最差為7%。如果合併有淋巴結侵犯或是胸腔以外轉移的話，則存活率會更差。如果不接受治療，則有一半的病患存活時間不會超過1年。但是肺癌病患對於治療效果的個人差異度很大，這和種族、性別、研究區域的醫療政策、藥物選擇、國情都有相關；文獻的數據只能參考。

根據96年11月於C醫院檢查電腦斷層影像學證實為末期（分期IV），若於此時接受治療，整體有一半的病患存活時間可以超過6個月、有一半的病患存活時間不會超過6個月。平均5年存活率為2%。如果不治療，絕大多數不會超過1年。但是肺癌病患對於治療效果的個人差異度很大，這和種族、性別、研究區域的醫療政策、藥物選擇、國情都有相關；文獻的數據只能參考。

如果96年9月當時病患可以進一步接受電腦斷層影像學檢查確定分期，假設與後來96年11月分期IV相同的話；如此兩者存活率相同。但是假設當時96年9月可以進一步檢查確定並非是末期IV，那麼兩者相較之下因為分期不同所以存活率也許有所差異。但是肺癌病患對於治療效果的個人差異度很大，這和種族、性別、研究區域的醫療政策、藥物選擇、國情都有相關；文獻的數據只能參考。

（四）判決結果

臺灣臺南地方法院於民國103年04月30日作成判決。被告甲無罪。

檢察官於法定上訴期間未上訴，本案判決即確定。

（五）判決理由

法院依上開鑑定結果可知，即使擔任負責撰寫告訴人96年之體檢報告之醫師，發現告訴人上開胸部X光片及判讀醫師於「胸部X光檢查表」上註明有異常之情形，仍因無法單從X光片確認告訴人是否罹患疾病、以及罹患何疾病，故該名醫師應請病患至胸腔科門診就診，以進行切片檢查或施行切除手術，再將檢體交由病理科醫師確診，若確診為「非小細胞肺癌」後，須再進行其他檢查如電腦斷層掃描、骨骼掃描及支氣管鏡或腹部超音波等，以決定「期別」，而治療方式亦依不同期別而不同。

告訴人於96年12月初至C醫院就診時，經確診係罹患「非小細胞肺癌」，並已轉移至腦部，當時已是末期（第四期），其治療方式應為全身性化學治療，並加全腦放射線治療，而治癒率仍幾乎等於零，其中位數存活期大約為1年。雖然一般而言，越早期發現越有治癒之機會，然因告訴人於96年9月12日接受健康檢查時，僅有拍攝胸部X光片，而未進行切片及上開如電腦斷層掃描、骨骼掃描及支氣管鏡或腹部超音波等檢查，故無法確定告訴人於96年9月12日接受健康檢查時，其所罹患之「非小細胞肺癌」之「期別」究竟為何，且如當時未到末期（第四期），及時確診並就醫，其治療結果固可能與在96年12月初方接受治療有所不同，但如告訴人於96年9月12日健康檢查時，其「非小細胞肺癌」已達末期（第四期），則縱令告訴人經及時確診並就醫，治療結果仍舊可能與告訴人在96年12月初方接受治療之結果相同，堪以認定。

從而，既無法確認告訴人於96年9月12日接受健康檢查時，其所罹患之「非小細胞肺癌」之「期別」為何，且告訴人於96年9月12日接受健康檢查時，所罹患之「非小細胞肺癌」亦有已達末期（第四期）之可能，是

無法排除縱然告訴人於96年9月12日接受健康檢查後，其體檢報告按照醫師S之判讀而在胸部X光項目記載有異常，且告訴人得悉後亦隨即前往醫院治療，而治療結果仍與告訴人於96年12月初始前往醫院治療之結果相同之可能性。是告訴人於98年7月14日因罹患「非小細胞肺癌」而死亡之結果，是否與撰寫96年體檢報告之人未將告訴人胸部X光檢查異常之情形註明於該報告上具因果關係，實容有疑，無法遽認其間確有因果關係之存在。

至於X醫院101年8月13日鑑定結果，法院意見如下：

(1)該鑑定結果載有「由96年9月的胸部X光片（仍然為傳統的底片材質）可明顯發現左上周邊肺葉有4-6公分的陰影。若當時及時就醫治療，針對當時腫瘤的大小評估，雖無法治癒（指腫瘤完全消失），但是也許可以延長病人的存活時間」等語。以其所述「也許可以」延長病患的存活時間之語觀之，足認該份鑑定意見亦未認定若告訴人於96年9月接受健康檢查時，及時發現異常而就醫治療，「必然可以」或「有相當大之可能性可以」延長其存活時間，而僅是認定「也許可以」延長其存活時間，且未排除「無法」延長其存活時間之可能。

(2)告訴人於96年9月12日接受健康檢查時，因並未進一步接受切片及如電腦斷層掃描攝影等進一步檢查，故無法得知當時其左上肺腫瘤之大小，縱然依照此份鑑定意見書所載，亦僅能認定告訴人於96年9月12日之胸部X光片上之陰影約有4至6公分，而此一數字與告訴人於96年12月初前往C醫院就醫後，接受切片及電腦斷層掃描攝影檢查之結果，即當時告訴人左上肺之腫瘤約有6.8公分乙節相距非大，則告訴人於96年9月接受健康檢查時，其肺部腫瘤之大小是否確實大於96年12月間前往C醫院就醫時之肺部腫瘤大小，實容置疑。是上開鑑定意見以「腫瘤越大，平均5年存活率會越短」，而認定告訴人之死亡與製作96年體檢報告者未告知告訴人肺部X光有異常應儘速就醫乙節間具有因果關係，難謂妥適。

(3)依據X醫院鑑定意見內容可知，其亦認為無法單由告訴人之胸部X光片得知其罹患「非小細胞肺癌」，而需進一步切片檢查方能確診，且

其「分期」無法單靠胸部X光片斷定，需要藉由進一步影像學來確認，若僅依告訴人於96年9月12日所拍攝之胸部X光片加以估計，最佳的狀況有可能介於第二期至第三期，然因告訴人未於96年9月間做進一步影像學檢查，故無法得知是否已有遠端轉移到肺臟以外之其他器官，若已有遠端移轉，則在分期上是最差的第四期即末期；假設告訴人於96年9月當時之分期並非末期，則其存活率與告訴人於96年12月份方接受治療之情形，也許會有所差異，然若其在96年9月時已為末期，則存活率與告訴人於96年12月份方接受治療之情形，存活率相同。

(4)此一鑑定意見與前述衛生福利部102年11月7日醫事審議委員會鑑定書之鑑定意見互核相符，依X醫院之上開鑑定意見，亦不排除告訴人於96年9月12日接受健康檢查時，其所罹患之「非小細胞肺癌」已為末期，縱令曾因醫師告知或體檢報告上記載而得悉其胸部X光檢查異常應前往醫院進一步確診，而告訴人亦及時前往醫院治療，然其存活率與告訴人於96年12月初方前往醫院治療之結果，仍有可能相同。

(5)益徵告訴人之死亡結果，是否與負責撰寫96年體檢報告之人未將該次胸部X光檢查異常之情形註明於體檢報告上乙節具有因果關係，容有疑問。從而，尚難僅以前述鑑定結果所載「因此被告的過失行為與被害人死亡難謂無因果關係。」等語，即遽認告訴人之死亡結果，與負責撰寫96年體檢報告之人未將該次胸部X光檢查異常之情形註明於體檢報告上具有因果關係。

綜上所述，本件告訴人之96年體檢報告醫師欄雖係載被告甲之姓名，然依照證人之證述，無法排除上開體檢報告之醫師欄登載被告之姓名係因T姓同仁於製作體檢報告時套表而疏未更改之可能，且被告甲並未於96年前往S公司進行健康檢查業務，亦無人曾將告訴人胸部X光檢查有異常之情形告知被告甲、或將本件告訴人之96年體檢資料或體檢報告交付被告甲檢視、確認，復無證據足認被告曾同意或放任H姓同仁或其員工得在此情形下逕以被告甲之名義出具體檢報告，是尚難僅以本件告訴人96年之體檢報告上醫師欄載有被告甲之姓名，即遽認被告甲確係擔任告訴人

96年體檢報告之總評醫師，而認被告甲應負有彙整相關檢查紀錄、診療結果，並確認告訴人之96年體檢報告內容記載正確性之注意義務。又告訴人於98年7月14日罹患「非小細胞肺癌」死亡之結果，與負責製作其96年體檢報告之人未將該次胸部X光檢查異常之情形註明於體檢報告上，是否具有因果關係，亦屬有疑。是依現有事證，尚不足以證明被告確有起訴書所載業務過失致死之罪嫌。

二、延伸思考

問題一：衛生署醫事審議委員會的鑑定意見認為告訴人95、96兩年健檢報告之X光項目難謂無疏失，成大醫院鑑定結果亦認為被告的過失行為與被害人死亡難謂無因果關係：1.請問法官是認為被告行為與告訴人之死亡無因果關係、或是證據不足認定因果關係？2.續前題，如你認為是證據不足，請舉例應補充哪些證據？3.假設法官與X醫院鑑定意見的因果關係分析皆有理，則兩者對因果關係的定義與認知差異為何？

問題二：勞工健康檢查的注意義務標準與範圍，是否應與醫療診斷行為之注意義務有所區別？如答案為是，你認為應如何加以合理區隔？

問題三：請將本案與肺部軟組織延誤治療案（有罪判決第十二案，臺灣臺北地方法院99年度醫簡字第1號刑事判決）加以比較，為何同為涉及X光片陰影判讀與忽略，前者被告無罪而後者被告有罪？主要癥結為何？

三、判決來源

第二十案　膽囊息肉持續追蹤案
（臺灣臺北地方法院100年度醫自字第3號刑事判決）

一、案例基本資料

（一）自訴事實與意旨

　　自訴人L於92年9月29日前往臺北市區T醫院（下稱T醫院）進行身體健康檢查，由醫師甲（下稱被告甲）為自訴人做腹部超音波檢查，其檢查結果為「膽囊息肉，多顆」，「建議3個月後腹部超音波掃描」；於93年9月24日前往T醫院進行身體健康檢查，由醫師乙（下稱被告乙）為自訴人L做腹部超音波檢查，其檢查結果為「膽囊息肉，多顆0.4～1.0公分」，「建議1年後腹部超音波掃描」；於94年11月7日前往T醫院進行身體健康檢查，由醫師丙（下稱被告丙）為自訴人做腹部超音波檢查，其檢查結果為「膽囊息肉，多顆，最大0.6公分」，「建議1年後腹部超音波掃描」；於95年10月23日前往T醫院進行身體健康檢查，再由被告丙為自訴人L做腹部超音波檢查，其檢查結果為「膽囊息肉，多顆，最大0.2～0.8公分」，「建議1年後腹部超音波掃描」；於96年10月5日前往T醫院進行身體健康檢查，由醫師丁（下稱被告丁）為自訴人做腹部超音波檢查，其檢查結果為「膽囊息肉，多顆，0.1～0.8公分」，「建議1年後腹部超音波掃描」；於97年10月20日前往T醫院進行身體健康檢查，由被告丙為自訴人L做腹部超音波檢查，其檢查結果為「膽囊息肉，多顆，最大0.2～1.0公分」，「建議6個月後腹部超音波掃描」。

　　自訴人L於98年4月21日前往T醫院肝膽外科醫師戊（下稱被告戊）之門診就診，後於同年6月18日到院辦理住院手續，復於翌日（19日）接受腹腔鏡膽囊切除手術後出院，嗣於同年月30日回診處理傷口、拆線並確

認病理報告之結果。事後經送檢驗結果，事實上僅有膽囊發炎情事，並無膽囊息肉。

基於以上所述事實，自訴人L主張：被告戊、被告甲、被告丁、被告丙及被告乙均係T醫院醫師，明知電腦斷層掃描、核磁共振等方法，乃較腹部超音波準確之檢查方式，以電腦斷層掃描、核磁共振等方式確認自訴人L之膽囊是否有存有息肉，如無息肉，即不用開刀，詎被告戊是一位專業醫師，應注意且能注意，竟疏未注意，未以上揭較為高階之檢查儀器或再次以腹部超音波進行複檢，僅憑自訴人L於97年10月20日所進行之健康檢查報告，逕自認自訴人L之膽囊有最大約1公分之膽囊息肉，可能會產生病變，需要手術，復疏未向自訴人說明此手術之成功率及可能併發症等；另被告甲於92年9月29日在T醫院為自訴人做腹部超音波檢查、被告乙於93年9月24日在T醫院為自訴人做腹部超音波檢查、被告丙於94年11月7日、95年10月23日及97年10月20日在T醫院為自訴人做腹部超音波檢查、被告丁於96年10月5日在T醫院為自訴人做腹部超音波檢查時，均應注意且能注意自訴人之膽囊是否僅有發炎情事，竟疏未注意，誤判自訴人L之膽囊內有長有息肉，並將之載於歷次之健康檢查報告上，致使被告戊參閱97年之健康檢查報告認定自訴人L之膽囊長有息肉，而於98年6月19日上午11時30分許，在T醫院對自訴人L施行腹腔鏡膽囊切除手術，將自訴人L之膽囊切除，切除之膽囊，事後經送檢驗結果，事實上僅有膽囊發炎情事，並無膽囊息肉，因認被告戊等5人均涉犯刑法第284條第2項業務過失致重傷罪。

（二）被告回應

法院訊據被告等5人均堅決否認渠等有起訴書所載之過失，被告戊辯稱：98年4月21日自訴人至T醫院外科門診諮詢，發現其所攜帶之健康檢查報告顯示膽囊有多顆息肉，當時建議自訴人「開刀切除膽囊」或「繼續追蹤治療」，因膽囊息肉大於1公分有惡性變化之可能，自訴人於該次當場決定選擇開刀，所以才安排住院，自訴人當時有提議做腹部超音波複

檢，但從檢查資料報告顯示自訴人從94年至97年每年皆有做腹部超音波檢查，且每次均有發現膽囊息肉，大小越來越大，且最後一次檢查係於6個月前，故認為並無再次檢查之必要。另只有於高度懷疑有癌症時才會安排做核磁共振及電腦斷層掃描，會建議切除膽囊之情況有三，一為膽囊息肉大小超過1公分以上，因為惡性變化之可能性較高，所以一般都會建議切除；一為膽囊息肉之大小若在慢慢增加，會建議將膽囊切除，因為一段時間後膽囊息肉大小也會超過1公分；一為膽囊息肉之形狀像惡性腫瘤，本件自訴人符合前2點，伊認為自己沒過失。

　　被告甲辯以：92年9月29日是伊幫自訴人進行腹部超音波檢查，發現膽囊有多顆息肉，故報告建議為「腹部超音波追蹤」，腹部超音波報告是由伊製作，但總結報告及建議之內容是另外由健康管理中心專任或兼任醫師製作。自訴人當初是參加自費之健康檢查，伊是執行已開立的醫令幫自訴人進行超音波檢查，之後自訴人並未就膽囊息肉之狀況來門診或進行進一步之討論，所以也不可能討論是否要安排或真的安排其他檢查。

　　被告乙辯陳：93年9月24日是伊幫自訴人進行腹部超音波檢查，發現膽囊有多顆息肉，所以建議「一年後繼續腹部超音波追蹤檢查」，腹部超音波報告是由伊製作，但總結報告及建議之內容是另外由健康管理中心專任或兼任醫師製作。對於膽囊息肉影像診斷，在醫學實證及專家意見均以超音波檢查為最優先且精細之診斷工具，伊於93年為自訴人進行之超音波檢查，係基於專業及病歷上可見之影像記載，均為專業且正確之診斷及建議。

　　被告丙辯稱：94年11月7日、95年10月23日、97年10月20日是伊為自訴人進行腹部超音波檢查，當時檢查發現有息肉多顆，故建議「每半年至一年再做腹部超音波複檢」，當時僅建議做腹部超音波複檢，腹部超音波報告是由伊製作，息肉只是一般突出物的通稱，一般報告中會有書面建議「若超過1公分宜切除」。關於伊做的診斷，皆是基於影像學所見而留下紀錄，並給予建議，已做了完善之醫療行為。

　　被告丁辯稱：96年10月5日由伊為自訴人進行腹部超音波檢查，當時

發現膽囊有多顆息肉，故建議「再做年度腹部超音波追蹤」，腹部超音波報告是由伊製作，但總結報告及建議之內容會另外由健康管理中心專任或兼任醫師製作。電腦斷層掃描跟核磁共振在不同的疾病有不同的優點，本件膽囊息肉或是膽囊內小型病灶之觀察，目前醫療實證仍以腹部超音波為首選。

（三）鑑定意見

　　行政院衛生署（現已改制為衛生福利部）醫事審議委員會鑑定意見，整理如下：

　　1.被告戊依目前醫療常規，病患經超音波檢查診斷為1公分之膽囊息肉，建議接受手術切除膽囊以防惡性變化，符合外科手術之適應症，並無疏失。電腦斷層掃描及磁振造影檢查，非常規診斷膽囊息肉之必要檢查。

　　2.醫療影像學上，並無所謂能夠完全區別膽囊息肉、結石、慢性膽囊炎之標準。更何況臨床上，許多病患會合併發生膽結石、慢性膽囊炎及息肉。然而，息肉會在膽囊之固定位置，故經多次追蹤檢查，位置會約略相同，而結石則會因如不同時間、姿勢檢查，而改變其所在位置。

　　3.依外科學雜誌，100例膽囊息肉病患中有26位為惡性，於此惡性病人中88%大於1公分，74例良性病患中僅15%大於1公分。年紀、息肉大小、是否有症狀或合併膽結石，皆為預測息肉轉變為惡性腫瘤之重要因數，參考文獻均建議即使無症狀之病患，若其息肉大於1公分者，應建議手術切除膽囊。因此本案醫師建議病患接受手術治療，符合醫療常規。

　　4.目前超音波檢查為診斷膽囊病變之首要及相當可靠之工具，其診斷之準確及敏感度高，一般並不推薦再需另行進行電腦斷層掃描（CT）或是磁振造影（MRI）等檢查，除非認係惡性息肉，已被診斷侵犯到膽囊周邊組織，始需進一步加以進行腹部、肝臟及膽道之整體評估，而再進行電腦斷層掃描及磁振造影等檢查。

　　5.被告戊依術前之超音波檢查報告，因膽囊息肉大小及病人年齡所為之處置，符合醫療常規。

　　6.依93年9月24日之膽囊超音波檢查影像，顯示病患之膽囊內有多顆息肉，且其中依病歷紀錄中所貼上超音波影像觀之，有2顆較大息肉，分別為6.8及9.8公釐。超音波檢查，基本上係以檢查醫師當下所見及測量結果，並據以製作之報告為準（operator-dependent）。本案被告乙所製作之超音波檢查報告，其診斷正確，於醫療上尚無錯誤之處。

　　7.依94年11月7日之膽囊超音波檢查影像，顯示病患之膽囊內有多顆息肉，且其中依病歷紀錄中所提供超音波影像觀之，有2顆較大息肉，1顆5.4公釐，另1顆則未測量。超音波檢查，基本上係以檢查醫師當下所見及測量結果，並據以製作之報告為準。本案被告丙所製作之超音波檢查報告，其診斷正確，於醫療上尚無錯誤之處。

　　8.依95年10月23日之膽囊超音波檢查影像，顯示病患之膽囊內有多顆息肉，且其中依病歷紀錄中所提供超音波影像觀之，有2顆較大息肉，分別為5.8公釐及7.9公釐。超音波檢查，基本上係以檢查醫師當下所見及測量結果，並據以製作之報告之處本案被告丙所製作之超音波檢查報告，其診斷正確，於醫療上尚無錯誤之處。

　　9.依96年10月5日之膽囊超音波檢查影像，顯示病患之膽囊內有多顆息肉，且其中依病歷紀錄中所提供超音波影像觀之，有3顆較大息肉，分別為7.8公釐、7.2公釐及5.0公釐。超音波檢查，基本上係以檢查醫師當下所見及測量結果，並據以製作之報告為準。本案被告丁所製作之超音波檢查報告，其診斷正確，於醫療上尚無錯誤之處。

　　10.依97年10月20日之膽囊超音波檢查影像，顯示病患之膽囊內有多顆息肉，且其中依病歷紀錄中所提供超音波影像觀之，有4顆較大息肉，分別為6.9、10.1、9.4及8.3公釐。超音波檢查，基本上係以檢查醫師當下所見及測量結果，並據以製作之報告為準。本案被告丙所製作之超音波檢查報告，其診斷正確，於醫療上尚無錯誤之處。

　　11.對於無症狀之多發性小膽囊息肉，由於超音波檢查可測量息肉之大小、數量、觀察表面回音性及形狀等，故於診斷上比電腦斷層影像檢查效果佳。

12.本案依歷時6年追蹤之超音波影像及報告，膽囊息肉之大小至最後1次檢查時，已符合建議手術之適應症（indication），被告戊據此建議病人接受膽囊切除術，並無違反消化外科之醫療常規。另電腦斷層掃描及磁振造影等檢查，非檢查之必要項目，因此未安排進一步檢查，亦無違反消化外科之醫療常規，被告戊之醫療處置，並無疏失。

13.被告戊之說明及建議並無錯誤，亦無違反現今消化外科之醫療水準。

14.病患經醫師說明後簽署手術同意書，被告戊據此切除病患膽囊之作法，並無違反現今消化外科之醫療常規。

15.有關判斷膽囊息肉是否為惡性之預測因數，膽囊息肉大於1公分確實是判斷是否惡性之重要預測因數。雖然大於1公分之息肉，並非一定屬惡性病灶，惟為排除惡性之可能或於息肉產生惡性變化前及早處理，臨床醫師會建議手術切除。

16.依現今醫療常規，確實是醫師經高度懷疑為膽囊癌之情形下，始會建議病患進行電腦斷層掃描檢查。至於施行穿刺切片檢查，對於小型病灶而言，因定位困難，且有造成癌細胞擴散及膽汁滲漏之風險，故非常規建議之檢查。

17.有關膽囊息肉惡性預測因子及教科書建議之處理方式。大於1公分之息肉，且有逐漸增大之趨勢，應建議病患以手術切除膽囊為宜，蓋因息肉越大，惡性可能性越高，且初期之惡性變化，並非以其他非侵襲性之檢查可確診，若欲確診非惡性腫瘤，需將膽囊切除，進行病理化驗，此乃確定診斷之必要措施。

（四）判決結果

臺灣臺北地方法院於民國103年08月29日作成被告戊、乙、甲、丙、丁均無罪之判決。自訴人於法定上訴期間未上訴，本案判決即確定。

（五）判決理由

　　法院主要是以前開鑑定意見為基礎，論述對被告乙等4人是否構成刑法過失傷害罪。最後判定被告乙等4人乃依醫院所開立之醫令為自訴人進行腹部超音波檢查，且依超音波所顯示之影像，據以認定自訴人膽囊存有膽囊息肉並記載於健康檢查報告，復建議自訴人進行例行性之追蹤檢查之醫療過程咸無過失可言，且因被告乙等4人僅執行業已開立之醫令，且因自訴人當時健康檢查所呈現之狀況實無建議進一步進行電腦斷層掃描及核磁共振檢查之必要，故被告乙等4人僅建議進行例行檢查並無違誤。

　　至於建議與執行腹腔鏡膽囊切除手術之被告戊，因涉及切除手術，另需考量手術前已善盡告知、說明義務。法院對此亦有詳細論述。法院表示，自訴人及其妻於98年6月18日所簽署之手術同意書內容，已載明疾病名稱為膽囊息肉；建議手術名稱為腹腔鏡膽囊切除手術；建議手術原因為預防疾病，並已勾選醫師已聲明①需實施手術之原因、手術步驟與範圍、手術之風險及成功率、輸血之可能；②手術併發症及可能處理方式；③不實施手術可能之後果及其他可替代之治療方式；④預期手術後，可能出現之暫時或永久症狀等，有手術同意書影本1份在卷可按，益徵自訴人於實施腹腔鏡膽囊切除手術前確已充分瞭解實施腹腔鏡膽囊切除手術之原因、手術之風險及成功率、併發症及可能處理方式與其他替代方案、不實施手術可能之後果及其他可替代之治療方式等，並於充分瞭解後始決定選擇接受腹腔鏡膽囊切除手術。

　　自訴人雖主張被告於實施腹腔鏡膽囊切除手術前未盡說明義務，然按醫療行為具有高度專業性，不可能單純藉由醫師說明，即足以使病人正確評估風險並選擇最佳治療方式。因此病患的自主決定權，應以醫師的專業判斷為基礎，而決定是否願意承擔治療疾病的風險。從而，本件被告戊所負有之說明義務，目的在於擔保自訴人可以自主決定是否願意承擔治療膽囊息肉的風險，或者寧可接受不治療膽囊息肉的風險（即醫療處置之危險說明及不為醫療處置之危險說明），而不在於擔保膽囊切除之病理檢查報

告必定發現膽囊息肉，因為擔保膽囊切除之病理檢查報告必定發現膽囊息肉，既不在於醫師之說明義務，亦不在於自訴人之同意，而在於醫師之專業判斷及其醫療行為本身是否符合醫學水準。

　　至於醫師之告知義務範圍，則應以一般理性病人為準，只要對於一般理性病患而言，認為重要之風險已經說明，即已盡客觀上必要說明義務，其他一般理性病患不認為重要之風險，則屬於非必要說明的風險，縱使事後果真發生，並不能因醫師未說明，而認為係違反對病患自主權的說明義務而侵害病人對疾病風險選擇決定權。

　　法院最後作出結論：被告戊於門診過程中確實已向自訴人本人告以實施腹腔鏡膽囊切除手術之必要性及不予治療之風險等，自訴人乃於充分瞭解後始決定選擇接受上開手術，且被告戊於參照自訴人歷來健康檢查報告所顯現之資料認定無需再以腹部超音波檢查或進一步以電腦斷層掃描或核磁共振予以複檢，並建議自訴人實施腹腔鏡膽囊切除手術等，核與醫療常規相符。同時，此醫療行為本身業已符合「醫療當時臨床醫療實踐之醫療水準」及「醫療成員之平均、通常具備之技術」，亦無應注意而未注意之處，難認被告戊上開醫療行為有何業務上之過失；再者，依現有卷證資料，尚難認被告戊所為之腹腔鏡膽囊切除手術過程有何違誤。至被告戊所為之上揭手術雖與自訴人膽囊遭切除所受之傷害間確有相當因果關係存在，然因該等手術所造成之傷害乃腹腔鏡膽囊切除手術本身必然具備之傷害犯罪型態，核屬業務上正當行為，而得阻卻違法。從而，自訴意旨所指本件情形與刑法過失之構成要件尚不符合，揆諸上揭判例意旨，自不能以推測或擬制之方法，遽令被告戊等5人負業務過失致死之罪責。此外，復查無任何其他積極證據足資證明被告戊等5人有何如自訴意旨所指訴之業務過失致重傷害之犯行，不能證明被告戊等5人犯罪，揆諸上揭說明，自應為被告戊等5人無罪之諭知。

二、延伸思考

問題一：本件判決出現「醫學水準」、「醫療當時臨床醫療實踐之醫療水準」之概念，與醫療常規概念有何不同？與「業務上之正當行為」之判斷關係為何？

問題二：法院似乎僅以手術同意書影本為證據，論斷自訴人於實施腹腔鏡膽囊切除手術前確已充分瞭解實施腹腔鏡膽囊切除手術等事項，此項判定是否適當？

問題三：健康檢查是否亦需履行醫師法與醫療法上之告知說明義務？

三、判決來源

第二十一案　跌倒骨折移位案

（臺灣士林地方法院104年度自字第5號刑事判決）

一、案例基本資料

（一）自訴事實與意旨

　　醫師甲（下稱被告甲）為臺北市立V醫院（下稱V醫院）急診室PGY第一年準住院醫師，醫師乙（下稱被告乙）為V醫院急診室主治醫師，醫師丙（下稱被告丙）為V醫院急診室外傷科主任。自訴人C於103年5月31日下午3時30分許，於人行道行走之際因不慎跌倒，以右手撐地致右手劇痛難忍，無法自由活動故至V醫院急診室緊急就醫。並由被告甲為自訴人C診察，並安排手部X光檢查後，自訴人C因疼痛異常且手腕活動受限，故詢問被告甲是否為骨折？被告甲於X光檢查影像結果出來後表示經其審視X光檢查影像，認該檢查結果顯示自訴人C右手腕傷處僅為肌肉扭傷，並無骨折，故僅開給自訴人C止痛藥物囑附服用並准離院，使自訴人C深信自己傷勢僅為扭傷的情況下，忍著劇痛回家修養。

　　自訴人C於103年5月31日急診出院後右手仍疼痛加劇、甚而蔓延至右肩，於忍耐1個月後仍無法復原，遂於103年6月30日再至V醫院骨科門診求診，經骨科醫師再安排右手手腕X光檢查後告知1個月前即103年5月31日急診時手腕處即有橈骨骨折之傷勢，但因當時未及時診治骨折而延誤1個月，骨折處已經移位，故需進行復位手術予以固定。自訴人C方於醫師建議下，於103年7月6日進行右手手腕骨折復位手術。

　　基於以上所述事實，自訴人C主張於其於103年5月31日所受之右手手腕處橈骨骨折為急診部常見骨折類型，顯屬常見非為困難診斷。而當天自訴人C外顯徵狀亦符合手腕部橈骨骨折特徵。被告甲竟未診斷自訴人C受有橈骨骨折卻診斷為扭傷，顯有重大業務過失。因而對之提起業務過失傷害罪之自訴。

　　再者，自訴人C主張被告甲僅為「契約不分科住院醫師」，自訴人C之主治醫師被告乙於審視自訴人於103年5月31日之X光檢查影像，認被告甲診斷自訴人C為手腕扭傷無誤，亦有業務上之過失。被告甲僅為訓練第一年之PGY住院醫師，絕無獨立診斷能力，更不得獨立診療病患，被告乙未親自診察病患，且明知被告甲為PGY訓練醫師無能力診斷，卻放任無能力之醫師為錯誤診斷，顯有過失。

　　另，被告丙為V醫院急診部主任，明知自訴人C於103年5月31日之X光檢查影像，其檢查報告理應於當日檢查後30分後出具，並應告知被告乙，竟未予以通報自訴人C。且直至103年6月4日該書面正式檢查出具後，被告丙身為急診部主任，明知該自訴人C之X光影像檢查報告內診斷內容，與於103年5月31日急診部醫師之診斷內容完全不同，且急診部有影像報告通報傳遞系統，身為急診部主任應進行相關之急診報告與診斷查核，以維護病患安全，且該X光檢查診斷結果攸關自訴人爾後骨折治療方法及治癒機率，且知悉自訴人C於V醫院病歷首頁即有緊急聯絡電話、地址，然被告甲、被告乙與被告丙卻均應注意未注意，應告知而未告知自訴人前開檢查報告內容，未立即且及時通知自訴人C要求自訴人C立即回醫院診療以免骨折病情惡化。被告3人放任自訴人於不知情之情事下致無法正確治療手腕骨折之病情。顯有重大業務過失，因認被告被告甲、被告乙及被告丙均涉有刑法第284條第2項之業務過失傷害罪。

（二）被告回應

　　被告甲辯稱：伊當時有檢查自訴人C右手腕外側，並試著彎自訴人C手腕，發現自訴人C手腕可以旋轉，伊判斷自訴人C手腕應該沒有骨折，等X光片出來後，伊判讀後也認為橈骨沒有骨折。

　　被告乙辯稱：伊是急診室主治醫師，自訴人C來就診時是由被告甲看診，當時伊還要負責外傷病房及加護病房，無法一直待在急診室，自訴人C離院後，伊遇到被告甲，被告甲說有位長官來看診，伊有再去查閱自訴人C病歷及X光片影像，伊判斷也是沒有明顯骨折，所以才在病歷上蓋章。

　　被告丙則辯稱：伊是V醫院急診外傷科主任，伊安排PGY醫師在急診室第一線看診是沒有問題的，因為他們本來就是住院醫師。本件伊沒有親自審視病患，但是事發後有調查事發原因及請教骨科醫師，該X光影像也看不出來有明顯骨折，所以很難去追究被告被告甲責任。至於X光影像報告無法即時呈現部分，伊現已督促放射科改善報告速度。

（三）鑑定意見

　　本案醫事審議委員會105年5月10日就被告甲前述所為之處置、診斷及治療及被告乙審視病歷及X光影像後所為之判斷有無違失及是否違反醫療常規等作出鑑定意見，意見摘要如下：

　　一般而言，人體在跌落時，上肢會反射性的伸出，而以手掌撐地，此時若手過度背曲，則會造成遠端橈骨骨折併變形。病患（按即自訴人，下同）主訴為走路摔倒時，右手撐地導致手部疼痛，有臨床症狀之後，醫師再經X光檢查，即可進一步作出診斷。V醫院急診值班醫師被告甲依病患之主訴安排身體診察及神經學檢查，且安排右手掌及手腕X光檢查，符合醫療常規。一般手腕受傷之治療原則為1.復位；2.固定；3.休息、冰敷、抬高等。醫師甲經研判病人右手掌及手腕X光片之影像未見骨折時，給予病患外傷處置及止痛藥治療，並囑咐離院後局部冰敷及減少活動，其醫療處置符合醫療常規。

　　史密斯氏骨折（Smith's Fracture）之B1型，為較少見之橈骨遠端骨折，僅占全身骨折0.1%。依X光片之影像所示，推論病患之骨折可能為史密斯氏骨折中屬於較少見且困難判讀之橈骨骨折類型。橈骨骨折在判讀過程中應考慮以下問題：1.正常解剖構造是否有任何損傷？2.有無影響到腕關節及遠側橈尺關節？3.關節面是否連續？本案病患X光片之影像，並未發現有上述描述之情況，故存在判讀困難之情形。被告甲為畢業後一般醫學訓練醫師，其已具有醫師資格及獨立執行醫療之能力，但面對較少見橈骨遠端骨折X光之影像，於完成影像判讀後才讓病人離院，尚難認有醫療疏失。本案被告甲業已取得醫師執照，被告乙為被告甲值班時之主治醫

師，雖未親自診治病患，但於檢閱被告甲所做之評估、檢查相關病歷紀錄及檢視X片之影像後，並未發現有骨折，因此其「未及時審視該急診X光片」之情形，尚未違反醫療常規。

（四）判決結果

臺灣士林地方法院於民國105年07月29日作成被告甲、被告乙及被告丙均無罪之判決。

自訴人於法定上訴期間未上訴，本案判決即確定。

（五）判決理由

首就自訴人所指稱被告甲僅為第1年受訓之準住院醫師，不具獨立診療之能力，不得獨立診療病患；而被告乙未親自診療病患，卻放任無能力之被告甲為自訴人診療，使自訴人因被告甲誤診而延誤治療並受有前述傷害，而認被告甲、被告乙均有業務上之過失等。法院認為，本件被告甲為自訴人診療時雖屬PGY（Post Graduate Year）醫師，然此PGY醫師制度係衛生福利部所推動之「1年期畢業後一般醫學訓練計畫」，其計畫目的係讓受訓醫師在臨床指導教師指導下學習各種常見、一般性疾病的診斷、治療與照護能力，從照護病患中學習與病患、家屬及醫療團隊成員的溝通能力、重視醫療品質的改善與醫療資源的最佳運用，養成對專業的敬重與責任感，進而配合政府衛生政策，提供民眾周全性及持續性的全人照護。

此計畫學員資格係依據該部「專科醫師分科及甄審辦法」第2條及第2條之1等規定辦理，而依「專科醫師分科及甄審辦法」第2條之規定即指「醫師」於接受前項專科醫師訓練前，應先完成畢業後綜合臨床醫學訓練（即前述一般醫學訓練），再參醫師法第1條規定：「中華民國人民經醫師考試及格並依本法領有醫師證書者，得充醫師」，可徵前述PGY醫師當屬業經醫師考試及格並依領有醫師證書之醫師，僅在前項專科住院醫師訓練前，應先完成1年期之綜合臨床醫學訓練，亦即PGY醫師與一般醫師相同，均具有獨立診療之能力，本得獨立診察病患，故自訴人主張被告

甲因屬PGY第1年準住院醫師而不具獨立診療之能力，亦不得獨立診療病患，顯有誤會。而被告甲既可獨立診察病患，則自訴人指訴被告乙所涉放任無能力之被告甲為自訴人診療之部分，亦屬無由。故自訴人此部分主張，因乏所據，難認屬實。

再就自訴人所主張於急診時所拍攝X光影像判斷為右手遠端橈骨骨折，與被告甲於急診時察看該X光影像後所為判斷及被告乙事後審視該X光影像所為判斷即均為右手腕傷肌肉扭傷之診斷顯有不同，自訴人因認被告甲、被告乙就此部分顯有誤診，因而延誤自訴人病情致自訴人受有前述傷害，而認被告甲、被告乙有業務上之過失，法院主要是引用以下最高法院98年度台上字第6890號刑事判決提出之見解論述被告3人是否具有過失之基礎：

針對被告甲為以下論斷：於自訴人至V醫院急診室就診時，於詢問自訴人病史、受傷經過後，在進行X光影像檢查前，曾以眼觀察自訴人右手外側，並輔以手旋轉自訴人右手等理學檢查之事實，認自訴人當時右手臂及腕部於被動活動檢查及感覺神經均無異常，因而懷疑自訴人之右手腕為肌肉扭傷，而懷疑該右手腕並無骨折，即屬有據。

本案醫療鑑定意見認本案病人X光片之影像，存在判讀困難之情形。被告甲為畢業後一般醫學訓練醫師，其已具有醫師資格及獨立執行醫療之能力，但面對較少見橈骨遠端骨折X光之影像，於完成影像判讀後才讓病人離院，尚難認有醫療疏失。

針對被告乙，法院為以下論斷：本案被告甲業已取得醫師執照，被告乙為被告甲值班時之主治醫師，雖未親自診治病人，但於檢閱被告甲所做之評估、檢查相關病歷紀錄及檢視X片之影像後，並未發現有骨折，因此其「未及時審視該急診X光片」之情形，尚未違反醫療常規等情。又於自訴人離院後檢視自訴人病歷及前開X光影像後，認同被告甲前開判斷，而在前述急診病歷資料中核章確認，可認其等前述診斷及因應診斷所為之處置及治療均有所本，並無明顯輕率或疏忽之情。

針對本案關鍵可能涉及判斷錯誤問題，法院表示，雖該X光影像經V醫院放射部醫師判讀為右手遠端橈骨骨折，與被告甲、被告乙所為之診斷

有所不同，但法院表示，本件被告甲在自訴人為X光影像檢查前，既已對自訴人右手臂及右手腕為前述理學檢查，並以前述檢查結果認自訴人右手腕因被動活動檢查後無異常，因而懷疑自訴人之右手腕為肌肉扭傷，並將檢查結果記載於前述急診病歷資料中，被告乙依循前開急診病歷記載，其等於判讀該X光影像後，綜合前述理學檢查及X光影像判讀結果，被告甲因而認定自訴人係手腕肌肉扭傷，被告乙亦認同被告甲前開判斷，而在前述急診病歷資料中核章確認，當可認其等所為之判斷，已有所據，其等所為診斷應無明顯輕率或疏忽之情事。

據以上所述，法院作出結論：被告甲對自訴人於急診時所為之診斷、處置、治療及被告乙事後審視自訴人病歷及X光影像所為之判斷應均已符合醫療常規且有所依據，況依前述醫審會鑑定書亦認自訴人於急診時所拍攝之X光影像係屬較少見且困難判讀之橈骨骨折類型，被告甲、被告乙因而未能及時準確判讀，自難認其等有何明顯可判之輕率或疏忽違失或有明顯違反醫療常規之情，自訴人此部分所指，難認有據。

二、延伸思考

問題一：在醫療行為上，PGY醫師（即畢業後一般醫學訓練醫師）具有獨立診療之能力，得獨立診察病患，其與主治醫師間為何種監督指導關係？

問題二：自訴人於103年5月31日在急診室所拍攝之X光檢查影像係於4日後即103年6月4日檢查報告製作完成，該手部X光報告業已診斷為右手遠端橈骨骨折，被告甲與被告乙未於當日預約自訴人應回骨科門診追蹤，使自訴人未能及時得知該X光檢查影像檢查結果。這項主張是否為本案重要事實，對判決結果有影響？急診部主任被告丙對此是否未盡組織監督上義務？

三、判決來源

第二十二案　結核性心包膜炎用藥副作用案

（臺灣高雄地方法院106年度醫易字第1號刑事判決）

一、案例基本資料

（一）公訴事實與起訴意旨

　　醫師甲係高雄市區X醫院（下稱X醫院）感染內科主治醫師，告訴人即滿姓病患（下稱告訴人M）於民國103年8月6日夜間前往X醫院感染內科就診，並由醫師甲擔任主治醫師，經診斷為結核性心包膜炎，醫師甲開立立剋咳（AKuriT-3，複方藥物含EMB成分）及PZA等結核菌管制用藥予告訴人M服用。告訴人M於同年8月20日、9月17日、10月15日、11月12日持續至醫師甲之門診回診，醫師甲持續開立上開立剋咳藥物予告訴人M。告訴人M於103年12月10日回診時向醫師甲表示視力模糊，醫師甲將告訴人M轉診至眼科G醫師診治後，繼續於103年12月18日、104年1月7日回診時，持續開立立剋咳藥物予告訴人M服用。告訴人M於104年1月9日自行至高雄V醫院求診，並經該院醫師於104年1月21日建議停止服用立剋咳藥物，醫師甲始於104年1月28日，停止開立立剋咳藥物予告訴人M。告訴人M已由高雄V醫院診斷為雙眼視神經萎縮，並於104年2月26日經鑑定已達重度障礙等級。

　　案經檢察官提起公訴指出：

　　醫師甲（下稱被告甲）本應注意上開含EMB成分之立剋咳藥物可能會引發服用者視力模糊之副作用，依被告甲之醫療專業知識及經驗，又無不能注意情事，竟疏於注意，未告知立剋咳藥物可能引發之副作用，貿然開立立剋咳予告訴人M服用。本應注意如服用立剋咳藥物導致服用者視力模糊之現象時，應立即停止服用該藥物，且依衛生福利部疾病管制署所出

版之「結核病診治指引」（第五版）內容，亦指出服用抗結核菌藥物後，出現視力模糊之副作用時，應立即停止服用抗結核菌藥物，而依被告甲之醫療專業知識及經驗，又無不能注意情事，竟疏於注意及此，仍陸續於103年12月18日、104年1月7日回診時，持續開立立剋咳藥物予告訴人M服用。告訴人M於104年10月9日自行至高雄V醫院眼科醫師S求診，再轉由同醫院醫師L診治，經醫師L建議停止服用立剋咳藥物，被告甲始於104年1月28日，停止開立立剋咳藥物予告訴人M，然告訴人M已經醫師L診斷為雙眼視神經萎縮，並於104年2月26日經鑑定已達重度障礙等級，因認被告甲涉犯刑法第284條第2項前段業務過失傷害罪嫌。

（二）被告回應

被告甲堅決否認有何業務過失傷害犯行，辯稱：

伊開立抗結核病藥物予告訴人M服用後，已盡告知該藥物副作用之義務，且於告訴人M告知視力模糊之際，已安排告訴人M進行視力檢查，經眼科醫師檢查認為視力模糊係因乾眼症及續發性白內障，依當時情形無從認定告訴人M視力模糊與EMB藥物有關聯性，貿然停藥會增加告訴人M生命危險，且伊最終將告訴人M之結核性心包膜炎治癒，治療過程告訴人M視力暫時性變化並非傷害。

（三）鑑定意見

行政院衛生福利部醫事審議委員會鑑定意見認為：

醫師開立抗結核病藥物後，有告知藥物副作用之必要，若未告知，則與醫療常規不符；依照結核病診治指引，病患若於服藥後出現視力模糊症狀，應停止使用EMB，可考慮改回PZA或其他結核病二線藥物。告訴人於103年12月10日主訴視力模糊、於104年1月7日主訴視力持續惡化，被告甲仍持續開立含EMB藥物，至告訴人於104年1月28日告知高雄V醫院醫師診斷為雙眼視神經病變，被告甲始停用含有EMB之AKuriT-3，難謂符合醫療常規；告訴人視神經受損與含EMB藥物有因果關係。

（四）判決結果

臺灣高雄地方法院於民國108年03月13日作成判決。被告甲無罪。
檢察官於法定上訴期間未上訴，本案判決即確定。

（五）判決理由

公訴意旨認為被告甲於103年8月6日初次開立立剋咳藥物之際，未告知告訴人M該藥物可能引發之副作用等情。惟遍觀全案卷證可知，告訴人M於歷次偵訊始終未曾指證被告甲有未告知立剋咳藥物副作用之疏失（告訴人M僅指證其服用立剋咳後有視力模糊之情形），告訴代理人雖於陳述告訴意見時指出被告甲有未告知該藥物副作用之過失，然告訴人M嗣後於偵訊時，仍然未曾指證被告甲有未告知藥物副作用之疏失，遍查全案卷證亦無足以認定被告甲有未告知藥物副作用之證據。從而，公訴意旨認被告有未告知藥物副作用之過失，卷內已乏證據可憑。

再就公訴意旨認被告本應注意如服用立剋咳藥物導致服用者視力模糊之現象時，應立即停止服用該藥物判斷：

1.行為人於行為時有權信賴其他社會生活參與者會盡其規範上之義務，並且在此一信賴基礎上為行為之反應。如果基於此一信賴所為之行為導致利益侵害結果之發生，行為人之行為並非不法，此即容許信賴，又稱信賴原則。

告訴人M有糖尿病及白內障等疾病，業據被告甲指陳在卷，復有鑑定書及相關病歷可憑，是被告甲辯稱其當時認為告訴人M視力模糊有可能係因為糖尿病或白內障引起等語，確屬有據。

再者，被告甲於103年12月10日告訴人M回診表示視力模糊時，即將告訴人M轉診至眼科G醫師診治，此部分事實，業已認定如前。經眼科G醫師檢查結果初步診斷視力模糊係因為乾眼症及續發性白內障等情，業據證人G於偵訊證述在卷，此部分事實亦堪認定。

是以被告甲認為告訴人M有糖尿病及白內障等足以導致視力模糊之疾

病，且信賴眼科G醫師診斷結果認視力模糊與上開藥物無涉，在此信賴基礎上持續開立含EMB藥物，難認有何違反客觀注意義務。

再者，診治指引指出應立即停止藥物之前提為「病人因服用含EMB之AKuriT-3藥物所致副作用產生視力模糊之症狀」，被告甲既懷疑告訴人M視力模糊可能係糖尿病或白內障引起，復經眼科G醫師之檢查結果亦認為視力模糊係因為乾眼症及續發性白內障所引起，被告甲當時既認告訴人M視力模糊非服用上開藥物之副作用，因而未予以停藥，能否認為被告甲未停藥即有過失，亦有疑問。

鑑定意見未考慮被告甲認為告訴人M患有糖尿病或白內障等足以造成視力模糊之疾病，因而將告訴人M轉診至眼科醫師，並信賴眼科醫師之診斷而認定告訴人M之視力模糊非上開藥物之副作用等情事，單憑告訴人M主訴視力模糊後被告甲未停藥乙節，即認被告甲未停藥屬違反醫療常規，稍嫌速斷。易言之，衛生福利部疾病管制署出版之相關疾病之診治指引，固然可作為一般醫療常規之參考，然人體生理及病理現象，錯綜複雜，又因每位病患之身體狀況不同，診治指引僅係供原則性的建議參考，倘若個別病患具有特殊情形，應容許醫師可作出有別於診治指引所建議之診療行為，以謀求病患最佳及最大之健康利益，而非一概不顧個案有無特殊情形，舉凡未依指引診治，均一律以業務過失責任相繩。

被告甲當時將告訴人M轉診眼科醫師診斷結果，認告訴人M視力模糊係乾眼症及續發性白內障所引起，而告訴人M確有糖尿病及白內障等足以導致視力模糊之疾病，業已認定如前，是本件病患當時確實具有特殊情形，而足以讓被告甲認為告訴人M視力模糊與上開藥物之副作用無關，被告甲為謀求病患最佳及最大之健康利益，而繼續開立上開藥物治療可能足以致命之結核性心包膜炎，實難認有何過失可言。

2.被告甲所開立治療結核性心包膜炎之上開藥物，服藥療程至少要6個月以上，否則容易產生抗藥性，而無法達成治療效果等情，業據被告甲於偵訊供稱在卷，核與上開鑑定書之鑑定意見大致相符，是被告甲當時既認為告訴人M視力模糊與服用上開藥物無關，考量告訴人M已經服用4個

月之治療結核性心包膜炎之藥物，僅剩不到2個月即完成所有療程，被告甲於此際決定繼續進行療程，確實可認係為謀求病患最佳及最大之健康利益所為之醫療處置，難謂疏失。

再者，法院雖認告訴人M所受雙眼視神經萎縮之傷害與服用被告甲所開立上開藥物間具有因果關係之事實，已如前述，然此係基於告訴人M提告後，綜觀全案卷證資料所認定之結果，與法院認定被告甲當時主觀上認為服用上開藥物與告訴人M視力模糊無關乙節，顯屬二事，並無矛盾。

易言之，法院認定告訴人M視力模糊與服用被告甲所開立上開藥物間具有因果關係之事實，係依據告訴人M提告後，綜觀全案卷證資料所認定之結果，此與告訴人M提告之前，且與高雄V醫院眼科醫師於104年1月21日建議停藥之前，被告甲當時所身處之客觀環境有所不同。申言之，被告甲於104年1月21日高雄V醫院眼科醫師建議停藥之前，並無任何眼科醫師向被告甲建議告訴人M應停藥，且被告甲信任同院眼科G醫師之診斷，認為視力模糊可能係乾眼症及續發性白內障引起，且被告甲當時也無從預見告訴人M之視力模糊症狀將來的演變進展情形，而告訴人M當時尚患有糖尿病及白內障等足以導致視力模糊之疾病，是被告甲當時所處客觀環境及所能獲得之訊息，確實有使被告甲誤認告訴人M視力模糊非上開藥物之副作用，被告甲復考量告訴人M所患結核性心包膜炎有心衰竭的致命風險，貿然停止療程，告訴人M可能會有生命危險，是被告甲當時所處環境及所能獲得之資訊，因而為判斷告訴人M視力模糊非上開藥物之副作用，並繼續開立藥物治療告訴人M，難認有過失。

是法院認定被告甲依當時所處客觀環境，因而判斷告訴人M視力模糊與上開藥物無關，進而未予停藥乙節並無醫療過失之事實認定，與事後證實告訴人M視力模糊係因為服用被告所開立藥物所致乙節，兩者並無矛盾衝突之處，併此指明。

3.被告甲辯稱告訴人M之結核性心包膜炎已被治癒，不能將治療過程所發生之波折都算成是我的過失。經查，依據告訴人M家屬所陳報之J醫院細菌檢驗報告可知，告訴人M於107年2月14日之心包膜結核菌病理報告

呈陰性反應,是被告甲辯稱告訴人M所患結核性心包膜炎業已治癒乙節,並非無據。

按刑罰權之成立基礎,需具備不法及罪責,所謂不法即指法律所要禁止會造成法益侵害的行為模式,然而在社會生活中,人與人間彼此互依互存,交流頻繁,互動過程不可能完全不會影響到他人之法益,也難以完全免於法益遭受他人限制之可能。從而,並非舉凡有法益侵害行為均一律為法律所禁止,因多元社會必須考量多元價值,因此在刑法、民法及行政法上均有立法者所允許法益侵害之正當理由,即所謂阻卻違法事由,具備阻卻違法事由的法益侵害行為,即不具違法性。而阻卻違法事由之立論基礎在於保護較高價值法益而犧牲較低價值法益之行為,即屬一般人於社會生活中認為所得以容許之利益侵害,而非違法行為,不受刑事處罰。

本案告訴人M罹患有生命危險之結核性心包膜炎,求診於在X醫院感染內科擔任主治醫師之被告甲,被告開立含EMB之AKuriT-3藥物予告訴人M服用一段期間後,告訴人M所患之結核性心包膜炎確有痊癒之情形,已如前述。是被告甲辯稱告訴人M因其上開用藥治療,結核性心包膜炎因而痊癒得以延長生命乙情,並非無憑。從而,被告甲開立上開藥物既已治癒告訴人M所患具有生命危險之結核性心包膜炎,相較與上開用藥過程所產生普通傷害之副作用,顯然係為保護告訴人較高價值之生命法益所為之醫療處置,屬一般人於社會生活中認為所得以容許之醫療業務行為,尚難以刑法上業務過失傷害罪責相繩。

綜上,本案公訴意旨所舉上開事證,尚難達於通常一般人均不致有所懷疑而得確信被告甲確有犯罪之程度,被告甲被訴業務過失傷害之犯罪自屬不能證明。此外,法院依卷內現有證據資料,復查無足資認定被告甲有何公訴意旨所認之犯行,揆諸前揭說明,自應諭知被告無罪之判決。

二、延伸思考

　　問題一：雖不致影響本案結果，但法院認為告訴人未能證明被告「未告知告訴人該藥物可能引發之副作用等情」，假設相關告知行為確未發生，請問告訴人應如何證明未發生之事？

　　問題二：法院認為「被告開立上開藥物既已治癒告訴人所患具有生命危險之結核性心包膜炎，相較與上開用藥過程所產生普通傷害之副作用，顯然係為保護告訴人較高價值之生命法益所為之醫療處置，屬一般人於社會生活中認為所得以容許之醫療業務行為」。請問：1. 你是否同意此原則廣泛應用於個人醫療業務行為？2. 你認為何者更適合判斷特定治療選項對於病患是否具有較高之價值法益：醫藥主管機關、法院、藥廠或臨床科學家、醫師、或病患本身？

三、判決來源

第三部分

分析與評論

　　誠如本書先前所述，我國最高法院與高等法院曾先後多次對於醫療行為過失有所指示，107年醫療法復規定醫事人員注意義務之違反及臨床專業裁量之範圍「應以該醫療領域當時當地之醫療常規、醫療水準、醫療設施、工作條件及緊急迫切等客觀情況為斷」，惟檢視本書所收錄之案例，顯示醫療事故訴訟仍有諸多可改善或有待進一步釐清之處。以下茲從醫事鑑定之事實完整性、病歷之證據使用問題、病患之相對責任、非特異性症狀之鑑別診斷、侵入性治療之時機、罕見且快速惡化之問題、從後果反推過程之問題，以及因果關係標準不明等方面，分別加以說明。

一、醫事鑑定之事實完整性

　　鑑定單位之醫事鑑定意見正確性建立在檢方或法院提供之事實正確與完整性之上。關於醫事鑑定之進行，最高法院曾有指示。最高法院95年度台上字第3884號刑事判決表示：「此參諸行政院衛生署所訂醫療糾紛鑑定作業要點第十六條：醫事鑑定小組委員及初審醫師，對於鑑定案件，應就委託鑑定機關提供之相關卷證資料，基於醫學知識與醫療常規，並衡酌當地醫療資源與醫療水準，提供公正、客觀之意見，不得為虛偽之陳述或鑑定之規定，亦明。」

　　醫事鑑定單位所依據之事實為檢方或法院所提供。檢方或法院函請鑑定之資訊真實性雖不容置疑，但相關案情事實的完整性卻並非毫無疑問。衛生署（衛福部）或其他單位院所進行醫事鑑定之時機，理應在檢方或法院釐清案情事實之後，再就涉及醫療專業知識之部分倚重鑑定單位協助判斷。但在醫療糾紛案例中，卻仍見部分個案之鑑定意見為明顯基於不完整事實所做之結論，比如在診所剖腹產大出血案（有罪判決第十九案，臺中地方法院91年度訴字第1147號刑事判決）中，該案鑑定意見稱「被告於手術前已知病患有前置胎盤之情形」，但被告卻否認病患有前置胎盤情形，卻不知鑑定意見是從何處得知、或如何推定被告在術前已知病患有前置胎盤情形。事先是否知情既屬被告之個人主觀認知，既無相反之佐證且為被告所否認，則鑑定意見從何得知相反為事實。

　　此外，在診所藥物過敏案（無罪判決第十六案，屏東地方法院99年度易字第919號刑事判決）中，該案忽略病患先前曾在被告診所施打相同藥劑而未過敏之事實，卻僅選擇性提供病患曾對屬於同一類別但不相同藥劑之過敏病史作醫事鑑定，此雖可能爲資訊提供者不解相關資訊之醫學關鍵性所致，但卻足以嚴重影響被告之合法權益。該案被告最終雖被判無罪，但此一鑑定意見的呈現無疑是一警訊。

　　至於被告是否能就醫事鑑定意見之疑點，向醫審會鑑定者發問或提出質疑，各法院的做法不一，但窒礙難行的主要關鍵似來自衛生署（衛福部）之態度。比如在診所嵌入性脫腸案（無罪判決第四案，桃園地方法院89年度交訴字第4號刑事判決）中，法院認爲被告本身爲醫師，其於醫學方面之知識自較乎一般人爲高，則由被告本人對醫審會鑑定者發問、提出質疑，自有助於被告過失與否之釐清，但衛生署以不便告知鑑定者身分爲由拒絕；反之，在腹腔鏡手術下腹主動脈裂傷案（有罪判決第二十二案，高雄地方法院91年度訴字第3570號刑事判決）中，醫審會鑑定人則到庭陳述說明其鑑定意見。

二、病歷之證據使用問題

　　如本書先前論及，在傳統實務上，關於醫療刑事責任與民事責任之區別關鍵之一，在於訴訟上之證據法則。如最高法院98年度台上字第6890號刑事判決所指出：「關於民、刑事過失責任成立要件注意義務之判斷基準，原則上不必等量齊觀，基於刑罰最後手段性、謙抑性之考量，有關刑事上之過失責任之認定，應依嚴格證明之證據法則特別審慎爲之。」

　　在數個案例中，病歷之欠缺記載被視爲被告無作爲的證據，因而判被告有罪。例如在酒精成癮併發症未早期診斷案（有罪判決第三案，嘉義地方法院90年度訴字第105號刑事判決）中，鑑定意見「參酌卷附之醫院病歷表乙紙，病患主訴及醫師診斷均未於病歷表上紀錄，且被告於該日22時探視時，亦未於病歷表上紀錄病患狀況及生命徵候等各項數值」，足徵「被告於診斷病患病

情後，並未作立即且必要之檢查及於病歷表上紀錄病患狀況，因此喪失及早處置或建議轉院之時機」。另在車禍頭痛誤認案（有罪判決第二案，基隆地方法院89年度訴字第749號刑事判決）中，被告辯稱病患主訴頭痛，未見嘔吐等現象，因而判斷病患小腦部位未受壓迫病變，但法院以病歷中未見被告爲病患進行是否平衡失衡之測試記載，因而認爲被告對病患情況之判定爲率斷。

另有數個案例爲被告辯詞與護理紀錄不一致，法院依護理紀錄做出對被告不利之判決，例如在酮酸中毒延誤治療案（有罪判決第五案，彰化地方法院90年度訴字第75號刑事判決）中，被告辯稱不知家屬私下爲死者施打之胰島素劑量，但其所屬醫院出具之護理紀錄載明家屬爲死者注射之胰島素單位數。然而護理紀錄之記載亦可能係來自病患家屬的片面口述，記載之護理師不盡然爲親自知悉，惟法院顯然認爲護理紀錄較被告之辯詞可信。而在腹腔鏡膽囊切除術心跳停止案（有罪判決第二十七案，臺中地方法院102年度醫訴字第8號刑事判決）中，被告與護理紀錄對於被告於術中是否已懷疑內出血的說詞不一致，但登載護理紀錄之人並未被要求出庭說明登載時之情況。

從病歷或醫療記載之缺乏而對被告作不利之引申，應有較嚴謹的證據法則加以規範，像是傳喚證人說明登載紀錄當下之情形、考量是否爲緊急情況，或欠缺之紀錄是否屬於例常記載之事項等；至於護理紀錄與被告說詞不一致之情況，應可考慮傳喚實際登載之人說明當時情況，以證明登載之人對紀錄內容是否親自知悉（personal knowledge），而非出於傳聞（hearsay）。

三、病患之相對責任

醫事糾紛之探討常陷於僅專注於醫療提供者單方面責任之迷思，而忽略醫病關係往往也是雙方互動、互爲影響的行爲。換言之，醫療提供者的建議或採行何種醫療措施，相當程度亦取決於病患或其家屬的態度或行爲。正如西方諺語「It takes two to tango」，病患或其家屬在醫病關係中，亦負有相對應的責任。

在酒後跌倒誤診案（有罪判決第七案，臺灣新竹地方法院90年度訴字第347號刑事判決）中，法院以被告因病患不接受腦部電腦斷層檢查而未進行相關檢查致死爲過失；在診所剖腹產大出血案（有罪判決第十九案，臺中地方法院91年度訴字第1147號刑事判決）中，法院以被告順從產婦家屬之強烈要求而延後剖腹生產爲過失；另在酮酸中毒延誤治療案（有罪判決第五案，彰化地方法院90年度訴字第75號刑事判決）中，被告稱禁食會使病患之血糖值下降，故認爲不得再對病患施打胰島素，且病患家屬私下已爲病患施打胰島素，因而在不確定實際施打劑量的情況下，不宜再爲病患施打胰島素，惟法院仍認爲被告未施打胰島素爲過失。

此外，醫療提供者在何種情況下應拒絕病患出院之要求，在疝氣手術併胸痛未轉診案（有罪判決第六案，臺北地方法院92年度簡字第536號刑事判決）中，法院認爲被告過失之原因之一，在於被告給予病患舌下硝化甘油，並做心電圖檢查而無變化，但未作詳細身體檢查即應病患之要求同意其出院。該案病患出院時雖感胸痛不適，但在出院後的三日期間似未尋求其他醫師或醫院治療，卻在出院後第三日再返院急診，並於抵達被告任職醫院時無生命跡象。顯然，基於刑法之目的，最起碼，病患本身或其家屬應負有緩解（mitigation）之相對責任，即便無法減輕損害或防止傷害擴大，亦不應在其能力所及的情況下放任傷害加重或擴大。醫療提供者不應因爲病患或其家屬出於自由意志放任病患傷害之擴大或加重而被處罰，例如病患長達三天期間未尋求其他治療管道，卻以被告同意出院爲過失。

再者，醫療提供者或法院在醫療事故中，是否適宜代病患做出何種選擇爲較高價值法益之判定，亦有商榷餘地。在結核性心包膜炎用藥副作用案（無罪判決第二十二案，高雄地方法院106年度醫易字第1號刑事判決）中，法院認爲「被告開立上開藥物既已治癒告訴人所患具有生命危險之結核性心包膜炎，相較與上開用藥過程所產生普通傷害之副作用，顯然係爲保護告訴人較高價值之生命法益所爲之醫療處置，屬一般人於社會生活中認爲所得以容許之醫療業務行爲」。惟幾近喪失全部視力之結果與可能喪失生命之風險相較，喪失視力

是否代表價值較低之法益，恐因人而異，依據醫學倫理之知情同意（informed consent）原則，似仍以在一定程度上尊重病患個人之抉擇為宜。

四、非特異性症狀之鑑別診斷

　　許多疾病呈現的症狀非常相近，因而醫療提供者須透過逐一排除的程序找出真正的病因。在此過程中，較常見的病因往往優先被懷疑，而在採取措施確認排除常見病因之可能性後，再逐步將範圍縮小至較少見的病因，此過程稱為鑑別診斷（differential diagnosis）。合理的鑑別診斷過程與偏離醫療常規的「誤診」應能加以區辨。

　　在酒後跌倒誤診案（有罪判決第七案，新竹地方法院90年度訴字第347號刑事判決）中，醫事鑑定意見稱「喝酒可以產生意識混亂，嚴重者也可以產生昏睡之現象，這都與頭部外傷、腦損傷之病變有相同的症狀」，據此，被告判斷病患之意識混亂與昏睡係由喝酒造成；另在診所頭痛昏迷未轉診案（有罪判決第九案，新北地方法院94年度醫訴字第2號刑事判決）中，鑑定意見雖認同被告「由於最初的症狀沒有特異性（不舒服快昏倒及有些頭痛），很難加以確診」，但該鑑定意見亦認為被告「在其診所中僅給予點滴注射，並未詳細檢查其病因亦未注意其病情發展，難謂無疏失」。惟此處醫事鑑定的陳述是否暗示當診所遇有任何非特異症狀時，如無法即時排除嚴重病因之可能性，醫療提供者均應假設其為最嚴重之可能病因，然此一標準如為醫療常規，診所恐怕須終日忙於為病患轉診；同時，由於鑑定者為醫療專業，不盡然瞭解刑法過失的定義，法院如未先行確認鑑定者所言「疏失」之原意，即逕行認定其鑑定意見之「疏失」等同刑法之過失，亦為不妥。

五、侵入性治療之時機

　　身體自主（bodily integrity）為醫學倫理之核心價值之一，因而醫療提供者在何種情況下可被容許對病患施行未經其同意的檢驗或治療，有嚴格之限制，基本上需考量的因素包括及時實施該措施的必要性、緊急性、侵入性，以及病患當下之神智狀態能否執行有效同意等。一般而言，對身體侵入程度越高的檢驗或治療，實施之標準前提亦越高，否則恐構成對病患身體自主的侵害。

　　在酒後跌倒誤診案（有罪判決第七案，新竹地方法院90年度訴字第347號刑事判決）中，該案病患傷口處肌腱斷裂，且為被告檢查確知，因病患喝酒而有抗拒治療之情，法院質疑被告既已因病患躁動而綁住其手腳，何以不對病患施以麻醉加以縫合肌腱；法院更進一步認為被告即已對病患綁住手腳，且該醫院有腦部電腦斷層儀器，因而認為被告無理由不對病患施行腦部電腦斷層檢查。另在車禍頭痛誤認案（有罪判決第二案，基隆地方法院89年度訴字第749號刑事判決）中，該案被告稱病患之神經學指數及臨床症狀均未見異狀，惟醫審會鑑定意見認為不能據此即排除病患有潛在危急狀況，並建議應採取積極侵入性的治療方式如後顱窩切除手術併腦膜整形。前者案例將侵入程度大相逕庭的綁住手腳、麻醉縫合肌腱，以及電腦斷層檢查等措施相提並論；後者案例則在診斷徵象不明的情況下，僅因無法排除可能性即建議實施具高度身體侵入性的探索手術，均有可商議之處。

六、罕見且快速惡化之問題

　　既為罕見情況，即表示被告當下恐難以預見，且該情況可能欠缺明確醫療常規可資遵循，而有費時加以探索確認之必須，但如病患因個人體質或其他因素致病情惡化迅速，則可能不及治療或雖治療亦難以挽回。

　　在診所產後大出血誤診案（有罪判決第四案，新北地方法院89年度訴字第244號刑事判決）中，醫事鑑定意見認爲由子宮頸延至子宮體之隱藏式裂傷實屬罕見，一般醫師無法由肉眼判斷，但該案被告仍被判有罪。在酒後跌倒誤診案（有罪判決第七案，新竹地方法院90年度訴字第347號刑事判決）中，鑑定意見認爲病患死因係廣泛性之腦病變，其病程變化快速，並認爲即便一開始住入大型教學醫院，在時間上仍可能來不及挽救，然而法官認爲被告惟有「對於結果之發生無避免可能性」，方能主張免責。在鋼筋撕裂傷延誤治療案（有罪判決第十一案，新竹地方法院96年度訴字第608號刑事判決）中，鑑定意見認爲：1. 腹壁穿刺傷後造成小腸疝入之可能性並不高；2. 3×1×1公分傷口應不至疝入大量小腸；3. 小部分小腸壞死應不至於在24小時內造成敗血症，被告因病患屬罕見情況且病情急速惡化，因而無足夠時間找出腹痛眞正原因，但仍被判有罪。另在診所抽脂手術風險案（有罪判決第十八案，臺北地方法院86年度自字第1002號刑事判決）中，鑑定意見認爲本件「病患施行過抽脂手術，其氣會進入皮下組織而影響X光之判讀，此種併發症在臨床上極爲罕見，教科書及文獻上，似未見有」，惟此案被告亦被判有罪。而在車禍頭痛誤認案（有罪判決第二案，基隆地方法院89年度訴字第749號刑事判決）中，法院雖同意該案病患之情況在醫學上非常罕見，並稱「被告於本件之醫療上疏失，或許爲大多數醫師均可能發生」，惟該案被告仍被判過失。

　　誠如本書前已論及，如果個案中之醫師沒有「預見」到結果，但一般醫師「能」「預見」到結果，而做了某些事；或者，個案中之醫師沒有做某些事，但一般醫師會做這些事。在符合前述條件下，可以認定個案中之醫師以作爲或不作爲方式違反應盡注意義務，未達被法律期待應注意之標準。反之，罕見之疾患與結果極可能爲一般醫師所未能「預見」，既爲一般醫師無法預見，即可能無明確醫療常規可供依循。因而適當之摸索應有實務上的必要，罕見情況如加以病情快速惡化致應變不及，醫療提供者在此情況下有其能力極限，即使產生不幸的後果，恐非基於刑法之目的應予懲罰的適當對象。

七、從後果反推過程之問題

　　傷害之結果爲醫療過失的構成要件，但醫療提供者是否違反醫療常規，是由診療過程之作爲或不作爲加以評估，而非傷害之結果。誠然診療過程之還原經常面臨證據不足或證據不明的困境，然逕以不幸之後果反推其過程必有疏失，則難以避免流於後見之明（hindsight）。

　　在車禍頭痛誤認案（有罪判決第二案，基隆地方法院89年度訴字第749號刑事判決）中，此案爭點之一在於病患顱內出血的發生時機，法院雖承認「法醫中心之病理檢查結果僅係就遺體解剖所見之情形爲描述，並推斷可能之死因，但對死亡之前病患身體組織之病變狀況，並未爲詳細之記載」，但對於被告以「排除方式」推論爲遲發性顱內出血則予以否定。另在鋼筋撕裂傷延誤治療案（有罪判決第十一案，新竹地方法院96年度訴字第608號刑事判決）中，法醫研究所對於此案之意見稱「法醫學上腹壁貫穿傷確定診斷極爲明確，只需剖開腹腔後確認腹壁內外兩側是否有相通貫穿之創口。但臨床上似無法爲確定診斷而如此操作」。因而就醫療疏失之評估而言，應避免法醫鑑定報告之誤用。

八、因果關係標準不明

　　誠如本書前已論及，除證據法則之外，醫療刑事責任與民事責任之重要區別還在於因果關係、客觀歸責上之區別。由於醫療法第82條並未對認定成立過失犯要件之因果關係與客觀歸責有所限定，因而刑法上基於罪疑唯輕原則，刑事醫療責任之歸責宜採用「避免可能性理論」（無效義務），並可與民事醫療責任之「風險升高理論」加以區別。

　　有關「避免可能性理論」（無效義務）之見解，可以最高法院89年度台上字第5241號刑事判決爲代表：「即使予以檢查發現，並予適當之處置，仍難免

死亡結果之發生，二者間並無相當之因果關係。」至於「風險升高理論」，只要被告違反注意義務之行為升高對病患法益侵害的風險，則其違反注意義務之行為即應對結果負責。從兩者定義可輕易區別出前者歸責標準高於後者。

在急性主動脈剝離案（無罪判決第二案，基隆地方法院88年度自字第51號刑事判決）中，法院與鑑定意見認為「病患所罹患之急性主動脈剝離乃死亡率極高之疾病，且合併大片腦中風，於接受八小時之開刀手術置換升主動脈後，仍呈高度心衰竭而死亡之情形下，被告未儘早進行心臟超音波檢查，不必然會發生病患死亡之結果，則被告之醫療行為與病患之死亡間，並無相當因果關係」。另在診所剖腹產羊水栓塞死亡案（無罪判決第十四案，新北地方法院97年度醫訴字第1號刑事判決）中，本案似因羊水栓塞死亡率達90%、無法預防、且無有效治療方法，因而認為被告即便沒有未對病患供氧的疏失，亦難以避免病患死亡之不幸結果。兩案被告在診療過程中雖均有不同程度的疏失，但其被判無罪顯係因為法院採用「避免可能性理論」之因果關係。

反觀酮酸中毒延誤治療案（有罪判決第五案，彰化地方法院90年度訴字第75號刑事判決），該案被告因其他治療考量而未給予病患注射胰島素及輸液，以解緩其酮酸中毒之病情，法院雖認同死者送醫時係同時罹有糖尿病酮酸中毒、上消化道出血及肝硬化等三種單獨均足以致命之病灶，且未排除病患死前或已有敗血症之可能性，但仍認為死因之不確定性並不影響被告過失與病患死亡之間的因果關係。另在總膽管取石術腹痛未照會案（有罪判決第十四案，臺中地方法院98年度醫訴字第3號刑事判決）中，該案鑑定意見與法官均認為被告未照會外科或放射科醫師，因而有升高病患死亡之風險，法院依「經驗法則」認定被告之不作為與病患死亡之因果關係，而非依據條件說肯認「被告如果履行作為義務照會外科或放射科醫師，緊急施行引流手術以適切引流膽汁，則病患死亡結果一定不會發生」之直接因果關係，並據以認定被告過失。兩案被告之行為皆不必然導致病患死亡，但因恐有升高病患死亡之風險，即便前者尚且存有「死因之不確定性」，兩案被告仍被判有罪，顯係因法院採用「風險升高理論」之因果關係所致。

　　換言之，雖視個案之特定情況而定，但同屬證據欠缺明確的情形，有些個案可能因法院採取「風險升高理論」之因果關係而判有罪，有些個案卻可能因法院採用「避免可能性理論」之因果關係而判無罪，法院之因果關係判定標準浮動難測，醫療提供者恐將無所適從。

參考文獻

一、專書

王皇玉，刑法總則，5版，2019年，臺北：新學林。

王皇玉，刑法總則，6版，2020年，臺北：新學林。

朱柏松等，醫療過失舉證責任之比較，1版，2008年，臺北：元照。

吳俊穎，法官，我說明夠了嗎？：醫師告知義務的法院判決評析，1版，2010年，臺北：橘井文化。

吳俊穎，實證法學：醫療糾紛的全國性實證研究，1版，2014年，臺北：元照。

李惠宗，行政法要義，8版，2020年，臺北：元照。

林山田，刑法通論（上），增訂10版，2008年，臺北：元照。

林山田，刑法通論（下），增訂10版，2008年，臺北：元照。

胡勝川等，急診有關的醫療倫理與法律，1版，2017年，臺北：金名。

荒井俊行等著，呂美慧等譯，護理師該懂的法律責任：案例判決與分析，1版，2017年，臺北：合記。

張麗卿主編，全球風險社會刑法新議題──以食品及醫療為中心，1版，2015年11月，臺北：元照。

陳聰富，醫療責任的形成與展開，2014年5月，臺北：國立臺灣大學出版中心。

曾淑瑜，醫療倫理與法律15講，2版，2016年，臺北：元照。

楊哲銘，臨床案例醫療法律，1版，2020年，臺北：五南。

葛謹，臺灣醫師制度與醫療糾紛案例評釋，1版，2011年，臺北：元照。

劉宜廉、王志嘉，醫療法律入門：案例導向討論，2版，2008年，臺北：財團法人醫院評鑑暨醫療品質策進會。

蔡墩銘，醫事刑法要論，2版，2005年，臺北：翰蘆。

盧映潔等，醫療行為與刑事過失責任，3版，2018年，臺北：新學林。

簡資修等，醫療事故責任之經濟分析，醫療責任保險與法律經濟，1版，

2019年，臺北：元照。

二、期刊文獻

Bernd Heinrich著，古承宗譯，行為人於自己犯罪所實施的中介行為，月旦法學雜誌，258期，2016年11月，頁215-227。

Ulrich Schroth著，古承宗譯，醫師於醫療疏失的刑事責任，高大法學論叢，9卷2期，2014年3月，頁15-16。

于桂蘭、陳迺葒、林萍章，法律、證據與護理紀錄，臺灣腎臟護理學會雜誌，15卷2期，2016年6月，頁12-20。

王志嘉，末期病患醫療常規——臺灣高等法院高雄分院九十六年度醫上更（一）字第二號刑事判決評釋，月旦法學雜誌，157期，2012年，頁232-256。

王皇玉，德國醫療刑法論述概說，月旦法學雜誌，170期，2009年7月，頁122-144。

王皇玉，論醫師的說明義務與親自診察義務——評九十四年度台上字第二六七六號判決，月旦法學雜誌，137期，2006年10月，頁265-280。

王皇玉，整型美容、病人同意與醫療過失中之信賴原則—評臺北地院九十一年訴字第七三〇號判決，月旦法學雜誌，127期，2005年12月，頁50-63。

王澤鑑，損害賠償法上的與有過失，法令月刊，67卷4期，2016年4月，頁1-38。

吳志正，從因果關係命題談重大醫療瑕疵原則之適用——最高法院106年度台上字第227號判決評析，月旦裁判時報，89期，2019年11月，頁49-59。

吳志正，揭開民事損害賠償法相當因果關係之神秘面紗——從最高法院判例談起，政大法學評論，125期，2012年2月，頁115-191。

吳志正，違反醫療告知義務之法益侵害類型與民事責任——從實務裁判之猶疑談起，臺北大學法學論叢，110期，2019年6月，頁93-170。

吳志正，實證醫學數據於醫療事故損害賠償上之意義，臺大法學論叢，40卷1期，2011年3月，頁139-207。

吳秀玲，醫師法之缺失評析，中正財經法學，22期，2021年1月，頁187-

279。

吳俊穎，醫師告知義務急速擴張的時代——法界的期待與醫界的臨床實務
　　之間的鴻溝，法學新論，14期，2009年9月，頁87-111。

吳俊穎、楊增暐、陳榮基，醫療糾紛請求權基礎、責任主體以及舉證責任
　　轉換之實證分析，月旦法學雜誌，230期，2014年7月，頁221-247。

吳俊穎、賴惠蓁、陳榮基，醫療糾紛重複鑑定之實證研究，月旦法學雜
　　誌，198期，2011年11月，頁155-173。

吳振吉，論交通事故與醫療過失競合理論——以日本法為借鑑，政大法學
　　評論，150期，2017年9月，頁49-111。

吳振吉，醫療行為之過失認定——簡評最高法院106年度台上字第227號民
　　事判決之「醫療常規」與「醫療水準」，月旦醫事法報告，10期，
　　2017年8月，頁69-85。

吳振吉、姜世明，論醫療契約不完全給付可歸責性要件之舉證責任——
　　兼評最高法院97年度台上字第1000號民事判決，輔仁法學，44期，
　　2012年12月，頁91-158。

李之聖，過失犯理論與信賴原則之變遷與檢討——兼論醫者對病患之信
　　賴，刑事法雜誌，51卷4期，2007年8月，頁104-143。

林石猛，醫療行政救濟爭議——以行政法院之觀點為中心，裁判時報，67
　　期，2018年1月，頁74-85。

林宗穎，特殊體質併發症之告知義務範圍及醫院責任之認定，月旦醫事法
　　報告，28期，2019年2月，頁128-133。

林宗穎，醫療機構組織責任之理論建構與案例類型之具體化——以德國與
　　臺灣案例為中心，政大法學評論，148期，2017年3月，頁163-244。

林東茂，醫療上病患承諾的刑法問題，月旦法學雜誌，157期，2008年6
　　月，頁45-70。

林萍章，醫療刑事訴訟認罪協商的實證研究——從臺南地方法院九十三年
　　度簡字第二三五一號刑事判決出發，月旦法學雜誌，185期，2010年
　　10月，頁271-281。

林鈺雄，三人行為介入之因果關係及客觀歸責：從北城醫院打錯針及蘆洲
　　大火事件出發（上），臺灣法學雜誌，79期，2006年2月，頁13-31。

林鈺雄，三人行為介入之因果關係及客觀歸責：從北城醫院打錯針及蘆洲

大火事件出發（下），臺灣法學雜誌，80期，2006年3月，頁21-40。

林鈺雄，初探德國醫療糾紛鑑定調解會制度——兼論解決醫療糾紛之立法原則，月旦法學雜誌，217期，2013年6月，頁207-230。

林鈺雄，證人概念與對質詰問權——以歐洲人權法院相關裁判為中心，歐美研究，36卷1期，2006年3月，頁121-173。

邱慧洳，醫療分工、信賴原則與過失責任歸屬——以醫師與護理師間關係為例，全國律師，19卷11期，2015年11月，頁77-90。

邱錦添，醫療行為不適用消費者保護法之規定——依最高法院九十四年度台上字第一一五六號民事裁定，全國律師，9卷11期，2005年11月，頁64-74。

侯英泠，德國醫事民法中病患與有過失之探討，臺北大學法學論叢，86期，2013年6月，頁125-183。

侯英泠，檢查結果告知義務：已離院病患毋庸告知是醫療慣行？還是醫療過失？月旦醫事法報告，30期，2019年4月，頁65-81。

侯英泠，醫療禁忌之醫療行為選擇屬病患自主權範圍？醫師專業裁量範圍？！——最高法院107年度台上字第23號民事判決之評析，裁判時報，95期，2020年5月，頁18-26。

侯英泠，醫療機構、外科醫師與麻醉科醫師之說明義務——最高法院九六年台上字第二四七六號判決簡評，臺灣法學雜誌，107期，2008年6月，頁291-297。

姚念慈，最高法院106年度台上字第227號判決之四不一沒有，月旦醫事法報告，10期，2017年8月，頁111-124。

姜世明，文書提出義務及事案解明義務之競合與限制，月旦法學雜誌，185期，2010年10月，頁225-238。

徐育安，刑法上業務過失之理論與實務——以德國法為借鏡，東吳法律學報，29卷2期，2017年10月，頁39-69。

涂春金、劉柏江，評臺灣臺北地方法院94年度醫訴字第5號刑事判決——「邱小妹人球案」，法令月刊，64卷10期，2013年10月，頁8-24。

馬躍中，「錯誤醫療行為之刑事責任——德國刑事政策之思考」重點提示，月旦法學教室，108期，2011年10月，頁105-109。

馬躍中，醫師刑事責任之探討——以告知義務、因果係與信賴原則為中

心，軍法專刊，57卷6期，2011年12月，頁22-41。

張念中、陳聰富，用法律觀點看醫療不良事件之風險管理，醫療品質雜誌，5卷4期，2011年7月，頁70-73。

張明偉，刑事過失責任之探討：以美國刑事醫療案例為例，臺大法學論叢，39卷1期，2010年3月，頁353-401。

張明偉，違反心血管疾病醫療常規之刑事責任，醫事法學，22卷1期，2015年6月，頁67-83。

張家禎等，延誤診斷之致命性「蜘蛛膜下腔出血」──個案報告及文選回顧，臺灣家庭醫學雜誌，22卷1期，2012年3月，頁34-40。

張瀞云等，北臺灣司法解剖之突然非預期性死亡的研究，臺灣法醫學誌，5卷1期，2013年6月，頁1-13。

張麗卿，醫療法第82條修法之法學意涵，臺灣醫學，23卷4期，2019年7月，頁474-479。

梁志鳴，論跨領域法律解釋適用之原則與挑戰：以美國在地慣習與全國水準之辯證及我國醫療常規與醫療水準之論戰為例，中研院法學期刊，24期，2019年3月，頁281-285。

梁志鳴、劉汗曦，醫法互動最前線：臺灣與美國醫療機構法務部門之實證比較分析，東海大學法學研究，54期，2018年4月，頁99-147。

許恒達，「超越承擔過失」的刑法歸責，東吳法律學報，20卷2期，2008年10月，頁97-138。

許恒達，合法替代行為與過失犯的結果歸責：假設容許風險實現理論的提出與應用，臺大法學論叢，40卷2期，2011年6月，頁707-788。

許恒達，建議轉診義務與子宮外孕案的刑法評價──評最高法院108年度台上字第1768號刑事判決及其歷審見解，裁判時報，106期，2021年4月，頁36-49。

許曉芬，告知說明義務之重新審思：以法國法上醫療責任之「機會喪失」理論為中心，東海大學法學研究，36期，2012年4月，頁115-152。

陳子平，團隊醫療與刑事過失責任（上），月旦法學雜誌，190期，2011年3月，頁147-157。

陳子平，團隊醫療與刑事過失責任（下），月旦法學雜誌，191期，2011年4月，頁160-176。

陳子平，醫師違反緊急救治義務之刑事責任──與日本法之比較，月旦法學雜誌，158期，2008年7月，頁134-149。

陳子平，醫療上「充分說明與同意」之法理在刑法上的效應（上），月旦法學雜誌，178期，2010年3月，頁227-245。

陳子平，醫療上「充分說明與同意」之法理在刑法上的效應（下），月旦法學雜誌，179期，2010年4月，頁248-271。

陳子平，醫療過失刑事裁判的問題思考──一件經過七次審級的裁判事件，月旦法學雜誌，218期，2013年7月，頁168-195。

陳忠五，法國法上醫療過錯的舉證責任，東吳法律學報，18卷1期，2006年8月，頁31-60。

陳杰峰、蔡宛真、邱文達，實證醫學於健康照護之應用，臺灣醫學，8卷2期，2004年3月，頁235-240。

陳英淙，探討醫療行為之客觀注意義務──以最高法院九七年台上字第三四二八號判決為例，長庚人文社會學報，3卷1期，2010年4月，頁154-159。

陳鋕雄、劉庭妤，遠距醫療之民事過失責任標準，東吳法律學報，22卷1期，2010年7月，頁61-99。

陳學德，抽脂醫糾庭外和解案：醫療和解與錯誤，月旦醫事法報告，34期，2019年8月，頁87-107。

陳聰富，自甘冒險與運動傷害，臺北大學法學論叢，73期，2010年3月，頁141-184。

陳聰富，醫療事故民事責任之過失判定，政大法學評論，127期，2012年6月，頁349-412。

陳聰富，醫療契約法典化之研究，臺大法學論叢，49卷1期，2020年3月，頁123-193。

曾士芬、蕭宏宜，遠距醫療態樣與行為責任分擔初探，成大法學，35期，2018年6月，頁35-76。

曾品傑，我國醫療上告知說明義務之實務發展──最高法院相關判決釋，科技法學評論，9卷1期，2012年6月，頁15-49。

曾品傑、張岑伃，實務選編：民事法類，月旦法學教室，231期，2022年1月，頁99-119。

曾宣靜、林昭庚、孫茂峰，承擔抑或抗辯：醫者醫療刑事責任在民初之轉變（1912-1949），科技醫療與社會，27期，2018年10月，頁59-120。

游宗憲，醫療糾紛病患自力救濟之個案分析，臺灣醫學，12卷3期，2008年5月，頁292-298。

游宗憲、張睿詒，以病患安全為核心的整體性醫療糾紛處理系統，臺灣醫學，23卷1期，2019年1月，頁78-83。

黃士軒，自甘冒險而受法益侵害之刑責歸屬問題——以我國過失犯事例為素材，中原財經法學，45期，2020年12月，頁137-212。

黃則瑜，醫療法第82條限縮醫療過失？——簡評最高法院107年度台上字第4587號刑事判決，月旦醫事法報告，39期，2020年，頁142。

黃奕文，重新檢視過失共同正犯之難題——以德國學說為討論中心，興大法學，20期，2016年11月，頁193-279。

黃溫昕，「麻醉醫師在手術中投予病患過量麻醉劑導致死亡」之損害賠償事例，月旦醫事法報告，9期，2017年7月，頁102-109。

黃溫昕，「醫療法人因多項重大違法過失遭取消保險醫療機關及保險醫師資格」事例，月旦醫事法報告，8期，2017年6月，頁129-141。

黃溫昕，石膏固定病患因肺栓塞猝死，基於開業醫師之醫療水準判定無過失，月旦醫事法報告，20期，2018年6月，頁118-123。

黃溫昕，肝生檢與醫師注意義務之違反，月旦醫事法報告，44期，2020年6月，頁97-103。

黃溫昕，醫師在手術中未依麻醉劑說明書進行血壓監測之損害賠償事例，月旦醫事法報告，6期，2017年4月，頁167-174。

黃榮堅，論保證人地位，法令月刊，46卷2期，1995年2月，頁7-18。

楊秀儀，論病患自主權——我國法上「告知後同意」之請求權基礎探討，臺大法學論叢，36卷2期，2007年6月，頁229-268。

楊秀儀，醫療傷害流行病學：到底問題有多嚴重？，月旦醫事法報告，1期，2016年07月，頁22-29。

楊秀儀、賴美淑，醫療專業審查和醫療品質之關聯性研究：美國經驗比較，臺灣醫學，7卷5期，2003年9月，頁726-735。

詹森林，德國醫療過失舉證責任之研究，臺北大學法學論叢，63期，2007

年9月，頁47-80。

劉明生，醫療瑕疵損害賠償責任成立因果關係證明度之研究，月旦法學雜誌，303期，2020年8月，頁148-178。

劉秉鈞，過失醫療行為與刑事責任關係之實務回顧，銘傳大學法學論叢，10期，2008年12月，頁83-130。

劉芳伶，論系統性醫療事故中醫護人員所應負擔之刑事過失注意義務——以「法律評價與醫療現場的落差之一隅」為切入視角，治未指錄：健康政策與法律論叢，6期，2018年1月，頁101-160。

蔡甫昌、楊哲銘，醫師自立名目收取醫療費用之倫理與法律問題，臺灣醫學，7卷5期，2003年9月，頁764-767。

蔡振修，切除包皮手術過失傷害趣案的解析與評論，醫事法學，12卷1-2期，2004年6月，頁57-66。

蔡聖偉，2019年傷害罪章修法評釋（一）——評普通傷害罪、對尊親屬施暴罪、合意傷害罪、參與自傷罪及過失傷害罪，裁判時報，100期，2020年10月，頁100-111。

蔡蕙芳，因果關係之條件理論與客觀歸責理論，臺灣本土法學雜誌，70期，2005年5月，頁161-167。

蔡蕙芳，美容醫學淨膚雷射案：避免可能性理論與風險升高理論於刑事醫療過失案件之適用，月旦醫事法報告，37期，2019年11月，頁79-97。

蔡蕙芳，探究醫療法第82條第3項、第4項規定意涵：融合於刑法過失犯罪體系之解釋，月旦醫事法報告，70期，2022年8月，頁7-16。

鄭逸哲，「醫療刑事過失責任」的審查流程——評析臺灣高等法院臺南分院九十八年度醫上訴字第二五號刑事判決，裁判時報，1期，2010年2月，頁151-156。

鄭逸哲，從平等原則評析2017年醫療法醫療刑事責任修法，法令月刊，69卷7期，2018年7月，頁45-59。

鄭逸哲，雖「誤診」，仍屬「臨床合理診斷」的醫療行為——評析臺灣高等法院95年度重醫上更（三）字第109號和最高法院98年度台上字第610號刑事判決，法令月刊，63卷8期，2012年8月，頁16-27。

鄭逸哲，醫療案件應適用不純正不作為過失犯構成要件——最高法院105

年度台上字第182號刑事判決，月旦裁判時報，69期，2018年3月，頁52、54-55。

盧映潔，德國修復式正義之近期發展與實踐狀況，世新法學，9卷2期，2016年6月，頁279-343。

盧映潔、周慶東、葛建成，醫療準則之意義與功能，輔仁法學，40期，2010年12月，頁79。

盧映潔、梁興禮，醫療法規中醫師責任與刑事過失責任之關聯與區別——評臺灣高等法院97年度重醫上更（三）字第207號刑事判決，臺灣法學雜誌，214期，2012年，頁82、85。

盧映潔、葛建成、高忠漢，論醫療行為之常規診療義務，臺大法學論叢，35卷4期，2006年7月，頁164-167、176。

盧映潔、周慶東、葛建成，醫療準則之意義與功能，輔仁法學，40期，2010年12月，頁59-83。

盧映潔、梁興禮，告知同意法則與醫療刑事過失責任之關聯探討——我國實務判決之發展與評析，裁判時報，69期，2018年3月，頁90-107。

謝榮堂，兩岸醫療糾紛之處理法制比較——以訴訟上舉證責任為中心，華岡法粹，65期，2018年12月，頁41-72。

簡資修，新詞說愁之「醫療水準」——最高法院106年度台上字第227號民事判決評釋，月旦裁判時報，65期，2017年11月，頁24-30。

簡資修，醫師的賠償責任與說明義務——經濟分析與其法院實踐，月旦民商法雜誌，22期，2008年12月，頁38-52。

三、外文

Klaus Ulsenheimer, Arztstrafrecht in der Praxis, 5. Aufl. , 2015, Rn. 63 ff.

Yi-Chen Su, When ethical reform became law: the constitutional concerns raised by recent legislation in Taiwan, *Journal of Medical Ethics*, July 2014, Vol. 40, No. 7, pp. 484-487.

附錄　一審無罪判決集

第一案產婦癲癇發作生產案

（臺灣士林地方法院91年度自字第37號刑事判決）

第二案肺結核病患無法進食案

（臺灣士林地方法院93年度自更（二）字第6號刑事判決）

第三案　顱內壓監測案

（臺灣士林地方法院99年度自字第7號刑事判決）

第四案　跌倒骨折移位案

（臺灣士林地方法院104年度自字第5號刑事判決）

第五案　診所急性咽喉氣管炎案

（臺灣屏東地方法院90年度訴字第81號刑事判決）

第六案　車禍拔管後抽痙案

（臺灣屏東地方法院92年度訴字第96號刑事判決）

第七案　診所voren過敏休克案

（臺灣屏東地方法院99年度易字第919號刑事判決）

第八案　診所嵌入性脫腸誤判案

（臺灣桃園地方法院89年度交訴字第4號刑事判決）

第九案　急性心肌梗塞誤診案

（臺灣桃園地方法院94年度醫訴字第2號刑事判決）

第十案　診所腎衰竭延誤治療案

（臺灣桃園地方法院95年度醫易字第1號刑事判決）

第十一案　急性心肌梗塞誤診案

（臺灣桃園地方法院95年度醫訴字第1號刑事判決）

第十二案　溢奶發生吸入性肺炎致死案

（臺灣高雄地方法院88年度自字第330號刑事判決）

索引

謝辭

三位作者共同感謝：

中興大學法律系校友薛水上醫師與賴麗羽律師協助使用Nvivo軟體建置判決資料庫。德國科隆大學博士生林勇濤協助本書之校對工作。

以下是蔡蕙芳個人，特別感謝：

感謝碩士論文指導教授蔡墩銘老師讓我參與他所編寫醫療裁判選集專書之校對工作，得以有機會在載著判決文之紙本上體會一個個不幸事故與學習如何思考醫療法相關問題。自那時起，一直有像蔡老師一樣編寫醫療刑事判決專書之想法。有幸處於現今資料處理工具便利時代，在軟體工具與一群中興大學法律系學生協助下，我能有效率地蒐集與整理判決資料，並完成此書以作爲法律與醫學跨學科教材。未來也能在此基礎上進行量化分析，對我國醫療判決實務發展脈絡得到宏觀理解，並能進一步瞭解判決內各項資料間之關係，進行表面之外之深度觀察。

以下是蘇宜成個人，特別感謝：

感謝蔡蕙芳教授邀請加入本書的編寫研究團隊。本人原即有基礎醫學與臨床背景，故早年進入美國法學院研習法律期間，原本是以醫療法爲職志，惟當時適逢生物科技相關智慧財產議題開始興起，才確立後來以生技智財爲主、醫學倫理爲輔的教學研究方向。探討醫療糾紛最讓人卻步的一點，應是在於這個領域的個案差異極大，且個案事實失之毫釐，便足以使合理的推論與結論差之千里，因而系統化的分析非常困難。惟蔡蕙芳教授多年來始終不懈，逐步克服困難，終能領導團隊，開花結果。

以下是陳惠芬個人，特別感謝：

感謝陽明大學醫務管理學（系）研究所廖又生教授引領我登入法學之門、中興大學法律專業學院李惠宗教授教導我研習法學理論；學海無涯，唯勤是岸，有幸參與蔡蕙芳教授、蘇宜成教授的醫療判決專書編纂，是實務與理論匯聚展現，也是後學持續學習的契機，特別感謝。期待藉此拜學，一睹法學殿堂壯闊波瀾。

國家圖書館出版品預行編目(CIP)資料

醫療過失刑事判決選集（上）／蔡蕙芳，蘇宜
成，陳惠芬著. -- 初版. -- 臺北市：五
南圖書出版股份有限公司, 2023.07
冊；　公分
ISBN 978-626-366-210-0(上冊：平裝)

1.CST: 醫療過失 2.CST: 醫療糾紛
3.CST: 刑事法 4.CST: 醫事法規

585.79　　　　　　　　　112009227

1T93

醫療過失刑事判決選集（上）

作　　　者 ― 蔡蕙芳（376.5）、蘇宜成、陳惠芬

發 行 人 ― 楊榮川

總 經 理 ― 楊士清

總 編 輯 ― 楊秀麗

副總編輯 ― 劉靜芬

責任編輯 ― 林佳瑩

封面設計 ― 陳亭瑋、王麗娟

出 版 者 ― 五南圖書出版股份有限公司

地　　　址：106台北市大安區和平東路二段339號4樓

電　　　話：(02)2705-5066　　傳　　真：(02)2706-6100

網　　　址：https://www.wunan.com.tw

電子郵件：wunan@wunan.com.tw

劃撥帳號：01068953

戶　　　名：五南圖書出版股份有限公司

法律顧問　林勝安律師

出版日期　2023 年 7 月初版一刷

定　　　價　新臺幣520元

經典永恆‧名著常在

五十週年的獻禮 —— 經典名著文庫

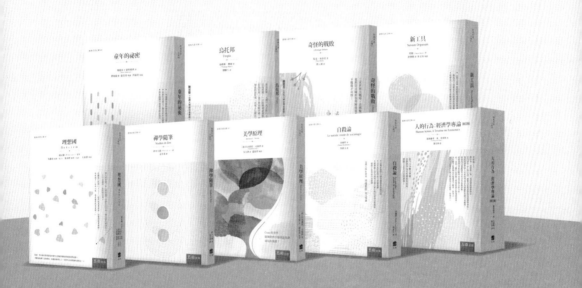

五南，五十年了，半個世紀，人生旅程的一大半，走過來了。
思索著，邁向百年的未來歷程，能為知識界、文化學術界作些什麼？
在速食文化的生態下，有什麼值得讓人雋永品味的？

歷代經典‧當今名著，經過時間的洗禮，千錘百鍊，流傳至今，光芒耀人；
不僅使我們能領悟前人的智慧，同時也增深加廣我們思考的深度與視野。
我們決心投入巨資，有計畫的系統梳選，成立「經典名著文庫」，
希望收入古今中外思想性的、充滿睿智與獨見的經典、名著。
這是一項理想性的、永續性的巨大出版工程。
不在意讀者的眾寡，只考慮它的學術價值，力求完整展現先哲思想的軌跡；
為知識界開啟一片智慧之窗，營造一座百花綻放的世界文明公園，
任君遨遊、取菁吸蜜、嘉惠學子！